VON DER RECHTFERTIGUNG

DURCH DEN GLAUBEN.

EIN BEITRAG

ZUR RETTUNG DES PROTESTANTISCHEN CARDINALDOGMAS

VON

Dr. EDUARD BÖHL

O. Ö. PROFESSOR AN DER EVANGELISCH-THEOLOGISCHEN FACULTÄT IN WIEN.

LEIPZIG 1890.

VERLAG VON K. GUSTORFF.

AMSTERDAM, SCHEFFER & CO.

Eingang.

Ein interessantes Thema für die orthodoxen Vertreter der gegenwärtigen protestantischen Theologie wäre darin gelegen, einmal wieder von den Autoren, die gegen unsere protestantischen Centraldogmen geschrieben, zu erfahren: wie sich dieselben in ihren Augen reflektirten. Hat man sodann von hervorragenden Bestreitern, wie z. B. Albertus Pighius, Socinus, Andreas Osiander u. A. sich sagen lassen, was ihnen am orthodoxen System zumeist Anstoss bereitete — so ist es nun von weiterem hohem Interesse, aus den theologischen Büchern der Gegenwart den Nachweis zu erbringen, dass manche dieser Anstösse beseitigt sind und dass den Ketzern von ehedem ein Ehrenplatz auf vielen Punkten eingeräumt worden, wo sie einst Noth litten. Denn wenn man der Propheten Gräber auch gegenwärtig noch baut, so zündet man über ihren Gräbern doch zum öfteren den Ketzern von ehedem Weihrauch an.

Wenn Pighius sich über die Praedestinationslehre der Reformatoren (Luther's, Melanchthon's, Calvin's), über den freien Willen, über den Lohn der guten Werke in einer ihm wohl anstehenden Entrüstung auslässt, oder den Glaubensbegriff Luther's absolut nicht fassen kann und den guten Werken alle Existenzberechtigung im reformatorischen System abspricht — so haben wir in der Gegenwart nicht eben Viele, die noch verstehen, was an Pighius eigentlich auszusetzen sei, und warum sie es mit den Reformatoren halten müssen; sie stimmen ohne es zu wissen mit Pighius überein, wie er es sich wohl nicht besser wünschen konnte. Möhler hat in seiner Symbolik über diese Abzahlungen heutiger Protestanten an ihre ehemaligen Gegner gelegentlich Buch geführt.

Oder wenn Faustus Socinus in seiner berühmten Polemik gegen die Genugthuung Christi durch allerlei sophistische Argumente die reformatorische Position zu erschüttern sucht,[1] so sind seine Gründe gegen diese Lehre bis in die neueste Zeit oft dadurch eludirt worden, dass man behauptete, Solches hätten die Reformatoren gar nicht gelehrt. Socin hätte sich demnach sein Angriffsobjekt erst zurecht gemacht, um es erfolgreicher zu bekämpfen. Auch Ritschl noch verfällt in diesen Fehler, dem Socin Schuld zu geben, er habe das reformatorische Dogma falsch verstanden.[2] Es insistirt Socinus mit Recht darauf, dass die Satisfactionslehre der Reformatoren jenes Charakters entbehre, den man heutzutage den religiös-sittlichen nennt; er vermisst in ihr den Anknüpfungspunkt für den Erwerb eignen Verdienstes durch die Gläubigen („das Ethische"). Da ist es doch nun ein grosser Fehler von Ritschl, dies zu leugnen und zu behaupten: Die Anrechnung des positiven Gehorsams (Verdienstes) Christi sei von den Orthodoxen gar nicht so gemeint, dass dadurch der Erwerb eigner Gerechtigkeit durch die Gläubigen ausgeschlossen sei (S. 67). Gewiss ist es so gemeint, und Socin richtet seine Pfeile auf die für den menschlichen Verstand sehr unbequemen Punkte, die immer noch vorhanden sind und der liberalen Theologie bis heute ihr Dasein fristen, so dass ihre Vertreter doch wenigstens Etwas zu sagen haben. Man braucht nicht bei Ritschl stehen zu bleiben, um diese Erfahrung zu machen. Man kann viel weiter zurückgehen. Schon der Herausgeber der Gerhard'schen Loci, Cotta in Tübingen, weiss sich nicht recht mehr mit Socin abzufinden.[3] Und doch ist es grade interessant, zu sehen, welchen Eindruck die Gegner von der refor-

---

[1] De Christo servatore IV, 2. (p. 216); überhaupt Cap. 1—6.

[2] Christliche Lehre von der Rechtfertigung und Versöhnung, 3. Aufl. III, S. 66 ff., vergl. I, S. 330.

[3] In Joh. Gerhard's Loci, tom. VII, pag. 334, 336 ff. bei der Widerlegung des Socin. Um dem Glauben seine richtige Bedeutung zu wahren, macht er aus ihm ein Werk, wodurch sich der Eine von dem Andern unterscheidet. Und um den entsittlichenden Charakter der Lehre von der Satisfaction zu widerlegen, beruft er sich auf die iustitia inhaerens, einer eingegossenen Gabe, die aber neben der iustitia imputata in der Reformationszeit keine Geltung hatte. Sie ist ein Wechselbalg, der, sei es anstatt oder neben der iustitia imputata den Menschen ins Herz gelegt wurde.

matorischen Lehre hatten. Sie fassen die Lehren der Reformatoren oft weit präciser auf als die Freunde und besonders die Advokaten derselben — und man darf nicht meinen, dass es ihnen leicht geworden, sich von den durch sie bekämpften Lehren loszumachen. Sie schnitten sich ja damals wenigstens tief genug ins eigne Fleisch und begaben sich ins Elend, statt sich mit der herkömmlichen Lehre zu vertragen und es gut zu haben. Ich finde also, dass man wohl von ihnen lernen darf, in welcher Weise die reformatorische Lehre sich den Gegnern darstellte, um so einen Rückschluss zu machen, welcher Art diese Lehre im Grunde wirklich gewesen. An unserer landläufigen Symbolik oder Dogmengeschichte können wir uns nicht genügen lassen. Fas est et ab hoste doceri.

In grandiosem Masse kann man aber aus den Osiandrischen Streitigkeiten erlernen, einmal was für Ausstellungen ein Osiander an einer unserer reformatorischen Hauptlehren sich zu machen erlaubte — und zweitens, dass diese seine Ausstellungen, wenn auch nicht in den Symbolen der protestantischen Kirchen, so doch in den Köpfen Vieler Heimatsrecht erhalten haben und Reste seiner Lehre, anfangs aus Connivenz, später aus süsser Gewohnheit in allen Lehrbüchern conservirt sind.

Osiander war gewiss kein Synergist oder gar unbewusster Papist, wie Möhler [1]) meint. Es handelte sich für ihn um Vertheidigung der Positionen, die er von Luther ererbt zu haben glaubte. Er stellte an die Stelle der zugerechneten Gerechtigkeit, die nur einen sehr schwachen Glanz auf das Leben der Christen wirft, die eingegossene Gerechtigkeit, die in actu iustificationis auf uns überfliesst. Und diese war ihm die Gerechtigkeit Christi. Und auch Christus hat diese aus dem Himmel mitgebracht und bedeckt nun mit dieser seiner Heiligkeit und „wesentlichen Gerechtigkeit" unsere Ungerechtigkeit, darin wir empfangen sind. Die Heiligung geht ganz auf in dieser Gerechtigkeit, und der Mensch zieht seine Kraft aus dieser wesentlichen Gerechtigkeit (oder der natura divina Christi). Diese wesentliche Gerechtigkeit ist zugleich identisch mit jener Gerechtigkeit, die Adam besessen; d. h. sie vollendet, was Adam, zufolge seines Falles, unvollendet liess, und Christus hätte unter

---

[1]) Symbolik, 6. Aufl., S. 159.

allen Umständen in die Welt kommen müssen, auch wenn **Adam** nicht gefallen wäre.

Osiander vermisste also mancherlei an dem Lehrbegriff der Reformatoren; aber eben an dem, was er vermisst, lernt man die Position der Reformatoren kennen. In die heutige allgemein verständliche Sprache übersetzt, vermisste Osiander: dass mit der Rechtfertigung durch den Glauben zugleich auch der Impuls zur Heiligkeit des Lebens gegeben sei. Demgemäss soll der Gläubige nach Punkt 73 seiner ersten Dissertation vom 24. Octobris 1550 „gerecht geachtet werden von wegen der Gerechtigkeit Christi, der in uns wohnet“. Dieses Wohnen fasste er als ein wesentliches Einwohnen auf und verliess damit die reformatorische Linie der Zurechnung. Das ist dasselbe, als wenn neuere Theologen die Wiedergeburt der Rechtfertigung überordnen [1]) oder die Einpflanzung eines neuen Princips des Lebens mit der Rechtfertigung zusammenfallen lassen, oder den Anfang des neuen Lebens irgendwie so fassen, dass eine Veränderung oder Erneuerung der menschlichen Substanz stattfinde. Auch diejenigen, welche den Glauben als ein neues dem Menschen eingepflanztes Empfängnissvermögen betrachten, sind Osiandrisch oder kommen ihm auf halbem Wege entgegen.

Osiander verkannte ferner die Bedeutung der Gerechtigkeit Christi und trat alles, was die Reformatoren als bedeutsam an dieser Gerechtigkeit hervorkehrten, der göttlichen Natur ab. Wir werden gerecht durch die divina natura Christi, und die natura humana sei nur der Kanal, der zur Vermittlung nöthig, damit das göttliche Wesen mit seiner Gerechtigkeit auf uns überfliesse.[2]) Es verdross ihn die Werthlegung der reformatorischen Zeitgenossen auf die natura humana und deren Gerechtigkeit und er legte alles Gewicht auf die iustitia aeterna oder divina Christi. Nach der gesammten modernen Theologie ist aber gleichfalls einseitig von dem neuen Princip, das vor bald 1900 Jahren in die Welt trat, unsere Gerechtschätzung von Gott abzuleiten, und keineswegs von der obedientia activa Christi. Was die reformatorische Theologie mit diesem Begriff der stellvertretenden obedientia activa des Mittlers Jesus Christus feststellen wollte — nämlich, dass wir nun diesen Gehorsam nicht

---

[1]) S. Nitzsch, System, 6. Aufl., S. 308 ff.

[2]) Osiander, Bekenntniss B. b. 1.

ein zweites Mal zu leisten hätten, nachdem derselbe bereits geleistet worden — verkannte Osiander, und das verkennen auch die Neueren. In jener Dissertation vom 24. October 1550 klagt er die reformatorische Lehre in folgenden Worten an: No. 74: Gott ist nicht so ungerecht, dass er den für gerecht hält, in dem ganz und gar von der wahren Gerechtigkeit nichts ist, wie geschrieben steht: „Du bist nicht ein Gott, dem gottloses Wesen gefalle." Nun waren aber Osiander's Gegner, die reformatorischen Theologen, wirklich der Meinung, dass Gott im Widerspruch mit aller menschlichen Gerechtigkeit den Gottlosen gerecht spreche.[1] Die Anklage Osiander's trifft also einen wirklich vorhandenen Lehrpunkt von dem allgenugsamen Gehorsam Christi, bei welchem die göttliche Natur zwar die Voraussetzung bildet, dass er geleistet werden könne, aber nicht den die menschliche Natur vernichtenden und ausschlaggebenden Faktor. Und wiederum sehen wir die meisten Neueren Osiander folgen, indem sie gar nichts anzufangen wissen mit dem „thätigen Gehorsam" Christi und dessen stellvertretendem Charakter, sowie mit seiner bleibenden Geltung in der göttlichen Abrechnung mit dem Sünder. Sie nehmen ihn im besten Fall als denjenigen Faktor, der unserem Gehorsam Bahn macht und auf Grund dessen wir nun gehorsam zu sein haben. Oder dieser Gehorsam Christi gewinnt ganz den Charakter eines vorbildlichen Thuns des Erlösers. Sie hüten sich aber wohl mit den Orthodoxen, Osiander's Gegnern, kälter Ding, denn das Eis, zu lehren, indem behauptet werde: dass wir allein um der Vergebung der Sünden willen für gerecht geachtet werden und nicht auch von wegen der Gerechtigkeit Christi, die durch den Glauben in uns wohnt (s. Dissertation vom 24. Octobris 1550, No. 73).

Dass die Erneuerung der Creatur durch Christus analog der ersten Erschaffung vor sich gehe, oder dass mit anderen Worten der Stand Adams vor dem Falle das christliche Heiligungsideal schon vorwegnehme, ist gleichfalls echt Osiandrisch, aber bei vielen Neueren gleichfalls festgehalten. Wie in Adam das Bild Gottes eingegossen war, so soll es wiederum in Christo den Erlösten eingegossen werden. Das eingegossene Wesen der Gerechtigkeit Gottes war schon bei

---

[1] S. Ritschl a. a. O. I, 242. Weiter ist bereits Melanchthon's Auslassung im Corp. Ref. 27, 519: Adderemus et alios cet. zu beachten.

Adam vorhanden und erscheint nun wieder bei der Rechtfertigung des Sünders. Diese Systematik aber war den orthodoxen Gegnern Osiander's bedenklich. Wenn gleich die dem Gesetze gemässe Gerechtigkeit, welche Adam verloren hat, die Form des habitus hat, [1] so hat es mit dem Wiedergebornen doch eine andere Bewandtniss. Hier ist, wie Melanchthon im Streit mit Osiander erkennt, auf keinerlei habitus, der in uns hinein käme, zu sehen, sondern die Wiedergeburt geschieht durch Gottes Geist, und zwar effective, nicht kraft wesentlicher Einwohnung und Substanzveränderung. Das letztere ist aristotelisch-heidnisch; das Wirken des heiligen Geistes aber überaus geheimnissvoll und der Oekonomie der Gnade angehörig. Es trennt Melanchthon seit dem Osiandrischen Streite die Stellung Adams vor dem Fall von der Stellung des Wiedergebornen. Beide unterstehen einer anderen Beurtheilung. Der Eine ist ein Gefäss, das der vollkommenen Werkstatt Gottes entstammt, aber derjenigen der Natur — wogegen der Christ aus der Werkstatt der Gnade stammt. Beides ist toto coelo verschieden. Merkwürdig ist, dass nun alle nachreformatorischen Autoren in diesem Stück Melanchthon stillschweigend desavouirten und Osiander folgten, indem sie die Veränderung, die durch die Wiedergeburt hergestellt worden, als eine habituelle betrachteten, während Melanchthon in dem Streite mit Osiander, wie wir unten näher sehen werden, die Gleichsetzung des Standes der Wiedergebornen mit demjenigen Adams verwarf. Bei diesem Lehrpunkte also strömte nur eine kurze Weile Licht aus auf die Pfade, welche die Väter wandelten, um bald nach dem Verschwinden der Osiandrischen Wirren der Finsterniss Platz zu machen.

Aus der Ketzerhistorie könnte man noch vieles für die Kirchenhistorie Wichtige erlernen.

Ein weiteres interessantes Thema für die Orthodoxen innerhalb der heutigen theologischen Wissenschaft würde darin bestehen, einmal den falschen Voraussetzungen und Deutungen nachzugehen, mit welchen man sich auf protestantischer Seite an die Schriften der Väter und Begründer unserer orthodoxen Lehre heranmacht. Einem Mann, wie Möhler, ist es bei aller bitteren und gehässigen Po-

---

[1] Vergl. Melanchthon's Vorrede zu Kragen's „Von dem Bilde Gottes in den ersten Menschen“ v. J. 1549.

lemik doch nicht zu bestreiten, dass er an vielen Punkten den reformatorischen Lehrbegriff besser als Baur verstanden und dargestellt hat. Wenn Baur in der Lehre von der Sünde behufs Vertheidigung des Protestantismus gegenüber dem Katholicismus mit Hegel'schen Ideen operirt (S. 213), so ist das einfach ungereimt. Oder wenn er, um den protestantischen Begriff vom Glauben gegenüber dem katholischen zu retten, sich des Gegensatzes von implicite und explicite bedient (S. 278), so ist das einfach den Reformatoren aufgedrungen. Die Reformatoren sehen in dem, was sie „Glauben" nennen, eben nicht implicite ein Princip der sittlichen Thätigkeit eingeschlossen. Die fides efficax ist eben eine geflickte Notel, die Luther in der Regensburger Unionsformel (1541) verwarf. Auf die ganz philosophirende Vorstellung von der iustitia originalis (S. 116, besonders in der Note) wollen wir nur im Vorbeigehen verweisen. Dass auch Nitzsch's Gegenschrift (1834/35) nicht den Reformatoren gerecht wird, sondern auch noch zu viel ihren Standpunkt sich erst zurecht legt, um ihn dann vertheidigen zu können, steht fest. Schlimmer aber steht die Sache schon, wenn selbst der Autor einer anscheinend so feuerfesten lutherischen Symbolik, wie die Guericke's, sich folgende unvorsichtige Aeusserungen entschlüpfen lässt (S. 365, 380 der 5. Auflage): „Eine wahre innere Heiligung nun hat ja auch in dem lutherischen Lehrsystem ihren wesentlichen Platz; sie wird von der luth. Kirche als nothwendige Wirkung des Glaubens, ja eben nur des Glaubens, aufgefasst etc." Dieser Glaube, dessen Wesen in fiducia bestehe, sei, wie im Folgenden behauptet wird, in seiner Wirkung dann auch ein göttliches Lebensprincip, welches sich nach aussen in wahrhaft guten Werken offenbare — diese Offenbarung göttlichen Lebens aber sei hienieden mangelhaft — — weshalb der regressus zu Christo immer nöthig bleibe. Was ist das anders, als verdünnter Osiandrismus oder Pietismus. Der kalte Strom der Rechtfertigung durch den Glauben brächte dem Christen den Erfrierungstod. Daher muss man schnell im Widerspruch mit der Rechtfertigungslehre den Glauben als eine warme Quelle hinzunehmen, der eine Erneuerung und sittliche Umwandlung des ganzen inneren Menschen hervorbringt. Dieser Glaube aber ist dasselbe geschäftige Ding, was bei Osiander die Gerechtigkeit Christi, der in uns wohnt, ist; sind gleich die Worte verschieden, so ist die Sache selbst identisch. Guericke hat die Osiandrischen Streitigkeiten nicht beachtet und ist daher kein untadelhafter Interpret der Rechtfertigungslehre geworden. Wenn derselbe Gelehrte S. 380 (Note) die lutherische Dogmatik von dem rechtfertigenden Glauben die Eigenschaft fordern lässt, dass er ein wirklicher, lebendiger sei, die viva fides im Gegensatz gegen eine otiosa opinio, so bewegt er sich damit auf dem Boden der Regensburger Unionsformel (1541) und er durfte daher § 52, 1 (S. 391, Note) die reformirten Dogmatiker wegen ähnlicher Prädikate, die sie zum Glauben hinzufügen, nicht belangen.

Es sind, um es kurz zu sagen, alle Jene, die sich den Vorgang der Rechtfertigung nicht denken können ohne materielle oder essentielle Veränderung des Sünders, sei es durch Eingiessung neuer Qualitäten, oder auch blos des Glaubens, aus dem die Werke fliessen, oder endlich durch Willensveränderung (nova voluntas), die die Art des habitus an sich trägt — befangen in dem Osiandrischen Theologumenon von einer uns eingegossenen iustitia essentialis. Sie hängen alle noch in der Substanz fest und sie verkennen die Zurechnung der Gerechtigkeit Christi und vergessen, dass Paulus sagt (Röm. 4, 5): Der den Gottlosen gerecht spricht, also die iustificatio impii. Sie alle sinken mit diesen Behauptungen irgendwie zurück auf einen Standpunkt, der unter die gleiche Verdammniss mit dem des Osiander fällt.

Wir erkennen mit Dank an, dass Albrecht Ritschl zum ersten Male wieder den Bann gebrochen, der, durch verdüsterte, gewohnheitsmässige Terminologie bewirkt, sich über der Rechtfertigungslehre lagerte. Loofs ist ihm in seinem Artikel: „Die Bedeutung der Rechtfertigungslehre der Apologie"[1] unter einigen Verbesserungen der Ritschl'schen Behauptungen nachgefolgt.

Albrecht Ritschl hat ferner das Verdienst,[2] gezeigt zu haben, dass die lutherischen und reformirten Dogmatiker einig gehen im Punkt der Rechtfertigungslehre und er hat zudem das Gerede von verschiedenen Ausgangspunkten[3] der zwei Confessionskirchen ins

---

[1] S. Theol. Studien u. Kritiken 1884, viertes Heft.
[2] R. u. V., I., 175, S. 205, 280 u. o.
[3] Dass auch Luther und Zwingli in der Auffassung der Rechtfertigungslehre im Wesentlichen übereinstimmen, zeigt Ritschl I., S. 166—177.

Bereich der Fabel verwiesen. Es ist überhaupt vieles Fabel, was die landläufige kirchenhistorische Betrachtung der Reformationszeit mit sich zu schleppen beliebt. Schneckenburger meint ja einen principiellen Gegensatz zwischen Lutheranern und Reformirten [1]) statuiren zu dürfen, der, falls er richtig gefasst wäre, die reformirte Kirche weit unter die lutherische herabsetzen müsste. Jedoch hat ihm Ritschl (I, 212. 297 ff.) aus den Quellen bewiesen, dass abgesehen von Claude Albery, dem reformirten Pendant zu Osiander, keiner die Linie der zugerechneten Gerechtigkeit verlässt. Schwankend drücken sich zwar Franz Turretin und noch mehr Hulsius aus; aber die Linie, welche die Zeitgenossen einhielten, wird doch gewahrt. Ritschl sagt I. 305 mit vollem Recht: Es dürfe keine der zwei Reformationskirchen der anderen vorrücken, dass sie das beiden gemeinsame Interesse an der Rechtfertigung verrathen oder auch nur unkenntlich gemacht habe. Seine Beweisführung ist aktenmässig.

Bei der folgenreichen Bewegung, die durch Ritschl auf dem theologischen Gebiete hervorgerufen worden, wird es gestattet sein, auch meinerseits ein Scherflein beizutragen zur gründlichen Orientirung über die bei der Rechtfertigungslehre in Betracht kommenden Hauptpunkte. Ich kann dies innerhalb der Schranken eines mässigen Buches thun, weil die 1887 von mir herausgegebene Dogmatik einigermassen schon vorgearbeitet hat und ich mich daher auf eine ältere Arbeit berufen kann.

---

[1]) Comparative Dogmatik II, § 16 u. 17.

Capitel I.

Schicksale der Rechtfertigungslehre bis auf Melanchthon's Tod.

Man hat zwei Zeitabschnitte in der Ausbildung der Rechtfertigungslehre während des 16. Jahrhunderts zu unterscheiden; den einen, wo die Rechtfertigungslehre nach allen Richtungen hin erst wieder entdeckt, formulirt und erörtert worden, und den zweiten, in welchem sie gegen Angriffe und Missverständnisse vertheidigt worden ist. Der erste Zeitabschnitt geht bis in die Mitte des 16. Jahrhunderts; der zweite Abschnitt beginnt mit Osiander's Missbildung der Rechtfertigungslehre und endet mit Melanchthon's Tod.

Im ersten Zeitabschnitt war es, wie immer, Luther, der aus seiner Schrifterforschung und Erfahrung heraus die Rechtfertigungslehre in den verschiedensten Schriften durcharbeitete und ihr unermüdlich zum Ausdruck verhalf. Es war aber alles, was er sagte, anfänglich so neu und dem mittelalterlichen gesetzlichen Wesen mit solcher Mühe abgerungen, dass nur Wenige es gleich fassen und in sich verwirken konnten. Man kam aus einer Kirchengemeinschaft, in welcher der beste unter den öffentlich anerkannten Lehrern selbst nichts Rechtes verstand von der Lehre Pauli im Punkte der Rechtfertigung. Man musste sich orientiren wie in einer neuen Welt; man musste behaupten, kämpfen, um die Existenz kämpfen. Der Feind hatte ein scharfes Auge auf Luther, und der Teufel suchte ihm beständig, wie er dem Agricola schreibt, das Licht wieder auszublasen.

Es ist demnach nicht verwunderlich, wenn die Aufstellungen über die Rechtfertigungslehre anfangs noch vielfach den Charakter eines im Winde flackernden Lichtes, kurz des Unfertigen, was noch an das Augustinische Alte erinnerte, an sich tragen. Obschon die Rechtfertigung durch den Glauben der Hebel der ganzen reformatorischen Bewegung war, so hatte es seine Schwierigkeit, sich der gesetzmässigen Wirkungsweise dieses Hebels auch in jeder Hinsicht alsbald klar bewusst zu werden.

Dies zu Ende geführt zu haben, ist das hohe Verdienst Melanchthon's, des wo nicht bahnbrechenden, so doch alles formulirenden Lehrers der Reformationszeit. Brenz bekennt, dass er das recte loqui hinsichtlich der Rechtfertigungslehre von Melanchthon gelernt habe. [1]

Bei Luther ist die völlig ausgebildete systematische Klarheit über diesen Lehrpunkt zu vermissen. Aber in der Hauptsache stand er recht, wie nur immer Einer vor oder nach ihm. Diese ist, dass der Mensch gerecht werde durch die fremde Gerechtigkeit Christi und nicht durch die eigne. So sagt er von Anfang an, schon in den Schriften vor 1517 und so noch besonders in der Kirchenpostille (Werke, Erl. Ausg. XV, S. 56 u. 60): „Die rechte Frömmigkeit, die vor Gott gilt, steht in fremden Werken, und nicht in eignen Werken." „Kommt der Teufel (die Hölle) und will auch Theil haben an dir, weise ihn hin auf Christus, da wirst du sie wohl stillen." In diesem Lehrstück sieht er das rechte Skandalon des Evangeliums (ibid. p. 63), zu ihm kehrt er beständig in fast allen Predigten und auch den Tischreden wieder zurück.

Jedoch ausser dem Teufel kamen noch mehrere andere Faktoren in Betracht, die gleichfalls Berücksichtigung heischten. Es that sich die Eigengerechtigkeit hervor und wollte in Proteusgestalt, bald so, bald anders, mitthun. Die Rechtfertigung sollte wenigstens geschehen zugleich wegen der inwendigen Gerechtigkeit in uns, die theils als Christus in uns bestimmt wurde, theils als der Glaube, sofern er das Werk ist, das vom Menschen geleistet wird, theils als Qualitäten (s. Köstlin, Luther's Theologie II, S. 453 ff.). Und Luther hatte selbst stellenweise solchen mitconcurrirenden Faktoren eine Stellung und Bedeutung eingeräumt — aber stets nur stellen- und zeitweise, freilich aber so, dass

---

[1] C. Ref. II, S. 510.

spätere Irrlehrer (z. B. Osiander) sich auf ihn berufen konnten. Er machte sich los von solchen „Augustinischen Irrthümern"; er muss Brenz, ja Melanchthon selber bei der Stange halten, und musste einsam seines Weges ziehen, verlacht von den Römischen, die sich aus der fides formata, oder von den Schwärmern, die sich aus dem „Christus in uns" einen Grund ihrer Seligkeit zu machen wussten. Von der Regensburger Unionsformel (1541) hat er als von einer geflickten Notel gesprochen. Er hat immer auf den Christus pro nobis mehr Gewicht gelegt, als auf den in nobis. Ferner verwirft er nachdrücklich eine Auffassung, nach welcher der Glaube als opus in Betracht komme. „Die Gerechtigkeit wurde dem Abraham gegeben, non operanti, sed credenti — neque autem fidei, ut nostro operi, sed propter cogitationem Dei, quam fides apprehendit." Die Gerechtigkeit soll erlangt werden nicht durch unseren Glauben für sich, sondern „allein durch Christum und sonst nicht."[1] Die schönsten Tugenden thun nichts zur Rechtfertigung (Comm. zu Gen. 15, 6). Und wenn Luther von Qualitäten in den Gläubigen, als das vom heiligen Geiste bei der Wiedergeburt dem Menschen Angebrachte, zu reden weiss, so beschränkt er es doch gleich auch wieder durch ein „si tamen ita appellanda est".[2] Es bleibt doch unentschieden, ob er dieselben als im Menschen eingegossen und als verselbständigt sich vorstellte. Ueber die caritas gratum faciens äussert er sich wohl mal in altherkömmlicher Weise. Aber dennoch ist ihm die Heiligung obenan eine Gabe Gottes und die zugerechnete Heiligkeit Christi das Alpha und Omega des Christenstandes; mit der sanctitas operum ist er immer wieder aufs Höchste unzufrieden.[3] Erst der Wiedergeborne fühlt die Sünde und diesen Mangel an Heiligkeit wirklich; also um recht Sünder zu werden, muss man wiedergeboren sein: Vita nostra non solum peccat, sed est ipsum peccatum (s. Köstlin II, S. 463). Luther kann gelegentlich die Sünde aufs Aeusserste steigern und

---

[1] Köstlin II, S. 453. Vergl. auch Opp. ex. 3, 301.

[2] Im Comm. zu Gen. 28, 11 sagt er: Fides informis (der Römischen) nihil valet, nec potest ferre illos impetus. Vera autem et vivax fides, quae vincit dubitationem, revera est vivacissima qualitas, si tamen ita appellanda est, et est irrequietum bonum in nobis, quod Diabolus singulis momentis impetit et oppugnat. Vortrefflich.

[3] Comm. zu Gen. 28, 11; Exeg. Opp. VII, 143.

die Heiligkeit tief herabsetzen. „Warum willst du mich denn so verkehrter Weise zum Heiligen machen, du heilloser Satan, und eitel Gerechtigkeit von mir fordern, der ich doch gar nichts, denn nur eitel Sünde habe," ruft Luther aus, wo er den Spruch Gal. 1, 4. 5 auszulegen hat (Erl. Ausg. Bd. 19, S. 218). Kein Wunder, dass er dann von der anderen Seite den Glauben zu preisen weiss, als der Christum mit sich führt, oder uns auf Christum führt und den ganzen Menschen umwandelt. Da ergibt sich aus dem Satz und Gegensatz, aus dem Kampf zwischen Licht und Finsterniss, sowie dem Sieg des ersteren, dass Luther den Glauben oft als etwas Substanzielles in uns fasst. So z. B. zu Gen. 12, 4: Est enim fides res vivax et potens: non est otiosa cogitatio, nec innatat cordi, sicut anser aquae: sed sicut aqua igni calefacta etsi aqua manet, tamen non amplius frigida sed calida et prorsus alia aqua est, ita fides, Spiritus sancti opus, aliam mentem et sensus alios fingit, ac prorsus novum facit hominem. Est igitur fides operosa,[1] difficilis et potens res: et si vere aestimare volumus, magis est passio, quam actio etc. Damit kam Luther dem Substanzbegriff schon ganz nahe — und konnten Spätere sich auf ihn berufen. Aber bei Luther ist solche übertriebene Behauptung aus seiner lebendigen Anschauung der geistlichen Vorgänge hervorgegangen, und es findet bei ihm ein solches Extrem stets seine Correctur an anderen Behauptungen. In dem gleichen Zusammenhang (Gen. 12, 1—4) zeigt es sich bereits: wie die Festigkeit, die Abraham zeigt bei seinem Ausgehen aus seinem Vaterland, doch in dem Verheissungsort unwandelbar und allein gegründet ist und nicht in dem Glauben selbst.

Und so ist es auch mit der Einwohnung Christi im Menschen. Das eine Mal hat es den Anschein, als ob Christus in uns wäre in der Weise, wie es nachher Osiander unter Berufung auf Luther dargestellt. Luther vergleicht sogar die Einheit des Christen und Christus mit der Vereinigung der göttlichen und menschlichen Natur (Köstlin II, S. 439). Aber grade auch die Auslegung des

---

[1] Im Comm. ad Gal. 2, 322 f. nennt Luther den Glauben efficacem et operosam quidditatem ac velut substanstiam seu formam (ut vocant) substantialem, unter Anwendung ganz scholastischer Termini, aber freilich bei einer polemischen Zurückweisung der römischen Voranstellung der Liebe (zu Gal. 5, 6).

6. 7. und 8. Capitels des Ev. Joh. (1530—1532. Erl. Ausg. 48,
S. 36 f.) stellt die Sache andererseits so dar, dass man sieht, er
wolle mit solchen starken Ausdrücken nur eine unio moralis
zwischen Christus und den Christen in Abrede stellen. Denn im
Grunde hat Keiner also die Herrlichkeit und Kraft des Wortes
verkündigt, wie Luther. „Wie kommt er (Christus) aber?" fragt
Luther (a. a. O. S. 37). Also: Wer mein Fleisch isset etc. Du
sollst von ihm hören das Evangelium — auf dass der heilige Geist
durch das Wort kräftig sei und dir Christum ins Herz bilde und
senke etc. Luther, der Reformationsschriftsteller, bietet eben
durchweg das Bild eines von Wind und Wellen getriebenen gewaltigen Fahrzeuges. Bald legt es sich auf diese, bald auf jene
Seite, oft bis zum Untersinken. Aber immer kommt das Fahr-
zeug wieder nach oben und setzt seinen königlichen Gang fort,
bis es in den Hafen der Ewigkeit, nicht freilich mit vollen
Segeln, sondern gänzlich gebrochen, einläuft.[1]

Es ist also eine providentielle Erscheinung, dass neben Luther
ein Mann wie Melanchthon gestellt war.

Wie verhält sich nun Melanchthon zur Rechtfertigungslehre?

Sie ist auch von ihm nicht, wie vom Himmel gefallen, der
Christenheit entgegengetragen, so dass er gleich von vornherein
damit fertig gewesen wäre. Es ist durchaus richtig, dass Melanchthon die einzelnen wesentlich in Betracht kommenden Seiten an
der Rechtfertigungslehre erst nach und nach herausgearbeitet und
zur Klarheit gebracht hat. Und insofern ist es wohl nicht un-
richtig, wenn neuere Forscher[2] annehmen: das charakteristische
Moment der Rechtfertigungslehre werde nicht durch den Begriff
der iustificatio forensis erschöpft. Will die Rechtfertigung durch
den Glauben die rechte Mitte des Systems bedeuten, so muss in
ihr auch schon Vorsorge getroffen sein, dass nichts mehr nach-
tragsweise aufkomme, was diese ihre centrale Bedeutung wieder
schwächen würde. Wenn also die iustificatio so unvollendet wäre,
dass sie durch eine sanctificatio erst ausgeführt und vollendet

---

[1] Wir sind Bettler, hoc est verum — dies war sein letztes schrift-
liches Wort.

[2] Baur, Katholicismus und Protestantismus, S. 321; und neuerdings
Loofs in dem Artikel: „Die Bedeutung der Rechtfertigungslehre in der Apologie". (Studien und Kritiken, 1884.)

werden müsste: dann geriethe der Protestantismus wirklich in den Verdacht, dass er in jener Rechtfertigungslehre nur einen ganz äusserlichen göttlichen Akt anzuschauen lehre, ohne dass zugleich sichergestellt worden wäre, dass dieser Akt auch für Zeit und Ewigkeit seine Folgen haben werde.

Und so ist es denn Loofs [1]) zuzugeben, dass in den älteren Symbolen kein Gegensatz zwischen iustum efficere und iustum pronuntiare zu statuiren sei. Das iustum efficere (ex iniusto iustum effici seu regenerari Apol. 74, 78) hat anfangs noch keinen bösen Sinn, wie es ihn bekam, als Osiander mit seiner Lehre von der substanziellen Eingiessung der divina natura Christi hervortrat.

Die Rechtfertigung und Wiedergeburt fiel begrifflich zusammen; mit der Rechtfertigung war die donatio fidei in eins gesetzt und die iustificatio schloss Alles ein, eben auch dasjenige, was eine spätere Theologie unter dem Titel sanctificatio der iustificatio nachschleppen liess. Wer aber nicht zufrieden ist mit dem Satze: sola fide iustificari hominem, der begehrt eben über die Rechtfertigung hinaus noch nach neuen Dingen; derselbe sucht sein Heil, ausser in der Rechtfertigung, auch noch in der Heiligung und vergisst der vorigen Reinigung seiner Sünden und dass es immer wieder heisst: dahin zurückzukehren, wo man einmal die Reinigung empfangen, und dass kein anderer Weg einzuschlagen ist, als der anfangs betretene: durch Glauben und Reue, Sterben und Auferstehen, dem Ziele, welches vorhält die himmlische Berufung, entgegenzugehen — unter der Führung des Geistes, der Christi Verdienst im Auge hat. Wenn die iustificatio forensis überhaupt noch einer iustificatio effectiva als Ergänzung bedarf, wenn sich das iustum pronuntiari nicht deckt mit dem iustos effici, soweit eben letzteres bei dem Gerechten überhaupt möglich und ihm nach Gottes Weisheit bestimmt ist, dann ist es aus mit der protestantischen Position gegenüber der römischen.

Ritschl I, 190 klagt darüber, dass sich die Darstellung Luther's und Melanchthon's niemals darauf erstrecke: dass in der Rechtfertigung zugleich auch die Befähigung der Gläubigen zu guten Werken sichergestellt sei. [2]) Er gewahrt also bei den Reformatoren

---

[1]) Stud. u. Krit. 1884, IV, S. 620.

[2]) Wörtlich: „dass in dem Vertrauen, das die Rechtfertigung ergreift,

eine gewaltige Kluft — Rechtfertigung und Heiligung ständen neben einander; jedoch die Folgerichtigkeit und wie sie aus einander abzuleiten seien, lasse sich vermissen. Aber Loofs hat hierin die Reformatoren mit Recht in Schutz gegen Ritschl genommen und gezeigt, wie dieselben in der That mit ihrer Rechtfertigungslehre dasselbe erreichen zu können meinten, was die Katholiken mit ihrem Begriffe ausdrücken. Er sagt (S. 645): Beide erkennen in der iustificatio die Verleihung der Fähigkeit zu sittlichem Thun. Wir sagen besser und schriftgemässer: das Anrecht in einem neuen Leben zu wandeln (Röm. 6, 4) und nicht bloss das Anrecht, sondern auch das Wandeln selber. Denn seit Christus gestorben und auferstanden, ist solches nach Röm. 6 eine so gewisse und abgemachte Sache für die Christen, als ihr Christsein gewiss ist. Indem wir diesen freilich fundamentalen Unterschied in der Ausdrucksweise zwischen uns und Loofs hier beiseite lassen — so acceptiren wir doch seine weiteren Behauptungen, dass, ohne solche Sicherstellung des Endzweckes der iustificatio (d. h. also der bona opera) gleich in actu iustificationis, der Protestantismus hinter dem Katholicimus zurückgestanden hätte.

Die fides iustificans der Reformatoren muss völlig parallelisirt werden können mit der römischen infundirten gratia gratum faciens — sonst leistet sie nicht, was sie soll. Denn freilich ist auch für den Protestanten der Wandel in der Neuheit des Lebens (Röm. 6, 4) das gar nicht zu umgehende Ziel des Christenstandes, und wenn die römische Kirche dafür bessere Garantien gäbe in ihrer Lehre, dann würden wir in diesem Lehrstück ihr zufallen müssen.

Und so sagt Loofs ganz richtig: dass die protestantische Justificationslehre von der katholischeu in der Abzweckung auf Heiligung des Lebens nicht differire. Er erinnert an folgende Worte Luther's im Cat. maior 497, 40: „Ich glaube, dass mich der heilige Geist heilig macht. Womit thut er aber solches? Antwort: Durch die christliche Kirche, Vergebung der Sünden u. s. w." Da werde also Vergebung der Sünde mit der römischen gratia infusa oder gratum faciens gleichgestellt.

---

auch die Kraft und der Impuls zum Guthandeln enthalten sei", dass also in der religiösen Grundlegung nicht zugleich auch die ethische Abzweckung begründet sei.

Die Römischen nannten zwar solches keine Lösung des Knotens, sondern ein Zerhauen desselben! Da fragt es sich aber, ob eine Lösung überhaupt möglich und von der heiligen Schrift wenigstens in der römischen Weise intendirt ist? Nun — Melanchthon bemüht sich in der Apologie nicht um eine Lösung des Knotens und wird darob weidlich von Pighius verlacht, wie neuerdings die Reformatoren überhaupt durch Möhler deswegen angegriffen wurden. Möhler kann sich gar nicht genug thun, über die iustificatio forensis und die Aeusserlichkeit des Verhältnisses zu Christus zu klagen, ja zu spotten.[1] Aber Loofs zeigt nun eben, dass bei Melanchthon kein Grund zu solcher Klage sei. Es sei falsch, dass Melanchthon blos von einer iustificatio forensis rede, ja er geht so weit, zu leugnen, dass die Apologie überhaupt die iustificatio als actus forensis enthalte. Indem ihm der Nachweis dafür freilich nicht gelungen ist, sofern die Stelle Apol. 125, 184[2] deutlich von einer consuetudo forensis redet — so ist doch der Nachweis gelungen, dass die Rechtfertigung erfolge, um uns (wie er es nennt) tüchtig zu machen zu guten Werken, oder, wie wir mit Röm. 6, 4 sagen, in Neuheit des Lebens wandeln zu lassen. Dass Loofs Ausdrucksweise eine moderne ist, unsere dagegen schriftmässig, liegt am Tage. Eichhorn, ein Gesinnungsgenosse von Loofs, hat ganz ohne Weiteres behauptet, dass in der Apologie die relative Selbständigkeit des Sittlichen nicht erkannt und der Begriff des Sittlichen überhaupt nicht gebildet sei.[3] Das Sittliche sei ganz in das Religiöse verschlungen, oder die Sittlichkeit sei völlig in die Religion aufgegangen, wie Loofs es ausdrückt (a. a. O. S. 643), und das sowohl bei Luther, als bei Melanchthon. Und dies ist richtig. Melanchthon sagt C. R. 21, p. 313: Quod autem solet dici: Fide impleri legem, id dupliciter intelligendum est. Primum imputative, quia cum credimus in Christum imputatur nobis iustitia ac si implessemus legem. Et hic est praecipuus intellectus huius sententiae. Deinde potest etiam effective intelligi, quia nisi fide prius sit exemta dubitatio, non potest lex

---

[1] Z. B. in seinen Neuen Untersuchungen S. 184.

[2] Auch Eichhorn, Die Rechtfertigungslehre der Apologie. Stud. u. Krit. 1887, II, S. 479 gibt das zu: In Apol. 125, 184 gilt der usus forensis für die Rechtfertigung.

[3] Eichhorn, a. a. O. S. 463.

fieri. [1]) Und ebenso urtheilt Luther in der Erklärung der zehn Gebote: Wir sollen Gott fürchten und lieben — dann laufe alles von selbst. Luther würde denjenigen angedonnert, Melanchthon ihn fein belächelt haben, der so post festum dem Gerechtfertigten gegenüber nun auch noch das ethische Programm der neueren Theologie würde entwickelt haben, welches er nach der Rechtfertigung durch den Glauben zu erfüllen haben werde. Beide Reformatoren lebten der Ueberzeugung, dass, nachdem wir vor Gott „gerecht geworden durch den Glauben" (C. Aug. IV, deutsch) oder „gerecht geschätzt worden" (Conf. Aug. IV, ed. princeps von 1531), wir Frieden mit Gott haben und als solche neuen Zugang zu Gott, freies Gewissen, Kindesstand, Erbschaft des ewigen Lebens — dass wir Erben Gottes, Miterben Christi seien. Dass man nun solchen Christen noch mit einer langathmigen Ausgestaltung des christlichen Lebens kommen dürfe, das würde ihnen doch zu absurd erschienen sein. Solches würde ihnen alle jene Naivität und Zuversicht genommen haben, die dem Kinde im Vaterhause so wohl ansteht, ja ohne welche das Kind zum Knecht herabsinkt und unerträglich wird. Und es ist oft genug anerkannt, neuerdings auch von Loofs, welch grosser, erhebender Gedanke es ist, dass der Gläubige das Gute thue, der Sonne gleich, die scheinen muss. [2]) Kurz, aus dem Vollmass der innerlichen, durch Kampf bewährten persönlichsten Erfahrungen schöpfend, hat Luther und ihm nach Melanchthon einen grossen Strom von richtigen Erkenntnissen über das damalige ausgedörrte Erdreich sich ergiessen lassen. Den Feinden jedenfalls des Guten zu viel — ein Pighius spottete — aber auch den Freunden war noch vieles ganz unbegreiflich.

Was die Apologie sagt, geht doch noch über die Köpfe der Lebenden hinweg und selbst Melanchthon war sich der grossen Dinge, die er hier zur Darstellung gebracht, kaum voll bewusst. Wir sehen das aus seinen späteren Schwankungen. Er muss sich von Luther Raths erholen, als Brenz ihn wegen der Rechtfertigungslehre interpellirte. Da galt es die Frage: ob der Glaube nicht insofern rechtfertige, als man durch ihn den das Gesetz erfüllenden Geist empfange; oder, modern ausgedrückt: ob es in dieser

---

[1]) Vergl. Loci 1521, p. 181 u. p. 167, 175.
[2]) Loofs in seinem mehrgenannten Artikel p. 667.

Materie nicht auf die principielle Heiligung des Menschen, die in der Rechtfertigung geschehe, ankomme? Nein, antwortete Melanchthon und nahm dem Brenz jeden Gedanken, als ob wir insofern durch den Glauben gerecht seien, weil er die radix virtutum sei, sondern weil er Christum ergreift, um desswillen wir gerecht sind. Nein, gab sodann Luther zur Antwort: Er sehe ab von allen Qualitäten und setze an die Stelle hiervon Christum allein — der sei formalis iustitia mea. Anno 1536 bat Melanchthon Luther selbst um eine Erklärung über die Lehre Augustin's, nach welcher man meinen sollte „nos iustos esse fide, hoc est novitate nostra". Melanchthon fragt: ob Luther meine, der Mensch sei gerecht durch jene Neuheit — oder durch die umsonst gegebene Zurechnung, die ausserhalb unserer liegt, und durch den Glauben, das ist das feste Vertrauen, das sich aus dem Worte herschreibt?

Luther antwortet: „Sic sentio et persuasissimus sum ac certus, hanc esse veram sententiam evangelii et apostolorum, quod sola imputatione gratuita simus iusti apud Deum." Indem Melanchthon weiter fragt, wie es nach der Wiedergeburt sich verhalte — wodurch Paulus nach seiner Wiedergeburt Gott angenehm sei (ob nicht doch durch die nun aus der Wiedergeburt fliessenden Werke) — antwortet Luther: „Nulla alia re, sed sola illa renascentia per fidem, qua iustus factus est, permanet iustus perpetuo et acceptus." Er meint hier, wie wir sehen, diejenige renascentia, welche eben im Akt der Rechtfertigung selbst sich vollzieht, nicht das erst aus dem Glauben fliessende eigne neue, gute Leben. Luther hat am getreuesten mit dieser Lehre geschaltet. Auch die fortwährende, wie die ursprüngliche Gerechtannahme (iustificatio) will er auf die „fremde" Gerechtigkeit Christi begründet haben und auf den diese ergreifenden Glauben. Er sagt von der angefangenen Reinigkeit, sie werde für eine ganze, vollkommene gerechnet, nicht um ihrer selbst willen, sondern um desswillen, weil der Christ im Glauben an dem die Vergebung verheissenden Gotteswort hange (Erl. Ausg. 49, 276). Er spricht insbesondere auch denjenigen Werken und Tugenden, welche nun wirklich beim Gläubigen und gerecht Gewordenen sich kundgeben, eine eigne Geltung vor Gott ab (vergl. Köstlin, Luther's Theologie II, S. 455 ff.).

Brenz, der zu solchen Verhandlungen Anlass gab, verstand Melanchthon so gut, dass er erwiderte: man laufe Gefahr, sich den

Glauben zum Götzen zu machen, wie die Gegner sich die Liebe dazu werden liessen, wenn man ihn als ein Werk definiren würde.[1] Man drängte also auf Luther ein, um das Zugeständniss zu erreichen: dass doch etwas Innerliches zugleich vor sich gehe, und die Gerechtigkeit Christi (iustitia imputata) doch nur ja nicht extrinsece vor sich gehe und so nur in einem äusserlichen Verhältniss zu den Gläubigen zu stehen komme. Man vermochte aber nichts über ihn; der Reformator blieb fest und dem error Augustini fern. Luther vermied also die römisch-katholische Position, wonach die iustificatio das analytische Urtheil über den Erfolg einer im Menschen vorgehenden ethisch-physischen Umwandlung enthalten sollte. Er blieb stehen dabei, dass die Rechtfertigung oder die Wiedergeburt lediglich in einer veränderten religiösen Stellung oder Schätzung des Betreffenden vor Gott bestände und alles Ethisch-Physische auszuschliessen sei — als dem reinen Urtheil Gottes abträglich und der Gnade präjudicirlich. Und darin besteht nun die hohe Bedeutung dieses Reformators, dass er das Christenthum als neue Schöpfung wieder entdeckt hat und nicht als irgendwie aus dem alten durch Continuität und Conservirung des Zusammenhanges zwischen Altem und Neuem sich Entwickelndes und somit dennoch Naturhaftes.

Das Geschrei über die Aeusserlichkeit des Rechtfertigungsaktes, das von Pighius und Bellarmin an bis auf Möhler bestanden, ruht auf dem böswilligsten Missverständniss. Man will eben nicht wissen, dass der Rechtfertigungsakt zwar nicht, wie Baur zu seiner Entschuldigung angibt, neben der objektiven Seite auch noch eine subjektive hat. Denn mit dieser subjektiven Seite werden eben wieder alle jene Faktoren entfesselt, als da sind neue Qualitäten, Glaube als neues Princip der Heiligung u. s. w., welche Luther und nächst ihm Melanchthon mühsam unter den Deckel der Rechtfertigung gebannt hatte. Aber wohl liegt das Missverstehen dieser unserer Hauptlehre Seitens der Gegner darin, dass sie unter Verkennung der gewaltigen Bedeutung der satisfactio und obedientia Christi und der Innerlichkeit des unwiderstehlichen Wirkens des heiligen Geistes meinten behaupten zu dürfen: bei den Protestanten bliebe alles beim Alten. Es fände gar keine Aenderung statt und die ver-

---

[1] C. Ref. 2, p. 511.

änderte Stellung der Christen zu Gott habe keine Wandlung im Inneren zur Folge, weil solches eben nicht geschehe nach ihrem römischen Recept, d. h. mittelst Einguss heiligmachender Gnade, die den Menschen in Stand setzte, verdienstliche Werke zu thun. Weil sich die Sache nicht zutrug, wie sie es sich dachten, so stand man abseits und schmähte. Freilich hat Luther noch nicht jene Sicherheit in der Begriffsbestimmung der Rechtfertigung durch den Glauben erreicht, wie sie nachmals Melanchthon im Streit mit Osiander erlangte; aber er wies doch die Freunde auf den rechten Weg und ist nicht schuld daran, wenn nachher in Regensburg (1541) die „geflickte Notel" von der fides efficax in das Friedens-instrument, das einer damals noch von allen Theilen gewünschten Union dienen sollte, eingefügt wurde. Denn es ist unglaublich, wie schwer es hielt, auch die Besten der Zeitgenossen bei diesem Lehrstück im rechten Fahrwasser zu erhalten. Unglaublich ist es ja auch, wie selbst Gelehrte wie Brieger [1]), um von Heppe gar nicht zu reden, den Irrthum Bucer's wiederholen, es könnte sich durch solche Formel, wie die fides efficax ist, im Lehrstück der Rechtfertigung ein neutraler Boden schaffen lassen, wo beide Par-teien zusammentreffen könnten. Was aber wäre das Resultat? Es würde sich nur jede der beiden Parteien das Ihrige bei solcher Formel denken und diese Union würde ein Anlass zu erneutem Kampfe werden, [2]) wie sie es denn auch geworden. Es fragt sich aber, was ist das Neue an der mit der Rechtfertigung in dem Menschen vorgegangenen Aenderung? Das Neue ist der Glaube — der Glaube allein ist es, der den jetzigen Stand vom früheren Sündenstand unterscheidet. Auf diesen „Glauben" waren denn auch die Gegner furchtbar erbost; Pighius behauptet, dieser Glaube sei eine Erfindung Luther's und dem Paulus gänzlich unbekannt. [3]) Es musste sich nun herausstellen, ob dieser Glaube, in ähnlicher Weise wie bei den Römischen die Liebe, als ein Princip des neuen Lebens in dem Menschen anzusehen sei, oder ob der Glaube nur die Aen-derung der Stellung des Wiedergebornen für diesen selbst signa-

---

[1]) Gegen ihn spricht sich Ritschl aus III, S. 138 (Note).

[2]) Vergl. auch Hase, Dogmatik S. 316 und Ritschl a. a. O.

[3]) Controversiae in comitiis Ratisponensibus, p. 62: Lutheri fidem Paulus non habuit.

lisirt, ohne doch eine sogenannte nova obedientia, eine nova vita, oder eine regeneratio im Sinne der nachmaligen Theologie in sich zu bergen. Mit anderen Worten: nimmt der Glaube die nova vita, die sanctificatio gleichsam ins Schlepptau, oder hat der Glaube, als das im Inneren des Menschen entzündete Licht, auch den besonderen Charakter des Lichtes, dass er uns die Gegenstände unter dem rechten Gesichtswinkel erscheinen lässt, ohne Quelle, Princip und Ausgangspunkt des neuen Lebens zu sein? Hat der Glaube überhaupt einen anderen Erfolg als jenen, welchen jede neue Erkenntniss mit sich bringt, nämlich dass sie neue Beziehungen eröffnet, die freilich je nach dem Masse des Erkenntnissobjektes den ganzen Menschen beeinflussen, und Willen wie auch Gemüth umstimmen?

Wenn freilich die Relationen des Glaubens — Gnade, iustitia filii Dei, obedientia activa — lauter wesenlose Sachen sind; wenn ferner die Sündenvergebung und die Zurechnung des Gehorsams Christi gegenstandslose Gedanken sind (ociosae imaginationes, [1]) so ist der Glaube gleich der mit Zwiebelsaft bestrichenen Magnetnadel. Er weiss nirgendwohin. Wenn aber diese Relationen des Glaubens diesen selbst erst geweckt haben — wenn sie ihn angeregt und angezogen haben durch das Mittel des heiligen Geistes, um ihn nicht wieder von sich zu lassen — so ist er ja stets im Stande, diese ewigen Grundlagen des menschlichen Heiles zum Zweck der Sicherstellung des Heiles in Evidenz zu erhalten und für sich zu realisiren. Und solches wirkt dann Frieden mit Gott (Röm. 5, 1), und wer an den Sohn glaubt, hat das ewige Leben. Dabei bedürfen wir dann nicht einer vermittelnden Substanz. Die Gerechtigkeit Christi braucht nicht in uns überzugehen und es braucht heiligmachende Gnade nicht Verstand und Willen physisch zu erneuern oder doch frei zu machen, damit sie wirken, wie sie sollen. Denn alle Relationen des Glaubens sind lebendiger Art und die effectiones sind gewaltig, welche von Gott, Vater, dem Sohn und dem heiligen Geist ausgehen. Trefflich sagt Melanchthon a. a. O.: Cum misericordia donata propter Filium agnoscitur et fide apprehenditur, iam bonitas et praesentia Dei sentitur et transformamur (2. Cor. 3, 18) ut sit in nobis vera notitia Dei et firma assensio,

---

[1] Vergl. die dem Heshus von Melanchthon vorgeschriebene Disputatio (Opp. ed. Peucer, B. 4, S. 579).

quasi lux a Verbo in nos sparsa, et accendantur per Spiritum s. dilectio Dei et laetitia in Deo acquiescens et alii tales motus, qualis est ipse Spiritus sanctus. Melanchthon nun war es vorbehalten, diese hier flüchtig skizzirten Gedanken vom Glauben im Osiandrischen Streit klar zu entwickeln.

Längere Zeit freilich ist, nach der Zeit der Abfassung der Apologie, Melanchthon's Beschäftigung mit der Rechtfertigungslehre ins Stocken gerathen. Ja, er hat dieselbe in den Locis nicht auf der Linie der Apologie weiter fortgeführt. Während er in der letzteren die iustificatio mit der regeneratio hatte zusammenfallen lassen und jeden integrirenden Nachtrag zu derselben, unter der Firma der Heiligung etwa, ausgeschlossen, [1] um nicht wieder abzuschwächen, was in der iustificatio bereits geleistet worden war — so ist in den später herausgegebenen Locis die Zusammenfassung der regeneratio mit der iustificatio recht zurückgestellt (Loofs, a. a. O. S. 633). Er redet in seinen Locis von der nova obedientia (C. R. 21, S. 428), die er dann auf die iustificatio folgen lässt, gleich als ob das, was er darunter befasst, nicht alles längst unter der Rubrik der iustificatio sichergestellt sei.

Da trat mit einem Mal 1550 Osiander hervor, und noch einmal erhielt nun Melanchthon Gelegenheit, von der Rechtfertigung sich und Anderen die nöthige Klarheit zu verschaffen. Denn mit dem Interim hatten sich viele laxe Ausdrücke auch im Punkt der Rechtfertigungslehre eingeschlichen (C. R. 7, p. 51). Es war andererseits aber auch die Lehre von der obedientia activa Christi durch Flacius und Osiander stärker hervorgezogen. Der Satz, dass unsere Gerechtigkeit in dem fremden, uns aber imputirten thätigen Gehorsam Christi bestehe, welchen die Apologie 125, 184 sehr vorübergehend aufstellt, wurde das Rettungsmittel. Es fiel damit jeder Grund in der beim Gerechtfertigten eintretenden Aenderung nun auch noch die Gesetzeserfüllung nachzuweisen. Denn dieselbe hatte Christus auch durch seine obedientia activa geleistet. Die Annahme, dass dies vom Gerechtfertigten durch seine nova obedientia zu suppliren wäre, war also unnöthig. Jedes solche Supplement, das vom Gerechtfertigten zu erwarten wäre, fällt fort und würde auch den Menschen

---

[1] Wie neuerdings Loofs bewiesen in seinem mehrerwähnten Artikel, f. Stud. und Krit. I, 1884.

nur wieder auf den gesetzlichen Standpunkt zurückstellen, aus dem
er ein für allemal durch die obedientia activa und passiva Christi
erlöst worden ist.

Das Aergerliche an der durch Melanchthon vertretenen üblichen
Lehrweise war für Osiander das Kahle, Eiskalte der Rechtfertigungslehre. Es passirte nichts in dem Wiedergebornen; es fand keine
greifbare Veränderung in ihm statt. Das sollte nun anders werden;
denn selbst die Augsburgische Confession rede, nach Osiander, zu
finster davon, und nur bei Luther habe er ähnliches gefunden, wogegen Melanchthon alles gefälscht habe. [1] Er sah die Aenderung,
welche mit dem Gerechtfertigten im Vergleich zu seinem früheren
Sündenstande stattfinde, in ganz mystischer Weise an. Christi Gerechtigkeit, oder auch die natura divina Christi wird dem Gläubigen eingegossen und durch diese Gegenwärtigkeit Christi in dem
Gläubigen ist derselbe wesenhaft gerecht. [2]

Osiander ging viel tiefer, als die römischen Gegner jener
Zeit. Ihm war es nicht um die reelle Justification zu thun zum
Zweck der Erwerbung von Verdiensten — sondern es sollte die
göttliche Rechtfertigung den Sünder sogleich zum Gerechten umschaffen, damit Gottes Urtheil ein Urtheil nach Wahrheit sei.
Ueberhaupt machte sich Osiander in seiner mystischen Weise ein
ganz apartes, aber sehr consequentes System zurecht, in das er
alle wichtigen Loci einbezog und in seiner Weise modificirte.
Solches bot nun Melanchthon und nächst ihm Flacius mehr denn
genügenden Anlass, aufs Schärfste zu opponiren und die Pfähle
der reformatorischen Lehre fester in den Boden einzuschlagen, um
so den Epigonen ein sicheres Obdach zu bereiten. Ein Mann wie
Brenz [3] wollte den Osiander schonen — hier war nun Melanchthon
fester.

Bis zum Osiandrischen Streite ist Melanchthon selbst noch
öfter sorglos. Er lässt besonders die nova obedientia in sehr
äusserlicher Weise der Rechtfertigung nachschleppen (vergl. Opp.
Mel., ed. Peucer, III, S. 101, Z. 3; 504, Z. 39). Nach dem angehobenen
Streit fasst sich Melanchthon zum letzten Mal zusammen und hat
die evangelische Lehre in diesem Punkt gerettet. Mit diesem Auftreten

---

[1] Möller, Leben Osiander's, S. 426, 482.

[2] Möller, Osiander, S. 485.

[3] Cf. Peucer's Vorrede zum 4. Band der Opp. Melanchthon's.

Melanchthon's wider Osiander nehmen wir einen wahrhaft fruchtbaren Fortschritt in der Klarstellung der Rechtfertigungslehre wahr.

Der Ausdruck iustum efficere, den Melanchthon in der Apologie noch ganz unverfänglich neben iustum pronuntiare oder reputare gebraucht hat,[1]) wird nun schärfer ins Auge gefasst. Die Veränderung, die mit dem Gerechtfertigten vor sich geht, wird genauer definirt. Sie war schon in der Apologie nicht auf Osiandrische Weise gemeint; denn iustum effici steht (wie die unten angezogene Stelle beweist) gleich dem accipere remissionem peccatorum. Aber es konnte doch immer den Anschein haben, als ob die Rechtfertigung geschehe um des Glaubens willen, der den Anfang des neuen Gehorsams in sich trägt, und als wenn die renovatio schon mit hineinspiele in das Urtheil Gottes bei der Rechtfertigung.

Folgende Hauptsätze Osiander's wurden beanstandet: Imputata est ei iustitia heisst es von Abraham (Röm. 4), d. h. nach Osiander transfusa est in eum divinitas, so sagt Melanchthon in seiner Enarratio in Ep. ad Romanos.[2]) Ferner l. c. S. 95: Fide iustificamur praeparative, — ut postea alia re simus iusti, scilicet novitate. Weiter S. 82: Christum iustificare per accidens nach Osiander; oder: obedientiam Christi tantum tropice iustitiam esse und nicht wirklich jener statisfactorische Gehorsam (Psalm 40, 9), welcher der Grund ist unserer Gerechtigkeit vor Gott. Ferner a. a. O. p. 83: Paulus dicit: Deus est, qui iustificat. Verissimum est enim, Deum esse efficientem causam iustificationis, qui et recipit nos et vivificat. Sed quaestio est de causa impulsiva s. formali, ut, an haec propositio sit vera: Sumus iusti, i. e. accepti essentia Dei. Aut, an illa sit vera: sumus iusti, i. e. accepti obedientia mediatoris.[3]) Hîc

---

[1]) Apol. 73, 72: Et quia iustificari significat ex iniustis iustos effici seu regenerari, significat et iustos pronuntiari seu reputari. Utroque enim modo loquitur Scriptura. Ideo primum volumus hoc ostendere, quod sola fides ex iniusto iustum efficiat, hoc est, accipiat remissionem peccatorum.

[2]) Opp. Melanchth., ed. Peucer, IV, S. 105.

[3]) Ueber diese oft wiederkehrende Alternative zwischen den streitenden Parteien — ob wir wegen der iustitia essentialis oder der obedientia mediatoris gerecht erklärt und Gott angenehm würden, redet Melanchthon auch im Brief an Bischof Cranmer, 1. Januar 1553 (C. R. 8, p. 11). Der ganze Brief ist sehr hervorragend und gewährt einen Einblick in die innersten Bezüge dieses Streites. Ein grossartiger Gesichtskreis ist dem Reformator eigen.

manifestum est Pauli dictum: propter unius obedientiam iusti constituentur multi. Est ergo efficiens causa Deus recipiens nos. Causa impulsiva s. formalis est obedientia mediatoris. Osiander's Definition der Gerechtigkeit in dieser Materie der Rechtfertigung sei eine solche, die auf dem Boden des Gesetzes Platz hat; aber eine ganz andere ist die iustitia secundum evangelium; diese sei acceptio remissionis peccatorum et imputationis iustitiae per fidem; haec remissio et imputatio fit propter obedientiam filii, non propter essentiam Patris aut Spiritus sancti. Ergo propter obedientiam filii sumus iusti. Wo Daniel C. 9 und Jesaias C. 45 von der ewigen Gerechtigkeit reden, durch die wir errettet seien, da meinten sie omnia Christi beneficia, und ewig hiesse diese Gerechtigkeit, weil sie einen nach vorwärts zu ewigen Charakter trage.

In dieser Enarratio des ganzen 3. Capitels, welche sich deckt mit dem 1555 gegen Culmann aufgesetzten Bekenntniss, hat Melanchthon seine liebe Noth, sich von Osiander's praestigiis und cavillationibus los zu machen, die da beabsichtigten, die Imputation zu beseitigen und an die Stelle derselben eine Infusion und Inhabitation zu setzen, damit der Gläubige etwas Festeres habe, worauf er sich verlassen könne, als das ins Wort gefasste beneficium Christi, von dem eben nur der heilige Geist Kunde gibt, und zwar durch Erweckung des Glaubens mittelst Erleuchtung der Vernunft und Umlenkung des Willens, nicht aber durch mystische Einwohnung Gottes oder der Gerechtigkeit Christi oder dann durch Eingiessung von neuen Qualitäten.

Wir wiederholen es: Osiander ging anders vor, als die römischen Lehrer.[1] Ihm war es nicht so sehr um die reelle Justification zu thun, um gute oder verdienstliche Werke verrichten zu können, also in ganz gesetzlicher Weise, wie Rom es lehrt; er ist vielmehr in seiner Heiligungslehre ganz massvoll; sondern er fordert, dass die Rechtfertigung den Sünder sogleich umschaffe, damit sie ein Urtheil nach Wahrheit sei. Er hielt die Imputation für etwas zu Aeusserliches und will an ihre Stelle die Inhabitation Gottes treten lassen, die da bewirke, dass der Mensch gerechte Werke thue, nicht gesetzlicher Weise, sondern wie von selbst. Damit

---

[1] Gegen **Möhler**, Symbolik S. 159, der wenig von Osiander verstanden hat.

wird aber das Werk Gottes in die Gefühle (Subjektivität) des Menschen gestellt.

Melanchthon ist nun dem Osiander thunlichst entgegengekommen, obwohl er dem noch oft zu erwähnenden Rungius 1551 schon schreibt: De re magna dissentit ab ecclesiis nostris (Osiander).[1] Er gibt zu, dass eine Veränderung stattfinde im Gerechtfertigten, nur muss dieselbe richtig definirt werden. Mit seiner substanziellen Auffassung des iustum efficere führe Osiander die Christen von der Verheissung ab und lehre sie vertrauen auf die Wirkungen des heiligen Geistes in uns. Procedis in declaratione ad effectionem,[2] d. h. du fällst von dem deklaratorischen Akt auf die Wirkungen desselben. Im Grunde sei Osiander dennoch eins mit den Gelehrten unter den Papisten[3] und mache es noch schlimmer, als diese, sofern er einen methaphysischen Unterbau herstelle, nämlich eine der unio personalis in Christo vergleichbare Vereinigung Gottes mit der Seele (Einwohnung der divina natura Christi in den Gläubigen).[4]

Melanchthon's berühmtes Gutachten (Iudicium de Osiandro vom Januar 1552)[5] ist unter der Approbation seiner Collegen in Wittenberg deutsch geschrieben und sehr massvoll gehalten. Er redet in demselben von der Veränderung, die in dem Gerechtfertigten stattgefunden. Denn diese ist die Hauptsache, und sie war es schon 20 Jahre zuvor, als Melanchthon mit den Römischen über die Rechtfertigung zu streiten hatte.[6] Man hielt dasjenige, was uns in der Rechtfertigung durch Zurechnung gegeben wird, von jeher, wie auch noch heutzutage, für einen sehr schwachen Trost. Es lehren diejenigen, sagt Osiander, kälter Ding, denn das Eis, welche da lehren, dass wir allein um der Vergebung der Sünde

---

[1] C. R. 7, p. 782.

[2] C. R. 7, p. 780: Brief an Osiander v. J. 1551.

[3] C. R. 7, p. 783.

[4] Ibid. p. 781: Nec tamen fit unio personalis in nobis, sed Deus separabiliter adest nobis, ut in domicilio separabili.

[5] C. R. 7, p. 892 ff.

[6] Vergl. Apologie 74, 79: Die Widersacher reden kindisch von diesen hohen Dingen — sie können doch gar nicht von diesen hohen Sachen reden. C. R. 28, p. 72.

willen für gerecht gehalten werden und nicht auch von wegen der Gerechtigkeit Christi, die in uns wohnet. [1])

Da heisst es nun in dem Iudicium: „Also bekennen wir klar — dass in uns Veränderung geschehen müsse, und dass gewisslich Gott Vater, Sohn und heiliger Geist den Trost und Leben in der Bekehrung in uns wirken, und also in uns sind und wohnen, so das Evangelium im Glauben aufgenommen wird" — und nun folgen lauter Stellen, aus denen erhellt, wie Christus durch das Wort, welches der Glaube aufnimmt, in seinen Gläubigen wohnt. Osiander soll also zugegeben werden, dass eine Veränderung mit dem Gerechtfertigten vorgehe — aber nur durch eine ausserordentliche Wirkung des heiligen Geistes und nicht zufolge substanzieller Einwohnung Gottes. „In diesem Leben (heisst es weiter), obgleich Gott in den Heiligen wohnt, so ist dennoch unser Aller Natur noch voll grosser Unreinigkeit und sündlicher Gebrechen (Psalm 143, 2). Hier müssen nun auch die Heiligen (!) Trost haben und wissen, wie sie Vergebung der Sünden und Gnade haben, d. i. wie sie Gott gefällig sind. Diesen ist dieser Trost fürgestellt, dass sie auch nach der Wiedergeburt für und für Vergebung der Sünden und Gnade empfangen und behalten um des Mittlers Jesu Christi willen, durch Verdienst seines Gehorsams, darin er ein Opfer für uns worden ist (Psalm 40, 9). Und gehört dieser Hauptspruch Röm. 3 (24. 25) auf alle Menschen in der Bekehrung und hernach." Dieser Trost sei für und für durch die Propheten gepredigt. David lebte in Kraft dieses Trostes — und wir Alle. „Und wiewohl alsdann in solchem Trost Gott in uns ist und wirkt — so ist dennoch der Glaube gegründet auf den Herrn Christum, Gott und Menschen, und auf sein Verdienst und Fürbitte." Also Melanchthon verwirft, dass die Sache unseres Heiles je auf die effectiones, die in uns stattgehabte Aenderung, also die veränderte Stellung des versöhnten Sünders zu Gott gegründet werde. Jede Reflektion darauf ist gefährlich, weil sie den einigen Grund unserer Seligkeit, die Gerechtigkeit Christi, verdunkelt und umstürzt. Der oben angezogene Text Röm. 3 (24. 25) redet vom Gehorsam und Verdienst Christi in der

---

[1]) S. Osiander's Dissertation v. 24. October 1550. Nr. 73

menschlichen Natur, und das Verdienst des Sohnes ist zu unterscheiden von der Wirkung, die es auf uns hat. Diese Wirkung
ist nie dem Verdienste Christi an die Seite zu stellen oder ihm
unterzuschieben. Fälschlich deute Osiander in dem Satze Röm.
5, 17: „durch Eines Gehorsam werden Viele gerecht", den Gehorsam auf die Gottheit (göttliche Natur), die ihn hat gehorsam gemacht, während doch offenbar Röm. 5, 17 vom Verdienst Christi
geredet ist. Und während Melanchthon noch Apol. 117, 157 sich
nicht scheute, zu sagen: tota illa novitas vitae salvat, so ist er jetzt
gewitzigt worden. Er verwirft nunmehr den Satz: „novitate sumus
iusti", indem er sagt:[1] Diese Reden: Gerechtigkeit ist dieses, dass
uns macht recht thun und novitate sumus iusti sind Reden, die
nicht fern von einander sind; d. h. sie sind beide gleicherweise
verwerflich: es sei das nur ein Abwechsel der causa (Gerechtigkeit) und des effectus (neues Leben) — eine Wortdifferenz.

In diesem Iudicium de Osiandro hält sich Melanchthon noch
mehr in der Defensive. Er wünscht, dass neben der Einwohnung
der Person (Gottes oder Christi) ja nicht Vergebung der Sünden
und das Verdienst Christi — also sein Gehorsam und Gerechtigkeit — ausgeschlossen werde.[2] Und zwar solle man den Artikel
von der Vergebung der Sünden obenanstellen und im Glauben erfassen.[3] „Und so wir uns also trösten, alsdann ist dieses auch
wahr, dass Gott wahrhaftiglich in uns wohnet und der Herr
Christus selbst in uns wirket, wie er spricht: Ego vitam aeter-
nam do eis. Item Nemo rapiet eos ex manibus meis.

Nach Osiander's Tode hatte er mit seinen Anhängern zu thun,
besonders mit dem Nürnberger Prediger L. Culmann. Ihn, seinen
verehrten Freund, warnt er im J. 1552 vor den Paradoxien und
Räthselworten Osiander's und nennt als solche die Behauptung
Osiander's, dieser Gorgo des Nordens: „Non recte dici: Deus iustificat renascentes, sed vult dici: Deus est ipse renascentium vita".
Er nennt dies eine Verrückung der Grenzen zwischen Schöpfer
und Geschöpf. An non vult distingui inter creatorem et vitam creatam?

Die Frage zwischen Melanchthon und Osiander nebst dessen
Anhängern spitzt sich dahin zu: ob der Wiedergeborne durch Ein-

---

[1] A. a. O. S. 898.
[2] Ibid. S. 898 unten.
[3] Ibid. S. 899.

giessung der Substanz Gottes, oder durch die Gnade und die Kraft des heiligen Geistes Gott ähnlich werde. Wir müssen aber im Blick auf die römische Kirche noch weiter fragen: Ist es ein in uns eingegossenes neues Leben, ist es der Glaube, sind es neue Qualitäten, die den Platz einnehmen, der von Adam stammenden corruptio, der massa corrupta et perversa (so selbst nach der Concordienformel p. 647) — oder ist es genug an der imputatio iustitiae Christi? Eine imputatio, wohl gemerkt, die keineswegs imaginär ist, sondern ihre gewaltigen Folgen hat, wenn sie auch dieselben nicht durch das Mittel der substanziellen Einwohnung Gottes oder des geistlichen Stoffwechsels erreicht?

Man war in der Reformationszeit aufs Gewaltigste bedrängt. Die Römischen forderten mehr als die blosse imputatio, sie statuirten die gänzliche Umschaffung des Sünders. Osiander wiederum forderte auch mehr und klagte: die Gegner hätten die Erneuerung des inwendigen Menschen, so durch die Wiedergeburt geschieht, verworfen,[1] und er beschenkte die Sünder mit der divina natura Christi. Also gegenüber dem Reichthum solcher Gegner hatte Melanchthon die evangelische Armuth zu vertheidigen.

Abzulehnen war die Umschaffung des Sünders — wonach keine Sünde mehr da war und der Mensch wie Adam vor dem Falle von neuem anfangen konnte (so Rom). Abzulehnen war die mystische Einwohnung Gottes, oder die divina natura Christi Osiander's, wonach der Mensch wiederum wie Adam vor dem Falle war, wenn auch in einer besseren Lage, als jener, und ohne dass, wie bei den Römischen, der freie Wille abermals zu cooperiren hatte.

Also zwischen den Klippen des Mysticismus (eigentlich Pantheismus) Osiander's und des Pelagianismus (Dualismus) Rom's musste der Weg gebahnt werden. Solches geschah durch Melanchthon in der hochwichtigen Angelegenheit, die zwischen ihm und dem Nürnberger Culmann, einem Osiandristen, zu verhandeln war.[2]

Auf dem am Schluss der Verhandlungen aufgesetzten Aktenstück, von 57 Predigern und Angesehenen (ausser Melanchthon und Alesius) unterschrieben, ist das Dogma folgendermassen präcisirt: „Dass der Mensch in der Bekehrung in diesem Leben gerecht

---

[1] S. Bekenntniss Andreas Osiander's. Mm. 2.
[2] Ch. Schmidt, Leben Melanchthon's, p. 556.

werde für (vor) Gott von wegen des Gehorsams des Mittlers, durch Glauben, nicht von wegen der wesentlichen Gerechtigkeit." Es sind hell leuchtende Sätze, welche in diesem kleinen, selten gewordenen Schriftstück aufgestellt werden. Alles Rühmen und jegliches Vertrauen auf die novitas (Heiligung, würden wir sagen) verwirft er, obschon festgehalten wird, dass sie da sein muss. Es kommt hier aber alles auf das „Wie" an. Folgendes sind nun die Sätze, welche den Osiandrismus feierlich verwerfen.

Derhalben sollen diese Reden im Predigen und Lehren, auch sonst nicht gebraucht werden:

I. **Der Mensch wird gerecht von wegen der wesentlichen Gerechtigkeit.**

II. **Der Mensch wird gerecht von wegen der wesentlichen Gerechtigkeit Gottes des Vaters, des Sohnes und des heiligen Geistes.**

III. **Der Mensch wird gerecht für Gott von wegen der Einwohnung Gottes.**

IV. **Gerechtigkeit ist die Einwohnung Christi, darum uns Gott Gerechtigkeit zurechnet.** In diesen Worten ist dieser Irrthum, dass sie sprechen: „die Gerechtigkeit werde uns zugerechnet von wegen der Einwohnung", so sie uns doch von wegen des Gehorsams Christi zugerechnet wird, und der Glaube vertrauen solle auf den Gehorsam Christi und nicht auf die Inwohnung.

V. Man soll auch nicht also reden: **Es sind zwen oder mehr Theil** Iustificationis: fides, inhabitatio, bona opera etc. Denn Iustificatio coram Deo ist Vergebung der Sünden empfahen, und Gott gefällig werden um **Christi** willen. Dieses soll unterschieden werden von folgenden Wirkungen Gottes und guten Werken, damit nicht dieser Verstand folge: Wir sind gerecht von wegen des folgenden angefangenen neuen Gehorsams. Wie auch der selbig folgend angefangen neuer Gehorsam Gott gefällig sei, und wie er Gerechtigkeit genannt wird, das ist in unseren Kirchen durch Gottes Gnade oft erkläret.

VI. Diese Propositio ist auch nicht recht: „Der Wiedergeborne nach Adams Fall ist gerecht gleicher Weise, wie Adam für dem Fall war: Scilicet non imputatione, sed inhabitatione, vel originali iustitia.

VII. Diese Definitio: „Iustitia ist dieses, **das uns macht recht thun**", soll allein als eine Gesetzlehre verstanden werden. Und soll Unterschied zwischen dem Gesetz und Evangelio, und zwischen der Gerechtigkeit der Person für Gott und der gerechten Werk treulich erklärt und erhalten werden.

VIII. Dieses ist auch nicht recht, so etliche sprechen: „Fide sumus iusti, scilicet praeparative, ut postea simus iusti iustitia essentiali. Dieses ist im Grund päbstisch, und Vertilgung des Glaubens. Und ist allein dieser Unterschied zwischen päbstlichen Reden und dieser Rede, dass die Päbstlichen effectum nennen: „Wir sind gerecht von wegen der neuen Tugenden und Werk“, so nennen diese causam: „Wir sind gerecht darum, dass Gott solches wirket“. Und wird also der Mensch von dem Mittler abgeführt.

IX. Diese Rede sind ganz zu verwerfen: Obedientia Christi wird genennet Iusticia Tropice, Christus iustificat per accidens.

Die hier abgedruckten neun antithetischen Sätze gegen die Lehre Osiander's sind an diesem Orte, wo wir es mit den Schicksalen der Rechtfertigungslehre zu thun haben, nicht zu erledigen. Sie enthalten ein ganzes dogmatisches Lehrgebäude und werden wir in den folgenden Abschnitten beständig auf selbige neun Sätze und den ganzen Handel mit Culmann zurückkommen. Es genüge uns, Folgendes festzustellen, um uns das Interesse der Leser für diese Sätze und diese Episode des Osiandrischen Streites von vornherein zu sichern.

Was Melanchthon hier bekämpft, ist nicht etwas der evangelischen Kirche Fernliegendes und etwa nur als ein Ausschnitt aus der Dogmengeschichte für die heute Lebenden wichtig. Nein, es hat eine sehr aktuelle Bedeutung für die lutherische und reformirte Kirche überhaupt und zwar auch in der Gegenwart.

Ueber das Verhältniss der Rechtfertigung zur Heiligung ist die heutige Theologie weniger, denn je zuvor, im Klaren. Umfassen solche Sätze, wie Gen. 15, 6: Abraham glaubte — und das rechnete Gott ihm zur Gerechtigkeit an, oder Jes. 53, 10: Mein Knecht, der Gerechte, wird Viele gerecht machen, die ganze Sache unseres Heiles — und ist Abraham, wo ihn Gott also gerecht spricht, wirklich gerecht, d. h. ist er in dem Augenblick soweit gekommen, wie er jemals kommen wird, ist er soweit verändert, wie er jemals verändert werden wird — oder ist er es nicht? Nein, rufen Osiander, aber auch die Römischen und die Neueren.

Nun fängt die Sache erst recht an. Nach der von Allen zugegebenen, aber doch eben nur rein als Einleitung gefassten Imputation des Verdienstes Christi, sowie nach der präparatorisch auftretenden Aktion des Glaubens folgt nunmehr erst das eigentlich Neue. Durch die Rechtfertigung wird der Mensch so hingestellt, wie er sein musste, um nun die Vollbringung guter Werke, oder Entfaltung des neuen Lebenskeimes in ihm beginnen zu lassen. Aber die Hauptsache kommt erst — Osiander nennt diese Hauptsache „Rechtfertigung". Die römische Kirche lässt dem Menschen die Gnade der Rechtfertigung zwar unverdienter Weise zukommen, aber diese heisst sofort auch heiligmachende Gnade und wird mit der Heiligung vermischt; ihre Früchte sind die guten Werke. Die Neueren lassen ebenfalls die Rechtfertigung lediglich als ein auf die Heiligung vorbereitendes Moment vorausgehen und theilen sich hier nur in zwei Richtungen.

Wenn sie orthodox sein wollen, so lassen sie der iustitia imputata die iustitia inhaerens folgen und halten sich nur die Rückzugslinie offen, dass sie in Anbetracht der Mängel der Heiligung immerdar auf die iustitia imputata recurriren können. Das ist das Nämliche, wie Osiander's Betonen der iustitia essentialis, der gegenüber die Sünde immer wieder wie ein unreines Tröpflein in einem ganz reinen Meere erscheint. Denn auch Osiander wollte keineswegs behaupten: dass „die guten Werke meine Gerechtigkeit werden".[1] Die andere Richtung sieht in der Erlösung durch Christum lediglich dies, dass durch die Kraft derselben der gottgeschaffene Grund der Seele frei gemacht und der Mensch also zur Heiligung des Lebens disponirt wird. Diese Richtung verfolgt den Weg Roms, wenn auch ohne die römische heiligmachende Gnade, die durch die Sacramente fortwährend auf den Menschen, immer aber doch als Aushülfe der eignen Kraft, übergeleitet wird.

Melanchthon aber lehrt gegen Osiander's Abweichungen: dass Sätze wie: „Abraham glaubte dem Herrn und das rechnete er ihm zur Gerechtigkeit an" ein abschliessendes Urtheil über Abram enthielten. Complectuntur haec dicta integram salutem, χάριν καὶ δωρεὰν ἐν χάριτι.[2] Also, soweit als von Abram je gesagt

---

[1] S. Widerlegung Melanchthon's No. 3b; ferner Schmeckbier G. 4a.
[2] Vergl. C. R. 7, p. 678.

werden kann, er sei gerecht, soweit ist er es jetzt, und zwar gleich und sofort. Es fängt nun nicht erst noch etwas Neues an, was zur Completirung dieses göttlichen Urtheils über Abram dienen würde. Was dann weiter folgt, also die novitas, sei nicht Dasjenige, um dessentwillen die Person gerecht vor Gott geheissen wird. Und wenn dann auch dies Weitere suo modo,[1] in gewissem Sinne, Gerechtigkeit heisst, so hat das keinen integrirenden Werth gegenüber der ein für allemal bei der Rechtfertigung sichergestellten Gerechtigkeit des Sünders vor Gott.

Den tiefsten Schnitt macht Melanchthon in das System Osiander's, indem er die Gerechtigkeit Christi in ihrem wahren Werthe erscheinen lässt. Dieselbe ist nicht eine heilige Substanz, die Christus mit aus dem Himmel gebracht hat, und die ihn vor Sünde bewahrte und sodann auch unsere Gerechtigkeit vor Gott wird. Vielmehr sei es aufs Aeusserste zu beklagen, dass man sich „vom Gehorsam Christi so faule Gedanken" mache. Christus wirke vielmehr nach seinen drei Aemtern kräftiglich auf die Gemeinde. Der Voranstellung der Person (mystisch gedacht) vor die Aemter widerspricht Melanchthon aufs Ernstlichste. „Es könne (sagt er) die Person nicht erkannt werden ohne die Aemter und sind andererseits die Aemter kräftig von wegen der Person." Durch seinen Gehorsam sind die Vielen als gerecht hingestellt, nicht durch mystische Einwohnung der Person Christi oder seiner divina natura oder der iustitia essentialis, die dann allerlei Früchte der Gerechtigkeit in mir wirkt. Osiander verkennt (abjicit) die Imputation[2] und verkennt den reichen Trost, der aus der Rechtfertigung für den Wiedergebornen fliesst, so lautet Melanchthon's gerechter Vorwurf. Im gleichen Tone redet Flacius.

Ein weiterer tiefer Schnitt wird in jenes Figment Osiander's gemacht, dass Adam vor dem Fall das Ideal sei, dem die Wiedergebornen durch die Erlösung wieder zugeführt werden müssen. Das war und das wird auch heute noch sehr allgemein angenommen. Man nimmt an, Adam sei in irgend einer Weise, sei es ganz oder der Anlage nach, als erster Entwurf des Menschen zu betrachten und Christus führe nun den dort gezeichneten Grundriss aus. Bei Osiander

---

[1] C. R. 7, p. 679.
[2] C. R. 7, p. 846.

folgte daraus dann, wie bei vielen Neueren auch, die Nothwendigkeit, dass der Erlöser Mensch ward, ganz abgesehen von dem Falle Adams. Melanchthon weist in kurzen Worten als Irrthum Osiander's ab: der Wiedergeborne nach Adam's Fall sei gerecht gleicherweise, wie Adam vor dem Fall war, scilicet non imputatione, sed inhabitatione et originali iustitia. Damit ist die gegentheilige Behauptung in ihr Recht eingesetzt: dass der Wiedergeborne imputatione, sed non inhabitatione vel originali iustitia gerecht sei; d. h. dass Inhabitation und: irgend eine Art der iustitia, auch die iustitia inhaerens nichts mit dem Urtheil, ob der Mensch gerecht und Deo acceptus sei, zu schaffen habe. Eine ganz fundamentale These, durch die in unseren heutigen Dogmatiken sehr vieles umgestossen wird, wenn man ihr (wie wir unten thun werden) Folge gibt.

Wir brechen hier ab und constatiren nur, dass von einer Unterscheidung zwischen iustum pronuntiari und effici, oder von einer Ueberordnung des iustum pronuntiari über das iustum effici [1] in keiner Weise die Rede sein kann. Was im iustum effici gegeben werden will, wenn recht verstanden, liegt schon im iustum pronuntiari; wenn darüber hinaus angestrebt wird, dem iustum effici in der Heiligungslehre ein besonderes Versuchsfeld zu eröffnen, so geht man von der reformatorischen Position ab und kann nur kühn Melanchthon's Schriften nach dem Jahre 1550 als nicht bestehend denken.

---

[1] So äusserlich nahm es später die evangelische Kirche gern auf; auch Brenz im Catechismus illustratus, p. 281 ist schon nicht auf der Höhe des Problems, was auch sonst erhellt.

Capitel II.

Weitere Schicksale der Rechtfertigungslehre nach Melanchthon.

Melanchthon stand recht allein in diesem furchtbar harten Streite, wenn gleich er Fühlung mit seinen Freunden unterhielt und selbst Gegner, wie Flacius und Nic. Gallus, diesmal treu zu ihm hielten.

Es ist unglaublich, in welcher schwierigen Lage Melanchthon sich befand und wie mühsam er sich von seinen vielen Beschäftigungen die Augenblicke in Nürnberg abgerungen, um über diese Grund- und Hauptlehre ins Klare zu kommen. Man sieht es seinem Briefwechsel von 1550—55 an, wie er gejagt ist und doch die Osiandrische Sache ihm sehr zu Herzen geht, da er Osiander als Mitstreiter einst hochgeschätzt und ihn noch nicht mit leichtem Herzen von sich lassen konnte. Nach seinem Tode kamen schreckliche Zeiten, und es muss in der That die Heuchelei in Betreff des Reformationsjahrhunderts endlich einmal aufhören und klaren Vorstellungen Platz machen.

Um einen kleinen Beitrag zu geben, wie es eigentlich stand, und wie wenig günstig die Zeit war, dass die gute Lehre ausreifen konnte, wollen wir hier ein wenig stillstehen, und von der österreichischen Kirchengeschichte aus einen Ueberblick über die Lage der Dinge nach Melanchthon's Tod gewinnen. Da lernen wir, dass man dem Osiandrismus durch die Finger sah und dass man die Adiaphoristen, Kryptocalvinisten (wie Paul Eber), auch Majoristen duldete und nur wüthend den Flacianismus verfolgte. Eine sogenannte Melanchthonische Richtung (ein blosser Rumpf ohne Kopf) schwamm obenauf — Flacius war der Verfehmte und Verfolgte — und die Hauptuniversitäten standen zusammen gegen die Flacianer, welche wirklich die Traditionen Luther's, so gut und so schlecht sie es verstanden, aufrecht zu erhalten suchten. Und aus den Akten dieser Zeit vernehmen wir, wie sehr bei einer Neuordnung der Kirchensachen, wie sie in Oesterreich angestrebt ward, die massgebenden Personen in ihrem Urtheil behindert waren. Es sah aus, als ob das von den Reformatoren geordnete Kirchenwesen sich wieder in seine Elemente auflösen wolle.

Unter dem 14. Juni 1572[1]) ersucht einer der Wortführer in Niederösterreich, Freiherr von Roggendorff, den berühmten Martin Chemnitz in Braunschweig, den bedeutendsten Theologen jener Zeit: dass er doch komme und sich ihrer Kirche erbarmen möge, sintemal es sonst bald um sie werde gethan sein, weil bald einer von Wittenberg, ein Anderer aus Schwaben, Bayern, Pfalz, Würtemberg, Meissen, Schlesien gelaufen komme, davon Jeder Hahn im Korbe sein wolle und Zänkereien anrichte. — Es war kein König in Israel und ein Jeder that, was ihm recht däuchte, d. h er erwählte sich einen König. In Oesterreich besonders den Flacius — Andere wieder suchten ihr Heil im Frieden um jeden Preis, in einer vermittelnden Richtung. Die Correspondenz[2]) des Nicolaus Gallus, die uns in Regensburg aufbewahrt ist, von 1568 an, liefert die Beweise. Wir richten das Auge auf einen Brief des bekannten Dr. F. Coelestin an N. Gallus vom 6. April 1568: „S. Vide, mi R. vir, quid isti nostri fraterculi, qui ante sesquiennium Osiandricam istam aviculam (einen Theologen Namens Vogel) nobis obtrudere satagebant, in Melisandri causa lententes (?) moliantur. Deus reddat eis secundum opera eorum. Dormitant, connivent, conciliant, insidiantur. Experiuntur et alii ipsorum artes. Coelestin war damals in Lauingen (Pfalz-Neuburg), von wo er 1568 auf einen Lehrstuhl nach Jena kam. Er tadelte die Rückgängigmachung der Berufung Melisander's, Rektors zu Lauingen, die auf Andringen der Tübinger geschah, denen Primus Truber als Rathsmann diente. Dieser ganze Handel der Berufung Meli-

---

[1]) S. Jahrbuch der Gesellschaft für die Geschichte des Protestantismus in Oesterreich, X, 1. u. 2. Heft, S. 51, aus einem Artikel über Maximilian II., verfasst von Dr. von Otto.

[2]) Selbige ist mir von Pfr. Fried. Koch in Gmunden freundlichst zur Einsicht offengestellt worden.

38

sander's (Bienemann) lässt einen Einblick thun in den Stand der
theologischen Streitigkeiten zwischen 1560—70. Den Flacianischen
Wirren war durch die kräftige Hand der Obrigkeit in Sachsen ein
Ende gemacht; Schaaren abgesetzter Theologen, auch Solcher, die
in Jena ihre Bildung erlangt, irrten umher. August von Sachsen
war noch im sogenannten Melanchthonischen Fahrwasser befangen,
und Wittenberg, Leipzig, Heidelberg, Tübingen standen zusammen,
um die Flacianer als turbatores ecclesiae überall im Reiche ins
übelste Geschrei zu bringen. Man benutzte die Gunst der augenblicklich regierenden Machthaber, um unter dem Namen des Flacianismus den alten lutherischen Glauben zurückzudrängen und
nahm Synergismus, Adiaphorismus, die necessitas operum ad salutem etc. dabei in den Kauf, oder sah doch das Gift darin nicht.
Melanchthon musste mit seinem Namen eine Schiffsladung sehr
gemengter Art decken. Die Zeit der Compromisse war da und
die Römischen in Oesterreich hofften mehr von dem treusten
Freunde Melanchthon's, Joachim Camerarius, als von den Theologen
alter lutherischer Färbung, wie Gallus, Melisander, Coelestin. Die
treu es mit der Wahrheit Meinenden in Oesterreich standen auf
der Seite Jenas, und ein Mann wie Nic. Gallus sah in den Ceremonien, welche der durch den Kaiser berufene Camerarius ihnen
oktroyiren sollte, den Anfang eines neuen Papstthums. „Man gehe
um mit dem Betrug, das Bapstthum unter dem Namen der Augsburgischen Confession aufzurichten und zu bestätigen," schreibt der
Superintendent Nic. Gallus an die Stände des Fürstenthums Crain,
um sie zu tadeln wegen der Motive, die man bei der Abweisung
Melisander's angeführt. Er gibt zu verstehen, dass sie, wie man
heute sagen würde, der Melanchthonischen Richtung damit hul-
digten. Auch der Kaiser und Erzherzog Karl halfen dabei mit,
theils aus politischen Gründen, um mit der Politik von Sachsen
und Pfalz (wo das strenge Lutherthum damals verworfen war)
zusammenzugehen, theils auch, weil sie mehr Verständniss für die
gewünschten Ceremonien („Leuchter und Messgewand") bei den
Leuten erhofften, die einst dem Interim 1549 feige zugesehen. Die
Parteien waren scharf gesondert! Auf der einen Seite standen die
„Bauchpfaffen, Leisetreter, Corruptelisten, Adiaphoristen, Synergisten, Interimisten, ja Schwarmgeister etc. — d. h. die sogenannten
Melanchthonianer. Wittenberg, Heidelberg, Leipzig galten als

Sitze dieser Melanchthonianer. Auf der anderen Seite stand das „aufrührerische, rebellische, unruhige und eigensinnige Volk, Flacianer, turbatores ecclesiae, Zänker, Streittheologen, obenan Illyricus selbst, dann Wigand. Als Orte, wo diese Partei festsass, nennt Melisander in dem mit den crainischen Ständen gepflogenen Briefwechsel: die Kirche zu Regensburg, zu Pfalz-Neuburg, Mansfeld und Eisleben, Wismar und Braunschweig und andere „ungespickte" Kirchen in Deutschland. Als Vertrauensmänner dieser Leute von strikt lutherischer Richtung galten nach unseren Regensburger Quellen: Wigand, Mencelius, Spangenberg zu Mansfeld, Mörlin in Preussen, Chemnitz, Joachim Westphal, auch Heshus correspondirte mit Gallus. Verfehmt waren Namen wie Joachim Camerarius und Eber. Ersterer hatte besonders in seiner Vita Melanchthon's den Adiaphorismus gestützt und richtete als Solcher gar nichts in Oesterreich aus. An die Augsburgische Confession hielten sich Alle; selbst die Römischen, vor Allen Maximilian II., liessen auf Grund derselben mit sich reden. Aber die Lutheraner strengerer Auffassung zogen zu der Augsburgischen Confession hinzu die Katechismen, die Schmalkaldischen Artikel, aber auch die anno 1560 ausgegangenen Weimar'schen Artikel (zur Confutirung der neuen Sekten und Corruptelen), oder die Artikel des Lüneburgischen Synodi anno 1561. Genug, es war eine Zeit des Uebergangs, die Zeit, wo Kursachsen noch Melanchthonisch war, und die Pfalz ihren Uebergang in das schweizerische Lager vollzog. In dieser Zeit wurde nun leider hinüber und herüber mit allen möglichen Scheltworten geworfen; der Gegner hiess vom Satan gestachelt; nur die eigne Partei hatte den heiligen Geist. Aber es gab doch auch milde Männer, unter ihnen Nicolaus Gallus († 1570), Luther's Freund, Superintendent in Regensburg und Berather der österreichischen Stände; ferner ein Mann wie Christof Reitter, Pfarrer in Niederösterreich, der Vertrauensmann der Stände und zugleich dem Kaiser Maximilian II. genehm. Diese und andere dem Adiaphorismus abgeneigte Männer standen über den Parteien und sahen in dem durch Kursachsen augenblicklich gestützten Melanchthonismus das Verderben für die österreichisch-protestantische Kirche. Sie konnten dabei vor allem den Umstand für sich geltend machen, dass die alten Lehrer wirklich auf der Seite gestanden, wo jetzt die Antimelanchthonianer standen. Wenn es also darauf ankommt, zu entscheiden, wer mehr die Würde des Protestantismus gegenüber den Papisten damals vertrat, so neigt sich das Zünglein der Wage doch mehr zu den im Reiche vertriebenen Flacianern, oder denen, welche sich dieses Namens wenigstens nicht gradezu schämten. Sie konnten sich auf Luther's Schriften berufen und waren in den Adiaphora keine laxen Interimisten, und noch weniger Synergisten und Vertheidiger des Satzes von der necessitas operum ad salutem. Sie widerstanden aufs Heftigste dem ihnen vom Kaiser und den Papisten gelegten Fallstrick, dass man Ceremonien, wie sie die Adiaphoristen zuliessen, in die neue Agende nehme. Sie perhorrescirten Leute, wie Camerarius, Eber, kurz die Melanchthonianer, die sich zu solchen Compromissen hergaben, und selbst der vom Kaiser genehmigte Chytraeus aus Rostock war ihnen, als zu nachgiebig, verdächtig.[1] Aber freilich ein anderes Resultat noch ergibt sich aus dieser Betrachtung des Wellenschlags der Streitigkeiten, der besonders in den deutsch-österreichischen Erbländern hervortritt. Und das ist dieses: dass unter solchen Zeitumständen, wie wir sie seit der Mitte des Jahrhunderts vorherrschen sehen, keine Aussicht auf fruchtbare Erledigung der strittigen Fragen sich hoffen liess. Eine Erledigung ist das wenigstens nicht, wenn die eine Partei, die strengere, den Namen Osiandrist zum Schimpfnamen macht und die Empfehlung eines Solchen in Lauingen als ein strafwürdigstes Unternehmen bezeichnet — so in dem Briefe Melisander's an die crainischen Stände vom 6. April 1568 und in Coelestin's Brief an Nic. Gallus v. 6. April 1568 — während die andere Partei, wozu die Tübinger 1562 noch gehörten, einen notorischen Osiandristen, der aus Preussen vertrieben war, empfiehlt. Solche Zerklüftung innerhalb einer Kirche zeigt, wie die Osiandrischen Streitigkeiten nicht ausgetragen worden waren, und man sich kaum mehr in der Lage befand, das Wesen dieses Streites recht zu fassen. Melanchthon selbst hatte ja auch eigentlich nur vorübergehend die rechte Klarheit sich abgerungen — bald danach war er mit tausend anderen Dingen beschäftigt. Als daher der Osiandrismus in Preussen unterlag, so war man noch weit vom Ziele, wo man hätte sagen können, die Lehre dieses Mannes sei

---

[1] Vergl. den Brief von Nic. Gallus vom 13. Okt. 1568. Stück 14. der Regensburger Samml.

gründlich beseitigt. Die Calvinischen von Deutschland fern zu halten, erschien eben Vielen, auch Brenz, als ein weit wichtigeres Unternehmen, als den Osiandristen oder Adiaphoristen mit der gehörigen Strenge zu begegnen.

War es etwa in der reformirten Kirche in diesem Stücke besser? Hat man hier zunächst schon die hohe Gefahr erkannt, die durch Osiander und noch mehr den Osiandrischen Sauerteig in der Kirche dieser selbst drohte, oder ging man nicht vielmehr ziemlich eilig mit den üblichen Worten der Entrüstung an diesem Teige vorüber? Wir meinen und werden es von Calvin unten beweisen, dass nicht einmal Calvin, a Lasco und Bullinger tiefer auf diesen Streit eingingen. Calvin nahm zwar Gelegenheit in der Institutio (I, 15, 5 und III, C. 11, § 5—12), nach Osiander's Tode, sich mit dessen Lehre vom Ebenbilde Gottes und von der Rechtfertigung auseinanderzusetzen. Auch a Lasco schrieb darüber an den Herzog von Preussen und definirte die orthodoxe Lehre. [1] Aber genügend war das alles nicht. Es tritt nicht deutlich hervor, dass es sich im Osiandrischen Streite um eine Purificirung der Rechtfertigungslehre im eignen Lager handelte und dass also dieser Mann nicht auf einigen Seiten abzufertigen war. Myconius schrieb an Bullinger (anno 1552), [2] ihm scheine Osiander nur um Worte zu streiten — bekennt aber, die Sache nicht deutlich zu verstehen. Das aber wäre hochnöthig gewesen. Auch ein Olevian nennt 1563 Funk, Osider's Gesinnungsgenossen und Schwiegersohn, einen gelehrten und muthigen Mann. [3] Aber wie kann uns das von den Reformirten Wunder nehmen, wenn selbst Brenz den Streit nur für ein bellum grammaticale ansah und wenn die Sätze der Würtemberger Synode, die als Gutachten über den Streit nach Preussen abgingen, möglichst schwankend gehalten waren. [4]

Man hat es leider Flacius und seiner Partei überlassen, alles odium, das nun einmal mit der getreuen Nachfolge Luther's verknüpft war, auf sich zu nehmen. Die Melanchthon folgenden Theologen glaubten das Schiff der Kirche in ein breiteres Fahrwasser hinüberleiten zu müssen und gingen nun erst recht fehl.

---

[1] S. Opera, ed. A. Kuyper II, p. 666, 679, 680.
[2] C. R. 42, 251. [3] C. R. 47, 684.
[4] S. Brenz' Leben von Julius Hartmann im 6. Bande des bekannten Sammelwerkes, S. 240.

Die Concordienformel hat das Resultat des Osiandrischen Streites, wie dasselbe durch Melanchthon und Flacius[1]) erstritten war, zum Bekenntniss der Kirche gemacht. Sie führte Buch über das, was zu glauben und nicht zu glauben sei im echten Lutherthume. Aber mit dem Buchführen ist es nicht gethan; es ist nicht gethan mit „einer gründlichen, lauteren, richtigen und endlichen Wiederholung etlicher Artikel Augsburgischer Confession". Man liess sich eben nicht zum Fortarbeiten antreiben. Aber eine auf dem Grunde der Väter fortarbeitende und somit recht fortschreitende Orthodoxie ist Erforderniss der Kirche — man muss Lücken, die immerdar vorhanden sind, auszufüllen trachten. So aber brachte man lediglich in die Scheuern, was man fand, auf die sieben mageren Jahre! Aber kamen dann hernach auch wieder sieben fette Jahre?

Die Concordienformel registriert blos, aber arbeitet nicht weiter, wenn sie z. B. den Unterschied und die nothwendige Verbindung von Rechtfertigung und Heiligung kurzweg aufstellt. [2]) Sie hält fest an dem Einwohnen Gottes (Deus ipse) oder des Deus Pater, Filius et Spiritus sanctus (qui est aeterna et essentialis iustitia!!) und andererseits auch an dem Einwohnen der Gaben Gottes, was sich aus der Negative S. 587, 18 ergibt. Also die wesentliche Gerechtigkeit wohnt in uns, indem der dreieinige Gott in uns wohnt, und zugleich die Gabe. [3]) Es wird aber unerörtert gelassen, wie sich dies zu einander verhält, und so ist ein Fortarbeiten zu vermissen. Es fröstelt Einen, wenn man das liest; aus dem Sonnenschein der ersten Jahrzehnte ist man in den Schatten, wo die Epigonen hausen, hinübergetreten.

Immerhin ist unter dem Schatten der Concordienformel bis auf Spener dem Pietismus die Thür versperrt worden. Man hielt streng an der Rechtfertigung und liess die Heiligungslehre in Ruhe. Nun stellte sich in der lutherischen Kirche die Gefahr ein, dass der tertius usus legis nicht zu seinem Rechte kam — die Gefahr des Antinomismus, dem schon Amsdorf ver-

---

1) S. Preger, M. Flacius I, S. 292.

2) Thomasius, Bekenntniss der luth. Kirche, S. 87 u. 88.

3) Solida Decl. III, de fid. iustificante § 35, p. 690 credentes in Christum habent virtutes et bona opera.

fiel.[1]) Die Rechtfertigungslehre kann eben nur in der Anfechtung gedeihen; sie wächst, wie die Palme, durch den Druck. Wie will man das aber in der grossen Kirche herstellen? Was geschah daselbst? Der alte Adam hatte sich bekehrt; d. h. er war getauft, er ging zur Kirche, ging zur Beichte, und auf dem Sterbebett empfing er das heilige Abendmahl. In der Zwischenzeit hielt er an der Rechtfertigung fest und die Werke hielt er für nicht nothwendig, um zur Gerechtigkeit vor Gott zu gelangen,[2]) denn das Gesetz hat Christus erfüllt, und so ist denn der Mensch frei vom Gesetze. Damit war man ja hochorthodox, aber in der Hand des grossen Haufens war dieser Satz (F. C. 587, 23) ein zweischneidiges Schwert.

Solches Schicksal hatte also die Lehre von der Rechtfertigung durch den Glauben allein, dass sie zu einem praktischen Antinomismus führte — sie ward ein Geruch zum Tode. Die Lehre von der Heiligung ward aber ein Nachtrag, und es konnte die Verbindung zwischen ihr und der Rechtfertigung nicht aufrecht erhalten werden, so sehr auch immer Dogmatiker, wie Quenstedt, Hollaz, Buddeus u. A. die Nothwendigkeit dieser Verbindung wieder hervorhoben.[3]) Die Auflösung liess nicht lange auf sich warten.

Vor den Göttern in Preussen hatte einst Flacius im Blick auf Osiander's iustitia essentialis gewarnt. „Die Götter in Preussen", das war ein böses Wort, freilich im gerechten Kampfe gefallen. Er wusste nicht, dass seine Sache bald unterliegen werde, und aus der Kirche heraus, die ihm Osiander gegenüber Recht gegeben, sich auch Götter anderer Art — Götter in Jena und Weimar — gestalten würden, schlimmer noch als jene und doch aus der gleichen Ursache entstanden.

Es war das Verlassen der recht verstandenen Rechtfertigung durch den Glauben, was sich im Protestantismus furchtbar rächen sollte. Todte Orthodoxie und Antinomismus waren die Folge in der lutherischen Kirche — bis der Pietismus mit dem Anspruch

---

[1]) Vergl. Möhler, Symbolik, S. 207·

[2]) Formula Conc. 587, 23: Repudiamus et damnamus (den Satz) Fidem non iustificare sine bonis operibus, itaque bona opera necessario ad iustitiam requiri et absque eorum praesentia hominem iustificari non posse.

[3]) Schmidt, Evang.-luth. Dogmatik, S. 394, 404.

hervortrat, solcher todten Verfassung der Kirche abzuhelfen. Der Pietismus lockerte nun die Bande, die den Menschen mit dem Sacrament und der unfruchtbaren Rechtfertigungslehre verknüpften und wies ihn auf das Faktum der Bekehrung und Wiedergeburt hin. Er diente das Individuum zu befreien und auf eigne Füsse zu stellen, und wurde so der Vater der Aufklärung und des Rationalismus. Die Söhne der Pietisten-Väter waren Aufklärer und Rationalisten — Semler hat dies typisch in seiner Lebensbeschreibung uns vor Augen geführt. Aus diesem todten Capital der Rechtfertigungslehre und ihrem Missbrauch (Antinomismus) entstand innerhalb der lutherischen Kirche die andere extreme Richtung, die der staunenden Welt einen Goethe in Jena und Weimar gab. In der That sind die Götter und Helden der Aufklärung an diesen Stätten, die einst gewässerten Gärten glichen, aufgetreten. Dieselben Ernestiner, welche Luther die Hand schützend über dem Haupte hielten, erschöpften sich nun in dem Cultus des Genius — Goethe, Schiller, Fichte u. A. haben dieser merkwürdigen Entwicklung der Dinge den ihnen bewiesenen Cultus und ihre Lorbeeren zu verdanken.

An die Stelle des Gottgesalbten unter den Reformatoren trat der mit dem Lorbeer geschmückte, einem Jupiter ähnelnde Goethe — und das Heer der Trabanten fehlte ihm nicht, wie es einst Luther und seinen Mitkämpfern nicht gefehlt. Den heiligen Ernst hatten diese Trabanten schon damals oft vermissen lassen. Luther hatte oft genug darüber geklagt und prophezeit, dass das Evangelium den Deutschen genommen werden würde — jetzt hatten sie nun einen Abgott nach ihrem Sinne, der keine zu grossen Anforderungen stellte, sondern buhlte und mit sich buhlen liess — lebte und leben liess. Der Cultus des Goethe hat den Cultus Luther's vertrieben — Cultus war es in beiden Fällen. Schon seit der Concordienformel spukte der Megalander durch die heiligen Räume der alles Heil in sich vereinigenden evangelischen Kirche, aber es war nur sein Schatten, nicht sein Geist — und seine Epigonen machten höchstens die Gegner mit dem Namen Luther's gruseln — seine Werke wurden allmählich obsolet — und auf dem Titel-Bilde, das die Historie der aus Salzburg vertriebenen Lutheraner ziert, findet sich ein Mann aus Salzburg, der in der einen Hand die Aug. Conf. und in der anderen Arnd's Wahres

Christenthum trägt. [1]) Die daneben stehende Frau trägt die Bibel. Dies Emblem ist ein sehr bezeichnendes für die Praxis in der lutherischen Kirche des 17. und zu Anfang des 18. Jahrhunderts.

Auf Seiten der reformirten Kirche hatte man sich von den internen lutherischen Streitigkeiten um die Mitte des 16. Jahrhunderts mehr und mehr zurückgezogen.

Selbst Calvin kann keine eingehendere Kenntniss von den zwischen Melanchthon und den Osiandristen 1555 ventilirten Streitpunkten gehabt haben; einfach schon deswegen, weil er Deutsch nicht verstand und diese Verhandlungen deutsch geführt wurden. [2]) Er identificirt des Wiedergebornen Gerechtigkeit und Bild nach Adam's Fall mit dem, was Adam vor dem Fall besessen (Inst. 1, 15, 5), denn was einmal die Hauptsache war (praecipuum), war es auch das andere Mal. In der Inst. III, 17, 5 u. ö. lehrt er: dass unsere regeneratio nur eine reparatio des göttlichen Ebenbildes in uns sei; ebenso zu Eph. 4, 24 u. ö. Auch im Punkte der vivificatio, der neuen Belebung des Christen durch das Evangelium, verstand Calvin Melanchthon nicht, und meinte, die vivificatio bezeichne potius sancte pieque vivendi studium, quod oritur ex renascentia: quasi diceretur, hominem sibi mori, ut Deo vivere incipiat. [3]) Also sah Calvin doch die renascentia als einen neuen Sauerteig an, der solches producire, und verkannte die hohen Interessen, die Melanchthon gegen die Römischen, schon in der Apologie, dadurch vertreten, dass er das Neue, das im Menschen gewirkt ward, die vivificatio, ganz auf die Tröstung, den Zuspruch und die Leitung des heiligen Geistes bezog, die von den Gläubigen in Erfahrung gebracht wird, und keineswegs auf die sogenannte Wiedergeburt. [4])

In Cap. 11, 11 sagt Calvin: Quia experientia plus satis notum est, manere semper in iustis reliquias peccati, necesse est longe

---

[1]) Ausführliche Historie derer Emigranten aus dem Erzbisthum Salzburg. Leipzig 1732.

[2]) Ein Brief Hubert's an Calvin, der sich über die dem Menius Seitens der Orthodoxen widerfahrene Abweisung beinah lustig macht, ist charakteristisch. Corp. Ref. Opp. Calv. XVI, p. 458.

[3]) Inst. III, 3, 3.

[4]) Möhler, Symbolik, S. 226, lobt Calvin wegen dieses Missverstehens seines Wittenberger Freundes!!

aliter iustificari quam reformantur in vitae novitatem. Nam hoc secundum sic inchoat Deus in electis suis totoque vitae curriculo paulatim et interdum lente in eo progreditur, ut semper obnoxii sint apud eius tribunal mortis iudicio. Ferner hat Calvin in seiner Auseinandersetzung mit Osiander wohl die orthodoxe Position mit Kraft behauptet — aber sie auch nicht eigentlich und in besonderem Masse neu befestigt. Er behält dasjenige der Heiligung vor, die er in engsten Zusammenhang mit der Rechtfertigung stellt,[1] was Osiander gleich in die Rechtfertigung mit hineinnimmt, nämlich die reelle Umwandlung des Menschen.[2] Aber damit wird die Stellung Osiander's und der Römischen nicht genügend erschüttert, die eben darin ihre Kraft sucht und hat, dass nach den Reformatoren die Sache des Heiles sofort abgemacht sein solle für den Gerechtfertigten und nicht noch vertagt werden dürfe auf eine weiterhin eintretende Heiligung des inneren Menschen. Es sei eben, so wird von unseren Lehrern behauptet, nichts Verdammliches mehr im Menschen (Röm. 8, 1), und zwar gleich vom Moment der Rechtfertigung an, da er von Gott zum Kinde angenommen ward. Und es darf das, was nun im Leben weiter folgt und was gewöhnlich iustitia realis oder integritas donata heisst, nicht in der Weise nachgeschleppt werden in der Heiligung, dass der grundlegende Akt der Rechtfertigung dadurch verdunkelt wird. Immerhin ist die Aenderung des Gerechtfertigten, die in der Heiligung beginnt, auch von Calvin sehr bescheiden umschrieben. Nur ist das freilich kein Grund für das langsame Vorgehen Gottes bei der Erneuerung des Menschen, dass in den Gerechtfertigten noch immer reliquiae peccati vorhanden sind. Denn diese Sünde soll überhaupt nicht lente et paulatim ausgetrieben werden[3] — weil dies ein Process wäre, der nicht mit dem Akt der einmaligen Imputation der iustitia Christi zu-

---

[1] Inst. III, 11, 6, 11; III, 16, 1 u. ö.

[2] Inst. III, 11, 11: Hoc discrimen iustificandi et regenerandi (quae duo confundens Osiander, duplicem nominat iustitiam) pulchre exprimitur a Paulo: nam de reali sua iustitia loquens, vel de integritate qua donatus erat (cui Osiander imponit titulum essentialis iustitiae) flebiliter exclamat: Miser ego, quis me liberabit ex corpore mortis huius (Röm. 7, 24).

[3] Wie Calvin Inst. III, 11, 11 und auch zu 2. Cor. 3, 18 u. ö. annimmt. An einer anderen Stelle (III, Cap. 15, § 5) heisst es weit deutlicher, dass Christus Anfang und Ende unseres Heiles sei. Utcunque simus adhuc in nobis stulti, ipse nobis coram Deo sapientia est; ut peccatores simus, ipse nobis

sammenbestehen könnte. Dem gegenüber wünschte Osiander eben, dass die Christen aus dem Vollen schöpften; er leitete die iustitia essentialis in sie über, und neben dieser erscheint dann die Sünde als ein unreiner Tropfen im reinen Meere. Melanchthon hütete sich daher wohl vor dem Hinweis auf die effectiones, iustitia inhaerens (= iustitia realis) u. dergl. m., weil er dann zugegeben hätte, dass nicht in der Rechtfertigung, jenseits aller subjektiven Erfahrung, das vollkommene Heil begründet (die $\chi\acute{\alpha}\varrho\iota\varsigma$ und die $\delta\omega\varrho\varepsilon\grave{\alpha}$ $\dot{\varepsilon}\nu$ $\chi\acute{\alpha}\varrho\iota\tau\iota$ voll gegeben), sondern der Sünder noch auf einen diesseits, in der Subjektivität des Menschen, herzustellenden Grund der Gerechtigkeit zu vertrösten sei.

Freilich aber hütete sich Calvin weislich, was die Epigonen nicht thaten, das Urtheil der Rechtfertigung auf die unio mystica des Gläubigen mit Christo zu gründen. Diese ist ihm nur eine conjunctio spiritualis, in der sich der Glaube aktualisirt; hält sich aber rein innerhalb der Grenzen des Verkehrs mit Gott,[1] der durch das Wort und den heiligen Geist vermittelt wird. Spätere haben dann diese unio mystica gemissbraucht, was Schneckenburger (II, S. 22 f.) bewogen hat, von einer schon von Calvin sich herschreibenden Differenz des reformirten und lutherischen Lehrbegriffes zu reden. Ritschl (I, 207, 255) widerspricht dem mit gutem Grunde. Wenn spätere Reformirte sich auch nicht genügend gehütet haben vor der Vermengung des Objektiven und Subjektiven, und der an Christus gewirkte Glaube für sie sofort eine Vereinigung mit Christo (unio mystica) begründete, die auf Osiander's Einfliessen der iustitia essentialis hinauslief, so weiss Calvin nichts davon. Derselbe ist gänzlich im Zusammenhalt mit seinen grossen Zeitgenossen zu verstehen und nicht von ihnen abgewichen, wenn er leider auch die Kämpfe selbst nicht so unmittelbar durchgemacht, wie Melanchthon. Vor dem Eindringen bedenklicher Ketzereien war die reformirte Kirche übrigens lange durch den Druck, den die Umstände auf sie ausübten, bewahrt. Nur einen kurzen Augen-

---

iustitia, ut immundi simus, ipse nobis puritas; ut corpus mortis adhuc nobiscum circumferamus, ipse tamen nobis vita est. Breviter quod omnia illius nostra sunt, et nos in illo omnia habemus, in nobis nihil.

[1] Inst. III, 11, 10. Insiti sumus in eius corpus (i. e. in ecclesiam) — gemeint ist die Angehörigkeit der Einzelnen zur Kirche, als Vorbedingung für alles Weitere — Taufe, Rechtfertigung etc.

blick kam der Lausanner Professor Claude Albery [1]) mit seiner an Osiander erinnernden Lehre zum Vorschein. Er wurde jedoch durch Thesen, die eine Versammlung von Berner Theologen 1588 gegen ihn richtete, bekämpft und aus der Kirche ausgeschlossen. Sie finden sich in Chandaei Opera, Genfer Ed. 1593, p. 398 ss.

Interessant ist des Zanchius Widerlegung Albery's, dieses reformirten Osiander. [2]) Er kennt wohl kaum die Melanchthonischen Kämpfe gegen den ungleich grösseren Vorgänger. So vortrefflich dasjenige ist, was er bezüglich der iustitia imputata sagt, so sehr schwächt er doch wieder die gute Sache, wenn er unter recht unglücklicher Berufung auf Bucer's traurige Regensburger Unionsformel (1541) [3]) die iustitia inhaerens geltend machte. Solches konnte nicht zur Klärung der Frage dienen, zumal wo es sich darum handelte, alles in dem Akt der Rechtfertigung selbst sich concentriren zu lassen, was nur immer unser Heil ausmacht. Diese iustitia inhaerens oder naturae nostrae per Spiritum Christi renovatio, wo sie entweder additionsweise oder auch organisch verbunden als auf die iustitia imputata folgend hingestellt wird, richtet eitel Confusion an.

Entweder muss man dann mit den Römischen behaupten: dass bei und in der Taufe heiligmachende Gnade mitgetheilt wird, welche die Ohnmacht des freien Willens aufhebt und die pura naturalia wieder entbindet und frei wirken macht. Das ist deutlich geredet. Oder aber man muss mit Osiander zur Aufhebung der peccatrix natura Adam's die essentialis iustitia Christi eintreten lassen und so dies Rechtfertigungsurtheil als ein nach Wahrheit geschehendes herstellen. Auch das ist consequent. Während aber jenes pelagianisch-dualistisch ist, so ist letzteres pantheistischmystisch. Die Schrift und das einstimmige Bekenntniss der aus der Reformation gebornen Kirche sagt, um mit den Worten des Heidelberger Katechismus (Fr. I) zu reden: dass Christus mich

---

[1]) S. über ihn, der später wieder römisch wurde, eine Notiz in La France protestante, 2. ed., tom. I, col. 440 ss. Hottinger, Helvet. Kirchengeschichten, III, p. 944 ss. A. Schweizer, Centraldogmen, I. S. 521—526.

[2]) Zanchii Epp. I, p. 95 ff. im 9. Bande seiner Opera omnia.

[3]) Die geflickte Notel nach Luther. Vergl. über die Vorverhandlungen: Moses, Die Religionsverhandlungen zu Hagenau und Worms, 1889. Die Formel dankt politischen Erwägungen Philipp's von Hessen ihr Dasein.

durch seinen heiligen Geist des ewigen Lebens versichert und ihm forthin zu leben von Herzen willig und bereit macht. Und das ist völlig etwas anderes, als die Annahme einer iustitia inhaerens, oder neuer Qualitäten etc., welche doch nicht halten, was sie versprochen oder zu versprechen schienen.

Wir treten in das Jahrhundert der Dortrechter Synode. Wir möchten erwarten, hier bezüglich des cor ecclesiae, der Rechtfertigungslehre, neue Förderung feststellen zu können — aber nein: man hat die Prädestinationslehre sich von den Arminianern oktroyiren lassen und muss auf diesem Felde den Kampf austragen. Die Arminianer hatten somit die Tagesordnung der Synode bestimmt. In der reformirten Kirche lebte man, wie gesagt, lange Zeit im Druck und unter dem Kreuz und konnte nicht so den grossen Herrn spielen, wie in der lutherischen Kirche. Dies hatte sein Gutes. Man hatte, wie die Geschichte ausweist, die Rolle des jüngeren Bruders zu übernehmen und lernte früh nachgiebig zu sein gegen den älteren; man lebte überhaupt Anfangs nicht im Sonnenschein und gesättigt von Erfolgen, wie die fratres Lutherani.

Holland, im 17. Jahrhundert das Vorland der reformirten Kirche, rekrutirte schon seit 1575 seine theologischen Professoren auf Leidens, der neugegründeten Akademie,[1] Kathedern aus Genfern und Franzosen. Da Zanchius, der Italiener, abgelehnt, professor primarius in Leiden zu werden, so werden an seiner Statt Danaeus und später Franciscus Junius berufen, Beide französisch redende Gelehrte. Holland folgt also Calvin, und der Riss zwischen Wittenberg und Genf, an dem die Nachtreter Luther's schuld waren, wird damit für Holland zur festen Ueberlieferung. Bald sieht es aus, als ob Calvin ein Autochthon sei, und nichts von Luther gelernt und nie Melanchthon's Loci bis zuletzt herausgegeben, sein Freund gewesen und Schwächen in den Locis gütig zugedeckt.[2] Auf der Dortrechter Synode versäumt man, sich mit den Lutheranern auseinanderzusetzen, und macht jene dadurch nur von aller Verantwortung frei; man hätte sie als durch die Arminianer Mitbetroffene heranziehen sollen. Sie waren mitbetroffen. Aber schon hatte die Concordienformel eine Mauer künstlich zwischen den

---

[1] Ein Lyceum nennt Danaeus im Juni 1581 diese Hochschule.

[2] Ebenso verfuhr der Herborner Pezel bei seiner Herausgabe der Loci.

Reformirten und Lutheranern aufgerichtet. Und obschon bei ihrem
Entstehen das Unrecht, das gegen die Reformirten begangen war,
noch lebhaft empfunden ward, obschon noch ein Mann, wie Danaeus, [1]
den Satz niederschreibt: „sie zerfleischten einander wie die Cadme-
ischen Brüder" und obschon er die Jakobäische Pandorabüchse [2]
für alles verantwortlich macht — so sieht es bereits im 17. Jahrhundert aus — als stammten die Brüder gar nicht mehr von
Einem her. Dass damit die Geistesarbeit Luther's, überhaupt die
ganze grosse Kampfesschule der lutherischen Kirche von 1550
—1580 nebst ihren Resultaten für die Reformirten Hollands
und auch Schottlands fruchtlos blieb, ist natürlich. Dass dies ein
Schade sei, sieht man bis heute nicht ein! Aber so allein konnte
es kommen, dass ein im Grunde wenig bedeutender Mann, wie
Arminius, das Prädestinationsdogma zum Zankapfel machte, als
ob es wirklich Jemandem in der reformirten Kirche im Ernste
eingefallen, dieses Dogma abgesondert von der Rechtfertigungslehre, gleichsam zum Vergnügen, vorzutragen! Wo steht
denn bei Calvin dieses Dogma? Im 3. Buche der Institutio C. 17,
also als reine Consequenz der Lehre von der Rechtfertigung allein
aus dem Glauben, den Gott auch nach lutherischer Lehrweise
wirkt — ohne Werke des Gesetzes. Aber in Dortrecht liess man
sich wirklich durch die Arminianer in diese Position drängen:
Geheimnisse, die nur mit tiefster Beugung des Herzens und Anbetung betrachtet werden sollten, auf den Markt des Partei-
gezänkes zu bringen. Weil Arminius ein Buch des Beza nicht
widerlegen konnte, sondern zum Gegner der Praedestinationslehre
wurde, deshalb mussten, freilich nachdem sehr heterogene Elemente
sich der religiösen Streitfrage bemächtigt und Capital daraus
zu schlagen gesucht hatten, Himmel und Erde vermischt und
in Holland alles bis auf den Grund aufgewühlt werden. Es
wurden die reformirten Theologen des In- und Auslandes berufen
und lange Gutachten verfasst, die sich in endlosen Wiederholungen
ergehen, über ein Thema, das vom Mittelpunkt der Rechtfertigung aus weit besser hätte zur Klarheit gebracht werden

---

[1] Brief an Zanchius aus Genf vom November 1578; v. Zanchii Opp.
VIII, p. 196.

[2] Jakob Andreä's Concordienformel.

können. Denn also steht doch die Sache, dass Alle, die von der Prädestinationslehre abweichen, auch im Punkte der Rechtfertigungslehre irren. Diese zwei Lehren sind Correlata: die eine steht und fällt mit der anderen. Man weise uns dagegen nicht auf die lutherische Concordienformel: dass diese correct in dem Rechtfertigungsdogma lehre, ohne in der Prädestinationslehre mit den Reformirten zu gehen. Die neuere Symbolik beweist, dass die Stellung der Formula Concordiae zur Prädestinationslehre eine höchst scheue und verlegene ist; die Formel meidet[1] lange Auseinandersetzungen über diese Lehre, wie einst schon Melanchthon in der Apologie, ohne irgendwie die prädestinatianischen Grundanschauungen zu überwinden. Das brachten erst die Hutter und Musaei fertig und gaben so den Neueren Gelegenheit, mit der Prädestinationslehre nicht ferner ernstlich rechnen zu müssen.

Wie gut hätte man nun in Dortrecht sich auf die Rechtfertigungslehre stützen und von hier aus alle Anfechtungen des Dogmas Seitens der Arminianer abweisen können! Denn das wussten damals noch Alle, voran die deutschen Brüder, die in der Synode Sitz und Stimme hatten, dass, um mit Ritschl's Worten (R. u. V. I, S. 203) zu reden, Luther selbst den Hauptartikel der stehenden und fallenden Kirche correcter nicht hätte ausdrücken können, als es die Verfasser des Heidelberger Katechismus, Schüler und Anhänger Calvin's, gethan haben (Fr. 60—64). Auch die anderen Bekenntnisse calvinischer Abstammung, die Gallicana, Scoticana, Belgica, Helvetica posterior, sind weit entfernt, den religiösen Inhalt der Rechtfertigungslehre irgendwie zu verändern. Von ihr reden sie Alle; von der Prädestinationslehre nicht Alle, z. B. Knox' Scoticana nicht. Auch Calvin's Lehrdarstellung ist, wie Ritschl a. a. O. S. 204 sagt, „bedingt durch die vorherrschende Beachtung des ursprünglichen reformatorischen Phänomens des subjektiven Rechtfertigungsbewusstseins". Im weiteren Verlauf weist Ritschl (I, S. 207) Schneckenburger's Missdeutung der calvinischen Rechtfertigungslehre zurück.

---

[1] So richtig zuletzt Loofs l. c. (Stud. u. Krit. 1884, S. 685). Vergl. Möhler, Symbolik, S. 78 f. Ausser Luther waren Justus Jonas (Comm. zu Act. 1, 16), Brenz (Comm. zu Act. 19, 9), Bugenhagen, Heshus, Huberinus (Vom waren Erkendtnuss Gottes im Art. Von der Fürsehung) und viele Andere Prädestinatianer.

Genug, man konnte sich in Dortrecht der guten Lehrtradition, welche die Väter mit den Lutheranern gemein hatten, noch entsinnen. Statt dessen aber bewegte man sich lieber im engsten Kreise, und um der Gnadenwirkung Gottes nicht verlustig zu gehen, welche die Arminianer der menschlichen Natur ganz äusserlich gegenüberstellten und in eine Sollicitirung des Willens von aussen her auflösten — verfiel man in ein anderes Extrem. Man redete von der Wiedergeburt als einer Eingiessung neuer Kräfte in den Willen. [1]) Nun hatte ja aber die Rechtfertigungslehre der Reformatoren solches Eingiessen neuer Kräfte streng ausgeschieden, und Melanchthon hatte, wie Calvin, den Wiedergebornen stets ans Forum divinum gewiesen und die Wirkungen vorsichtig umschrieben. Aber man wusste in Dortrecht sich nicht anders zu helfen, als, anstatt die Rechtfertigungslehre klar zum Schilde gegen die Arminianer zu erheben, Sätze auszusprechen, die gewisse Qualitäten des Wiedergebornen und den lebendiggemachten oder geheiligten Willen zwischen den Menschen und den heiligen Geist mitten hineinstellten und so die Sache auf Osiander's Manier eigentlich verdunkelten. Wie gut hätte man sich auf den Standpunkt der Rechtfertigungslehre stellen können und von hier aus, ohne das Heiligthum den Hunden preiszugeben, einfach die Arminianer abweisen sollen. Vielleicht dass man auch die Lutheraner hätte gewinnen können! Denn man war damals noch nicht so bornirt, von den Lutheranern als ausserhalb der Welt irgendwo sesshaften Leuten zu reden, mit denen man eigentlich nichts zu schaffen habe. Die Dortrechter Väter waren vielmehr ordentlich erschrocken über die Aufnahme, die ihre Synodalbeschlüsse bei den Lutheranern fanden; sie ihrerseits hatten die letzteren nie als

---

[1]) Canones Syn. Dord. Cap. III. et IV, Art. 11: Spiritus regenerantis efficacia ad intima hominis penetrat — voluntati novas qualitates infundit etc. Ferner in der Reiectio errorum ibidem: Sacrae literae testantur, Deum novas qualitates fidei obedientiae ac sensus amoris sui cordibus nostris infundere. Ibidem Art. 16: Voluntatem sanat, so dass, wo bisher das Fleisch regierte, nun ein williger Gehorsam des Geistes die Oberhand zu erlangen beginnt: worin die wahre Willensfreiheit bestehe (was nicht mit Röm. 7 stimmt). Endlich Art. 14 ibid. Fides Dei donum est, quod homini reipsa infunditur.

Gegner betrachtet und in den sämmtlichen Akten nirgendwo ihrer Erwähnung gethan.[1]

Nun aber wurde nach der Dortrechter Synode, und grade durch die Beschlüsse die Kluft zwischen den Reformirten und Lutheranern noch grösser, und der Knoten der Geschichte ging so auseinander, dass man es verlernte, die eigne Dogmatik in derjenigen der Schwesterkirche zu orientiren. Die orthodoxe Selbstgerechtigkeit nahm überhand; man witterte nur bei den Lutheranern, Cartesianern, dann auch Coccejanern grundstürzende Irrthümer; aber dass man selbst sich untersucht und Zweifel in sich selber gesetzt hätte — das ist nicht eben ersichtlich. Man machte auch in der sogenannten presbyterianischen Kirche die Gnade zum Ruhekissen. Zwar war die Gewissheit der Seligkeit nicht an die Sacramente gebunden, wie in der lutherischen Kirche jener Zeit, da Müller in Rostock wider die drei Kirchengötzen eifern musste. Aber die Gewissheit der Seligkeit oder eine irgendwie geartete Beruhigung über das zukünftige Loos musste doch irgendwoher stammen, und so warf man sich denn auf die — Prädestinationslehre. Und da konnte man nun die Entwicklung der Dinge entweder ruhig oder weniger ruhig abwarten, je nachdem man es mit der Sache ernst oder weniger ernst nahm. Man wusste, dass man in der Kirche Christi sei — oft nur aus dem Schelten der Prediger auf die Andersgläubigen — und dass die göttliche Erwählung ein gutes Ende verbürge. Denn Gott hat Christum nicht umsonst gesandt und nicht umsonst diese seine Kirche gestiftet. Jedenfalls werden siebentausend übrig geblieben sein. Man wartete gelassen ab, wann nun die Wirkungen der Erwählung sich zeigen und der Fortschritt zum völligen Glauben vor sich gehen werde: denn einen Anfang hatte man doch immerhin zufolge der Zugehörigkeit zur Gemeinde Christi. Die Prädestination vertrat die Stelle aller Vorbedingungen eines guten Fischfanges — aber den Fischern, den Dienern am Worte, ersparte sie nur zu oft das Ringen um die anvertrauten Seelen. Hier setzte dann die pietistische Opposition in der Kirche ein und wusste Vielen, und grade den bedürftigen Seelen, ihre Nothwendigkeit anzudemonstriren. Nun trachtete man, die Fruchtlosigkeit der Rechtfertigungslehre durch die ihr ange-

---

[1] Schweizer, Centraldogmen II, S. 208.

fügte Heiligungslehre zu beheben. Ernste Lehrer, auch unter den Orthodoxen, beförderten dies. Voetius förderte die Conventikel, er schützte zeitweise Labadie. Er forderte eine praecisitas;[1]) einer praxis pietatis war er sehr geneigt. Aus seiner Politicae ecclesiasticae p. II, p. 709 erfahren wir die Titel, welche die ernsteren Christen von den Weltchristen jener Zeit sich gefallen lassen mussten. Sie hiessen bei den letzteren[2]): praecisistae, rigidi, phantastici, humoristae (capriciöse), hypochondriaci, singulares, Geusii monachi, Geusii Jesuitae, ja selbst: Anabaptisten, Geisttreiber, Quäker, Pharisäer, Hypokriten, Selbstgefällige, Stolze, Verächter der Brüder. Solchen werden dann, wie Voetius hinzufügt, die Formalisten und sich der Welt Conformirenden (Conformistae), also Weltförmige, vielfach vorgezogen, wie das die Kirchengeschichte nachweise. Wir lernen also, dass es nichts Neues unter der Sonne gibt, und dass schon zu Voetius' Zeiten, also in der relativ besten (wir würden sagen im reformirten Mittelalter) sich Weltchristen und ernste Christen gegenüberstanden, welche letztere aber durch die Opposition ins andere Extrem gedrängt wurden, und wirklich bald die Beute des aufkommenden Pietismus wurden. Wie selbst in den besseren Zeiten die Besseren den ein scharfes Auge habenden Weltkindern Blössen gegeben haben, zeigen neuere Forschungen. [3]) Die Dogmatiker, wie z. B. Maresius und Voetius,[4]) lebten in Fehde mit einander; aber noch weit gesalzener sind Maresius' Kritiken auf seine Zeitgenossen in den Noten zu seinem System (ed. 1673). In diesem System selbst ist Maresius im Lehrstück von der Heiligung ganz auf der gleichen Höhe mit den Lutheranern Quenstedt, Hollaz und Buddeus, was die Eingiessung neuer Qualitäten im Wiedergebornen anlangt. Ganz ungenirt nennt ferner Maresius die guten Werke Kinder, die

---

[1]) G. Voetii Selectae Disputationes pars II: De simplicitate et hypocrisi; p. III: De praecisitate.

[2]) Puritanisch gehört nicht dahin, es bedeutet: frei (rein) von den Ceremonien der reformirten englischen Staatskirche.

[3]) Cf. Dr. A. W. Bronsveld's Vortrag: Der Prediger nach dem Urtheil der holländischen Literatur (Stemmen voor Waarheid en Vrede, Juli 1888). Ferner vergl. die trefflichen Artikel von S. D. van der Veen: Schlaffe Zucht im 17. Jahrhundert, in derselben Zeitschrift, Januar 1887.

[4]) S. Voetius' Vorrede zu den Disp. selectae vol. I.

ihre Mutter (die fides) ernährten und so ihre Liebe vergälten (Locus XII, § 2, Note). Der Glaube heisst habitus bonus et sanctus et Deo gratissimus (p. 628). Von der nova obedientia sagt er, dass sie in sanctificationis operibus et studio praestatur (p. 628). In Loc. XII, § 11 heisst es: Bona opera sunt necessaria necessitate medii per quod adeunda est haereditas coelestis — und Georg Major wird dort in Schutz genommen und die Lutheraner wegen ihrer Weglassung des ad salutem getadelt. So gänzlich hatte man in den besten Zeiten der reformirten Kirche aus den Augen verloren, um was es sich z. B. auch in den majoristischen Streitigkeiten handelte, worüber ja neuerdings bekanntlich Hengstenberg gestolpert ist[1]) und Ritschl Anlass zu sehr scharfen Bemerkungen gegeben hat (R. und V. I, S. 644). Bei Peter von Mastricht, einem echten Typus des reformirten Mittelalters, tritt die Rechtfertigung schon stark zurück. Als eine der Folgen der unio mystica cum Christo, die ihrerseits wieder durch den Glauben eingeleitet worden, welcher Glaube als ein Same bei dem Akt der Wiedergeburt in das menschliche Herz geworfen wird, aus welchem ihn die conversio hervortreibt, gilt die Theilnahme an vier geistlichen Segnungen. Zu diesen Beneficien gehört 1. die iustificatio, 2. die adoptio, 3. die sanctificatio, 4. die glorificatio.[2]) Die redimendi werden also gerufen; diesen Gerufenen wird durch die Regeneration der Same des Glaubens ins Herz geworfen; bei der Bekehrung wird dieser Same hervorgetrieben aus dem Erdreich und hier findet sodann die unio cum Christo statt. Und unter den damit verbundenen Folgen steht erst die Rechtfertigung und dann die Heiligung da. Erstere beschäftigt sich mit der Aufhebung des reatus, letztere der macula der Erbsünde, und was die römische Lehre in die Rechtfertigung gleich mit hineinnahm, die Eingiessung heiligmachender Gnade, wird hier in die Heiligung verlegt. Man kommt aus den physischen Processen gar nicht heraus; besonders in der Heiligung treibt die Annahme von heiligmachenden Kräften erst recht ihre unevangelischen Blüthen. Die Lehre vom alten und neuen Menschen, von Geist und Fleisch liegt ganz darnieder und der

---

[1]) Evangelische Kirchenzeitung 1867, No. 23—26; No. 47. 48.
[2]) Theologia theoretica-practica, II, 1. VI, cap. 5, § 17.

Christ ist in ein ganz gesetzliches Wesen zurückgefallen, ein Gemisch von Fleisch und Geist, von Himmlischem und Irdischem — halb ist alles — und nicht gar gekocht an dem Prüfungsfeuer des Lebens. Es gilt die puritas imaginis divinae, die redunio imaginis divinae et iustitiae originalis [1]) cum anima nostra, worin eben die vita spiritualis besteht, herzustellen. Ueber diesem Process wird die wahre Rechtfertigungslehre ganz vergessen, und dass bei solcher Darstellung der geistliche Hochmuth unerträglich werden muss, ja einem aufrichtigen Christen unheimlich zu Muthe werden konnte, ist begreiflich.

Auf englischem Boden hat der Independent John Owen über die Rechtfertigungslehre in ähnlicher Weise gehandelt. Seine Werke wurden in diesem Jahrhundert von neuem gedruckt. Baxter hatte in seinen „Aphorisms on Justification" (1649) den ersten Anstoss gegeben zur Abweichung von der Rechtfertigungslehre, und John Owen nahm in seiner Schrift „The Doctrine of Justification" (1677) in grossem Massstabe den Kampf für diese Lehre auf, leider ohne direct gegen Baxter, den Liebling der Frommen, oder Bischof Bull's „Apostolical Harmony" zu polemisiren; vielmehr richtete er sich gegen Socin und Bellarmin. Seine Auseinandersetzungen sind treffend, soweit sie die iustitia imputata betreffen. Die unio mystica bezieht er [2]) auf die Kirche und äussert p. 203 Gutes über die Zurechnung der Schuld Adam's an Christus. Aber sowie er auf die iustitia inhaerens zu reden kommt (p. 230 ff.), artet seine Auseinandersetzung ins Osiandrische aus, und er bezieht auf diese iustitia inhaerens, grade wie auch die gleichzeitigen Theologen, Stellen wie Eph. 4, 24; Gal. 2, 20, nicht zwar, um die iustitia imputata zu schwächen, sondern um sie in ihren Folgen sicher zu stellen. Und dann bekommen wir nothwendig Dinge zu lesen, die uns wieder ganz auf das gesetzliche Gebiet zurückführen. Dies geschieht besonders in den Evidences of the faith of God's

---

[1]) L. c. l. VI, Cap. 3, § 11, § 25 und Cap. 8, § 14. In § 25 heisst es: Reformati in regeneratione stricte dicta non admittunt, nisi puram putam operationem physicam. Aber diese collatio vitae spiritualis per regenerationem — was ist sie anders als die Eingiessung der iustitia essentialis Osiander's?

[2]) John Owen, The doctrine of Iustification im 5. Bande seiner Werke (1851) p. 178.

elect,[1]) wo Owen mit Worten, wie: neue Creatur, principle of new obedience u. s. w. operirt. Der Ausgangspunkt ist p. 430 zu ersehen: Der Mensch war anfänglich im Bilde Gottes gemacht (made in the image of God) — denn in der Geradheit seiner Natur brachte er die Heiligkeit und Gerechtigkeit Gottes zur Darstellung, worin das Bild Gottes eben bestand. Dies nun war durch die Sünde verloren. Der Mensch in seiner jetzigen (gefallenen) Verfassung (fallen condition) bringt Gott nicht mehr zur Darstellung; nichts erinnert mehr an das Bild Gottes; alles ist todt, finster, pervers und verworren. Diese neue Creatur, von der wir sprechen (also das bei der Wiedergeburt Eingeschaffene),[2]) ist von Gott zu dem Ende geschaffen, dass es sei ein gesegnetes Bild und eine Darstellung Gottes. Sonach heissen wir (2. Petr. 1, 4) Theilhaber der göttlichen Natur. Also so sehr Owen einerseits Stand hält auf dem Boden der Reformation, was Baxter nicht thut, geräth er doch andererseits auf eine schiefe Ebene in der Heiligungslehre. Am stärksten tritt solches hervor in seinem Pneumatologia betitelten Werke,[3]) z. B. l. 4, Cap. 6, § 13—23, ferner § 51, wo er sich ähnlich, wie in dem eben angegebenen Citate über das Bild Gottes und dessen Wiederherstellung auslässt und die daraus hervorgehenden der Seele einklebenden Neigungen und heiligen Bewegungen. Er hat dieselbe unklare Anschauung von Geist und Fleisch, vom alten und neuen Menschen, wie die mit ihm gleichzeitigen Theologen. Gesinnungsgenossen Owen's waren es, die auf den Lehrausdruck der Westminsterconfession und des Grossen Katechismus Einfluss nahmen (anno 1643 ff.) und Vorzügliches leisteten. Sie berücksichtigten z. B. streng die imputatio

---

[1]) „Beweise des Glaubens der Erwählten" p. 405 im selben 5. Bande seiner Werke, ed. W. H. Goold. London 1851.

[2]) The renovation of the image of God in us, heisst es weiter unten.

[3]) Es ist ein ganz unnützes Unternehmen, wenn Dr. A. Kuyper in einem dreibändigen Werke über das Werk des heiligen Geistes (1888—89) diese Lucubrationen Owen's wieder hervorzieht und unfruchtbaren Repristinationen damit die Hand leiht. An solchen hat unser Jahrhundert über und über genug. Man möchte einmal frischere Kräfte am Werke sehen. Gegen Kuyper habe ich mich übrigens in einem Schriftchen „Zur Abwehr" (Leipzig 1888, bei R. Giegler) zur Genüge ausgesprochen. Er behandelt wunderbar genug in dem soeben während des Druckes erschienenen Bd. III, S. 61 meine 1887 erschienene Dogmatik als nicht vorhanden — weshalb er sie um so besser ignoriren konnte.

immediata, und die Verfasser des Katechismus wenigstens haben von den von Saumur ausgehenden Streitigkeiten schon Kenntniss genommen, was nicht von denjenigen der Confessio fidei (wie Ch. Hodge bemerkt), gilt. Diese puritanischen Bekenntnisse (1648) drücken sich nun ganz in Owen's Weise über die sanctificatio aus. Confessio fidei Cap. 13, § 1: Diejenigen, welche wirksam berufen und wiedergeboren sind, indem sie ein neues Herz und einen neuen Geist eingeschaffen erhalten haben, sind nun weiterhin geheiligt in Kraft des Todes und der Auferstehung Jesu Christi, durch sein Wort und den in ihnen wohnenden heiligen Geist, und zwar reell und persönlich; die Herrschaft des ganzen Leibes der Sünde wird in ihnen zerstört und die einzelnen Lüste (Begierden) werden täglich mehr und mehr geschwächt und gekreuzigt und sie selbst mehr und mehr täglich lebendig gemacht und gestärkt zur Uebung wahrer Heiligkeit (in all saving graces), ohne welche Niemand den Herrn sehen wird. § 2: Diese Heiligung ist eine durch und durch im ganzen Menschen sich verbreitende Heiligung, so aber, dass sie in diesem Leben unvollkommen ist, indem einige (!) Ueberbleibsel des Verderbens noch in allen Theilen zurückbleiben — woraus der unversöhnliche Streit zwischen Geist und Fleisch entsteht etc. Ebenso im Grossen Katechismus § 75: Sanctificatio est opus divinae gratiae, quo omnes — quos Deus elegit — per potentem operationem Spiritus eius — in tempore per totum hominem ad imaginem Dei sunt renovati: indita cordibus suis habentes resipiscentiae ad vitam aliarumque gratiarum omnium salutarium semina (!) ipsasque gratias ita excitatas auctas et confirmatas, ut magis in dies magisque peccato moriantur, atque ad novitatem vitae resurgant et reviviscant. Wir stellen ferner aus § 77 fest: dass nach den Verfassern dieses Katechismus in der Heiligung der Geist Christi Gnade eingiesst (gratiam infundit) und zur Ausübung derselben uns fähig macht. In der Rechtfertigung sei die Sünde vergeben, in der Heiligung wird sie unterjocht (subdued, d. h. sub iugum mittitur) [1] — welche übrigens nicht in Allen gleicher-

---

[1] Der Apostel spricht Röm. 6, 11 von einem Todtsein in Beziehung auf die Sünde. Das obige Bild ist mönchisch.

weise vorhanden und in Niemandem vollkommen, sondern zur Vollkommenheit heranwächst.]

Vergleichen wir damit die Aufstellungen von Conf. Gallicana 22, Belgica 24, Anglic. 12, so fehlt in diesen letzteren völlig der Begriff der gratia infusa oder der gratiarum salutarium semina.

Um frischeres Blut in die Adern der Gemeinde zu leiten, schrieb sodann der Vater der Föderaltheologie, Cocceius, seine Werke, den Maresius unter die novatores rechnet und sehr streng abweist (z. B. p. 250, 574, 651 im Systema). Er trachtete, die Sache des Heiles in ein festeres Gefüge zu bringen, dass sie einen Anfang, eine Mitte und ein Ende habe. Seine Lehre von den Bünden soll den Verkehr Gottes mit den Menschen reguliren und lebendiger machen und verhüten, dass der Mensch nicht wie ein Stock oder Stein dazustehen kommt. Orthodox ist er ja auch wie seine Gegner — aber er zog nur klar die Consequenzen des Systems, und die Folge war, dass er nun selbst den Orthodoxen missfiel. Aber ihm entgegenzustellen hatte man nichts mehr — die Rechtfertigungslehre lag erdrückt unter der Heiligungslehre. Diese hat Cocceius ebenfalls im Auge.

Der Process wird nach Cocceius im Paradiese schon instruirt — Adam wird Gegenstand eines Experiments, das Gott mit ihm macht — bei gut bestandenem Experiment hätte er sich das ewige Leben erworben. Er fiel, und nun kommt, nach Einschiebung eines Werkbundes am Sinai, der Gnadenbund; doch mit ihm sind wir so wenig zur Ruhe gekommen, dass wir auch in diesem neuen Verhältniss immer noch in Athem erhalten werden, in der Uebung stehen und, wenn auch natürlich durch Gottes Gnade, doch (um mit den Neueren zu reden) das sittliche Princip, welches im Glauben liegt, zur Ausbildung und zum Durchbruch bringen müssen (cooperari cum Spiritu sancto). Aber das ist ja nichts Neues. Auch ein Römischer, wie Pighius[1]) wollte, wie nicht minder die Arminianer, alles von der Gnade ableiten und das servile Verhältniss in Christo abgethan wissen; sie wollten das Ethische fördern. Da lag aber immer die Rechtfertigung als ein heiliger Knochen vergraben, und über demselben wölbte sich dann der Dom der Heiligung, oder die iustitia inhaerens, die auf die imputata folgt.

---

[1]) Controversiae in comitiis Ratisponensibus etc., p. 80.

Man mag es wissen wollen oder nicht — der Pietismus Deutschlands fand seinen Vorläufer in den Niederlanden und Grossbritannien, wie Ritschl und Heppe gezeigt.

Selbst ein Voetius ist nicht frei von der nachmals als Pietismus gestempelten Auffassung des Christenthums, wie viel mehr das nachwachsende dürre Holz. Unter seiner Aegide kamen die exercitia pietatis in der reformirten Kirche auf. Nach dieser Seite folgten ihm Theodor Brackel († 1669) und P. Wittewrongel, dessen Oeconomia christiana viel galt. Schüler von Voetius und Cocceius war Jodocus van Lodenstein († 1677), der sich dem heiligen Abendmahl entzog aus Gewissensbedenken und eine neue Reformation forderte[1]). Ein Schüler des Cocceius, Theod. Undereyk, führte in Bremen (1672) zuerst die Confirmation ein, wie Spener solches für die lutherische Kirche that. Damals gelang es noch der Staatskirche, den Separatismus wenigstens als Gemeindeverband im Labadismus von sich auszuscheiden, aber der Geist des Separatismus blieb, jener spiritus privatus der Gläubigen, der sich in seinem Ueberglauben über alles erhebt. Daher findet die Predigt von der Souveränität Gottes (oder der Satz: Der Mensch Nichts — Gott Alles) zwar viele Anhänger in Holland bis heute: aber nirgendwo gibt es so viele lästige Meister, die auf einer Höhe stehen und von dort auf die Anderen herabsehen. Die Kenntniss von der Rechtfertigungslehre ist verloren — das gläubige „Volk" sitzt auf seinen Erfahrungen, die über dem Worte stehen oder doch das Wort an die eigne werthe Person binden. Die Erfahrungen werden zu einer Barriere zwischen Wiedergebornen und Unwiedergebornen gemacht. Das Wort Gottes ist nicht lebendig und kräftig nach Hebr. 4, 12 und kein beständiger Kritiker der Gedanken und Sinne des Herzens, sondern die Wiedergeburt steht auf dem Vordergrund; von der Bekehrung wird umständlich gesprochen: kurz es herrscht eine Tyrannei im Geistlichen, bei der die Lahmen und Hinkenden (Micha 4, 6; Zeph. 3, 19), für die freilich die Rechtfertigungslehre wie geschaffen ist, nicht aufkommen können und also das wahre Volk Gottes beständig druntengehalten wird von jenem Volke, welches den Schein hat zu leben — aber es ist todt. Dass dann der Hass der Welt (der sog.

---

[1]) S. über ihn im Anhange; ferner Ritschl's Geschichte des Pietismus I.

Liberalen) gegen dies letztere „Volk" nicht immer ein unberechtigter ist, liegt auf der Hand. Und daraus entstehen sodann die wohlfeilen Martyrien, welche in Holland eben jetzt wieder an der Tagesordnung sind. Unser Wunsch kann nur sein: Ach, käme doch einmal wahrhafte Noth, wahrhafter Hunger nach Gottes Wort den Leuten über den Hals — wie einst nach dem Pfingstfeste und stellenweise auch zur Zeit der Reformation!

In Grossbritannien sehen wir aus der zum Petrefakt werdenden englischen Kirche, aber allmählich auch im Gegensatz zur presbyterianischen schottischen Kirche den Independentismus hervorgehen — der in der Theorie die äussersten Consequenzen des Prädestinations-Dogmas zog, ohne dieselben durch die Lehre von der Rechtfertigung zu temperiren. Volle Mitglieder der independentischen Congregationen sollen nur Gläubige, d. i. Erwählte und wahrhaft Wiedergeborne sein. Nur wer Zeichen und Beweise seiner Wahl aufzuweisen vermag, darf zur Gemeinde, die von anderen völlig unabhängig ist, zugelassen werden. Auch die Taufe steht zurück. Sie wurde während der grossen englischen Revolution zeitweilig ganz unterlassen. Die Aussonderung der Erwählten aus dem Kreise der Censuspflichtigen wurde streng durchgeführt. In Amerika bekamen sie Spielraum, um ihr Wesen ungestört zu entfalten.[1] Der spiritus privatus der Gläubigen erhielt die Oberhand; ein spiritualistischer Zug zum Christus in uns geht selbst durch die Essays der Besten der älteren Independenten, Robinson's, wie überhaupt des ganzen Independentismus; — kurz Elemente, die man in der Reformationszeit als Schwenkfeldisch und Osiandrisch ausgeschlossen, wucherten empor[2] auf dem durch politischen Erfolg und schwärmerische Hoffnungen aufgewühlten Boden des Independentismus. Einer der Ihrigen war der schon genannte John Owen, ein anderer Thomas Godwin. Sie haben später ebenso wie die

---

[1] S. den gleichzeitigen Bericht über Old Roxbury Meeting House (Bethaus des berühmten John Eliot in Neu-England), auf den wir später zurückkommen werden.

[2] Die Fragen der Examinatoren, die Cromwell zur Prüfung der Geistlichen anstellte, betrafen die Zeichen, wohl auch Tag und Stunde der Wiedergeburt; — als ein anglikanisch gerichteter Kaplan Wiedergeburt und Heiligung auseinanderhalten wollte, hiessen sie ihn fortgehen. (Weingarten, Die Revolutionskirchen Englands S. 154.)

62

Baptisten den Presbyterianern grossen Schaden zugefügt, so dass heutzutage ein baptistisch-independentischer Geist alle englisch redenden presbyterianischen Kirchen durchzogen hat. Um hinter den Independenten und Baptisten nicht zurückzubleiben, und neben deren falschen Werken auch mit etwas Glänzendem erscheinen zu können, haben die presbyterianischen Kirchen sich ähnliche Anstrengungen abpressen lassen, und der Geist der Schwärmerei und des Werkdienstes feiert grosse Triumphe auch in gut calvinischen Kirchen, währenddem die Fundamente zu wackeln beginnen und an dem bisherigen Bande des Bekenntnisses mit frivoler Hand gezerrt wird. Man will das Bekenntniss revidiren.[1]) Die äussersten Vorposten erkennen wir im Darbismus, der aus falscher Innerlichkeit das Amt gänzlich verwirft und die Heiligungslehre consequent dahin durchführt, dass der Gläubige nicht sündigt und auch das Unservater nicht mehr beten kann, weil der Christ nichts mehr mit der Bitte: „vergib uns unsere Schulden“ zu schaffen hat; ferner in der Heilsarmee. Die englische Frömmigkeit trieft von solcher Heiligkeit und Werkgerechtigkeit — man will dem Himmelreich Gewalt anthun und die Gottheit ist im Himmel vor diesen Betern und Werkgerechten nicht mehr sicher — wie ähnlich die indischen Götter vor ihren Anbetern und Gerechten in ihrem Himmel nicht sicher sind.

Mehr vom Methodismus angeregt, entstand in der Schweiz und Holland der Réveil. Er ist kein Sprössling der Reformation, sondern eine ganz aparte Pflanze. Er ist hervorgegangen aus dem Gefühl der malaise mit dem Zustand der Kirche. Leute, die von Geistreichthum gestachelt waren und in der Welt nicht genug Nahrung fanden für ihr etwas wund gewordenes Gewissen — Leute, die das Recept der Salbe des Heiligthums (Exod. 30, 25) als ihr Geheimniss besassen und Andere damit zu salben sich vermassen — Leute ohne alle Vorbegriffe von Ordnung und Unterordnung, — geistliche Titanen und bewundernde Zwerge — solche Leute, denen zu begegnen einen einfachen Christen gruseln machen sollte — setzten eine neue Bewegung ins Werk, die noch immer nachwirkt, wenn sie auch in keiner speciellen Kirchenbildung

---

[1]) So neuerdings sogar in der Freien Kirche Schottland's. General-Synode v. J. 1889.

einen Ruhepunkt gefunden. Diese ganze Richtung lebt in Werken des Gesetzes, die unter dem Schirm der Heiligung, des neuen Gehorsams, des neuen Lebens (kurz des „Christus in uns") und anderer Schlagwörter geschehen und anempfohlen werden. Wenn sie nur augenblicklichen Genuss haben am neuen Leben in der Wiedergeburt; wenn sie nur die Kennzeichen des „Christus in uns" — die Liebe, die aus dem Glauben wächst — in sich gewahren — dann sind sie beruhigt; sie fühlen wenigstens zeitweilig ihr wundes Gewissen nicht und trachten nun, alsbald auch Andere zu bekehren. Von deutscher Herkunft war das einzige Buch, das in den zwanziger Jahren unseres Jahrhunderts über die Rechtfertigung geschrieben wurde: Jehova Zidkenu von dem Lutheraner Dr. Sanders — welches schüchtern mittelst einer Vorrede in diesen holländischen „erweckten" Kreisen durch Dr. Kohlbrügge eingeführt wurde.

Als nun Dr. Kohlbrügge selbst auftrat mit seiner auf die apostolischen und reformatorischen Quellen zurückgehenden Lehre von der Rechtfertigung aus dem Glauben, so war er mit Einem Mal ein Fremdling in den Kreisen des Réveil. Es erschien seine Predigt über Röm. 7, 14 [1]) als eine fremde, harte Lehre, an die selbst die Besten nicht recht wollten. Er zerfiel mit allen seinen Freunden und man fertigte ihn kurz ab, mit der Behauptung, dass er die Heiligungslehre verkürze [2]) und auf Antinomismus hinauskomme — die gleiche Abfertigung also, die Osiander den Wittenberger Theologen zu Theil werden liess. Der Heros des Réveil, nach Wagenaar, — der getaufte Jude Isaak Da Costa, schrieb an Kohlbrügge einen Brief, in welchem sich seine völlig dilettantenhafte theologische Erkenntniss offenbarte: weswegen er von Dr. Kohlbrügge in einem „Offenen Sendschreiben" (das auch den Freunden Da Costa's im Manuscript hätte mitgetheilt werden sollen) scharf zurecht gewiesen wurde.

Diese Réveil-Leute stehen ausserhalb jenes oben charakterisirten „Volkes". Es sind meist vornehme Naturen, die sich zum Réveil halten, zumeist auch den vornehmeren Gesellschaftsklassen angehörig, wohingegen das sogenannte „Volk" sich aus den kleinen

---

[1]) Gehalten 1833 in Gemarke; in 4. Auflage (Elberfeld).

[2]) Vergl. über den Réveil die Schrift des holländischen Dr. Wagenaar: Het „Réveil" S. 158 f.

Leuten zusammensetzt. Die Darbisten rekrutiren sich zumeist aus
den Kindern der alten Réveilleute. — Es sind das lauter Atome,
die hin und her geschleudert und bald von diesem, bald von jenem
Mittelpunkt angezogen werden — im Lande oder draussen — besonders auch von denen, die Erfahrungen gemacht und zu beten oder
durch Schriftauslegung zu glänzen verstehen. Wenn Solche — wie in
England häufig — dazu noch aus Indien oder Australien heimkehren
und gar schwere Lebensschicksale für sich als geistliche Legiti-
mation aufweisen können, so sind sie besonders gern gesehen.
Von den einheimischen Pfarrern lassen Manche solches Treiben zu;
sie benutzen solche geistliche Emporkömmlinge wohl auch gern
als willkommene Mittel, um die eignen lahmen Gemeindeglieder
anzustacheln — doch zu ihrem (der Pfarrer) Schaden. Denn sowie ein solches Gemeindeglied gewonnen ist — alsbald wendet sich
dasselbe vom Pfarrer ab und geht eigne Wege — es will selbst
lehren, wenigstens Bibeln, Traktate vertheilen, mit Weltmenschen
disputiren und missioniren: kurz selbst alles entscheiden — es
will urtheilen und nicht gehorchen. Ein böser Geist der Insubordination ist ausgegossen über weite Kreise. Auf den Missionsfesten feiert dieser spiritus privatus seine Orgien. Man dünkt sich
hier die unsichtbare Kirche im Kleinen zu sein — Organe dieses
spiritus privatus sind auch gern ehemalige Juden — ferner Missio-
nare, die krankheitshalber heimgekehrt, oder die Verwandten und
Affiliirten gewisser notorisch frommer Familien. Es gibt in Holland
und noch mehr in den englisch redenden Ländern eine Art von Aristo-
kratie, in der das spanisch-jüdische und neuerdings auch das polnisch-
jüdische Blut fast schon das eigentlich „blaue" ist. Auch in den Bädern
missioniren diese Erweckten; sie reisen nach der Schweiz zu den
Missionsfesten; sie geben sich Rendez-vous in Bad Boll, Männe-
dorf etc., jagen Gebetsheilungen nach, jagen nach geistlichen Anek-
doten, Berichten von auffallenden Bekehrungen, nehmen alles ohne
tiefere Prüfung hin — kurz sie vergöttern Menschen. Anstatt daheim
zu bleiben und den verborgenen Menschen des Herzens zu pflegen und
durch ihren stillen Wandel Andere auch Christo zu gewinnen, sind
sie mit ihren Gedanken, wo nicht in Person, meist draussen. Sie
lechzen danach, einen Proselyten zu machen, oder doch wenigstens
den Samen des Wortes Gottes in das Herz eines Solchen, der Pro-
selyt werden könnte, hineinzuwerfen. Wenn er eine Bibel von

ihnen annimmt, oder auch nur ein religiöses Buch, so sind diese oft kaum erst selbst zur Erkenntniss (wie sie meinen) gekommenen Seelen überglücklich. Sie fühlen sich dann Gott näher: wenn sie ihre Waare angebracht haben. Dass bei solchem Stande der Dinge die Sekten ihre Rechnung finden und die besten, d. h. die suchenden Seelen, der Kirche entziehen, ist natürlich, aber auch höchst beklagenswerth.

Wie kommt es doch, dass dieser Aufschwung, an dem alles, was fromm heisst, gegenwärtig mitarbeitet, so durchaus keine Früchte für die Kirche abwirft — sondern dass dieselbe mehr und mehr zerfällt, oder dann von dem allgemeinen Strudel sich mitfortreissen lässt? Es liegt an der Vernachlässigung der iustificatio sola fide. Sowenig in Holland wie in der Schweiz oder Schottland hatte man und hat man in den Kreisen der Erweckten eine Ahnung davon, worin der eigentliche Grund des Verfalls der Kirche gelegen. Keinem kam es in den Sinn, an der eignen Richtung Kritik zu üben, und die Kirchengeschichte des eignen Landes mit schärferem Auge zu prüfen. Was würde man dann gefunden haben, wo nicht dies, dass man mitten in einem Fahrwasser sich befindet, das einst als nicht zum Ziele führend von den besten Lehrern der Reformation verdammt worden war, nämlich in dem römischen oder Osiandrischen Fahrwasser. Man würde ferner entdeckt haben, dass die Anfänge zu einer grundstürzenden Abweichung von der Rechtfertigungslehre freilich schon in der Reformationszeit selbst gelegen. Dieses ganze Reden von der „novitas", der „nova obedientia", von der dilectio, der iustitia inhaerens (s. essentialis) oder endlich von dem novus habitus (so Witsius) — was ja alles Ein und dasselbe bedeutet — fand sich zwar schon stellenweise bei Melanchthon (vergl. sein Betonen der nova obedientia), aber solches ist ihm von der Opposition gegen die Römischen abgepresst worden, indem der gute Mann auch zeigen wollte, wie er die Werke schätze, deren sich die Gegner so berühmten, und nicht der Meinung sei, die Rechtfertigungslehre mache gottlose und verruchte Leute (Heid. Kat. 64).

Es stachelte Melanchthon, seine Lehre von der Rechtfertigung nach der praktischen Richtung hin abzurunden, und sowie er nun vor seinen Gegnern Ruhe hatte, gerieth er oftmals unwillkürlich in ihr Fahrwasser. Wenn ihn aber die Gegner drängten — so zog er sich auf den articulus stantis et cadentis ecclesiae zurück und es erschien bei ihm, trotz zeitweiliger Umnebelung, das klare Antidotum gegen alle Bestreiter der Rechtfertigung, die iustificatio impii und nicht die iustificatio iusti auf dem Vordergrunde. Das donum, welches die gratia, die durch Christum uns geworden, mit sich führt, ist der heilige Geist[1] — und nicht gewisse dem Menschen eingegossene Qualitäten. Diese Auslegung der wichtigen Stelle Römer 5, 15, die er auch im Iudicium de Osiandro gegeben, bezieht sich auf die Worte Pauli: $\dot{\eta}\ \chi\acute{\alpha}\varrho\iota\varsigma\ \varkappa\alpha\grave{\iota}\ \dot{\eta}\ \delta\omega\varrho\varepsilon\grave{\alpha}\ \dot{\varepsilon}\nu\ \chi\acute{\alpha}\varrho\iota\tau\iota\ \tau\tilde{\eta}\ \tau o\tilde{\upsilon}\ \dot{\varepsilon}\nu\grave{o}\varsigma\ \dot{\alpha}\nu\vartheta\varrho\acute{\omega}\pi o\upsilon\ {'}I\eta\sigma o\tilde{\upsilon}\ X\varrho\iota\sigma\tau o\tilde{\upsilon}$. Diese Stelle enthält den gewaltigsten Keil, den er in alle Aufstellungen, besonders Osiander's, hineintreibt und sie damit zertrümmert.[2] Wo die Gnade ist — da ist Vergebung der Sünden — wo die Gabe ist, die göttliche Gegenwärtigkeit in uns, dadurch wir verneuert werden, da ist Trost und Anfang des ewigen Lebens. — Für Qualitäten bleibt hier kein Platz.

Den Ueberblick über die Schicksale der Rechtfertigungslehre seit Melanchthon's Tod abschliessend, sagen wir, dass die Orthodoxen sich leider mehr oder weniger dem Osiander annäherten, während dagegen die Socinianer und Arminianer sich dem römischen Lehrbegriffe zuneigten. Socinianer wie Arminianer wollen von einer Zurechnung der Gerechtigkeit Christi nichts wissen. Die ersteren lassen dem Menschen den Glauben zur Gerechtigkeit gerechnet werden, weil und sofern derselbe Gehorsam gegen die Gebote Gottes ist; die letzteren aber, sofern der Glaube das hervorbringende Princip der Werke ist (s. D. Strauss, Glaubenslehre, B. 2, 487 ff.). Noch gründlicher ist aber diese Lehre von Schleiermacher (Chr. Gl. § 109) verdorben worden. Für ihn ist das Bewusstsein der Schuld und Strafwürdigkeit mit dem Eintreten der Erlösung in das Leben der Einzelnen etwas Verschwindendes geworden, und bedarf es also für das Aufhören derselben keines besonderen göttlichen Rathschlusses oder Aktes; — es kann also von einer übernatürlichen Gabe, die den Einzelnen durch Christi Verdienst zugeeignet wird, nicht die Rede sein. Damit aber ist die gemeinsam protestantische Lehre von der Rechtfertigung bis in den Grund hinein

---

[1] C. R. 27, p. 470: Donum per gratiam (Röm. 5, 15) vocat Spiritum sanctum, donatum his, qui sanctificantur.

[2] S. C. R. 7, p. 893 f.

zerstört, was auch nach Schleiermacher's Prämissen dieser Lehre nicht anders zu erwarten war. Der neueren speculativen Dogmatik (s. O. Pfleiderer § 258) ist mit dem Glaubensakt der Ergreifung des Christusgeistes unmittelbar als der Reflex dieses neuen Lebensprincipes die Rechtfertigung gegeben. Selbige besteht in der Gewissheit, dass mit der Hingabe des selbstischen Ich an die versöhnende Gnade Gottes der Zwiespalt mit Gott aufgehoben, die Schuld vergeben, die Kindschaft hergestellt ist, wodurch man sich nun über die Leiden erhebt. Die forensische Rechtfertigung wird dabei zu einer blossen Formel, die den Gedanken verhindern soll: dass es unser eignes Werk sei, wenn wir in die Seligkeit des Friedens der Kindschaft eingehen. Ueber A. Ritschl reden wir später. [1])

Döllinger, Kirche und Kirchen, 1861, S. 95 sagt von der Rechtfertigungslehre in einer Verhandlung mit Stahl: „Alle, oder fast alle wissenschaftlichen Theologen seiner (Stahl's) eignen Confession, sowohl in Deutschland, als auswärts, haben ihr entsagt; die Exegeten erkennen an, dass sie dem Neuen Testament fremd ist — — die dogmatischen Theologen verzichten darauf, sie biblisch oder speculativ zu begründen." Was Stahl geantwortet, ist uns nicht bekannt; viel Tröstliches kann es nicht gewesen sein. Das Wort Gottes aber sagt: „Straft man einen Verständigen, so wird er vernünftig" (Spr. 19, 25). Handeln wir danach.

---

[1]) Zu diesem 2. Capitel vergl. den wichtigen ersten Band von Ritschl's Lehre von der Rechtfertigung und Versöhnung.

Capitel III.

Die biblisch-theologischen Voraussetzungen der evangelischen Rechtfertigungslehre.

A.

Das Gesetz.

Die Gerechtigkeit Gottes ist geoffenbart ohne Gesetz, bezeugt durch das Gesetz und die Propheten (Röm. 3, 21). Ein lange vernachlässigtes Thema, das mit Energie angefasst werden muss; denn der Weg des Apostels ist nothwendig auch unser Weg. Dass die Kirche [1] dies vergass, trug ihr die schreckliche Faustperiode des Rationalismus ein, in der ein Jeder that, was ihm gut däuchte, und wo Gottes Wort theuer im Lande war. Dieser Rationalismus hat nun ein Ende genommen; er ist obsolet geworden — die öde Zeit macht Platz einer neuen. Die Ritschl'sche Schule hat das unbezweifelte Verdienst, in einer auch für den Rationalismus vernehmbaren Weise die Abhängigkeit des Neuen Testamentes vom Alten verkündigt zu haben, und demgemäss macht Ritschl es sich zur Aufgabe, die neutestamentlichen Ideen auf der Grundlage der alttestamentlichen zu verstehen. Dass nun das Alte Testament derartig gedeutet, ja misshandelt wird, dass von demjenigen, was an die einstige orthodoxe Lehre erinnert, nicht viel mehr übrig bleibt, ist freilich auch klar. Aber wichtig ist Ritschl's Bestrebung doch — sie stellt wirklich einen Versuch dar, von dem Erfahrungscentrum der Rechtfertigung durch den Glauben aus die Schrift-

---

[1] Der Reformatoren Standpunkt s. bei Melanchthon in den Prolegomena in ep. ad Romanos v. J. 1540 (Opp. omn., ed. Peucer, III, p. 891) und öfter.

lehre in strengem Zusammenhang vorzutragen. Die Vermittlungs-theologie mit ihrer Zerfahrenheit hätte hier mehr zu lernen, als ihr lieb ist, und daher schilt sie auch mehr auf Ritschl, als dass sie Gebrauch von seinen Forschungen machte.

Ist es wahr, dass der Gerechtigkeit Gottes Zeugniss gegeben wird durch den Pentateuch und die Propheten, so sind wir ja einer endlosen Reihe von Fragen überhoben. Ist es gestattet, sich von diesem Mittelpunkt aus nach rückwärts und vorwärts einen Weg durch die heilige Schrift zu bahnen, so sind wir ja auf dem besten Wege, wieder ein Schriftganzes herzustellen. Nicht freilich aus dem Bewusstsein, oder der Erfahrung der Individuen heraus, sondern aus dem objektiv vernehmbaren, in der Schrift dastehenden Chor der Zeugen, welche uns das Gesetz und die Propheten zu Worte kommen lassen; aus der Analogie des Glaubens demnach, die sich bei der ganzen Wolke von Zeugen, deren die Schrift gedenkt, finden und aufweisen lässt. Vermögen wir freilich die heilige Schrift nicht zu deutlichen Aussagen in dieser Beziehung zu bringen — so sind wir übel dran. Gelingt es dagegen, den Mund der alten Zeugen zu öffnen — so sind wir auf festem Boden.

Der biblisch-theologische Beweis hat also, wenn auch in blossen Umrissen, voranzugehen.

Gleich an der Spitze tritt uns die Wellhausen'sche Schule in den Weg und kehrt die Sache um und sagt: Propheten erst — dann das Gesetz. Die Propheten schafften das Material herbei, aus dem dann endlich das Gesetz nach dem Exil zusammengesetzt wurde. Der tief pelagianische Grundzug dieser These liegt offen zu Tage, und es ist abermals dankenswerth, dass Ritschl wenigstens nicht auf dem Wellhausen'schen Boden steht, sondern das Gesetz wirklich als ein den Propheten vorausgegangenes, auf Mose zurück-zuführendes Heilsgut Israels ansieht, und so z. B. auch mit der levitischen Opferthora rechnet, als einem ernst zu nehmenden ge-schichtlichen Faktor, und durchaus geeignet, um der Lehre Christi und der Apostel zur Erläuterung wie zur Voraussetzung zu dienen. Er macht sich mit seltener Energie an die Deutung der Gerech-tigkeit Gottes, des göttlichen Zornes; er untersucht die Bedeutung der Sündopfer, des Passahs etc.; er untersucht diese Probleme wirklich mit Hülfe der gegebenen Quellen und an dem Orte, wo sie liegen, und nicht, wo der Kritiker des Alten Testamentes sie hingelegt. Desgleichen sind ihm Jesaia, Jeremia, ja die Psalmen und Hiob (selbst die Reden Elihu's) vollwichtige testes veritatis, ebenso auch die neutestamentlichen Autoren (II, 214 f.) Er geisselt die kritische Haltlosigkeit Schleiermacher's (R. V. I, 487) und reprobirt gelegentlich Baur wie Schneckenburger. Wir sind demnach heutzutage besser dran, als um die Mitte des Jahrhunderts, wo trotz aller landesüblichen Repristination der Orthodoxie doch kein rechter Gebrauch von derselben gemacht ward — nämlich um die Kirche mittelst der in ihr selbst liegenden Mittel zu verbessern. Ueberdies habe ich in meinem Werke: „Zum Gesetz und zum Zeugniss" energisch der Umkehr der Dinge, die in dem Satze: erst Propheten und dann das Gesetz, liegt, opponirt! Ich darf also, ohne hier weiter mit kritischen Erörterungen über das Alte Testament den Leser aufhalten zu müssen, in medias res übergehen und zeigen: dass erstlich das Gesetz die Gerechtigkeit Gottes, die im Evangelium geoffenbart ist, bezeugt.

Das Gesetz fassen wir im Sinne von Thora, Lehre, Anweisung zum Leben! Es ist nicht zu verwechseln mit dem Begriff des $\nu\acute{o}\mu o\varsigma$, welchen Paulus Röm. 3, 21 und öfter gleichfalls in Anwendung bringt — dem $\nu\acute{o}\mu o\varsigma$ der damaligen Theologie, der sich eher deckt mit dem Begriff lex unserer Bekenntnissschriften, wo sie von lex und evangelium als Gegensätzen reden. Genug, es ist das Gesetz, welches die fünf Bücher Mose's enthalten, also mit Einschluss der Patriarchengeschichte.

Dass nun in dieser Geschichte die Verheissung das leitende Gestirn für die Väter war, und dass diese wie ein Testament unverbrüchlich dastehende Verheissung nicht aufgehoben ward durch ein 430 Jahre danach kommendes sinaitisches Gesetz, das führt Paulus Gal. 3 aus. Die Person, auf welche die Verheissung ging, war das $\sigma\pi\acute{e}\varrho\mu a$, oder Christus (Gal. 3, 16). Deutlich genug redet hier Paulus, und es ist zu beklagen, dass so viel Staub aufgewirbelt wurde, um diese klare Stelle Gal. 3, 16 unklar zu machen. Paulus sagt aber: Der Same ist $X\varrho\iota\sigma\tau\acute{o}\varsigma$. [1] Nennt man diese Beweisführung rabbinisch — nun so hat die rabbinische Schale dies-

---

[1] Vergl. darüber meine: Citate des Alten Testaments im Neuen zu d. St. Gal. 3, 16.

mal eine Perle von höchstem Werth der Nachwelt bewahrt, wonach die Meinung Pauli, dieses Predigers der Gerechtigkeit, war: der Same, dessen sich die alten Väter getrösteten, war Christus. — Wir schreiben hier keine religiösen Betrachtungen für die Gebildeten unter den Verächtern der Religion, sondern wir wünschen mit Paulus zu gehen und eng an seine Fersen uns zu halten. Die Gerechtigkeit Gottes bestand schon in der ältesten Zeit darin, dass nach einem im obersten göttlichen Urtheil und in der Ewigkeit begründeten Rathe Gottes dieser Same Christus, nach Gal. 3, 16 aller Verheissungen Kern, mit seinem Verdienst (Leiden, Sterben und Auferstehen) die Gläubigen vor Gottes Richterstuhl vertreten und zum ewigen Leben führen sollte. Gott in seiner reichen Barmherzigkeit und nach seiner Gerechtigkeit findet nichts beim Menschen, sondern er setzt Alles nach Seinem Willen. Er will solche Menschen vor sich haben, die durch ihr ganzes Dasein seine Barmherzigkeit und zugleich seine Gerechtigkeit in Christo Jesu preisen. Damit sie dies könnten, hat er sie geschaffen in seinem Bilde, nach seiner Gleichheit, sodann ihnen ein Gebot gegeben; dann wiederum ihren Fall geordnet, um endlich in der Fülle der Zeiten sie durch Christum zu erlösen! Und das Zeugniss von dieser Erlösung bieten das Gesetz und die Propheten. Aus diesem Zeugniss erhellt, dass die göttliche Erklärung und das Urtheil, dass durch Jesum Christum gerechtfertigt werden sollten die Glaubenden, stets das Erste ist — und alsdann die Erkenntniss dieser Wahrheiten in Kraft des heiligen Geistes den Betreffenden auch im Leben zu Theil wird. Die Gerechtigkeit Gottes oder seine nach Gerechtigkeit bestimmten Massnahmen zu des Menschen Erlösung sind also nicht abhängig vom Menschen. Sie werden nicht als ein immerhin prekäres Heilmittel in der Zeit an der Heerstrasse der Menschheit gefunden, wo aber noch alles davon abhinge, ob der Mensch diesen Fund auch aufnimmt, also von des Menschen Glauben, sondern es handelt sich hier um ein von Gottes Gerechtigkeit ausgehendes allerhöchstes Verfahren — wonach von Anbeginn alles so verordnet und geregelt wurde — dass Alle durch „Gerechtigkeit Gottes" gerettet, ohne diese Gerechtigkeit (wie sie nämlich durch Mose und die Propheten bezeugt worden) Niemand gerettet würde. Weil Gott Vater Christum, seinen lieben Sohn, im Sinne hat, will er überhaupt die Welt, schafft er von Anbeginn Menschen, und schafft eine Welt, worin alles dienen muss, den Menschen zu diesem Punkte hinzutreiben, dass er durch göttliche Imputation der Gerechtigkeit eines Anderen theilhaftig wird und eben damit des Lebens und der Seligkeit (vergl. Eph. 1). Real besteht die Gerechtigkeit des Sünders vor Gott lediglich in Christus, und auf diese wirkliche Gerechtigkeit Christi nimmt Gott Rücksicht, indem er den Gläubigen für gerecht erklärt, d. h. etwas in ihm sieht, das in foro humano nicht da ist, wohl aber in foro divino vorhanden und imputationsweise dem Menschen zu eigen wird — d. h. die Gerechtigkeit Christi.

Es muss einen Zweck geben, um dessentwillen die Welt ins Dasein gerufen wird. Dieser Zweck ist schon fürs natürliche Leben: Preis Gottes — soli Deo gloria. Gott findet nichts und schafft alles zu seiner Selbstverherrlichung. Ebenso heisst es im geistlichen Lebenshaushalt: Gott findet den Sünder gottlos und rechtfertigt ihn als einen Gottlosen um Christi willen. Der creatio e nihilo im Bereich der natürlichen Schöpfung entspricht das grosse Wort: iustificatur impius. Und zwar ist erstere, die natürliche Schöpfung, dieser, der geistlichen, untergeordnet. Als letzter Zweck tritt hervor: Preis Gottes durch Christum — oder $\dot{\alpha}\pi o\varkappa \dot{\alpha}\lambda v\psi\iota\varsigma$ der $\delta\iota\varkappa\alpha\iota o\sigma\acute{v}\nu\eta$ $\vartheta\varepsilon o\tilde{v}$ im Evangelio (Röm. 1, 17). Nicht nach Art einer langathmigen Entwicklung vom Nullpunkt bis ins Unendliche, sondern in concentrischen Kreisen verläuft die Menschheitsgeschichte. Jesum Christum, „den Samen", als den einigen Grund ihrer Rechtfertigung vor Gott und ihrer Seligkeit zu erkennen — darauf ging schon die Paradiesesgeschichte aus. Adam lernte das sehr bald, was es heisse: iustificatur impius.

Adam war im Bilde Gottes geschaffen, nach seiner Gleichheit. Was dies aber heisst, haben wir zu lernen, und es steht in genauester Relation mit der Lehre von der Rechtfertigung des Sünders vor Gottes Gericht. Adam hört nach seinem Fall lediglich Worte aus Gottes Munde, und nach diesen Worten wird er behandelt. Osiander nun sagt: es sei ihm die wesenhafte Gerechtigkeit Christi eingegossen, die an die Stelle der durch den Fall eingetretenen bösen Qualitäten trat — dadurch wäre Adam vergottet worden, und gute Qualitäten wären als die Quelle für sein gutes Verhalten ihm verliehen worden. Andere, nämlich die Rationalisten und Rom, sagen: es sei ihm nichts eingegossen, sondern seine pura naturalia,

d. h. sein Wille, Gutes zu thun, im Kampf mit den Begierden sich zu bewähren, seien bei der Restitution nur wieder in Kraft und Wirksamkeit gesetzt worden, und mit diesen pura naturalia ist dann das Verdienst Christi combinirt worden, so aber, dass der Wille in der Bekehrung non nihil agit. Dann ist Adam zwar ohne neue Qualitäten, wozu ihm erst bei der Rechtfertigung das Princip eingepflanzt wird, aber nun ist sein Wille das Entscheidende, sofern er mit der Gnade zum Bekehrungswerk zu concurriren im Stande ist. In diesem Fall ist Adam in anderer Weise ein parvus in suo genere Deus. In aller denkbaren Crassheit lehrt der Rationalismus also. Wir haben hier also stets mit Ueberschreitung des creatürlichen Standpunktes zu thun; immer machen sich „die Götter in Preussen" (Osiander) oder die „Götter des Pelagianismus, sei es in Rom oder in Weimar und Jena" geltend. Die Orthodoxie geht den Mittelweg zwischen beiden Standpunkten.

Um Osiander in angemessener Weise zu begegnen und ihm in aller Freundlichkeit den Stand der Dinge klar zu machen, hält ihn Melanchthon gleich bei dem Fall und der Wiederherstellung Adam's im Paradiese fest.[1] Osiander hatte sich die Sache so vorgestellt, dass Gottes Natur mit der unsrigen eine unio personalis eingehe, indem wir der essentialis iustitia Christi theilhaftig würden. Als solch einen kleinen Christus in seiner Art hatte Osiander sich schon den Adam vor dem Falle vorgestellt. Nein, sagt dagegen Melanchthon. Wohl wohnt Gott in unseren Herzen, und zwar nicht so, dass er blos aus der Ferne auf dieselben wirke — sondern dass er wirklich anwesend und wirksam ist. Aber damit findet noch keine unio personalis statt, also eine Vereinigung unserer Natur mit der göttlichen nach Art der Vereinigung der zwei Naturen in Christo. Diese Analogie der unio personalis hatte auch Luther zur Verdeutlichung herbeigezogen,[2] wie denn überhaupt Osiander auf Luther vielfach sich berief — und man ja in der That aus Luther, bei einigem bösen Willen, alles Mögliche machen kann (selbst einen Vorläufer der Rationalisten). Vielmehr sagt Melanchthon: Deus separabiliter adest nobis, ut in domicilio separabili — Gott wohnt in uns, aber bleibt ge-

---

[1] C. R. 7, p. 781.
[2] Köstlin, Luther's Lehre, II, S. 439.

trennt von uns (wie denn der heilige Geist auch in uns wohnt, aber getrennt von uns bleibt). Man fühlt sein Wehen wohl, aber man weiss nicht, von wannen er kommt, oder wohin er geht (Joh. 3, 8). Qualitäten als Mittelglieder einzuschalten, hiesse das Thun Gottes, der da Geist ist, verdunkeln. Es verhält sich damit grade, wie wenn ich eines Königs Besuch damit ehren wollte, dass ich mich in mein Zimmer einschliessen und mich mit seinem Porträt beschäftigen oder ein Buch über seine Vortrefflichkeit verfassen wollte. Genug, Melanchthon beschreibt mit obigen lateinischen Worten Unbeschreibliches. Deutlicher noch ist, was Melanchthon in Nürnberg durch den Mund eines seiner Schüler öffentlich predigen lässt: „Der heilige Geist, in uns wohnend, ist ein Pfand der Gnade, der unserem Geist Zeugniss gibt, dass wir Gottes Kinder sind und verneuert in uns rechte Erkenntniss, Gebet, Geduld und alle Tugend und gute Werke etc." (S. Corp. Ref. VIII, p. 578, vergl. p. 577.) Aus diesen Worten ist zu entnehmen, was in dem hier in Rede stehenden Problem nach zwei Seiten hin abzulehnen sei. Abzulehnen ist einerseits das pantheistische Zusammenfliessen der göttlichen und menschlichen Natur, andererseits die pelagianische Trennung Gottes und des Menschen. —

Es nimmt ferner Melanchthon (C. R. 7, p. 781) Adam als Beispiel dafür, wie er sich denkt, dass die Wiederherstellung vor sich gehe. „Logos" ad Adam loquitur immediate, et foris sonat verbum vocale, intus accendit notitiam et monstrat patrem, et per λόγον datur Spiritus sanctus in cor Adae, quo laetificatur et reviviscere se sentit et scit se ex morte liberatum esse et confirmatur, ut sequentis vitae miserias perferre possit. Hoc exemplum est illustre. Also an einem hier den Ausschlag gebenden Beispiele, gleichsam an der frühesten Bekehrungsgeschichte eines Menschen, zeigt Melanchthon, wie einfach solche Bekehrung vor sich gehe, aber, in ihrer Einfachheit, wie über die Massen gewaltig und trostvoll für die wirklichen Kämpfe, wo es auf Leben und Tod geht. Wohin würde das führen, wenn wir jemals verhalten würden, auf die eingegossene iustitia, oder die wesenhafte Gerechtigkeit Osiander's, oder überhaupt die neuen Qualitäten, vor denen schon Luther den Brenz gewarnt hat (s. meine Dogmatik, p. 505, Note), unser Vertrauen zu setzen? Dem Jac. Rungius schreibt Melanchthon (C. R. VIII, p. 782), wohin das führen würde. Es sei die

Lehre Osiander's eine sehr gefährliche Lehre, und keine Logomachie, wie selbst Brenz gemeint hatte. Es zerstört uns Osiander den Trost im Kampfe auf Leben und Tod (in vero agone) cum iubet intueri iustitiam essentialem et non deducit nos ad promissionem offerentem misericordiam per obedientiam mediatoris. Die Zeitgenossen konnten also um die Mitte des Reformationsjahrhunderts herum sich nicht darüber beklagen, dass ihnen die Wahrheit nicht bekannt geworden wäre. Mit seltenem Ernste hatte Melanchthon vor aller wesenhaften Gerechtigkeit und eingegossenen Qualitäten gewarnt — wodurch die „Verheissung, die da Gnade dem Sünder erbietet durch den Gehorsam des Mittlers", verdrängt wird. Auch der Glaube ist keine solche Qualität, um derentwillen wir gerecht vor Gott wären,[1] sondern wir sind gerecht durch Zurechnung der iustitia Christi — und diese Zurechnung habe man anzunehmen durch den Glauben.

Das tritt alles völlig deutlich (wenn man will — typisch) bei Adam hervor. Er ist ein impius nach der Uebertretung des Gebotes — der geistliche Tod hat Besitz von ihm genommen. Der Logos kommt aber, wie Melanchthon a. a. O. sagt, zu ihm und mit demselben der heilige Geist. „Und dadurch wird sein Herz erfreut und er fühlt sich wieder aufleben und weiss, dass er aus dem Tode befreit ist und wird gestärkt, dass er das Elend des Lebens zu ertragen vermag." An Adam ergeht also lediglich eine Verfügung und ein Urtheil Gottes: Siehe, ich setze Feindschaft etc. (Gen. 3, 15). Adam glaubt demselben, durch Gottes Gnade erweicht in seinem Herzen und durch den heiligen Geist gezogen — er nennt sein Weib Heva — und Gott restituirt ihn, indem er sagt: Adam ist geworden wie unser Einer.[2]

Allen jenen Mittelgliedern, als da sind römisch-tridentinische Freimachung des Willens, unio mystica des Einzelnen mit Christo, oder Eingiessung neuer Gaben etc., fehlt hier jeglicher Anhaltspunkt.

Wir haben im Paradiese zu thun mit Gott, dem Richter, mit dem Sünder, und mit dem göttlichen Urtheil, das von sich

---

[1] Ibidem p. 783.

[2] Vergl. das Nähere in Luther's Enarrationes in Genesin z. d. Stelle und Melanchthon's Commentar zur Genesis. Corp. Ref. VIII, p. 771 f.

aus schafft, aber zugleich in der Verheissung den Grund aufzeigt, um also vorzugehen, welcher Grund in Christi, des Weibessamens, Verdienst liegt (Gen. 3, 15). Gott traut aber diesem also Gerechterklärten, also dem Adam, mit dem er sich um Christi, des Samens, willen in ein neues Verhältniss gesetzt, so wenig, dass er ihn vom Baum des Lebens verjagt — und zwar ins Elend hinein. Einem mit der iustitia essentialis oder dem grössten Masse neuer Qualitäten Ausgerüsteten, einem aufs Neue mit dem freien Willen Ausgerüsteten — wäre ein solches Schicksal wohl nicht bereitet worden — dem gehörte ja der Baum des Lebens — er könnte ja nun den besten Gebrauch davon machen. Aber nein, sein Wissen um Gut und Böse erfährt dadurch sogleich die erste tiefe Demüthigung, dass der Baum des Lebens ihm für sein Erdenwallen verschlossen bleibt. Uns aber würde ein solches Wesen, wie es sich Osiander und die Römischen vorstellen, höchst unheimlich erscheinen. Wir halten uns lieber zu dem Menschen, wie ihn Römer 7 uns ganz nach Wahrheit schildert — welche Schilderung auch allein mit der Glaubensgerechtigkeit stimmt — und wir lächeln über Möhler's Missverständniss, der so wenig das Wesen der Imputation kennt, dass er immer wieder Luther wegen seiner übertriebenen Hochschätzung des durch den Glauben Gerechtfertigten tadeln zu müssen meint. Die Imputation der fremden Gerechtigkeit bewahrt allein vor Hochmuth und ist der Mittelweg zwischen zwei Extremen, dem Pantheismus und Pelagianismus, grade wie die These von der Schöpfung aus Nichts die goldene Mittelstrasse zwischen Pantheismus und Dualismus einschlägt.

Und um sofort der Meinung zu begegnen, dass Adam's Beispiel blos massgebend sei für die erste Rechtfertigung, auf welche im Verlauf des Lebens eine zweite, die durch Werke zu geschehen habe, folgen müsse, anticipiren wir hier gleich zwei andere Exempel der Rechtfertigung durch den Glauben. Ein weiteres Beispiel nämlich von der Rechtfertigung des Einzelnen in Gottes Gericht findet sich Sacharja 3. Was dort Sacharja in der Vision sah, das besteht nicht in der Phantasie, sondern ist ein purer Abdruck der Wirklichkeit. Das erlöste Volk des Herrn, hierselbst vertreten durch seinen dermaligen Hohenpriester und Führer, steht da in unreinen Gewändern vor dem Engel Jehova's. Es ist unrein, wie am ersten Tage, da Gott es nach seiner grossen

Barmherzigkeit erwählte. Aber die Unreinheit, welche Satan geltend macht, verschlägt nicht in dessen Augen, der Jerusalem erwählt hat, und auf den der Engel des Herrn in seinen Worten sich bezieht. Josua, der Hohepriester, das Volk des Herrn überhaupt — es war, ist und wird sein wie ein Brand (verkohltes Holz), der aus dem Feuer gerettet wird. Eine iustitia essentialis, eingegossene Qualitäten oder dann der freigemachte Wille des römischen Lehrbegriffes können einem solchen Brande keinen inneren Gehalt verleihen — es werden dem Josua vielmehr von den Engeln, die vor dem Engel des Herrn standen, neue Kleider angethan. Und das Ausziehen der unreinen Kleider geht im Verband mit der Aussage des Engels Jehova's vor sich, welche lautet: „Siehe, ich habe deine Sünde von dir genommen." Es erfolgt sodann die Neubekleidung, deren der Hohepriester bedurfte, und das Ganze schliesst mit dem Hinweis auf den Knecht Zemach und dessen hohes Heilsverdienst. Die Freisprechung oder Rechtfertigung des Sünders in Gottes Gericht (V. 3, 4), die darauf folgende Bekleidung mit Kleidern des Heiles (V. 4, 5); die Gewissheit der Beharrung und des Sieges (V. 6—8) — dies alles ruht auf der Gerechtigkeit Gottes — auf dem „Denn" in V. 8: „Denn siehe, ich will meinen Knecht Zemach (den Messias) kommen lassen". Und diesem Knechte wird alsbald in V. 9 der in engster Wechselbeziehung schon seit Jes. 8 zum Messias stehende Grundstein des Tempels substituirt und an dessen Durchlöcherung (die in der Vision als Augen erscheinen) wird die Durchbohrung des Knechtes Jehova's (Jes. 53, 5) um unseretwillen exemplificirt. Im Verband damit wird endlich die Gemeinschaft der Gläubigen in V. 10, die sie in Christo haben, in bekannten Bildern zur Darstellung gebracht. (Vergl. meine „Christologie des Alten Testaments" z. d. St.)

Auf die gleiche Rechtfertigung des Sünders in Gottes Gericht während des Verlaufes des Lebens bezieht sich Hiob 33, 23. 24. Hier tritt ein Mittler, der als Engel, und zwar als Einer über Tausend beschrieben wird, hervor und verkündigt dem von Gott Heimgesuchten sein Recht (= Jes. 53, 11), d. h. er weist ihn zur Gerechtigkeit. Gott nun erbarmt sich des Heimgesuchten und spricht: „Befreie ihn, dass er nicht ins Grab sinke; ich habe ein Lösegeld gefunden." Worin das Werthgebende dieses Lösegeldes für Gott besteht, ergibt sich aus dem Zusammenhange nicht.

Aber dass für das bereits verfallene Leben des Leidenden ein anderes eingesetzt gedacht wird, fordert die innere ratio und die Analogie des Glaubens wie auch die Opferidee.

Also auch im weiteren Verlaufe des Lebens müssen wir (wie die Stellen Sach. 3 und Hiob 33 zeigen) immer wieder zu Gottes Richterstuhl zurück (vergl. Calvin, Inst. III, Cap. 12). Also schrieb auch Melanchthon gegen Osiander's Anhänger in Nürnberg anno 1555[1]): „Dieses ist auch nicht recht, so Etliche sprechen: fide sumus iusti, scil. praeparative, ut postea simus iusti iustitia essentiali. Dies ist im Grunde päpstlich und Vertilgung des Glaubens, und ist allein dieser Unterschied zwischen den päpstlichen Reden und dieser Rede (der Osiandristen), dass die Päpstlichen effectum nennen: wir sind gerecht von wegen der neuen Tugenden und Werk; so nennen diese causam, wir seien gerecht darum, dass Gott solches wirket. Und wird also der Mensch von dem Mittler abgeführt."

Die Rechtfertigungslehre durch den Glauben ist nun auch nach dem Zeugniss des Gesetzes von Anfang an gemeindebildend (kirchestiftend) gewesen. Sehr mit Recht hat gegen pietistische Zerfahrenheit in der Neuzeit wiederum Ritschl auf den Grossen Katechismus Luther's, S. 496 f. gewiesen, um zu zeigen, dass die Rechtfertigung im Schosse einer Kirche erfahren wird. Spiritus sanctus, sagt Luther S. 496, ab officii sui opere Sanctus aut Sanctificator dicendus est — Spiritus sanctus sanctificationis munus exsequitur per sequentia, hoc est, per communionem sanctorum, aut ecclesiam christianorum etc. Hoc est, primum nos ducit Spiritus s. in sanctam communionem suam, ponens in sinum ecclesiae, per quam nos docet et Christo adducit. Diese Gemeinde (S. 497) ist die Mutter, sie gebiert jedweden Christen und nährt ihn durchs Wort, das der Geist offenbart und predigt, und wodurch er unsere Herzen erleuchtet und entzündet, auf dass sie das Wort annehmen und in ihm beharren. — Dies weist uns darauf, dass die Kirche das Erste ist, und nicht eine pietistische Sammlung der Seelen und alsdann etwa Bildung von Conventikeln, die nun mühsam wieder zu einem Bunde sich zusammenthun.

---

[1]) C. R. 8, p. 562.

Wirklich finden wir in Adam's Hause die erste Gemeinde der Gläubigen, Mann, Weib, Kinder. Wir finden Gottes Wort, Cultus, Opfer und Religion, in aller Einfachheit zwar, aber völlig genügend. Wir finden, dass Adam Gott lobt und dankt (Gen. 4, 25), dass Eva sich im Herrn freut (Gen. 4, 1), und dass Beide darin dem Herrn gehorsam sind, dass sie den Zugang zum Baum des Lebens nicht erzwingen, sondern von der harten Erde ihr Brot essen und Kinder zeugen. Wir vernehmen, dass sie ihre Kinder die Opfer gelehrt und Zucht geübt, sofern sie Kain aus ihrem Hause ziehen liessen und, was ihnen schwer genug ankommen mochte, keine Gemeinschaft weiter mit ihm pflegten. Erst mit Seth athmen die lange gedrückten Eltern wieder auf, und weissagen einen Fortgang der Kirche (Gen. 4, 25). Die Verderbniss, welche durch die Vermischung der kainitischen und sethitischen Linie auf Erden entstand, machte die Sintfluth nöthig — aber in Noah's Arche fand sich die neue Kirche zusammen, die alsbald durch das Wort, den Glauben an das Wort, speciell Jehova, den Gott Sem's, sich bethätigte und zusammengehalten ward. Bald nach der Sintfluth sehen wir Noah Gott Opfer bringen auf der erneuerten Erde — es werden ihm gewisse Lebensordnungen bestätigt und eingeschärft, die dem Leben in der Gemeinschaft dienlich sind (Gen. 9, 1—6), und endlich wird dem Noah ein Bund nebst Bundeszeichen zu Theil, d. h. eine Garantie für jeglichen geistlichen und leiblichen Segen, mit welchem den Menschen zu überschütten Gott nicht aufhören will, solange die Erde steht (Gen. 8 und 9). Im Opfer concentrirt sich der Cultus auch hier. Enger gemacht wird diese Gemeinschaft mit Uebergehung vieler Zweige an dem Oelbaum der Menschheit in der Zeit Abraham's. Wir streichen hier nicht in die Luft, wenn wir Abraham's Glauben erstlich, in Beziehung zu Christus setzen; denn das Schlagwort „Same" ist nach Gal. 3, 16 aus seiner Geschichte entnommen. Christus ist nach Matth. 1, 1 Sohn Abraham's. Abraham sah seinen Tag (Joh. 8, 56). Und von diesen Voraussetzungen aus verstehen wir erst Jesu Wort: Das Heil kommt von den Juden (Joh. 4, 22).

Dass aber speciell dem Abraham sein Glaube (an Christum) [1]

---

[1] Charakteristisch ist die Uebereinstimmung der Rationalisten mit den

zur Gerechtigkeit gerechnet wird, wissen wir aus der Schrift (Gen. 15, 6) und daraus, dass in Gal. 3 und Röm. 4 mit obiger Genesisstelle fast ausschliesslich operirt wird. Diese Stelle nebst Habak. 2, 4 sind die sedes doctrinae de iustificatione und mit Abraham steht und fällt diese Lehre. Gelingt es uns nicht, in dieser Geschichte Abraham's die innerste ratio der Rechtfertigungslehre zu entdecken — so bleibt's dabei, dass wir (wie die Gegner behaupten) im Neuen Testament nur mit einer paulinischen Lehrmeinung zu thun haben — an die dann sich zu binden lediglich von der Willkür der Theologen abhängt.

Was war Abraham oder zunächst Abram? Er war ein Solcher, der im Götzendienst zu ertrinken in Gefahr stand. Sein Vater war nicht einmal zu bewegen, über Haran hinaus mitzuziehen! Er ist ein $\dot{\alpha}\sigma\varepsilon\beta\dot{\eta}\varsigma$ — aber doch ein Kind der Erwählung und aus einer an heiligen Erinnerungen reichen Familie herausgenommen, um alsbald eine neue zu bilden. Er gehört zu Sem's Geschlecht, ist nicht aus Ham oder Japhet; ohne Verdienst einerseits, ist er andererseits durch die zugerechnete Gerechtigkeit, in Kraft der Verheissung, die an Sem's Linie sich gebunden hat, ein durch den Glauben gerechter Heiliger und Geliebter Gottes, ohne dessen Mitwissen (Gen. 18, 17) Gott nichts Wichtigeres vornimmt — ein Erbe der Welt und Vater nicht nur der Beschneidung, sondern derer, die in den Fusstapfen des Glaubens wandeln, welchen Abram bereits bewiesen als Unbeschnittener (Römer 4). Diese Beschneidung erhielt er erst obendrein als Siegel der Gerechtigkeit des Glaubens, welchen er als Gottloser (Röm. 4, 5) gehabt und nicht durch Werke sich verdient hat. Solches alles empfängt Abram lediglich durch Zurechnung. Denn ein göttlicher Ruf muss ihn aus den Banden der Familie herausreissen, in denen er sonst gestorben und verdorben wäre, und muss ihn in ein Land weisen, welches er nicht kannte, um hier reich an Nachkommenschaft zu werden, wie am Himmel die Sterne zahllos sind, und der Sand am Meere. Es wäre lächerlich, alle solche erdrückenden Vorrechte auf die Schultern eines sterblichen Menschen zu laden —

Römischen, sofern beide den Glauben Abraham's als einen sehr weitschichtigen Glauben an Gott und seine Führungen fassen und dabei ganz Christum ausser Betracht lassen. Vergl. z. B. Pighius, Controversiae Ratisp. p. 83 b. mit den neueren Commentaren, wenige ausgenommen.

wenn nicht die Gnade Gottes hier in Betracht käme und das Absehen auf den Tag Christi, welchen Abram vorbereitet. Und wie
Abram solcher Vorrechte theilhaftig ward — das erklärt sich nun
in der Weise, dass ihm durch Imputation, mit anderen Worten:
durch freie göttliche Gnade, die fremde Gerechtigkeit geschenkt
wurde, welche vom Haupt auf die Glieder, von Christus auch auf
Abram herabkam. So sehr also Abram, sofern er auf seine eigne
Abkunft und eignes Wesen sah, alle Ursache hatte, demüthig zu
sein, so konnte er, soweit es Gottes Gnade betraf, die an ihm sich
gross erwiesen, nicht stolz genug sein. Es tritt uns die wunderbare Gerechtigkeit Gottes strahlend schon aus der Geschichte eines
Abraham entgegen. Dem, der ein verkommener Aramäer heisst
in dem bekannten Weihgebet (Deut. 26, 5), tritt Gott aus reiner,
unergründlicher Liebe entgegen, nimmt ihn heraus aus seinem
Vaterlande und seiner Freundschaft und setzt ihn zum Anfänger
von etwas ganz Neuem. Es umspielen diese Geschichte Gedanken
Gottes, die im ewigen Rathe erdacht sind. Abraham wird Vater
der Gläubigen, nachdem er selbst zuerst als Gottloser durch den
Glauben gerechtfertigt worden, ein Gottloser, dem in der Verheissung
des Samens Gerechtigkeit Gottes entgegenstrahlt — und dem
im Opfer Isaak's ein Licht mitten in der Finsterniss aufgesteckt
war, wie es mit dem Samen sich verhalten werde, nämlich also:
dass Gott ihn als den Anfänger und Vollender des Glaubens aus
den Todten ausführen werde, woher ihn denn auch Abraham im
Gleichniss zurücknahm (Hebr. 11, 19). Abraham ist Christi Vater
und Vorbild. Denn kaum gerechtfertigt, kaum selbst geheiligt
und erlöst, muss er alsbald ein Vorgänger derer werden, die im
Glauben, seinen Fusstapfen nachfolgend, der gleichen Gerechtigkeit
theilhaftig werden. Gewiss wunderbare Wege Gottes, wo sofort
an die Imputation sich das Aeusserste knüpft, was von einem
Christen und dessen „Gewordensein" nur jemals ausgesagt werden
kann. Diese Weise, die mit Abraham eingehalten wird, ist eben
freie Schöpfung der Gnade, die nicht auf Menschen harrt. Und
so sehr es einerseits seine Richtigkeit hat, dass der Christ nicht
steht im Gewordensein, sondern im Werden, so steht doch
andererseits ebenso fest, dass er steht im Gewordensein und nicht
im Werden. Das Geheimniss der Schöpfung wiederholt sich in
der Rechtfertigung durch den Glauben, welchen Gott wirkt und

dem Er selbst den Inhalt verleiht; in der Heiligungslehre setzt sich die Lehre von der Welterhaltung fort. Aber was aus dem Gerechtfertigten unter des heiligen Geistes Behandlung weiter wird, das ist alles schon im Momente der Rechtfertigung wie in Einem Punkt zuammengefasst und beschlossen.

Auch bei der Geschichte Abraham's haben wir von jedem Eingiessen neuer Qualitäten abzusehen — Gott hat den Gottlosen gerechtfertigt (Röm. 4, 5), d. h. ihn so angenommen, als ob er alle Gerechtigkeit selbst geleistet, die doch nur der „Same" Abraham's, in welchem alle Völker gesegnet werden, Gott dargebracht hat und darbringen soll. Denn es hat Gott seit dem Protevangelium (Gen. 3, 15) gefallen, dass in diesem Samen sich alle Fülle niederlassen sollte, um von ihm auf die Anderen überzufliessen. Wenn dann Jacobus (2, 20 ff.) auf das Gehorsamswerk Abraham's, da derselbe seinen Sohn opferte, reflektirt, so thut er das nicht, ohne zu sagen, die Schrift (Gen. 15, 6) sei erfüllt worden, die da spricht: Abraham hat Gott geglaubet und ist ihm zur Gerechtigkeit gerechnet. Das Verhältniss, in dem Abraham anfänglich zu Gott stand, ist nicht geändert; er ist und bleibt derselbe, und seine Gedanken, als er Isaak auf Moria opferte, bewegten sich doch nur um das Eine: Gott kann auch aus Todten erretten — und war die That also kein stupides Werk, wie die Römischen solches daraus folgern möchten, sondern ein actus purissimus fidei. Als ob Abraham Gott gesagt hätte: Du thust es doch nicht, und wenn du es thust, so gibst du mir denselben wieder, — du kannst dich nicht verleugnen! Es verhält sich die Sache nicht so, dass wir sagen müssten: Erst Glaube — alsdann Werk! Sondern $\dot{\epsilon}x\ \pi i\sigma\tau\epsilon\omega\varsigma\ \epsilon i\varsigma\ \pi i\sigma\tau\iota\nu$ (nach Röm. 1, 17). Der Glaube hat mitgewirkt an seinen Werken und durch die Werke ist der Glaube zur vollen Darstellung dessen, was in ihm war, gelangt. Dabei ist nicht dies die Meinung, dass Glaube und Werk wie grosse und kleine Perlen an einem Rosenkranz etwa abwechseln würden — sondern auch im Gerechtfertigten sind der Sünden so viele, dass er beständig ein Gottloser bleibt. Nur wenn er dann sich auf die Probe gestellt sieht und zwischen Gott und Belial zu wählen hat, wenn er zwischen Wahrheit und Lüge (wie die Gemeinden des Jacobusbriefes) gestellt erscheint — dann wählt der Glaubende Gott und die Wahrheit, und sein Werk ist gut; es erfüllt sich in dem Werke sein Glaube, der im entscheidenden Fall allein bestimmend des Menschen Werke wirkt. —

Charakteristisch für den durch den Glauben Gerechten ist das Urtheil 1. Kön. 11, 4: „Da Salomo nun alt war, neigten seine Weiber sein Herz fremden Göttern nach, dass sein Herz nicht ganz war mit dem Herrn, wie das Herz seines Vaters David".

Solches konnte von Abraham so wenig wie von David gesagt werden, dass ihr Herz nicht ganz gewesen mit dem Herrn. Der durch den Glauben Gerechte hält das erste Gebot; ja er kennt im Grunde genommen kein anderes, als das erste. Gott — ihr Gott, der sie aus Egyptenland geführt (erlöst) — und sie sein Volk! Unter diesem leuchtenden Gestirn waren alle Kinder Israel's geboren — es war der Gnadenbund, der in der Wüste, vor der Gesetzgebung schon, sie zu einem Königreiche von Priestern und heiligem Volke creirte (Exod. 19, 6). Das Gewordensein, die Gnade, die am Anfang ihr Füllhorn ausschüttete, leuchtete ihnen in der Nacht des Auszugs aus Egypten. In dieser Nacht wurde Israel, unter dem Zeichen des sühnenden Passablutes, geboren und ein heiliges Volk des Herrn: Alles durch Imputation. Der Vogel hat ein Haus gefunden, und die Schwalbe ihr Nest, da sie Junge hecken (Ps. 84, 4), nämlich deine Altäre, Herr Zebaoth, mein König und mein Gott. Was Coccejus von einem Werkbund am Sinai träumte, ist pur eingetragen in die heilige Geschichte. Um des Bundes willen, den Gott gemacht mit seinen Knechten Abraham, Isaak und Jacob, wurde Israel zu Gnaden angenommen, und zwar zu Anfang, in der Mitte und am Ende. Die ganze Geschichte Israel's ist die Geschichte davon, wie Gott das Werk, das er in diesem Volke durch seine Barmherzigkeit angefangen, zu seinem Ruhme und zur Kenntnissnahme für die ganze Welt vollendet hat. Und so oft sie ihn erzürnten, hat er sie zwar gestraft, aber, wie es im Liede Mose's (Deut. 32) durchgeführt wird, um seines Namens und seines Bundes willen immer wiederum angenommen und die Plagen (die Feinde) abgewendet. Die geschichtlichen Psalmen 105, 106, 136 sind nur ein Lobpreis seiner Gnade, diesem specifischen Bundesverhalten Gottes im Verband mit seiner Treue (chesed veemeth); von einem Werkbund am Sinai wissen sie nichts. Der ganze Zuschnitt der Geschichte Israel's ist der Glaubensgerechtigkeit gemäss; ohne diese Lehre wäre sie ein Labyrinth; nur sie gibt uns den leitenden Faden in die Hand. Es gibt fortan nur Glaubende nach dem Vorbild des Vaters Abraham — die dann auch das Siegel der Gerechtgkeit aus dem Glauben mit allem Fug und Recht an sich tragen (d. h. die Beschneidung), und andererseits gibt es Ungläubige in Israel. Das charakteristische Unterscheidungszeichen aber ist nicht, dass die Ungläubigen keine Werke und die Gläubigen wohl Werke aufzuweisen hätten. Nein die Rollen scheinen etlichermassen vertauscht zu sein. Schon im Grossen und Ganzen ist das gesetzliche Thun der Werke der Zeit nach dem Exil eigenthümlicher, als der Zeit vor dem Exil, der eigentlichen klassischen Zeit Israel's; weshalb dann eine neuere, alttestamentliche Schule die Propheten vor das Gesetz stellt. Aber auch im Einzelnen sind David oder Gideon, Simson und Jephta keine Muster der Gesetzeserfüllung. Und dennoch sind sie die Zeugen des Hebräerbriefes Cap. 11, und das Israel $\varkappa\alpha\tau\grave{\alpha}$ $\pi\nu\varepsilon\tilde{\upsilon}\mu\alpha$ fühlt sich ihnen verwandter, als dem fleischlichen Israel. Zu Christi Zeit waren die Pharisäer die Leute der gesetzlichen Observanz, und die Jünger Jesu einem schwankenden Rohr vergleichbar, die vielfach Anstoss gaben, und zu allem anderen, als zu Lehrern der Völker geschickt erschienen. Das charakteristische Unterscheidungszeichen muss anderswo gesucht werden. Es ist der Unterschied, welchen Paulus Röm. 9, 30—33 andeutet. Die Einen haben es nicht, und sie haben es doch; die Anderen haben es, und haben es doch nicht. Die Heiden, die Blinden (Joh. 9, 39), die grosse Sünderin (Luc. 7), sie haben die Gerechtigkeit nicht — und haben sie doch erlangt, nämlich die Gerechtigkeit, die durch den Glauben kommt. Die Anderen, Israel, die Sehenden (Joh. 9, 41), der Pharisäer Simon, sie haben zwar dem Gesetz (Richtmass) der Gerechtigkeit nachgestrebt, aber haben es nicht überkommen. Warum nicht? Darum dass sie es nicht aus Glauben, sondern als ob es aus Werken eines Gesetzes kommen müsse, suchen. Dabei sind sie angelaufen gegen den Stein des Anstosses, dem in Zion ein für allemal gelegten: d. h. Christo und seiner Gerechtigkeit, der fremden, die dem Gottlosen und nicht Gesetztreibenden zugerechnet wird. Das Eigenthümliche der durch den Glauben Gerechten ist also, dass sie das erste Gebot halten, oder aber dass ihr Herz ganz ist mit dem Herrn, und dabei sieht Gott ihnen ihre Sünden und Schwachheiten zwar nicht nach, aber er verwirft sie deshalb nicht. Die Ungläubigen aber und Pharisäer verfolgt er mit seinem Zorn, wenn sie auch noch so viele Werke haben.

Damit nun die Wege Gottes mit seinem Volke zur deutlichen Anschauung gebracht würden und der νόμος δικαιοσύνης in rechter Weise ans Licht trete, ist es nöthig, dass der Verlauf ein geschichtlicher sei. Nur auf dem Boden der Thatsachen, nicht blos in der geistigen Welt der Gedanken, oder dann im präcisen Gegensatz von Person zu Person, oder einer Masse von Personen zu einer anderen Masse, resp. zu Gott, ihrem König und Erlöser, vollzieht sich der Process, und wird es deutlich: dass nicht Alle, die aus Israel sind, damit schon (wahres) Israel seien, indem nämlich nicht Alle die rechte Norm des Weges erfassen — εἰς νόμον δικαιοσύνης οὐκ ἔφϑασαν. Der Weg selbst ist ein sehr eingeschränkter und an Normen gebundener, die durch die Predigt des Wortes fort und fort lebendig erhalten werden müssen.

Fassen wir das Wesentliche, was diesen unseren Heilsweg vor anderen auszeichnet, kurz zusammen. Erstlich hat uns Gott (wie im Vorbild an Israel zu sehen) unzählige Wohlthaten erwiesen (Leben und Odem, Nahrung und Obdach, Erziehung und Lebensordnungen etc.), die er im Allgemeinen allen Menschen bewiesen hat. Ausserdem aber hat er uns, seinem Volke, noch so viele Gnaden zu Theil werden lassen, die aufzuzählen unmöglich ist. Dahin gehört vornehmlich, dass Gott uns aus dem jämmerlichen Dienst des Teufels und allem Götzendienst, worin wir gefangen lagen, und davon Egypten nur ein kleines Vorbild war, erlöset und uns gebracht hat zu dem Lichte und zur Kenntniss seines Evangeliums — kraft eines ewigen Bundes, dessen Haupt und Bürge Jesus Christus ist. Und ob wir wohl von Natur Arme und Elende sind und in unserer Undankbarkeit aller solcher Wohlthaten vergessen und die Schuld noch täglich grösser machen, hat Gott dennoch nicht nachgelassen, uns nach demselben Mass zu messen, wie im Anfang, nach dem Mass, dass eine fremde Gerechtigkeit uns vor Gott gerecht macht (die Verheissung, dass in dem „Samen“ alle gesegnet sein sollen). Und wenn nun sein Zorn uns, wie wir es durch unsere Sünden verdient haben, trifft, so sind diese Zorneserweisungen Züchtigungen, und all sein Zorn ist, gegen sein Volk gerichtet, Liebe. Denn seinem Volke ist eben durch die herzliche Barmherzigkeit und souveräne Gnade seines Richters und Königs dies zu Theil geworden: dass es nicht mehr nach Werken der Gerechtigkeit, die sie gethan hätten, beurtheilt wird — sondern auf einem neuen Boden steht, auf welchem Gott kein Unheil mehr in Israel sieht, sondern es vor sich hat als ohne Flecken und Runzeln (Num. 23, 21; Eph. 5, 27). Dieses sein Volk lässt sich auch keineswegs mehr nach dem Masse derer, die nicht Volk sind, messen: dass es διὰ νόμου, unter Zuhülfenahme eines Gesetzes, der Sünde Herr zu werden gehalten sei — sondern seine Sünde ist auf das Holz getragen durch den Einen (1. Petr. 2, 24; vergl. Röm. 8, 3), und es selbst (das Volk) ist gestorben der Sünde (Röm. 6, 8), d. h. es ist abgefertigt, so dass die Sünde mit ihm und es selbst mit der Sünde nichts mehr zu schaffen hat, wenn wir die Sache wenigstens ansehen, wie sie Gott selbst ansieht. Das einzige und freilich stets wieder in diese Angelegenheit auf's Bedenklichste eingreifende Hemmniss besteht darin, dass auch die Bekehrten der Sünde Herr werden oder ihr absterben möchten mit Hülfe des Gesetzes. Bei solchem Entschluss, endlich einmal der Sünde absterben, oder eine Liebe und Hingabe an Gott sich abzwingen zu wollen, die Gott nun auch seinerseits an die Seele des Bekehrten binden würden, ist das Gesetz das Motiv, und nicht ferner die Gnade. Solches Bestreben aber und solche Bemühungen sind allesammt bei dem wahren Volke Gottes gänzlich ausgeschlossen. Und dieses Volk, wir wir es kennen aus der heiligen Schrift, läuft in der That auch weit eher Gefahr, sich sorglos wie die Mücken am Lichte der Gnade zu erfreuen, und es bedarf daher der schweren Züchtigungen, die es bei Gott festhalten und immer wieder vor seinen Richterstuhl stellen, wo es sich der Reinigung von Sünden bewusst und durch stets erneute Busse zum Quell, der im Anfang reinigte, zurückgeführt wird. Denn Niemand freilich sündigt so, wie sein Volk. Wie oft scheuen sie zur Erreichung ihres Zweckes kein Mittel; selbst von Mose, Aaron und Samuel heisst es im Psalmwort (99, 8): Du, Gott, vergabst ihnen und straftest ihr Thun. Rebekka, ja Abraham müssen viel leiden um der Sünde willen, dass sie Gott (dem sie doch glaubten) vorgegriffen, und David muss sich oft von Joab und Anderen zurechtweisen lassen, die klüger waren als er. Er hat oft die Feinde Gottes lästern gemacht. Aber wenn sie dann, weil sie ihren eignen Begierden gefolgt, schwer gestraft werden und gänzlich in die Enge getrieben sind, so erhebt sich doch mit Einem Mal aus ihres Herzens Inneren wie mit Adlerflug der Glaube an die Verheissung und dieser reinigt ihre Herzen.[1] Ja sie beweisen es Gott wohl einmal, wo sie schwer gestraft sind, mit solchen Worten, wie Ps. 44, 18: Dies alles ist über uns gekommen, und haben doch deiner nicht vergessen, noch deinen Bund (den Gnadenbund[2]) treulos übertreten, unser Herz ist nicht abgefallen und unser Schritt nicht abgewichen von deinem Pfad — kurz sie stehen in der Hauptsache recht und ihr Herz war ganz mit dem Herrn (1. Kön. 11, 4).

Somit ist die Gnade des Anfangs durchschlagend, und Gerechtigkeit Gottes wird in dem Evangelium geoffenbart, aber auch schon bezeugt durch das Gesetz und die Propheten. Sie kommt nämlich uns zu aus Glauben zu Glauben. Die Gründung eines Volkes, wie Israel; unser Geborensein im Schoosse einer Kirche — ist bereits der Grundstein, der das ganze Gebäude trägt. Wir sind von Anfang an unter dem Zeichen der Rechtfertigung geboren, und nach diesem ersten Schritt, den Gott mit uns macht, sind alle weiteren zu beurtheilen. Die iustificatio impii im Leben des Einzelnen ist nichts anderes als die thatsächliche Zueignung eines Urtheils über uns, das bereits vor Anfang der Welt, ja seit der Fassung des ewigen Rathes feststand. Aber freilich: es sind nicht alle Israel, die von Israel stammen (Röm. 9, 6). Und so ist denn jene Scheidung, die anfänglich zwischen Israel und allen anderen Menschen statt hatte, eine auch im engeren Kreise sich fortsetzende, bis dahin, dass es heissen muss (Matth. 24, 40): Dann werden Zwei auf dem Felde sein, Einer wird angenommen, der Andere aber wird verlassen werden etc. Und so wiederholt sich in grösster Lebendigkeit der Process der Ausscheidung der Gläubigen

---

[1] Melanchthon sagt (Corp. R. 21, 167): Vult ergo Petrus (mit den Worten: Der Glaube reinigt die Herzen) omnia opera patrum Davidis, Esaiae, Hieremiae peccata fuisse, iustificatos esse sola fiducia misericordiae Dei in Christo promissae. Haec fiducia bonae voluntatis Dei spargitur in omnem vitam, in omnia opera, in omnes tentationes corporales et spirituales. Auch der corporales promissiones kann nach Melanchthon nur der aus Glauben Gerechte sich im Glauben getrösten.

[2] Mit dem Werkbunde liessen sie sich gar nicht ein.

von den Ungläubigen, — ja während die Haushaltung hienieden noch dauert, lässt sich von vornherein nichts darüber bestimmen, wer der Rechte sei. Denn sowie der Einzelne von Christo ab- und auf sich sieht, so muss er mit tiefstem Schmerze gewahren: „Was ich hasse, das thue ich — das Vollbringen des Guten finde ich nicht; das Böse, das ich nicht will, das thue ich — indem ich gefangen genommen werde durch das Gesetz der Sünde, das in meinen Gliedern ist (Röm. 7)".

Es ist ein enger Weg — jeden Augenblick schwindelt es uns, wenn wir nach rechts oder links in die Abgründe schauen. Dennoch — das Heil ist immer dasselbe: Wir warten im Geiste durch den Glauben der Gerechtigkeit, welche solche Hoffnung uns hegen lässt (Gal. 5, 5). Und wir sehnen uns nach des Leibes Erlösung; denn dann erst wird das Gesetz in unseren Gliedern zur Ruhe kommen — und vor unseren schauenden Augen es sichtbar werden: dass es keine Verdammniss mehr gibt für die, die in Christo Jesu sind — eine Ueberzeugung, die wir bis dahin nur im Glauben festhielten (Röm. 8, 1. 2). Alle diese Erfahrungen der Gläubigen sind bezeugt durch das Gesetz und die Propheten — aber auch durch die Geschichte der Richter, der Könige und insbesondere David's, wie sein Psalter zeigt.

B.

Geschichtsbücher des Alten Testamentes.

Im Eilschritt führen uns die Verfasser des Richterbuches und der folgenden Bücher durch die Geschichte. Es erinnert die auf Josua folgende Geschichte Israel's bei gewissen Abschnitten an Jesu prüfende Frage an die Pharisäer (Matth. 21, 28). Was dünkt euch? Es hatte ein Mann zwei Söhne, und ging zu dem ersten und sprach: Mein Sohn, gehe hin und arbeite heute in meinem Weinberge. Er antwortete aber und sprach: Ich will es nicht thun. Darnach reute es ihn und ging hin. Und er ging zum anderen und sprach ebenso. Der antwortete aber und sprach: Herr, ja; und ging nicht hin.

Der Erste hatte des Vaters Willen gethan — und diese Ersten in der Geschichte Israel's mögen wohl auch eher ins Himmelreich kommen, denn die Pharisäer, kurz Alles, was immer nach dem Exil einem Gesetz der Gerechtigkeit nachzustreben sich anheischig machte, aber den falschen Weg dabei einschlug, indem sie es nicht aus dem Glauben, sondern aus Werken des Gesetzes suchten (Röm. 9, 32). Wie sträuben sich Barak, Gideon, Simson und Jephta und sagen: Nein, wo die Aufforderung an sie ergeht: Gehe hin in meinen Weinberg! Hernach reute es sie (z. B. Richter 4, 8 ff.) und sie gingen und haben wirklich durch den Glauben Königreiche bezwungen, Gerechtigkeit gewirkt, Verheissungen erlangt etc. (Hebr. 11, 32. 33). Das Arbeiten im Weinberg fassten Solche, die zu der Wolke der Zeugen von Hebr. 12, 1 gehören, nicht gesetzlich auf. Der Weinberg hatte eben nicht die Art jenes Weinbergs an sich, in dem die Pharisäer im Schweisse des Angesichts arbeiteten. Ein Gideon opfert (Richter 6) — er läuft nicht erst zur Hütte des Stifts — der Herr selbst gebietet das Opfer und heiligt es durch sein Gebot. Was will man dagegen sagen? Soll man dem Herrn vorschreiben, wie er aus dem grossen Klumpen Metall sich sein echtes Gold durch die Gluthhitze der den Glauben weckenden Lebenserfahrungen ausscheidet? Ist nicht auch Simson ein Zeuge der Gerechtigkeit aus dem Glauben nach Hebr. 11, 32, vergl. 12, 1? Soll etwa Simson in den Ephod kriechen? Dazu war er, von allem anderen abgesehen, nicht berechtigt. Oder würden dem wohlerzogenen Samuel die Thaten des Simson wohl anstehen? Ein Jeder bleibe in seiner Weise und an seinem Platze. Aber durch den Glauben haben sie, ein Jeder in seiner Weise und an seinem Platze, Zeugniss überkommen, dass sie gerecht seien. Gleichwie Mose Zeugniss bekommt im Wege des Glaubens, dass er die Schmach, die man mit Christo zu leiden hat, für grösseren Reichthum achtete, denn die Schätze Egyptens — ebenso hat Simson lieber mit dem Volke Gottes Ungemach zu leiden erwählt, als dass er bleibend im Philisterland sich niederliess. Die zeitliche Ergötzung der Sünde ist ihm theuer genug zu stehen gekommen — und auch die letzte Erinnerung daran wird getilgt durch den Sturz des Tempeldaches, wobei Hunderte, wo nicht Tausende von Philistern unter Schutt und Trümmern begraben wurden. Als dann seine Brüder kamen und seinen Leichnam begruben — da war wohl Freude im Himmel über einen Sünder, der in seiner Weise und an seinem Platze Busse gethan (Luc. 15). Und ob nicht auch damals Manche in Israel dies erkannten? Es ging hart gegen hart — und der Nasiräer Gottes, bei dessen Geburt Zeichen und Wunder geschahen, geht unter Zeichen und Wundern aus dieser Welt — auch Einer von denen, deren die Welt nicht werth war (Hebr. 11, 38), wie das seine Brüder vor seinem Tode wenigstens wiederholt bewiesen. Was auch immer seine Eltern und Brüder gedacht haben mögen — verstanden haben sie ihn nicht — denn Gottes Wege sind wunderbar. Gott vergab auch ihm — strafte aber sein Thun! Denn Verdruss und Ekel trugen ihm seine Irrwege ein und zuletzt das Mahlen in der Mühle nebst dem Spott der Unbeschnittenen!

Als ein Brand, aus dem Feuer errettet, steht Jephta da, und das Gericht fing auch hier beim Hause Gottes an, d. h. aber nicht etwa beim Tempel, sondern bei den durch den Glauben Gerechten. Der Richter Israel's, den der Hebräerbrief lobt, hat das Liebste geopfert, was er hatte — er hat Söhne und Töchter nicht mehr geliebt, als den Herrn — denn er hatte es einmal im Hochgefühl gelobt, als er zum Kampfe auszog — und er war nicht niedrig genug gesinnt, das Gelobte zu weigern — nun er das erstrebte Heil, den Sieg, erreicht hatte. Er opferte seine Tochter, und die Schrecken der Hölle fielen dabei über ihn, aber über all dem Graus und Wetter wölbte sich doch als ein Regenbogen über seiner That der Gedanke, dass Gott es also gewollt, um ihn zu demüthigen und zu einem Uebertreter in Israel's Augen zu stempeln, dessen Name von Geschlecht zu Geschlecht ging — ohne dass doch Einer der Propheten es gewagt hätte, diese seine That zu tadeln! Was hatte der Richter Jephta, um sich fortan zu trösten — die Lust seiner Augen war dahin — der Weg des Gehorsams, in finsterer Zeit betreten und nach dem Masse seiner Erkenntniss, hatte ihn zum kinderlosen Mann gemacht, dem wohl Alle fortan aus dem Wege gingen. Ohne Werke des Gesetzes, allein durch den Glauben — den er bei seiner Berufung und in den Kriegen des Herrn zeigte — ist dieser Richter des Urtheils theilhaftig geworden, dass er Gott gefalle.

Was sollen wir weiter sagen von Ruth und Boas? — Ein Gesetz der Sitten und Gebote, wie es auch die Heiden kennen, reicht hier nicht aus, es ist zu kurz oder zu lang, wenn wir es als Maasstab an die Handlungsweise einer Naemi anlegen, welcher Ruth lediglich gehorchte! Nur ein Glaube, der im Gefühl der völligen Macht- und Hülflosigkeit zum Mittel greift, das wohl den Tadel aller Pharisäer herausfordert, welches aber zu verdammen abermals kein Prophet kühn genug gewesen — nur dieser Glaube kommt zum Ziele. Wollte man es unberufener Weise nachmachen, es könnte Einem schlecht bekommen, weil man Gott nicht versuchen darf. Hier gelang es — und aus dieser Ehe ging David hervor: ein Kind von solchen und noch ganz anderen Eltern, wie Matthaeus Cap. 1 beweist. Es war Glaubens Frucht — nicht Frucht des Werkdienstes.

Man möchte endlich gern einmal ausruhen und mit dem Verfasser der Chronik bei David, als dem Wiederhersteller des Stiftshüttencultus, still sich niedersetzen können. Aber der Weinstock und Feigenbaum ist noch in weite Ferne gerückt. In ihm erschien nun endlich der König, der noch nicht da war und weshalb nach dem Richterbuch ein Jeder that, was ihm gut dünkte. Wie herrlich wird es nunmehr werden? Aber nein — wir werden durch die Bücher Samuelis anders berichtet und diese dulden nicht, dass sich der dunkle Epheu priesterlich-levitischer Anpflanzung um den lebendigen Stamm in der Weise ranke, dass er ihn den Augen der Gläubigen ganz entziehe! — David war ein Mensch, wie alle seine Väter — Gott nimmt ihn (Ps. 78, 70) von den Hürden, dass er sein Volk Israel weiden sollte, und was für ihn bezeichnend ist — er weidete sie auch mit aller Treue und regierte sie mit allem Fleiss; kurz er war ein Mann „nach meinem Herzen, der allen meinen Willen thun soll" (Apostelg. 13, 22). Solches wurde David nicht durch Werke, sondern kraft der Zurechnung einer anderen Gerechtigkeit, derjenigen Christi. Es ist die Schöpfung der Gnade — die gewissen Gnaden David's kommen hier in Betracht (Jes. 55, 3) — nicht seine Verdienste, wie denn die Rabbiner fälschlich an das Verdienst Isaak's z. B. die Wohlgefälligkeit der Nachkommen knüpfen. Die gewissen Gnaden David's expliciren bei Jes. 55, 3 den Inhalt des Bundes, den Gott abermals schliessen, d. h. aufrecht erhalten zu wollen verheisst. Auch David's Geschichte umspielen alle die Lichter, die von dem ewigen Rathschluss darauf fallen. Kaum dass er berufen, und, um an die Spitze der Ereignisse zu treten, durch göttliche Salbung berufen worden, wird er auch schon ein Repräsentant Christi und Zeuge der Gerechtigkeit, die Gottes ist, und nicht einer menschlichen Gerechtigkeit. Er wird verkannt, gehasst, zertreten. Als er gesalbt worden, findet er schon einen Gesalbten auf dem Thron. Das Gesetz des Geistes des Lebens in Christo Jesu tritt gegenüber dem Gesetz des Buchstabens. *Χωρὶς νόμου* heisst es nach Röm. 3, 21. Aus diesem Umstande ergeben sich nun eine Reihe von Verwicklungen, die den grossen Scheidungsprocess, der nun anhebt, fördern müssen. David dient dem Rathe Gottes. Was hielt ihn? — der Glaube an diesen Rath, dessen Inhalt Christus war, und die Gerechtigkeit, welche Christus in seinem Leiden und Sterben herstellt und sie dann anderen mittheilt, auf dass nun auch sie nachfolgen seinen Fusstapfen (durch Tod zum Leben). Also David ist getragen durch den Glauben und kommt in Conflict mit denen, welche aus Werken eines Gesetzes (*διὰ νόμου*) Gerechtigkeit erjagen. Er ist zunächst Allen im Wege und die Lage ist derartig gespannt — dass Einer von Beiden das Feld räumen muss, entweder David oder Saul — entweder der Same der Verheissung oder die Frucht des Eigenwillens Israel's; Christus oder Belial. Es bleibt jedoch Der auf dem Platze, welchen Gott dazu berufen — der das Urtheil hat, gerecht vor Gott zu sein; die neue Schöpfung hält allen Anläufen der alten Stand. Es hat den David Grosses gekostet, um den Platz einzunehmen, den ihm Gott bestimmt. Denn über den erhebt sich Jedermann, der sein Leben nach Gottes Gesetz einrichtet und dabei weder in sich Gerechtigkeit sieht, noch auch beeilt ist, die gerechte und gute Sache, die er vertritt, Anderen aufzudringen. In diesem Falle war David, der zum König Israel's Gesalbte, der aus Juda's gesegnetem Stamm Entsprossene. Freilich, wenn wir sagen, dass er sein Leben nach Gottes Gesetz einrichtet, so war dasselbe nicht ein Gesetz des Buchstabens, sondern ein solches des Geistes; es war Liebe Gottes und des Nächsten. Es erschien in ihm Einer auf dem Plan, vor dem alsbald instinktmässig alle Pharisäer sich zurückzogen, dem alle Eigengerechten theils im Herzen, theils mit der That den Krieg erklärten. Saul und sein Anhang fühlten es, wenn Dieser ans Ruder käme, so wäre es aus mit ihrem Willkürregiment, das doch grade mit dem Gesetz sich in Uebereinstimmung befinden sollte. Ihm stand von vornherein Gehorsam höher als Brandopfer (1. Sam. 15, 22). Sein Bestreben war nicht vor allen Dingen, einen Idealzustand aus der Vergangenheit herzurichten; er sah weiter, als selbst Samuel; er vergass, was dahinten ist, und streckte sich nach dem, was vorn ist. Seine Projectionslinien fielen auf das Gebiet der Zukunft. Er stritt nicht, wie Saul bisweilen that (1. Sam. 15), für einen Buchstaben, welcher tödtet (Ps. 40, 7 ff., Ps. 69, 31. 32). Er ass auf der Flucht die Schaubrote, die ihm der Priester gab, und als, um Rache für solche an David bewiesene Wohlthat zu nehmen, Saul das Unglaubliche verrichtete — und die ganze Priesterfamilie hinmordete — da erfüllte er das Gesetz der Liebe und nahm den einzig Entronnenen, Abjathar, obschon einen Mann aus Eli's Samen, liebreich auf und liess ihn nicht wieder von sich. Er tödtete Saul nicht, obgleich ihn Gott mehrere Male in seine Hand gab, und sang ein königliches Lied auf Saul's und Jonathan's Tod, das den reinsten Schmerz des Freundes am Tode des Freundes athmet, aber nicht fromme, dem Herzen abgezwungene Gefühle. Er brauchte nicht Gefühle zu erheucheln, weil er wirklich Saul und Jonathan geliebt und mit Niemand lieber als mit ihnen Einen Weg gegangen wäre. Sein Lebensweg war überhaupt kein abgezirkelter, kein Weg erkünstelter Heiligung nach der Rechtfertigung etwa, sondern es war Leben und Wahrheit, vor allem Bruch mit der Ungerechtigkeit und Heuchelei: Er hasste die Uebelthäter und that sie von sich (Psalm 101), dagegen war er ein Liebhaber der unter Saul's Regierung, sei es durch eigne Schuld oder ohne Schuld, ins Ungemach Verstossenen. Sie sammelte er in der Höhle Adullam um sich und zog mit ihnen ein und aus, that mit ihnen, was der frommen Gesellschaft in Israel ein Greuel war: er lebte als Freibeuter, von der Hand in den Mund — that aber zugleich, im Süden des gelobten Landes und an seinen Grenzen lebend, den Feinden Juda's Abbruch und ward endlich — nach vielem Hin- und Herziehen durch Saul's gewaltsamen Tod auf den Thron gerufen — erst in Hebron, alsdann in Jerusalem! — Unsere Frommen ziehen saure Gesichter zu dem allem und möchten nicht genöthigt sein, solcher Heiligen Leben vertreten zu müssen. Ein Jeder kann eben nur das mit Kraft vertreten, was er versteht. Im Bette des Gesetzes unter Assistenz der Gnade geboren — aber nie eigentlich mit dem scharfen Salze des Gebotes Gottes abgerieben — sind sie herangewachsen. Ihre Kleider waren ihnen immer zu gross angemessen — immer mussten sie in dieselben erst hineinwachsen — und wenn das Wachsthum nachhinkend sich eingestellt, dann dachten sie wieder um andere Kleider — nach dem Masse des Gesetzes — und dann wuchsen sie wieder hinein. Aber um was sie dann zu kurz kamen in Augenblicken der Noth und Anfechtung

durch den Buchstaben des Gesetzes, besonders gegen die Todes-
stunde hin, das zu ergänzen, sollte Christi Verdienst dienen. Freilich ist auch für sie die Rechtfertigung aus dem Glauben die
stillschweigende Voraussetzung, aber sie sind in ihrem Element
erst da, wo sie selbst ihre Kreise sich ziehen können — und wenn
dann der Tod gleich jenem ungestümen Krieger in Syracus herein-
fällt in dieses beschauliche Leben, so sind sie nur darum haupt-
sächlich besorgt, wie es mit den Kreisen werden wird; sie rufen
wie jener Weise: „Störe mir meine Kreise nicht!“ Nur Wenige
haben dann wenigstens den geistlichen Verstand, die Kreise Kreise
sein zu lassen und zum Tribunal Gottes die Zuflucht zu nehmen
und Alles — auch die unter dem Zeichen des Gesetzes verrichteten
guten Werke und frommen Bemühungen — sich durch das Blut
Christi vergeben zu lassen.

Unser lieber David, [1] der König, war nicht etwa wider das
Gesetz, aber er war in Christo dem Gesetz gemäss; d. h. indem
er dem Rathe Gottes, der von Christo handelt, entsprach, war er
eben damit dem Gesetz gemäss. Er liebte Gott über alle Dinge
und seinen Nächsten wie sich selbst. Der Baum war gut — und
so dann auch die Früchte. In seinen Psalmen bekennt er oft und
vielfach seine Sünden, bittet Gott: „Schaff in mir ein reines Herz!“ —
aber an Einen Punkt lässt er sich nicht rühren — dass er eine gerechte Sache habe (Ps. 18, 21. 22). Daran, dass e r der König
sei und nicht Saul — dass Juda das Reich und nicht dem losen
Bogen Ephraim der Sieg gebüre — dass das Heil von Juda und
durch ihn komme — daran liess David nicht rütteln. Und so liess
er denn seinen Nachfolger sich auch nicht aufdringen — sondern
er bestimmte in Gottes Kraft — wer der Rechte sei (1 Kön. 1).
Und wenn die Feinde ihm daran rühren, so fordert er Gott auf:
Richte mich, Gott — d. h. schaffe mir Recht (Ps. 26, 1), oder:
„Ach, dass du tödtetest die Gottlosen“ (Ps. 139, 19) — er wünscht
den Feinden, dass sie wie Hunde durch die Stadt laufen mögen

---

[1] Melanchthon sagt treffend (zu Matth. 22, 43 ff.): Imo et in hac politica
gubernatione Davidis hic Dominus Messias adest, regit in proeliis dextram
Davidis, est custos totius huius ecclesiae et eam valde diligit, pro ea aeternum
patrem deprecatur, defendit et salvat eam tunc quoque, cum David et alii
Reges regnant, qui omnes sunt organa illius superioris Domini, qui est
Filius Dei.

(Ps. 59, 15) — er bittet kühn (Ps. 138, 8): „Mach es ein Ende um meinetwillen." Er sieht als Preis für seine Errettung dies voraus, dass die Gottesfürchtigen sich um ihn sammeln werden (Ps. 22, 27; 60, 17; 40, 14; 142, 8).

So sehr es also an den Aussenwerken des Lebens David's stürmt und der Feind oftmals Grund hat, dieselben einzunehmen und ins Innere einzudringen im Begriff ist, ja oft mit seinen Schmähungen David's im Recht scheint — so tritt David doch wie ein Löwe ihm entgegen und hat die Feinde oft genug in ihr Nichts zurückgeworfen. Ahitophel und besonders Joab waren überdies Begleiter auf dem Lebenswege David's, die dafür weidlich sorgten, dass er seiner Schwäche stets eingedenk blieb und seiner gänzlichen Abhängigkeit von Gott. Er, der Gottes Ohr gewonnen, fürchtete sich vor Ahitophel's Rath und dem rücksichtslos niederfahrenden Schwerte Joab's. Seine Psalmen offenbaren uns seine Furcht — der Löwe aus dem Stamme Juda's zittert wie Espenlaub vor tief unter ihm stehenden Feinden, und in verschiedenen Lebenslagen weiss er sich nicht zu helfen. So sagt er, nachdem er lange Zeit in unbegrenztem Gottvertrauen auf den ihm von Gott gewiesenen Wegen gegangen und Saul oftmals durch wunderbare Fügungen entronnen: „Ich werde noch einen dieser Tage durch die Hand Saul's umkommen." (1. Sam. 27, 1.) So spricht Derjenige, von dem es zuvor geheissen: „Saul suchte ihn täglich, aber Gott übergab ihn nicht in seine Hand." Wo bleibt man da mit der gewöhnlichen Auffassung von der Beharrung der Heiligen; wo sind die eingegossenen Qualitäten, die vires dativae, welche Quenstedt gegenüber den vires nativae statuirt. Was im gläubigen Menschen bleibt, wenn er sündigt, ist der heilige Geist und ebendamit die Garantie, dass sein Glaube nicht aufhöre. Dass dies nicht geschehe, liegt bei David wie bei Petrus an der Fürbitte des Herrn (Luc. 22, 32). Wir dürfen da auch nicht mit Hollaz[1] behaupten, dass der gute Wille im Bekehrten von dem Uebergewicht des Fleisches befreit sei, das vor der Bekehrung herrschte. Sondern der Wille schwankt eben wirklich hin und her und ist nicht durch eingegossene Qualitäten zum Guten bestimmt und ein guter geworden. Sonst hätte David nicht so, wie

---

[1] S. Schmidt, Luth. Dogmatik, S. 403.

1. Sam. 27, 1 angegeben, reden können. — Wenn er so redet, so redet er, wie alle durch den Glauben Gerechtfertigten; er redet nach den Erfahrungen Pauli in Römer, Cap. 7, und es ist diese Aeusserung David's keineswegs als der Anfang zu einer schmachvollen Reihe von Versündigungen anzusehen, durch die David uns dann ein abschreckendes Beispiel geworden wäre. [1] Auch in seinen schwachen Stunden ist uns David ein Trost — und der Osiandrische Geist, der in allen diesen neueren Schwärmern steckt, soll uns nicht mit sich reissen. Wir widerstehen ihm fest im Glauben. Die ganze gegenwärtig grassirende darbistisch-baptistische Richtung, wonach gegenüber der „Neuheit" (der eingegossenen Gerechtigkeit und Heiligkeit) sich die Sünde verhält „gleich einem Tropfen im Weltmeer" (Osiander), oder wonach man sündigt mit dem noch nicht wiedergebornen Theil unseres inneren Menschen, und wobei man thatsächlich dahin gelangen kann, nicht mehr zu sündigen, ist voll der schrecklichsten Gefahren für das geistliche Leben, ja Vielen gereichte solches zum tiefen Fall. Dagegen setzen wir die Anschauung Pauli. Der Sünde Kraft ist ein für allemal gebrochen, als Christus am Kreuze ihr gestorben (Röm. 8, 3). Sofern auch die Väter und mit ihnen David durch das Sacrament der Beschneidung dem alten Wesen abgestorben, um in Neuheit des Lebens (im Zusammenhang mit dem Gnadenbunde Gottes) zu wandeln — standen auch sie bereits unter dem Einfluss des Todes Christi auf Golgatha, sowie der Zurechnung Seines Verdienstes. Nicht umsonst nennt der Apostel (Röm. 4, 11) die Beschneidung ein Siegel der Gerechtigkeit des Glaubens, welchen Abraham in der Vorhaut (als Unbeschnittener) hatte. Was er durch die Rechtfertigung durch den Glauben gewonnen, das zeichnet sich in der Beschneidung an seinem Leibe ab. Mit dem Abram und dem natürlichen Samen Abram's ist es gemäss der Bedeutung, welche dieses Sacrament hat, aus und vorbei; derselbe ist Gott Frucht zu tragen nicht geschickt. Ein jeder Obstbaum im gelobten Lande konnte diese Deutung der Beschneidung lehren, sofern auch bei diesen Bäumen die ersten Schösslinge und Früchte als unrein behandelt wurden. (Lev. 19, 23 ff.). Erst dann, nach dreijähriger

---

[1] So urtheilt Pearsall Smith, Die Heiligung durch den Glauben, 2. Aufl., S. 139.

Beschneidung, waren die Früchte Gott heilig. Ebenso war auch der beschnittene Abraham ein Neuer in dem Herrn; er wandelte in Neuheit (im neuen Stande) des Lebens (Röm. 6, 5) und erhielt zum Zeichen dafür auch den neuen Namen Abraham. Und so gaben die Eltern jedem Sohne bei der Beschneidung den Namen, worauf die Apokalypse anspielt, wenn sie redet von dem neuen Namen (2, 17), welchen Niemand kennt, denn der ihn empfängt. Es kommt hier alles auf die „Zurechnung" an — mit deren Wesen wir es nicht leicht zu nehmen haben. Der Charakter derselben besteht nicht in einem blossen Meinen und Dafürhalten, wobei der, welchem etwas imputirt wird, leer ausginge. Sondern in der göttlichen Imputation liegt ein gewaltiger Ernst — so er spricht, so geschieht es. Es liegt derselbe Ernst darin, der aus dem Worte „Gnade" spricht. Sagt Gott z. B. zu dem in seinem Blute am Wege Liegenden und dem Tode schon Geweihten: „Du in deinem Blute sollst leben (zweimal Ez. 16, 6)," so geschieht es. So sprach der Bundesgott zu Abram, dem untergehenden Aramäer: Du sollst leben — und Abram lebte; und so abermals zu Jerusalem nach der Darstellung bei Ezechiel. Aus dieser von Ezechiel mit starken Farben geschilderten Berufung des Volkes — folgte dann alles Weitere — die Ehe mit Gott und Leben und Ueberfluss. Aber in dem kritischen Augenblick, wo alles auf dem Spiele stand, brachte doch Gottes Wort: „Du in deinem Blute sollst leben", die Entscheidung, und diese ruhte auf dem Bundesverhältniss, das Gott von seiner Seite als eine freie Gewährung zufolge einer von aussen kommenden und dem Empfänger zugeeigneten Gerechtigkeit in Kraft hatte treten lassen. Wiedergeburt und Rechtfertigung fallen in Einen Moment — Beide sind Ausfluss des nach Massgabe einer fremden Gerechtigkeit (die in der Verheissung zum Ausdruck kommt) verfahrenden Gottes. Abraham hiess ein Gottloser, als ihn Gott rechtfertigt (Röm. 4, 5) und Jerusalem lag ohne Helfer, wie ein ausgesetztes neugebornes Kind, in seinem Blute, als Gott zu ihm sprach: „In deinem Blute lebe" (Ez. 16, 6). Wohl musste daher Gott durch einen rein schöpferischen Akt sich bethätigen, der ein Verhältniss setzte, von dem der heilige Geist allein Zeugniss gab in den Herzen der Betreffenden. Dieser Akt hatte die Verheissung, er hatte Christus und dessen Wohlthat zur Grundlage und Voraussetzung. Anknüpfung fand Gott sonst weder bei Abram noch bei Jerusalem. Er musste, den Gottlosen rechtfertigend, ihm ein neues Herz (Verständniss und Willen) schaffen — und indem er solches schuf und bei ihm hervorrief, musste er sie unter Einem rechtfertigen, d. h. solche Sünder sich für genehm erklären, um der fremden Gerechtigkeit Christi willen. Eine unio mystica und substanzielle Vermischung der Seele und Christi, oder Eingiessung der wesentlichen Gerechtigkeit findet hier keine Stätte. Der „Same", Christus, bleibt im Himmel, aber mit seinem Volke handelt Gott, als den vom Haupte regierten Gliedern — und rechnet ihnen ihre Sünden nicht zu — sondern er weiss im Verhältniss zu ihnen nur von dem Worte der Versöhnung. Er lässt Leben und volles Genüge auf sie herabströmen vom Haupte, Christus. Im Vorbilde geschah dies schon bei David, den man daher als Typus Christi in der Theologie von Alters her bezeichnet hat. Die messianischen Psalmen erklären sich aus diesem Verband, der zwischen David und Christus besteht. Das Glied wird unten auf Erden verfolgt, zertreten und wiederum verherrlicht und erhöht. Die Leiden und die Herrlichkeit des Hauptes sahen die Propheten schon an diesem hervorragenden Gliede, David, sich abzeichnen. Er ist nicht sobald gerechtfertigt, oder er hat auch schon die Art des Hauptes, Christus, an sich, und es gehen auch von ihm neue Wirkungen auf seine ihm durch denselben Geist Verbundenen aus. Er wird Retter seines Volkes — Messias — König auf Zion — und aus seiner Geschichte ergeben sich gewisse Ausdrücke, welche die Propheten, Evangelisten und Apostel zur Erläuterung der frohen Botschaft von Christo sich dienstbar gemacht haben. David hängt an Christo, nicht mystisch — sondern durch das Band, welches der heilige Geist zwischen Haupt und Gliedern schlingt und kräftig erhält. Dort, wo Christus ein für allemal steht, da steht David als sein Vorbild und sammelt sein Volk und vereinigt es um gewisse Heilsgüter, welche Gott allesammt um Christi willen dem Volke Israel verliehen. Die Stiftshütte auf Zion — die Sammlung des Volkes um Jerusalem her; die Instandsetzung von Opfer und Priesterthum — das alles empfängt Israel aus David's Hand als aus der Hand Christi, aber alles spiritualiter, per fidem, wenn sie anders es recht fassen. Natürlich, dass es nun auch weiterhin unter David's Regierung schon eine doppelte Auffassung der Dinge und demgemäss eine doppelte Strömung im Volke gab. Eine fleischliche, die im Dienst des Buchstabens hängen blieb — und eine geistliche, die durch die Psalmen und später die Propheten vertreten wird. Pharisäer gab es damals, wie jetzt, und aus ihren Reihen rekrutirten sich die Feinde David's, die nach Aussage der Psalmen ihm nachstellten. Die Gerechtigkeit sollte aus dem Gesetz kommen, und so stiessen sie sich an David (z. B. Ps. 40; 69 etc.), und später an dem prophetischen Zeugniss, das alles Höhenopfer und allen äusserlichen Tempeldienst (Jesaias 1) verdammte.

David war kein Buchstabenknecht; er war nicht ergeben der Bedienung des Todes, die in Buchstaben verfasst und auf steinerne Tafeln geschrieben ward — er war ein Solcher, der der Bedienung des Geistes an seinem Theile vorstand (2. Cor. 3). Er zerstörte noch nicht einmal die Höhe zu Gibeon — und kleinlich war sein Gesetzeseifer nimmermehr. De Wette's läppischer Fanatismus gegen sogenannten „Levitismus“, womit er eigentlich nur seine Galle den dazumal kaum mehr vorhandenen Orthodoxen ins Grab nachspeien wollte, hat dem grossen König diesen Vorwurf gemacht, oder vielmehr dem Chronisten, der ein levitisch bornirter Kopf gewesen sein soll. Ach, dass die Zeiten wiederkehrten, wo es noch solcher Ordnungsmänner die Fülle gab — unserer Jugend, der Erziehung derselben würde damit besser geholfen sein, als mit der gegenwärtig allgemeinen Lockerung aller Bande, der Bande insbesondere von Gottesdienst und Zucht — an der de Wette auch mitgeholfen. Die Basiliskeneier, welche die Götter und Helden in Weimar und Jena gelegt, sind uns noch in zu frischem Gedächtniss, als dass wir vor einem sogenannten Levitismus so ganz besonders Scheu tragen sollten.

Aber welche den Geist der durchs Gesetz Ermatteten wahrhaft befreienden Worte ertönen doch aus David's Munde: Schlachtopfer und Gaben gefallen dir nicht; die Ohren hast du mir durchbohrt — Brandopfer und Sündopfer hast du nicht begehrt! Da sprach ich: sieh', ich bin gekommen; in der Buchrolle ist von mir geschrieben; zu thun deinen Willen, o Gott, habe ich Lust, und dein Gesetz ist in meinem Innern. — Ich will predigen die Gerechtigkeit Gottes in der grossen Gemeinde (Ps. 40, 7—10). Hat man denn gegenwärtig überhaupt noch eine Ahnung davon, dass solche und ähnliche Psalmworte gewaltige Wegmarkirungen sind auf dem königlichen Wege, den die wahre Religion, die christliche, einschlug? Sind wir damit nicht weit hinaus über das, was Römische und sonstige Werktreiber „Religion" zu nennen belieben? Also: „Opfer und Gaben gefallen dir nicht; Brand- und Sündopfer hast du (Gott) nicht gewollt"! Was aber thun die Frommen dieser Welt — die römischen obenan — bis auf heute? Sie suchen alle einen Weg der Frömmigkeit ohne Gott — die Evangelischen dagegen suchen mit David erst Gott, erst die Gerechtigkeit, die vor Gott gilt und dem Glauben zugerechnet wird, und überlassen dann seinem Geist, sie die Frömmigkeit zu lehren. Wenn darin die weltgeschichtliche Bedeutung der Reformatoren vornehmlich bestand, dass sie das Christenthum als Religion wiederentdeckt haben [1] — nachdem es durch den Katholicismus verschüttet war, so gilt dies gewiss schon von David, besonders in solchen Aussprüchen, wie den eben citirten. Legen doch ihm alle unsere Reformatoren bereitwillig ihre Kronen zu Füssen und sind stolz, wenn sie ein Wörtlein aus seinem Munde erhaschen können, um ihre Aussagen dadurch zu legitimiren. [2] In der That: er war ein durch den Glauben Gerechter vor allen Anderen — aber was er zur Herstellung des mosaischen Gesetzes that, das war nur eine der Beziehungen an der ihm durch Gottes Gnade zugewiesenen religiösen Mission, oder eine Folge der Rechtfertigung, die ihm zu Theil geworden durch den Glauben: jedoch immer etwas, das ihn nicht unter die ersten Sterne am Himmel der Propheten versetzt haben würde. Was ihn dorthin versetzt, das ist sein Wirken für die wahre Religion, insbesondere dass er ein Prophet war (Act. 2, 30) und von den Dingen, die Christo überkommen sollten, redete und von ihnen zeugte, als ob sie jetzt geschähen, und alles nach ihnen sich reguliren müsse. So zeugte er von der $\delta\iota\varkappa\alpha\iota\sigma\acute{\upsilon}\nu\eta\ \vartheta\varepsilon\tilde{\upsilon}$ (Röm. 3, 21); oder — was dasselbe ist — die Gerechtigkeit Gottes, im Evangelio geoffenbart, liess

---

[1] Nach Ritschl, dem Kattenbusch und Loofs beistimmen.

[2] Auf einem letzten, von Aurifaber gefundenen Zettel schrieb Luther: „Scripturas sanctas sciat se nemo degustasse satis (genügend eingeweiht zu sein) nisi centum annis cum prophetis, ut Elia et Elisaeo, Joanne Baptista, Christo et apostolis ecclesias gubernarit. Hanc ne divinam Aeneida tenta, sed vestigia pronus adora. Wir sind Bettler, hoc est verum, 16. Februarii anno 1546." (Zwei Tage vor seinem Tode.) (Werke, ed. Walch XXII, S. 72.)

sich schon damals nicht unbezeugt. In Christo war auch für David schon „das Leben" und dieses Leben war ein helles Licht auf seinen Wegen und in diesem Lichte wandelten schon damals ihrer Viele, die seinen Fusstapfen nachfolgten.

B.

Die Propheten.[1]

Wir treten der Zeit der Propheten näher. Auch hier gilt das Wort Pauli Röm. 3, 21: dass die Gerechtigkeit Gottes durch die Propheten bezeugt sei.

Es ist wirklich an dem, dass in der Zeit der Könige nach Salomo, wo es so hochnöthig schien, vom Gesetz geleitet zu werden, Israel nichts an seinem Gesetz eigentlich hatte. Ehe man es vermuthet, kommen dann schon die Gerichte, und das mosaische Gesetz, von dem die Schriftausleger unseres Jahrhunderts mit so vielen überflüssigen Worten und salbungsvollen Geberden reden, hat eigentlich nie seine Zeit gehabt. Man sucht neuerdings wirklich mit der Laterne der Kritik nach dem „mosaischen Gesetz" — und o, Wunder! es scheint in den wichtigsten Zeiten ganz verschollen und kommt erst durch den pharisäischen Kanal, also eigentlich post festum zu Ehren. Auch das predigt die Gerechtigkeit aus dem Glauben allein, das sola fide; und wirklich hat uns die neueste Bibelkritik solches wiederanzuerkennen gelehrt.

Der Propheten Verhalten kommt obendrein hinzu, um unsere Auffassung vom Gesetz und Evangelium zu bestätigen. Diese Propheten machen keine Miene, mit schulmeisterlichem Tone dem Volke zu Gemüth zu führen, dass es nicht an Einem Orte ausschliesslich geopfert, oder nicht drei Mal im Jahre zur Erfüllung der gottesdienstlichen Pflichten in Jerusalem erschienen, oder dass man dem Priester den Zehnten zu geben verabsäumt habe — und was dergleichen mehr ist. Die Reuss-Wellhausen'sche Schule findet dies ganz natürlich: denn alle solche Gesetze waren noch gar nicht da und wurden erst nach dem Exil „codificirt".[2]

---

[1] Vergl. mein Werk: Zum Gesetz und zum Zeugniss, Abschn. IV.
[2] Vergl. auch Robertson Smith, The Prophets of Israel, p. 110 ff.

Seltsamer Geschmack, erst sich allmählich im Laufe von Jahrhunderten Zweige zu einer tüchtigen Ruthe zu sammeln, dann dieselbe durch Priester binden zu lassen und endlich ein ganzes Institut zu schaffen, das diese Ruthe auf dem Rücken der heimgekehrten Juden zur Anwendung bringt. Mir wird für den Verstand dieser seltsamen Leute und auch noch anderer daneben bange! Und das nennt man dann eine Geschichtsbetrachtung nach gesunden geschichtlichen Grundsätzen — und das Volk Israel muss sich bei Kritikern, wie Stade, noch wohl sehr bedanken, dass derselbe durch die Anwendung solcher Grundsätze es möglich gemacht — auch das „Volk Israel" in die Onken'sche Sammlung wenngleich wie durch eine Hinterthür einzuschmuggeln.

Doch die Polemik bei Seite — die Propheten verfahren wirklich so, als ob das Volk das Gesetz zwar empfangen — durch Gott vom Sinai — aber eben nicht bewahrt hätte (vergl. Apostelg. 7, 53). Das thun sie aber nicht in kleinlicher Weise, sondern sie fangen es sehr grossartig an, und heben immer mit der zunächstliegenden Sünde an (Hos. 1, 4; 4, 2; 6, 8; Amos 2, 6; Jes. Cap. 3. 28. 29. 59). Es war keine kleinliche Zeit — diese Zeit der Propheten. Es ging hart gegen hart. Ich will die Namen der Baalim aus ihrem Munde wegnehmen (Hosea 2, 19) — die Stadt ist voll Blutschulden (Hos. 6, 8) — eure Sünden blutroth (Jes. 1, 18) — nichts Heiles ist an ihnen von der Fussohle bis zum Haupt (Jes. 1, 6). Wo es sich um solche Dinge handelte, wo es sich handelte besonders um das erste Gebot und dass man stets Gott den Rücken zuwendete und nicht das Antlitz; wo „frühmorgens" die Propheten ausgesandt wurden, aber das Volk sie doch nicht hörte (Jer. 7, 25 f.; 26, 5 ff.), sondern ihnen noch gar vorschreiben wollte, was sie predigen sollten — ja, wie hätten da die Propheten Zeit finden sollen, die 613 Gebote in Erinnerung zu bringen? Wie hätten sie etwa nach Weise der Beichtväter untersuchen sollen: ob Jene wohl diese Gebote alle gehalten hätten? Für die grosse Zeit grosse Männer — für die kleine Zeit die Pygmäen!

Wenn die Lawine den Berg herunterdonnert, so denkt doch Keiner daran, dass damit auch der Schmuck der Berge und das Wild der Wälder zu Grunde geht — man sucht das nackte Leben in Sicherheit zu bringen. Indem also die Propheten den Zusammenbruch der Hütte David's deutlich vor Augen sahen, so retteten auch sie, was zu retten war. Dass dabei auch das mosaische Gesetz mit in den Ruin verwickelt ward — dies stand ihnen minder lebhaft vor Augen. Christus war ihre Gerechtigkeit (Jer. 23, 5; Jes. 53, 11), die auch sie durch kein Werk, sondern allein durch den Glauben ergriffen. Hätten sie der Erfüllung des göttlichen Gesetzes und Gesetzeswerken die Gerechtigkeit beimessen wollen, so wären sie einer höchst verdammlichen Abgötterei verfallen. Dazu konnten sie dem Volke nicht rathen. Vielmehr suchen sie in ihren Reden immer zuerst wieder auf den festen Boden der Verheissung zu kommen, und dann fand sich das Uebrige (Gesetz und Wandel nach dem Gesetz) von selbst. Sie beurtheilten den Menschen nicht als ein interessantes Vernunftwesen, dem mit Hülfe des „Gesetzes" bessere Sitten beigebracht werden müssten; sondern der Mensch ist Geschöpf Gottes, und Israel überdies im Bunde Gottes. Das aber hört sofort auf, wenn es nicht ferner im Glauben steht — denn ebendamit fehlt der Contact mit Israel's Lebensbedingung, mit der Verheissung und dem Bunde Gottes, den er mit den Vätern geschlossen, der aber rein auf Declaration Seitens Gottes, auf Imputation, und nicht etwa auf Veränderung der Natur der Bundesgenossen ruht (Röm. 4, 5)!

An der Spitze steht also stets die Bemühung der Propheten um den wahren Glauben. Um Glauben zu schaffen im Volke, dazu müssen sie die Sünden aufdecken — aber kaum ist das geschehen, so eilen sie auch schon mit dem Oel der Verheissung herbei. So heisst es bei Hosea 1, 6. 9: „Nenne ihren Namen Lo-Ruchama", oder nenne ihn „Lo-Ammi" — und alsbald heisst es Cap. 2, 3: „Nennet eure Brüder: Mein Volk (Ammi) und eure Schwester Ruchama (der Erbarmen zu Theil ward)." Ebenso verhält es sich Jes. 1, woselbst der Prophet alles über den Haufen wirft, aber gleich darauf selbst sich bückt, um aus den Scherben noch ein oder das andere ganze Stück schnell wieder hervorzuholen und zu betheuern, dass ein Rest gerettet wird und Zion, durch die Gerichte geläutert, durch Recht erlöst wird und seine Heimkehrenden durch Gerechtigkeit. Ebenso ist es Jes. 6, 11—13[1].

---

[1] Besonders rasche Uebergänge finden sich auch bei Micha. Solche Uebergänge werden oft blos durch ein „Darum" (לָכֵן) eingeleitet (Jes. 24 14; 27, 9; 10, 24). Darüber weiter unten.

Die Propheten reden zu den Willigen; sie holen den Brand aus dem Feuer. Sie schüren also nicht immer das Feuer etwa durch ausgesuchte, wohl einstudirte Strafreden, die aus dem „Gesetz" entnommen wären. Vielmehr holen sie die, welche durch den Glauben gerecht sind, die Kinder des Bundes (vergl. Apostelg. 3, 25), beim Herannahen der Katastrophe aus der Stadt des Verderbens heraus und retten sich mit ihnen nach dem Zoar der Verheissung — während hinter ihnen alles untergeht. Man missversteht die Propheten, wenn man meint, sie seien Bussprediger. Das sind sie so wenig, wie Johannes, der Täufer, und Christus, der Herr selbst. Busse predigen sie freilich auch, aber nur, um die schlafenden klugen Jungfrauen zu wecken; mehr wollen sie nicht; ein Anderes zu thun, ist nicht ihr Beruf. Denn als sie auftreten, ist schon alles vorbei, die Frist der Rettung für das Volk versäumt, und sie kommen nur, um in dem allgemeinen Zusammenbruch zu verhüten, dass auch die durch den Glauben Gerechten, die das Siegel ihres Vaters an der Stirn tragen, mitgerissen werden ins aussichts- und endlose Verderben. Und soll es denn zeitliches Verderben sein, dem Alle sich beugen müssen, so bringen sie doch zuvor noch die Perspective der Verheissung dem Reste Israel's unter die Augen, und so geht ein verklärender Glanz selbst auf die finstersten Gerichtswolken von ihren Reden aus. Aehnlich verfährt ja auch das prophetische Buch des Neuen Testamentes, die Apokalypse, welches Buch ganz nach Analogie der prophetischen Schriften zu erklären ist.

Auch Johannes und Christus verfahren, wie die Propheten. Johannes will, dass das Volk Jesum als den Bräutigam, der seine Braut zu besuchen kommt, erkenne. (Joh. 3, 29; vergl. Matth. 25, 1 ff. und die anderen Parabeln vom Hochzeitsmahl). Johannes' Freude ist erfüllt, nun er Jesum sieht. Jesus selbst beginnt nicht mit der langaussehenden Predigt des Gesetzes, um dann streng methodisch von der Gesetzespredigt zur Heilsankündigung fortzuschreiten — sondern ganz ohne Weiteres heisst es Marc. 1, 15: „Erfüllet ist die Zeit und das Reich Gottes ist herbeigekommen; ändert den Sinn und glaubet an das Evangelium." Aendert den Sinn — d. h. denkt noch einmal der Sache nach, oder: kehrt euch zu mir und werdet durch das Evangelium selig, Ihr vom Volke des Herrn!

Nach den Parabeln,[1] denkt der Besitzer des Weinbergs, als er seinen Sohn sendet, sie werden sich vor ihm scheuen; es ist also ein letztes äusserstes Mittel; oder Gott ist verglichen einem König, der seinem Sohne Hochzeit macht (Matth. 22, 2). Er setzt voraus, dass die Eingeladenen wissen, um was es sich handelt. — Als sie dennoch die zur Hochzeit drängenden Boten abwiesen, ja Etliche sogar tödteten, so ist sofort das Gericht da (V. 7), und ohne dass sie zuvor in directen Contact mit dem Sohne gekommen wären, ist es aus und vorbei mit ihnen, ähnlich wie bei den Männern im Weinberg. Erst jener Eine, welcher wirklich in directen Contact mit dem Königssohne kommt, wird wegen eines Verstosses gegen die königliche Hausordnung[2] hinausgewiesen in die äusserste Finsterniss (V. 11—13); aber auch von ihm wird vorausgesetzt, dass er wissen müsse, was hier Hausordnung sei. Kaum dass man recht am Anfang zu sein meint — ist man auch schon am Ende. Und ebenso eilig haben es, wie gesagt, die Propheten mit ihren Gerichten; wir sind immer schnell zu Ende.

Aus dem allem folgt, dass die gottgesandten Lehrer ein Volk Gottes voraussetzen, das eben nicht kraft eines langen Processes, sondern durch die Rechtfertigung durch den Glauben Volk Gottes ist, ein Volk, das also in Kraft gnädiger Schöpfung und Beurtheilung Gottes um Christi willen zum Kinde angenommen worden ist, — was man aber nicht durch qualitates infusae, oder iustitia infusa, in Folge deren die Geistesnatur des Menschen umgewandelt wird (wie Rom und unsererseits auch Andere ausser Osiander lehrten), und Substanzveränderung im Menschen vorgeht. Das sind alles Vorstellungen, die den wahren Trost der Sündenvergebung und Rechtfertigung umstossen und das Vertrauen der Menschen von Christo ab auf die eigne menschliche Güte und Qualität gründen müssten. Saulus aber vertraute ja ganz und allein auf seine Qualitäten — als Pharisäer und Pharisäers Sohn — erst als er ein Paulus (was eben einen Rückgang bedeutet) geworden, traute er Christo, sich aber und seinen Qualitäten durchaus nicht mehr.

Die wirkliche Gerechtigkeit des Menschen vor Gott besteht niemals in der Einpflanzung der wesenhaften Gerechtigkeit Christi,

---

[1] Math. 21, 33—46; Marc. 12, 1—12; Luc. 20, 9—16.

[2] Dieser Umstand, dass der König den Geladenen Kleider gibt, wird auch bei Charisi, Tachkemoni, Cap. 1, 50 ff erwähnt.

überhaupt nicht in Qualitäten — sondern dieselbe ist nur zu ersehen in der Zurechnung einer fremden Gerechtigkeit, wovon die
Resultate im Leben zu ziehen stets und allein dem heil. Geist
überlassen bleibt, von welchem der 3. Glaubensartikel handelt.

Inwiefern alles schon eine in Christi Auferstehung vollendete
Sache ist, und wie unsere Wiedergeburt in seiner Auferstehung
ihren Grund und Bestand hat — wie seitdem eine lebendige Hoffnung da liegt vor dem göttlichen Richterstuhl, die auf ein unver-
gängliches Erbe die Zuversicht der Gläubigen richtet, das sie nur
anzutreten und in dem sie nur bewahrt zu werden brauchen
durch Gottes Macht — dies ist es, was der Anfang des ersten
Petrusbriefes (V. 3. 4) in hellen Worten bezeugt.

Besonders wichtig für den Nachweis, dass es alles auf die
$\delta\iota\varkappa\alpha\iota\sigma\acute{\nu}\nu\eta$ $\acute{\eta}$ $\acute{\varepsilon}\varkappa$ $\pi\acute{\iota}\sigma\tau\varepsilon\omega\varsigma$, bei den Propheten angekommen sei, ist die
Wahrnehmung, dass die Propheten schroffe Uebergänge, die jeden
langen Process ausschliessen, lieben. Solche Uebergänge werden
oft blos durch ein lose angehängtes „Darum" (לָכֵן) eingeleitet
(Jes. 10, 24; 24, 14; 27, 9; Ezech. 39, 25). Ganz unvermittelt
ist auch der Uebergang Jes. 32, 15, woselbst die Ausgiessung des
Geistes aus der Höhe die Wandlung der Dinge verbürgt, die eben
Wiedergeburt und Rechtfertigung im Gefolge hat. Wir lernen hier
abermals, dass alles darauf ankommt, dass Gott als der Erste die
Siebentausend sich erübrigt in Israel, was allein dadurch geschehen
kann, dass er sein besonderes Eigenthum durch gnädige Rechtfertigung
sich absondert von Denen, die aus Werken die Gerechtigkeit er-
streben. Es ist natürlich nie eine in der Luft schwebende Wahl
gemeint, sondern in der heiligen Schrift begegnet uns immer eine
im Leben sich realisierende Erübrigung der Siebentausend aus der Zahl
der Zurückbleibenden. Im Leben selbst kommen Alle mit dem
Gesetze Gottes in Berührung — den Einen ist dasselbe dienlich
zur Erkenntniss ihrer Sünden; die Anderen suchen mit Hülfe des
Gesetzes eine Gerechtigkeit herzustellen, die aber beim ersten Stoss
zerbricht und im Gericht nicht vorhält.

Es ist überall in der Geschichte, und so auch bei den Bei-
spielen in Röm. 9 (wie aus der Geschichte erhellt) die Schuld gewahrt. Der Zorn Gottes kommt immer über Kinder des Ungehorsams (Coloss. 3, 6), die ohnedies das Verderben verdient haben,
das über sie kommt. Die zurückgelassen werden, wollen wirklich

ihr Heil in alle Ewigkeit nicht, z. B. Pharao, Saul, Jerobeam, die gottlosen Könige Juda's. Es sind also keine Schemen, mit denen der göttliche Rathschluss der Erwählung und Verwerfung zu thun hat, sondern wirkliche lebendige Personen, die gelebt und gekämpft haben und im Kampf mit Gott überwunden wurden oder untergingen. — Dass dabei Etliche dem Zuge Gottes folgen, ist Gnade — ist freie, souveräne Schöpfung und Folge einer Wahl. Aber nur diese besteht ja zusammen mit der Rechtfertigung durch den Glauben. Dieselbe erfolgt ja ohne Rücksicht auf vorhergegangenes menschliches Thun (dem, der nicht mit Werken umgeht — Röm. 4, 5) — und da wir sie sich thatsächlich im Leben vollziehen sehen, in momento donationis fidei, so muss der göttliche Akt der Rechtfertigung die Voraussetzungen sich schaffen, die er vorfinden will — also Christi Verdienst und den dasselbe entgegennehmenden Glauben. Und da ist eben nur das Verdienst Christi das einzige Gegengewicht gegen des Menschen Stand im Fleische. Die älteren Reformationssymbole, die Augustana, die Apologie — von den reformirten Symbolen ganz zu schweigen — rechnen auch durchaus mit der Praedestination[1]) — wenn auch kein einziges Symbol sich anders mit ihr beschäftigt, denn als einem Corollar zur Sünden- und Rechtfertigungslehre. Erst spätere Dogmatiker haben den Schein erweckt, als ob z. B. die Reformirten ein apartes Interesse an dem sogenannten decretum horribile Calvin's trügen. Und die sancta simplicitas der Unwissenden, die ja stets die Mehrzahl bilden, half diesen Wahn verbreiten — mitten in unserem aufgeklärten Jahrhundert.

Wie streng die Propheten auf eine zugerechnete und nicht eine eingegossene Gerechtigkeit halten, und also Zeugen sind der Gerechtigkeit Gottes (Röm. 3, 21) ergibt sich aus den häufigen Stellen, wo von der Gerechtigkeit die Rede ist, deren Urheber Gott sei und die von ihm ausgeht. Z. B. Jesaia 45, 23: „Bei mir habe ich geschworen: aus meinem Mund ist hervorgegangen Gerechtigkeit, ein Wort, das nicht rückgängig wird: dass mir sich beugen wird jedes Knie und jede Zunge mir schwören wird. Von mir sagt man: Nur im Herrn ist Gerechtigkeit und Stärke, zu ihm

---

[1]) Vergl. den Art. von Loofs, Die Bedeutung der Rechtfertigungslehre. Stud. u. Krit. 1884, 4. Heft, S. 681.

kommt man, und beschämt werden Alle, die wider ihn sich erhitzen.
Im Herrn werden gerecht und sich rühmen aller Same Israel's.“
An dieser Stelle kann nicht die Rede sein von der wesentlichen
Gerechtigkeit Gottes, oder blos von seiner Eigenschaft, sondern
von der Gerechtigkeit, die Gott zu Wege bringt, indem er seine
Verheissungen wahr macht und die grossen Thaten zur Erlösung
Israel's zur Ausführung bringt. Dadurch, dass dies geschieht, ist
Israel selbst gerecht und rühmt sich aller Same Israels seines
Gottes. Neben die Gerechtigkeit tritt die Kraft oder Stärke beim
Propheten, und in diesem Worte liegt das enthalten, was Andere
fälschlich in dem Wort „Gerechtigkeit“ suchen — nämlich das
Heil, oder „Leben und volle Genüge“ in der Gemeinschaft
mit Gott.

Auch hier also ist nur die Rede von einer kraft des Bundes
zugesicherten Erlösung Israel's, die Israel mit Einem Schlage mitten
in den vollen Besitz aller ihm zugedachten Güter setzt — Wiedergeburt, Rechtfertigung, das Leben und volle Genüge ihm ver-
schafft. Das Alles aber durch Zurechnung, und nicht durch Eingiessung irgend welcher Qualitäten oder Eingiessung einer wesentlichen Gerechtigkeit.

Aehnlich belegt Gott durch den Propheten Jeremia (23, 6)
den Spross Jehova's mit dem Namen Jehova, der unsere Gerechtigkeit ist, und dieser so Bezeichnete werde Gerechtigkeit anrichten
auf Erden. Auch hier ist die Gerechtigkeit, durch die Juda und
Israel geholfen werden soll, eine im Rathschluss verordnete, durch
die Verheissung zuvorbestimmte, im Thun und Leiden des Erlösers
völlig zu Tage tretende Gerechtigkeit, durch die das Verhältniss
Israel's zu Gott für immer richtig gestellt und verbürgt erscheint.
Dass Zedaka blos „Heil“ bedeutet, ist eine falsche Vermuthung.
Was bedürfte es da des stellvertretenden Leidens, von dem Jes. 53
redet: „Der Herr liess auf ihn anlaufen die Schuld von uns Allen.“
Sollte blosses „Heil“ genügt haben, so hätten alle jene Stellen
vom leidenden Knecht Gottes keine Berechtigung und alsdann wäre
der ganze Krieg der Propheten wider die Ungerechtigkeit des
Volkes ein leerer Bombast — das „Heil“ lässt sich wohl gegen
unverschuldetes Elend und Ungemach ins Feld führen, aber nicht
gegen Sünde und Ungerechtigkeit. Hier bedarf es des Opfers und
der Sühne, und diese nimmt der Knecht Jehova's auf sich —

besonders nach Jes. 53. In den gleichen Fehler, wie unsere heutigen Gegner des stellvertretenden Leidens, verfiel Osiander. Nach ihm sollte Christus lediglich durch seine Person oder wesentliche Gerechtigkeit unsere Gerechtigkeit sein — seine göttliche Natur stellte das Thun und Leiden, das er an seiner menschlichen erfahren, in Schatten und floss in die Gläubigen über — so dass sie durch Annahme des Heiles, nicht aber der $\delta\iota\varkappa\alpha\iota\sigma\acute{\upsilon}\nu\eta$ $\vartheta\varepsilon o\tilde{\upsilon}$ (der fremden, durch den Erlöser stellvertretend gewirkten Gerechtigkeit) gerecht wurden, d. h. infusive, non imputative. Dagegen erhoben sich unsere besten Lehrer mit aller Kraft, und sie haben dies Kleinod der Rechtfertigung dadurch auf die Nachwelt gerettet. Eine Eingiessung der Gerechtigkeit Gottes im Sinne von neuer Zufuhr des „Heiles" liessen sich die Ketzer stets gefallen; Schwenckfeld blies in dasselbige Horn — in dem Drängen nach innerlichem Wesen und Leben, wodurch dann dieses innere Leben zum Grund der Hoffnung der Christen und zum Merkmal der Wiedergeburt gemacht wurde — darin sind und waren alle Sekten einig. Ja, schon in den ersten Zeiten des Christenthums trat neben der falschen (pharisäischen) Gebundenheit und Gesetzlichkeit im Galaterbrief die auf eine innere Erfüllung mit neuen Kräften dringende Partei im Colosserbrief auf (wogegen sich Col. 2, 9 ff. richtet). Und so geschah es zur Reformationszeit wieder und ist heute ganz allgemein, so dass die Besten kaum mehr ahnen, wie sie in Osiander's Fahrwasser dahintreiben, während der Rest pelagianisch ist.

Was in dem alttestamentlichen Worte Gerechtigkeit liegt, nämlich das Thun und Leiden des Messias als des Kernes und Sternes des Bundes Gottes und seiner Verheissungen, entwickeln dann ganz deutlich Stellen, wie 1. Cor. 1, 30: Christus ist uns geworden ($\dot{\varepsilon}\gamma\varepsilon\nu\acute{\eta}\vartheta\eta$) Weisheit von Gott, Gerechtigkeit, Heiligung und Erlösung — demgemäss ist der Erlöser es geworden — gleichwie er Fleisch wurde — es ist nicht von seiner Gottheit die Gerechtigkeit abgeleitet — sondern von seinem Amt und Thun zu unserem Besten, so dass die Sünder sich für ihre Rechtfertigung wie Heiligung und Erlösung an Ihn zu halten haben. Ebenso ist 2. Cor. 5, 21 in kürzester Weise mit den durch das Gesetz und die Propheten an die Hand gegebenen Ausdrücken klargestellt, was der Inhalt der apostolischen Predigt und göttlichen Botschaft an die Völker sei, nämlich: „dass Gott Den, der von keiner Sünde wusste, für uns zur Sünde gemacht, auf dass wir würden Gerechtigkeit Gottes in ihm". Hier liegt gradezu alles und jedes auf dem Gebiet der Imputation. Flacius [1]) bemerkt über diese Stelle gegen Osiander: „Das ist: er hat ihn als einen Ungerechten um der Ungerechtigkeit unseres Ungehorsams willen kreuzigen lassen, auf dass wir die Gerechtigkeit Gottes würden. Was kann nun allda „auf dass wir würden die Gerechtigkeit Gottes" anderes bedeuten, denn: auf dass er uns unsere Sünde oder die Ungerechtigkeit des Ungehorsams nicht zurechne, sondern uns für gehorsame Kinder halte, wie er unserthalben Christum für einen Ungehorsamen gehalten hat, und also mit uns versühnt würde, wie denn Paulus oben gesagt hat, dass Gott auf diese Weise die Welt mit sich versühnet?" Solches, fügt er hinzu, sei aber von der Versöhnung (nach Osiander's Meinung) so weit entfernt, als der Himmel von der Erde.

Genug, unsere Theologen müssen es sich nur gesagt sein lassen, auf welcher Seite sie stehen, wenn sie, mit den Rationalisten an einem Stricke ziehend, „Gerechtigkeit" für „Heil" nehmen und die Capitel vom Heilsträger im II. Theil Jesaiae bis dahin verdünnen, dass nur noch ein besserer Theil des Volkes herausschaut, der sein Lebensblut in das verdorbene des Volkes Israel einfliessen lässt und so die grosse Wandlung im Zustande des Volks hervorruft. Sie sind Osiandrisch. Ein Jeder aber, welcher Imputation und Stellvertretung mit Osiander verkennt und gleichwohl vor seiner iustitia essentialis bewahrt bleiben will, muss dann nur ins pelagianische Fahrwasser sich begeben und schliesslich alle Religion, die eben auf solche übernatürliche Faktoren rechnen muss, verwerfen. Wer die Götter in Königsberg nicht will, kommt bald zu denen in Jena und Weimar, ohne hier so wenig wie dort Hülfe zu finden.

Noch auf ein letztes Buch des Alten Testaments fällt von Pauli Satz aus, dass durch das Gesetz und die Propheten (d. h. die damalige Bibel) „Gerechtigkeit Gottes" bezeugt ist, ein willkommenes Licht — wir meinen den „Prediger Salomo". Er enthält die Lebensphilosophie der aus dem Glauben Gerechten. Daher ist er auch unseren heutigen Auslegern ein Dorn im Auge, und es gefällt ihnen wohl, dass er auf den Irrfahrten der Kritik am

---

[1]) M. Flacius von Preger I, p. 257 f.

persischen oder griechischen Ufer endlich seinen festen Platz gefunden. An diesem Ufer mag er Zelte aufschlagen; dorthin gehört er und dort schadet er wenigstens nicht mehr. Dass er hier gleichfalls eine absolut fremde Sprache spricht, das bekümmert die Leute nicht, die ihn eben um jeden Preis unschädlich zu machen wünschen. In der Zeit Salomo's würde der Prediger freilich schaden, denn dann wäre er am Ende auch für die Christen bindend. Wenn aber der durch den Glauben Gerechte hört, dass Alles eitel und dass wirklich nichts hält, was irdischer Abkunft ist, und dass die Bestrebungen, welche die Geschicktesten und Gepriesensten dieser Welt zeigen, auf nichts hinauslaufen, so erweitert sich sein Gesichtskreis. Dieser Prediger ist ihm nicht mehr ein Mann, der coram publico in seinen Eingeweiden wühlt und das Hässliche zur Schau stellt, das ihm in den Sinn kommt — sondern ein Abgematteter und Zerschlagener, der sich zerarbeitet hat in der Menge seiner Wege und zu dem Resultat gekommen, es ist das Beste, alle Regierung aus der Hand zu geben; und besser sind Zwei, als Einer; besser, den bösen Tag nicht zu verfluchen und den guten nicht übermässig zu preisen — in keinem Ding es zu weit zu treiben, allzu weise, allzu gerecht, allzu närrisch zu sein — sondern Gott zu fürchten, seinen Boten nicht zu beleidigen; zu hören und nicht mit den Narren Opfer zu bringen — kurz, Gott zu fürchten und seine Gebote zu halten — und im Uebrigen zu stehen in der Freiheit von allem, was unter der Sonne ist. Zu dem Allen führt nur die Rechtfertigung durch den Glauben — welche aber nicht Weltbeherrschung (nach Ritschl's Missverständniss) im Gefolge hat, sondern nur dies lehrt, dass man der Welt recht brauche, und kann man ihrer nicht brauchen, wie man will — sie auch zu entbehren verstehe — in dem Bewusstsein, dass es doch Einem geht wie dem Anderen, und Alle einmal sterben müssen, und man doch nicht weiss, was der morgende Tag bringt, und man also wohl thut, abzunehmen, damit Er und Sein Gebot zunehmen bei uns. So zeugt auch der Prediger für die Gerechtigkeit durch den Glauben.

C.

Neues Testament.

1. Die Evangelien.

Wie sollten, was wir hier nur kurz berühren wollen, um nicht eine ganze biblische Theologie einzufügen, die vier Evangelien von der Rechtfertigungslehre weniger wissen wollen, als die Propheten und Mose? Ganz vergebens ist es, sich über den Mangel des terminus technicus zu beschweren, der etwa nur Einmal Luc. 18, 13, 14 vorkäme, woselbst der Zöllner im Tempel um Vergebung der Sünden bittet, und wo Christus von ihm sagt: dass er als der von Gott gerecht Erklärte in sein Haus ging.

Gleich beim Eintritt in die neue Zeit erklingt die mächtige Predigt Johannes des Täufers vom Herannahen des Königreichs Gottes und der darauf gegründeten Nothwendigkeit der Sinnesänderung. Daneben ging die Taufe her, wodurch die Sinnesänderung bedeutet war. Der alte Mensch ging unter, der neue stand auf aus dem Wasser (Röm. 6, 3. 4) ohne dass Verdienst des Menschen in Anrechnung zu bringen wäre, rein aus Gnaden. Bei seinem Auferstehen aus dem Wasser hatte man den Zweck, den die Taufe hatte, erreicht, nämlich Vergebung der Sünden und Theilnahme an allen den grossen Dingen, die bevorstanden und welche die Predigt vom Himmelreich näher darlegte. Und nach seiner Erfahrung von der Geistestaufe Jesu verkündet Johannes den mitten unter ihnen erschienenen Jesum laut als das Lamm Gottes (Joh. 1, 17). Damit ruft er Alle zurück von ihrem eitlen Dienst nach väterlicher Weise, von der buchstäblichen Haltung des Gesetzes und dem Wandel nach Fleisch und weist sie auf den einzigen Sündentilger. Dieser wird sie taufen mit dem heiligen Geist (donatio Spiritus), nachdem er in der Taufe ihnen ihre Sünden vergeben. In den Evangelien wird überall zuerst die Vergebung der Sünden[1]) gebracht, und die Predigt Jesu wie seiner Jünger fordert

---

[1]) Wie bei der Taufe Johannes, also auch Marc. 2, 5; Luc. 5, 24, wo dem Gichtbrüchigen nichts zugemuthet wird, sondern er vielmehr um des Glaubens der Träger willen mit der Sündenvergebung von Jesus beschenkt wird.

Umkehr, d. h. Hinwendung von dem todten Wandel auf das einzige Opfer, das der Welt Sünde trägt, oder als Lösegeld dasteht an Vieler Statt (Matth. 20, 28; vgl. 26, 28). Auch beim Vater des Mondsüchtigen kam Alles auf Jesu schaffende Gnade an — der Vater bekannte seinen Unglauben (Marc. 9, 24). In den johanneischen Reden stellt sich Jesus dar als das Brot des Lebens; dasselbe ist sein Fleisch, das der Glaubende isst. Dieses sein Fleisch, das für das Leben der Welt gegeben wird (Joh. 6, 51), stellt alles, was Jesus thut und leidet unter den Begriff des Opfers im Alten Testament. Die Opferidee ist auch auf ihn anzuwenden; nur durch den Glauben, der sich das zueignet, was stellvertretend am Opferthier, beziehungsweise an Ihm vollzogen wird, bekommen wir, was dort geschieht: im Wege der Zurechnung, nicht durch Zufluss neuen Lebens. Es ist ganz willkürlich dem Evangelium aufgedrängt, wenn man hier redet von einer Aneignung der sich selbst opfernden menschlichen Persönlichkeit Christi, von der eine neue göttliche belebende Kraft ausgehen solle auf die Glaubenden. Der Opferbegriff stellt die das eigne Leben in den Tod dahingebende That Jesu unter einen völlig andern Begriff, als den der Lebensmittheilung. Es handelt sich hier bei Jesu Opfertod nicht um Mittheilung wirklicher Gerechtigkeit und Eingiessung neuen Lebens, sondern nur um Annahme des als Sünder Dastehenden für einen Gerechten, und zwar kraft des dahingegebenen Blutes Christi, der aller Opfer Gegenbild ist. Die Mittheilung wirklicher Gerechtigkeit oder neuen Lebens würde den Glauben, durch welchen in der alten wie in der neuen Oekonomie das Heil entgegengenommen wird, in den Grund verletzen. Der Glaube würde ein Kanal, während er doch ein geistiges, höchst freies Verhalten ist und gänzlich auf der Linie des vom heiligen Geist gewirkten und unterhaltenen γιγνώσκειν liegt, womit er auch bei Johannes abwechselt (Joh. 8, 32) oder als ĺinnigst vereint zusammengestellt wird (Joh. 6, 69; umgekehrt 1. Joh. 4, 16).

Ebenso ist die Mittheilung der δόξα an die Jünger Seitens Jesu (Joh. 17, 22) nicht als Einpflanzung eines Princips mit Baur (Kritische Untersuchungen der Evangelien S. 206) aufzufassen, sondern dieses „Geben" geschieht im Wege der Zurechnung. Das, was der stellvertretende Hohepriester hier für die Seinigen vom

Vater erbittet, geschieht auch — aber per imputationem, nicht per infusionem.

Aus unserer Theologie haben alle jene Vorstellungen von Veränderung des Sünders, sofern dabei mit physischen Kategorien gerechnet wird, gänzlich zu verschwinden und hat man die Zurechnung der Gerechtigkeit Christi für jeden Gläubigen mit unseren Reformatoren wieder in ihr Recht einzusetzen. Wir nehmen als ein Beispiel noch die „gute Erde" im Evangelium vom vierfältigen Ackerboden (Matth. 13; Marc. 4). Die gute Erde kann nur das Herz sein, welches Vergebung der Sünden erlangt hat und gerechtfertigt ist durch das Blut Christi. Würde man an ein substanziell besseres Herz denken, als bei den in die Kategorie des Weges oder des Felsenbodens Gehörigen, so kämen wir auf eine manichäisch-gnostische Eintheilung der Menschen hinaus. Das gute Land kann nur ein gut gesprochenes sein (vergl. Matth. 12, 33); es ist das gerechtfertigte Herz. Mit diesem tritt erst der Same, das ist das Wort, in Contact und es kommt zum Fruchttragen. Es giebt aber verschiedenen Ackerboden in der Natur, wie im Reiche der Gnade (vgl. 2. Tim. 2, 20). So wunderlich es also auch erscheinen muss, dass das Wort nicht einschlägt, oder dass alsbald seine Wirkung gehindert wird, so ist das ja beim Ackerboden ebenso. Nicht Alle sind berufen — Viele sind es; unter den Vielen sind Wenige auserwählt. Das gehört zu den Mysterien des Reiches Gottes, die nicht Jedermanns Sache sind, um die aber der Eingeweihte wissen muss, wenn er nicht fortwährend stillstehen, zweifeln und endlich verzweifeln soll. Und in der That wird es den Jüngern gegeben, davon zu wissen (Matth. 13, 11).

Die Rechtfertigung durch den Glauben setzt einen Ackerboden voraus; derselbe ist die Kirche (die sichtbare). Hier wird das Wort überallhin gestreut. Aber der Boden ist von vornherein verschieden. Viele sind ein hartgetretener Fussweg oder (was dasselbe ist) sie weisen die Erscheinungen auf, welche der Same, der an den Weg fällt, aufweist — es wächst nichts. Andere wieder anders. Endlich gibt es Solche, die gute Erde sind; das sind Solche, die nach Luc. 8 das Wort aufnehmen in einem guten und feinen Herzen. Dieses hat der Mensch sich nicht selbst gemacht, sowenig wie der Ackerboden sich selbst gut machte. Marc. 7, 21 zeigt vielmehr, was aus dem Herzen hervorgeht; wann könnten wir also die Saat des Wortes beginnen lassen, wenn dieses Herz erst substanziell gut geworden sei müsste! Es soll ja eben erst nach geschehener Aufnahme des Samens des Wortes zum Fruchttragen kommen. Wie kann das böse Herz unter Einem gut heissen? — Lediglich durch Zurechnung. „Setzet erst den Baum gut, so wird die Frucht gut sein; oder setzet den Baum schlecht, so wird auch die Frucht schlecht sein." (Matth. 12, 33.) Es gibt nur ein Entweder-Oder. Das Setzen des Baumes ist das Frühere; dann folgt die Frucht. Jenes geschieht aber im Reiche der Gnade nur durch die Rechtfertigung, d. h. durch die Sündenvergebung und die damit Hand in Hand gehende Verleihung des heiligen Geistes (donatio Spiritus sancti) — woraus dann alles Fruchttragen von selbst erfolgt, ohne dass der Mensch im Einzelnen sich bewusst wird, wie es dabei zugeht. Marcus 4, 27 sagt: ὡς οὐκ οἶδεν αὐτός. Es tritt aber die Zeit der Ernte ein, und da wird er dann aus der Frucht seines Heiles gewiss; natürlich dass er es dann wieder vergisst und am Ende so klug ist, wie am Anfang. Das bringt aber die Lehre von der Rechtfertigung durch den Glauben so mit sich.

2. Der Römerbrief. (Cap. 1—5.)

Paulus will die Christen in Rom in das rechte Verhältniss zum Heilsrathe Gottes und zu der heiligen Geschichte setzen, und so führt er ihnen die Hauptpunkte der christlichen Lehre vor Augen. Er bringt ihnen ein Evangelium, welches Gott zuvor verheissen durch seine Propheten in heiligen Schriften. Dieses Evangeliums, welchem die römischen Christen bei den Propheten nachgehen können, schämt sich der Apostel nicht; denn dasselbe ist eine Kraft Gottes, nicht Menschenwort, abzielend auf Rettung für jeden Glaubenden, sei es Jude oder dann Hellene. Das Evangelium ist darum mit solcher Kraft Gottes ausgestattet, weil Gerechtigkeit Gottes darin enthüllt wird. Solches beweist Paulus aus Habak. 2, 4. Hierin liegt der Beweis, dass er nur dem aus Glauben Gerechten das Leben zuerkennen kann. Alles, was das Evangelium enthält, ist: „Gerechtigkeit Gottes". Gerechtigkeit Gottes ist kein von Paulus gemachter Begriff; derselbe liegt vielmehr nach Röm. 3, 21 schon im Gesetz und den Propheten. Gerechtigkeit Gottes bedeutet eine Gerechtigkeit, wie sie Gott will; sie ist ein nach Gerechtigkeit bemessenes Handeln. Normirt wird dieses Handeln Gottes durch das Gesetz und die Propheten. Im Gesetz und den Propheten finden wir die Grundzüge, aus denen wir entnehmen können, was Gerechtigkeit Gottes sei. Gesetz und Propheten aber reden von einem Erlöser, von einem Bürgen, durch dessen Dazwischentreten Gottes Verfahren mit dem Sünder normirt erscheint, und zwar als ein gerechtes Handeln. Gott ist gerecht, wenn er Sünden vergibt, und zwar weil ein Bürge und Stellvertreter für die Sünder eintritt. Dieses zeigt sich sofort bei Adam im Paradiese, wo Adam nach seinem Fall das Evangelium vernimmt (Gen. 3, |15). Es zeigt sich abermals bei Abraham, welcher das Wort vernimmt: In deinem Samen sollen gesegnet werden alle Familien des Erdbodens. Dieser Same ist Christus (Gal. 3, 16). Es zeigt sich bei David, der nach seinem tiefen Fall aufgerichtet wird durch die Vergebung der Sünden und den Glauben an den Messias. Gerechtigkeit Gottes ist also jenes Verfahren, wonach Gott dem Menschen Sünden vergibt, aber auf solcher Basis, wo Gottes Gerechtigkeit durch den Bürgen und Mittler Genüge geschieht, also Vergebung der Sünden nicht ohne Satisfaction. Gott ist nicht ohne Lösegeld gnädig. Es klingt dieses eigenthümlich, fast egoistisch; aber Gott kann nach seinem innersten Wesen die Sünder nicht ohne Weiteres entlassen, bevor er einen Ersatz gefordert und empfangen hat. Jedes Band der Sünder mit ihrem Gott würde zerrissen sein, nachdem er sie einmal freigegeben. An diesem Bande jedoch, welches das Evangelium uns kennen lehrt, wird der Sünder gehalten und immer wieder auf Gott gewiesen. Die Welt beschäftigte sich damals mit Methoden, wie man gerecht sein könnte. Die Heiden behaupteten ihre Tugend; die Juden warfen sich auf das Gesetz; zwischen beiden waren die Leser hin- und hergeworfen. Aber Heiden und Juden irrten; sie hatten es zu keinem haltbaren Resultat gebracht. Da tritt der Apostel auf und sagt: „Hin zum Evangelium, denn dieses offenbart euch Gerechtigkeit Gottes". Also gegenüber den Methoden der Heiden und Juden zeigt Paulus die Methode der Gerechtigkeit Gottes. Die menschliche Vernunft stand auf Seite der Gegner des Paulus und die Einen — die Heiden — meinten, Gott sei nur dann gerecht, wenn er den Sünder straft und die Gerechten annimmt und belohnt; es könne vor Gott Niemand gerecht sein ausser durch Werke des Gesetzes. Die Anderen — die Juden — haben gewisse Kräfte des Geistes bekommen; sie sind bekehrt, wie sie meinen, und im Stande, das Gesetz zu erfüllen; sie haben sich auch eines Lohnes zu getrösten, der ihnen vor den Uebrigen zu Theil wird. Mit diesen Prätentionen beginnt Paulus Cap. 1, 18 tabula rasa zu machen und zu zeigen, dass Heiden und Juden unter die Sünde beschlossen sind und durch gar keine Methode ihrerseits aus diesem Verschluss herauskommen können. Röm. 1, 18 bis 3, 10 weist er geschichtlich nach, dass der Zorn Gottes alle Menschen ohne Unterschied treffen muss, welche nicht unter dem Panier der Gerechtigkeit Zuflucht suchen. Durch ihre Methoden werden sie niemals Gerechtigkeit vor Gott erlangen. Gerechtigkeit Gottes ist das einzige Asyl. Diese Gerechtigkeit kommt aus Glauben zum Glauben, aber nicht aus Glauben zum Werke und dann wieder, wenn das Werk nicht gelingen will, zum Glauben. Also: aus Glauben zum Glauben (Habak. 2, 4.) das ist die Methode des Paulus. Er pflanzt dieselbe als ein Panier mitten in Rom auf, und energischer Widerspruch war zu erwarten. Daher geht Paulus zunächst dazu über, nachzuweisen, dass jeder andere Weg zu nichts führt; also nichts übrig bleibt als zu seiner Methode zurückzukehren. In Vers 18 redet Paulus von der Offenbarung des Zornes Gottes über alle Adamskinder, Heiden und Juden, welche die Wahrheit durch Ungerechtigkeit niederhalten. Paulus zeigt ihnen, dass sie Gott aus der Offenbarung in der Natur erkannten, aber dass sie solche erkannte Wahrheit erstickten. Wir lernen da, dass Gott seine Erkenntniss nicht vorenthält, sondern er hat sie durch die Offenbarung in der Natur den Menschen vermittelt. Weil aber die Menschen diesen erkannten Gott nicht in Ehren hielten, deshalb hat er sie nach seiner Gerechtigkeit ihre eignen Wege gehen lassen (Act. 14, 16) und die Sünde durch Sünde gestraft. Es legt der Apostel die Geschichte der Menschheit in kurzen Zügen dar, namentlich des Heidenthums. Und wenn man die Bücher der römischen und griechischen Schriftsteller liest, so erröthet man, wenn man auf jedem Blatt Mittheilungen, die uns an Röm. 1 erinnern, begegnet. Man erröthet, wenn man sieht, wozu es der Mensch bringt, wenn er zur Glaubensgerechtigkeit kein Zutrauen fasst, sondern die Wahrheit durch Ungerechtigkeit niederhält und sich doch von Gott nicht strafen lassen will. Und hier nimmt Paulus noch auf jene besondere Klasse von Menschen Rücksicht, nämlich auf solche, welche die Sünde wohl zu strafen wissen, also, was Gerechtigkeit ist, kennen, aber doch im Grunde einverstanden sind mit dem Bösen. Das ist ein stärkstes Phänomen der Sündhaftigkeit und Verdorbenheit, dass es Leute gibt, welche die übrigen Menschen wohl zu tadeln wissen, aber ihnen doch ihren Beifall trotz alles Rügens nicht versagen. Wir haben viele Beispiele dafür. Die Tugendlehrer üben in ihrem Wandel Verrath an ihrer Lehre.

Cap. 2, 3 heisst es: „Meinest du also: du werdest dem Urtheil Gottes entfliehen können — dass über dich als Solchen kommt?" Nein, — Paulus findet solches Urtheil Gottes ganz nach Wahrheit; denn der Mensch zeigt durch sein Kritisiren und Moralisiren, dass er wisse, um was es sich handelt, gleichwohl aber ändert er sich nicht. Ja es wird mit einem Solchen immer schlimmer und schlimmer. Er sammelt ein grosses Kapital von Zorn Gottes, das dann an dem bestimmten Tage sich über ihn entladen wird. Paulus gibt es seinen Gegnern ganz gehörig zu verstehen: erstens, dass sie durch das Gericht Gottes an der Menschheit sich nicht erschüttern liessen; dass sie zweitens aber auch angesichts der Güte Gottes keine Aenderung des Herzens zeigen, und so sei es ganz unumgänglich, dass Gottes Gericht mit Donnergewalt über sie hereinbreche. Dieses Gericht ist ein hochernstes. Bei ihm wird nach Vers 6 Gott sich durchaus nicht accommodiren, sondern die Forderungen seines innersten Wesens an alle geltend machen. Und nun wendet er sich dazu, zu zeigen, wie Gott gerecht richtet; ausdrücklich werden Vers 10 auch die Juden unter das göttliche Urtheil subsumirt. Auch sie können sich nicht zurückziehen auf ihre besonderen Prärogative, auf ihre Beschneidung. Die Juden stellen sich also, wo sie auf Gottes Gericht es ankommen lassen und wo sie durch das Gesetz gerettet werden wollen, mit den Heiden auf ein Niveau. Auch die Heiden haben ja ein Gesetz, wie Israel; auch sie thun, was das Gesetz fordert; auch bei ihnen klagen sich die Gedanken unter einander an und entschuldigen einander. Aber auch sie, wie die Juden nach dem Fleische, können in Gottes Gericht nicht bestehen.

Vers 17—24 redet Paulus ausschliesslich von Juden, welche der Methode des Paulus Trotz bieten und ihr Gesetz für sich behalten wollen. Der Apostel stellt auch an sie die Forderung, man solle ihm den Menschen bringen, der im Inneren des Herzens so beschaffen sei, wie Gottes Gesetz es fordert, den Menschen, der das wirklich thut, was das Gesetz fordert; dann wird seine Gerechtigkeit Anerkennung finden. Solange dies aber nicht geschieht, muss Gottes Zorn wider alle Menschen gerichtet sein, welche die Wahrheit in Ungerechtigkeit ersticken. Diese ganze Argumentation 1, 18—C. 2 zu Ende behält ihre Kraft bis auf heute. Sie enthält nicht etwa eine Schilderung aus längst vergangenen Zeiten, gleich als ob wir Christen schon weit darüber hinaus wären. Man kann einem Jeden, der sich auf sein Christenthum verlässt, oder auf seine Busse, Taufe, auf die Einsetzung der Gnadenmittel, auf seine Heiligungstheorien, Tugend und Gerechtigkeit, mutatis mutandis, dieselben Fragen vorlegen, die der Apostel hier allen Menschen vorlegt. Man kann den Christen auch darüber zur Rede stellen, dass er sich auf das verlässt, was er Evangelium oder (eingegossenen) Glauben nennt; dass er sich des Namens eines Evangelischen rühmt und thut doch nicht, was des Evangelischen würdig ist. Die grössere Zahl der Christen fällt auch unter dieses Urtheil, das der Apostel über den Juden ausspricht, dass sie zwar viel kennen und wissen, aber in ihrem Wandel stellt es sich heraus, dass sie im Grunde auch nicht mehr sind, als jene erste Klasse von Menschen in Cap. 1, die durch ein natürliches Religionssystem Gerechtigkeit vor Gott herstellen wollen. Auch sie haben den Anschein der Frömmigkeit, aber die Wahrheit fehlt. In dieser Weise könnte man auch den Christen zurecht weisen, denn das äusserliche Christsein ist hier nicht das Entscheidende, sondern das innerliche. Kurz Juden und Heiden sind nicht in der Lage, den Nachweis zu liefern, sie seien gerecht.

Ganz bescheiden kommt der Apostel Cap. 3 auf die Frage, ob denn die Juden gar keinen Vortheil hätten, ob die Beschneidung gar nichts nütze? Ja wohl! Ihnen sind erstlich die Verheissungen Gottes anvertraut; sie sind viele Jahrhunderte hindurch von Geschlecht zu Geschlecht das Volk gewesen, in welchem die Verheissung Gottes von einer Hand in die andere ging; denn darin, dass Etliche nicht glaubten, wird die Treue Gottes in der Erfüllung der Verheissung nicht hinfällig, vielmehr tritt nach Vers 4 dabei wieder zu Tage, dass Gott wahrhaftig sei, alle Menschen aber

Lügner. Ps. 51, 6. Es tritt wieder zu Tage, dass alles dient zur Verherrlichung Gottes und Demüthigung des Menschen. Ein Einwurf ist nun: ob denn Gott nicht ungerecht sei, dass er das Böse, welches ja zu seiner Verherrlichung dient, den Menschen zur Verdammung gereichen lasse? Antwort: Wenn das der Fall wäre, wie könnte dann Gott die Welt richten? Röm. 3, 5. 6. Paulus gibt Vers 7—8 zu verstehen, wenn Gott mit Lügen gedient wäre, warum er dann sich noch so viel Mühe gäbe, er könnte dann die Sache sich bequemer machen und darauf los sündigen zur grösseren Ehre Gottes.

Vers 9 wendet er sich noch einmal zur Frage, die der Juden Vorzug betraf. Es handelt sich darum, ob sie etwas voraus hätten? Er stellt sich auf den Standpunkt eines Nichtjuden und fragt Vers 9: Sind sie vor uns im Vortheil? — Nicht durchaus! Denn auch den fleischlichen Nachkommen Abram's ist das Urtheil geworden, dass sie gänzlich unter Sünde sind wie die Heiden. Also nicht ganz und gar sind sie im Vortheil, sondern nur relativ, insofern sie glaubten. Vers 10—18 bezeugt der Apostel, dass alle Juden unter Sünde beschlossen sind. Vers 19: Wir wissen aber, dass, was das Gesetz sagt, sagt es denen, die unter dem Gesetz sind, damit aller Mund geschlossen würde und alle Welt straffällig (rea) sei vor Gott. In Summa Vers 20: Aus Werken eines Gesetzes wird kein Mensch gerecht gesprochen werden, denn durch das Gesetz kommt Erkenntniss der Sünde. Damit kehrt Paulus zu seinem früheren Thema zurück: Nun aber wird ohne Gesetz Gerechtigkeit Gottes geoffenbart, bezeugt durch das Gesetz und die Propheten. Es findet sich hier ein grosser Gegensatz: Ohne Gesetz, bezeugt durch das Gesetz. Das Gesetz also, wie es die Juden fassten, hat nichts dazu beigetragen. Das Wesen der Sache ist vom Himmel gekommen, durch Christum. Ohne dass man ein Gesetz hinzuzunehmen hätte, wird Gerechtigkeit Gottes geoffenbart, nämlich Gerechtigkeit Gottes (Vers 22) durch Glauben an Jesum Christum, und zwar für alle, die da glauben. Inwiefern das geschieht, wird Vers 24 näher angedeutet. Glauben bedeutet: sich stützen, sein ganzes Vertrauen auf etwas setzen. Objekt und Inhalt des Glaubens ist Jesus Christus. Die Gerechtigkeit wird aber nicht eingegossen, sondern gerecht gesprochen werden sie geschenkweise kraft seiner Gnade. Als Mittel tritt die Apolytrosis ein. Die Vorstellung eines Lösegeldes tritt hier hervor, und zwar das Lytron kam aus der Hand Christi. Es wird durch richterlichen Akt erklärt, dass wir fremden Verdienstes halber vor Gott als gerecht anerkannt werden. Das Verdienst Christi wird in die Wagschale gelegt, in welcher das Verdienst des Menschen gewogen wird, und die Bilanz lautet: Es entspricht dem vorschriftsmässigen Gewicht. Vers 25 greift Paulus noch weiter aus und zeigt, wie Erfüllung und Verheissung zusammenstimmen, wie Christus das Ziel des Gesetzes sei. Gott hat sich Christum vorgestellt zum Sühndeckel. Dieser lag einst auf der Bundeslade und bedeckte die 10 Gebote — an ihn wurde das Sühnblut gestrichen, einmal im Jahre. (Lev. 16.) Also hat Gott jetzt Christus zum Gnadenstuhl vor sich hingestellt. Solches geschah, um zu zeigen, dass Gott nach seiner Gerechtigkeit nichts nachlasse an seinen Forderungen, vielmehr, dass er, wie unter der alten Haushaltung, so auch jetzt, nicht ohne Blutvergiessen den Sünder rechtfertigt. Das ist der Weg, auf welchem der Gerechtigkeit Gottes endgültig genügt ward. Und nunmehr ist Gott in der Lage, solches uns anzurechnen, so dass wir in Christo gerecht sind vor ihm. Diese Rechtfertigung erstreckt sich über alle vergangenen Sünden und über Sünden, die in der Gegenwart geschehen sein möchten. Damit ist jede Intervention des Gesetzes, jeder Ruhm ausgeschlossen. Juden und Heiden, was nur Mensch heisst, hat Zutritt zur Rechtfertigung durch den Glauben, ohne Gesetzeswerk (Vers 28—30). Vers 31 fügt Paulus hinzu, dass mit dieser Lehre dem Gesetz nicht etwa zu nahe getreten sei, vielmehr sei diese Gerechtigkeitslehre mit dem recht verstandenen Gesetz im Einklange.

Cap. 4 folgt der historische Beweis, dass die Gerechtigkeit durch den Glauben bestimmte Norm des Verhältnisses zwischen Gott und den Menschen sei. Mit Abram wird begonnen. Derselbe glaubte dem Herrn Gen. 15, 6, ebenso David Ps. 32, 1. 2. Sind die Heiden nicht wiederum ausgeschlossen, wenn diese Lehre sich in einem so engen Kreise bewegt? (Vers 9.) Nein. Als Abraham noch unbeschnitten war, empfing er die Beschneidung als Siegel der dem Glauben angerechneten Gerechtigkeit. So sind die Heiden doch wieder eingeschlossen, sofern sie in den Fusstapfen Abram's ˏwandeln. Vers 13 erläutert dies näher. Da sagt Paulus: Nicht durch ein Gesetz kam Abram die Verheissung zu, dass er Erbe der Welt sein wird, sondern durch Gerechtigkeit des Glaubens. Einen Vater vieler Völker nannte ihn das Verheissungswort Gen. 17, 5. Ein Solcher war Adam bereits im Paradies. Trotz des Abfalles will Gott eine Errettung schaffen. Angebahnt wird die Erfüllung dieser Verheissung durch die Berufung Abram's Gen. 12, 1—3. Von Abram ging es über auf das Volk Israel u. s. w. Also nicht im Wege gesetzlicher Abmachung kam dem Abram die Verheissung zu, sondern wirklich und thatsächlich durch Glaubensgerechtigkeit. Von Beschneidung war keine Rede gewesen. Wenn erst durch ein Gesetz die Sache in Richtigkeit käme, so wäre der Glaube nichtig und die Verheissung unnütz. Das Gesetz wirkt ja überdies nur Zorn. Wo aber kein Gesetz ist, da ist auch keine Uebertretung des Gesetzes. Die Verheissung war bereits zuvor gekommen und dem Glauben zu Theil geworden, damit es allein Gnade sei und der Weg offen gehalten werde allen Völkern.

Cap. 5 schliesst ab. Der Apostel geht dazu über, näher zu analysiren, welch' gewaltige Resultate für das Christenleben seine Methode aufweise. Wir erfahren insbesondere, was für Herrliches wir in Christo, nach des Paulus Methode, haben, im Vergleich zum Erbtheil, das wir von Adam her besitzen: Röm. 5, 12—21. Adam und Christus werden in Betracht gezogen; der Eine steht uns sehr nahe, der Andere noch näher. Und nun knüpft sich an beide Typen eine ganze Reihe von Sätzen für den Apostel, die enorme Bedeutung haben. Der Apostel schildert die Folgen der Uebertretung Adam's und die Folgen des Gehorsams Christi. Bedeutsam ist bei aller Aehnlichkeit, dass Christus und Adam nicht etwa blos im Gleichgewicht zu einander stehen, so dass Christi Wohlthat die Uebelthat Adams aufwöge, sondern Christi Werk übertrifft weitaus in seinen Folgen alles, was Adam uns zu Wege gebracht. Der Apostel sagt: die Sünde sei in die Welt gekommen durch einen Menschen und durch die Sünde der Tod. Dieser sei zu allen Menschen hindurchgedrungen, und auf diesem Grund hätten sie alle gesündigt. Dem gegenüber nennt er den Gehorsam Christi und stellt den Gläubigen in Aussicht, dass sie in einem Leben, das aus diesem Gehorsam Christi herstammt, herrschen würden. In dieser von Adam absteigenden und in Christo aufsteigenden Linie bewegen sich die Menschen. Ganz anders aber steht es mit der Gabe als mit der Sünde. Jene ist weit kräftiger, überfliessender.

Wenn also Adam's Sünde Viele in den Tod gebracht, wie sollten wir zweifeln, dass nicht vielmehr Gottes Gabe durch die Gnade, die Christus uns erwiesen, uns widerfahren wird. Das Gesetz, sagt Paulus, ist nebenein gekommen, damit die Sünde mächtig werde; aber die Gnade ist, wo die Sünde mächtig geworden, weitaus mächtiger geworden. Wir brechen ab, indem wir gelegentlich doch noch darauf zurückkommen werden.

D.

Epikrisis.

Altes und Neues Testament.

Aus diesem kurzen biblisch-theologischen Ueberblick, der als Voraussetzung für die evangelische Rechtfertigungslehre für den vorliegenden Zweck genügen möge, ergibt sich Folgendes.

Es ist falsch, wenn man mit den meisten Neueren annehmen wollte, dass die Gerechtigkeit Israel's auf anderen Grundlagen ruhe, als die des neutestamentlichen Volkes Gottes. „Bezeugt durch das Gesetz und die Propheten," sagt der Apostel. In diesem Irrthum bewegen sich nun zwar nicht unsere Reformatoren, wohl aber die Römischen und die ganze Gesellschaft der neueren Theologen, welche die theologische Wissenschaft in Erbpacht genommen und die Vertheidigung des reformatorischen Standpunktes als Traditionsglauben brandmarken. Ein Kritiker wie Robertson Smith[1] belehrt uns, dass die Gerechtigkeit (der Gehorsam) Israel's nicht in einem neutestamentlichen Sinne zu nehmen sei, als ob dieselbe auf der neuen Geburt im Herzen des Menschen beruhe (as if it rested on a new birth in every heart). Diese Gerechtigkeit sei bei Israel vielmehr eine nationale Angelegenheit und erweise sich in der weisen und consequenten Befolgung der Gebote der bürgerlich-nationalen Gerechtigkeit und Billigkeit (Jes. 1, 26; Jes. 11). Ueberhaupt lieben es ja auch andre weit avancirte Kritiker heutzutage, das Neue Testament unter ihre Flügel zu nehmen, während sie das Alte mit Füssen treten. Wir erklären das für eine ganz unerträgliche Heuchelei. Sie meinen sich eben im glücklichen Besitz

----

[1] The Prophets of Israel, p. 303.

einer Wiedergeburt und theilen die neuen Herzen nach Belieben aus — und dass von diesem Segen der Löwenantheil auf die Oekonomie des Neuen Testaments und sonach auf ihre werthe Person fällt, ist gewiss. Wenn man sich durch Oekonomien schützen könnte, dann wären wir jetzt wohl weiter, als jene Väter; aber so glauben auch wir durch den Glauben an Jesum Christum gerettet zu werden, gleicherweise, wie jene (Act. 15, 11; vergl. 1. Cor. 10, 1 ff.).

Wir haben die Rechtfertigung als das die Congruenz zwischen dem Volke Gottes und Gott setzende Urtheil Gottes anzusehen — und zwar vermöge der Erlösung in Jesus Christus, den Gott (bei diesem Urtheil) vor sich hingestellt hat als den Gnadenstuhl (Röm. 3, 24. 25). Die Rechtfertigung gehört also zu den Akten der Gnade Gottes, wobei Gott auf Seiten des Menschen das Nichtseiende ruft oder behandelt als Seiendes (Röm. 4, 17), immer aber so, dass sein Erlösungsrath damit Hand in Hand geht und auch bei dieser Rechtfertigung ein ewiges Vornehmen der Gnade, die uns verliehen ward in Christo Jesu, vor ewigen Zeiten, in Kraft und Wirksamkeit tritt. Keinen Augenblick ist auf Werke oder eine zuvorkommende oder mitwirkende Kraft im Menschen dabei gesehen. Dies sagt Paulus 2. Tim. 1, 9. Auch der Satz: „Ich bin der Herr dein Gott, der ich dich aus Egyptenland geführt habe," beruht auf dem Vornehmen Gottes, wonach dieses Volk seinem heiligen Willen entsprechen soll durch Christi Verdienst (die Verheissung) und hernach aus Egypt geführt wird. Bevor mit dem Individuum eine Veränderung eintritt, ist dasselbe schon durch göttliches Urtheil zu Gott in eine Congruenz durch Jesum Christum versetzt, welcher dann im Leben weitere Folge gegeben wird.

Die Rechtfertigungslehre wirft also auch auf jene Antinomie willkommenes Licht, die in den Auseinandersetzungen zwischen Ritschl und seinen Gegnern ein gerechtes Aufsehen erregt hat. Riehm beklagt es, dass Ritschl sich sogar bis zu der Behauptung verirrt hat: die gesetzlichen Opfer setzten den vollen Bestand der Gnade Gottes gegen die Israeliten voraus.[1] Und Ritschl replicirt, dass Riehm doch selbst die Opfer als eine Gnadenanstalt anerkenne. Beide haben in gewissem Sinne recht. Mit dieser Antinomie haben

---

[1] Theol. Studien und Kritiken 1877, S. 68.

wir es fortdauernd auf dem Boden der heiligen Schrift zu thun, und ist sie eben ganz besonders auch bei der Rechtfertigungslehre vorhanden. Einerseits sagen wir von den Israeliten nicht nur, sondern auch von allen Jenen, denen die Schrift das ehrende Zeugniss des Glaubens ertheilt (Hebr. 11), dass sie unter dem Zeichen gelebt, gekämpft und gesiegt haben: „Ich werde ihr Gott sein und sie werden mein Volk sein“[1]), oder, was dasselbe ist: „Der Herr ist hier“ (vgl. Ezech. 48, 35), oder: „Das Volk ist in Gnaden“ (vgl. Hos. 2, 1). Es wird zu Israel nach Hos. 1, 10 gesagt: „Ihr Kinder des lebendigen Gottes“. Das alles setzt den „vollen Bestand der Gnade“ voraus, denn Grösseres als dieses: „dass der Herr ihr Gott ist“, lässt sich nicht denken. Auch ist es Gnade, dass überhaupt geopfert wird, wie Riehm sagt und treffend in dem genannten Artikel: „Der Begriff der Sühne im Alten Testament“ durchführt.

Aber der volle Bestand göttlicher Gnade gegen die Israeliten erweist sich denselben nur durch eine gnädige Zurechnung dessen, was Gott den Vätern und in ihnen ihren Nachkommen durch eine Verheissung zugedacht hat (Gal. 3, 18). Der Segen wider ihren Fluch ist nichts, was man mit dem Messer schneiden kann: er ist Zusage und bringt mit sich eine göttliche Behandlung gemäss dieser Zusage, also zu gewissen Zeiten für Israel den Besitz des Landes, die Herrschaft statt der Knechtschaft in jeder Beziehung ($\varkappa\lambda\eta\varrho o\nu\acute{o}\mu o\varsigma$ $\tau o\tilde{v}$ $\varkappa\acute{o}\sigma\mu o\upsilon$ heisst schon Abram Röm. 4, 13). Aber dieser durch Zurechnung ihnen zugewandte volle Bestand der Gnade, dem auch die weitere Gnadenführung in Gericht und Sündenvergebung entspricht, lässt den einzelnen Israeliten doch stets als impius dastehen, als Einen, der zwar durch die Beschneidung, als das Siegel der Gerechtigkeit des Glaubens, zur Gemeinschaft des Volkes Gottes angenommen ward und während seines Lebens auch in seinem Bewusstsein gerechtfertigt wurde, so dass er Freudigkeit hatte zum Eintritt in das Heiligthum (wo die Gegenwart Gottes in der Stiftshütte genossen ward; vgl. Röm. 5, 1) — aber der bei alledem doch ein impius blieb.

Oder wäre es denn blosser Schein, wenn die Lehrer der Kirche,

---

[1]) Gen. 17, 7. 8; Lev. 26, 12; Jer. 31, 33; Hos. 1, 10; Ezech. 37, 27; 2. Cor. 6, 16; Apoc. 21, 3.

obenan Luther, von der Nothwendigkeit täglicher Reue oder Busse
reden und gräde mit Psalmworten diese ihre innigsten Herzens-
bewegungen zum Ausdruck bringen? Oder wenn sie davon reden:
dass der alte Mensch täglich ersäuft und ausgerottet werden soll
(im Kleinen Katechismus S. 377, 12)? Das geschieht dann wohl
blos zum Zeitvertreib und ist überhaupt wohl nur Luther's Heilsweg, der nun einmal noch durch cruciatus conscientiae hindurch-
ging: eine Ausnahme, die man auf Ritschl's Rath hin sich fortan
ersparen könnte? Mit Gottes Zorn wäre es so arg nicht und der
volle Bestand seiner Gnade löscht alle Flammen des Zornes (der
Heiligkeit Gottes) aus? Heiligkeit wäre überhaupt eine göttliche
Eigenschaft, die nur auf dem Boden des Alten Testaments heimisch
ist — aber im Neuen durch die Liebe Gottes verdrängt worden
wäre. [1]) Gewiss nicht! Der Opferdienst zeigt es uns in gewaltigen
Zügen, wie nöthig dem Sünder beständig die Aneignung der Versöhnung im Blute des Opfers sei — und Sünde (Sündopfer) für
Sünde gegeben werden müsse, ja der ganze Mensch wie das Brandopfer (Olah, Kalil) in den Flammen aufzugehen verdient haben
würde, wenn nicht ein stellvertretendes Thier (nephesch al naphschote-
chem) eingetreten, dessen Geruch Gott als lieblich und zufrieden-
stellend annehmen will, und auf Grund dessen der Sünder gerechtfertigt wird, weil das Opfer eben Gott wohlgefällig ist, und eine
Bedeckung über den Sünder her zu schaffen bestimmt ist (Lev. 1, 4).

Vergebens wird man gegen diese feurige Mauer der Opfer,
zumal der Sündopfer, anlaufen, und vergebens ist die Ritschl'sche
Umdeutung der Opfer in ihr Gegentheil. Alle Ausleger sind, mit
geringen Variationen, in der Auffassung einig, dass die Opfer dienen
sollen, um die Person des Opfernden als sündige zu bedecken und
nicht etwa als geschaffene. [2])

Mit seinem Geschöpf führt Gott der Herr keinen Krieg, wohl
aber mit dem Sünder. Und auch dem Sünder vergibt er und
spricht ihn gerecht, unter der Bedingung, dass er Christi Blut im
Glauben ergreife und ergriffen habe — aber an sich bleibt der
Sünder vor Gott bestehen; solange die Gnade ihm noch nöthig

---

[1]) S. neuerdings auch Issel, Begriff der Heiligkeit im Neuen Testament.
[2]) Vergl. für das Nähere D. Riehm im angegebenen Artikel, S. 51 ff.,
und D. Orelli, in Luthardt's Zeitschrift für kirchliche Wissenschaft, 1886, S. 30 ff.

ist, bleibt er der alte Sünder (impius). Und dieser ist beständig in dem Fall, trotz der Gerechtsprechung, trotzdem dass er des vollen Bestandes der Gnade Gottes gegen ihn sich getrösten kann, zum Sühnblut, das in den Opfern der Thiere zeitlich, dann Einmal für immer auf Golgatha floss, die Zuflucht nehmen zu müssen. Und letzteres nicht aus irgend welcher Bescheidenheit und thörichter Demuth (denn Recht muss Recht bleiben — und wer sich hier etwas verdienen könnte, soll es nur freimüthig thun), sondern er wird es thun, durch seine tägliche Sündennoth getrieben. Und diese ist wiederum nicht eine in allgemeinen Gefühlen bestehende, sondern wird uns durch das Gesetz Gottes beständig vorgehalten und angerechnet, und es wird die Sünde, wenn sie auch lange schläft, immer wieder durchs Gebot über die Massen sündig. Der in Römer 7 beschriebene Process wiederholt sich beständig.

Man darf uns hier nicht entgegenhalten, dass wir Altes und Neues Testament identificiren, dass wir den schroffen Charakter des heiligen Gottes im Alten Testament auf das Neue Testament übertragen und von Blut reden, wo eitel Liebe schon zuvor den Sündern die Bahn frei gemacht hat — denn das alles schliesst die Rechtfertigungslehre als ungehörig aus. Sie rechnet nicht mit Menschen, die Gottes Liebe auf sich ziehen könnten; sie wartet auf keine Entwicklung. Ob Abram oder David, ob Hiskia oder die Eltern Jesu, das macht für sie keinen Unterschied — ist es doch ein synthetisches Urtheil, womit wir es zu thun haben. Erst durch die göttliche Imputation und Declaration wird der Sünder gerecht, d. h. die Aenderung ist für Gott vorhanden, im Verdienst Christi hat sie ihren Grund; aber für ein darüber hinausgehendes analytisches Urtheil[1] bleibt der Sünder Sünder. Ob Abram von Gott gerecht gesprochen wird (Gen. 15, 6), oder der Sünder Gottes Wohlgefallen durch das Opfer auf sich herabzieht (Lev. 1, 3. 4) — was auch nur ein synthetisches Urtheil sein kann — oder ob Paulus gerechtfertigt wird — das Alles kann keinen Unterschied machen. Denn die Wahrheit, das Bestandkräftige dieses Urtheils hängt nicht am Subjekt, mit dem das göttliche Urtheil (imputatio divina) sich beschäftigt, sondern sie entnimmt ihre

---

[1] Den Ausdruck synthetisch und analytisch hat nach Schneckenburger bekanntlich Ritschl auf diese Materie angewandt.

128

Normen von anderswoher. Bei Abraham aus dem durch eine Verheissung und weiter durch einen Bund ihm versicherten vollen Bestand der Gnade; bei Israel aus dem mit den Vätern geschlossenen Gnadenbunde; bei Paulus aus dem Verdienste Christi, das den Inhalt der Verheissung Abraham's und der Kinder Israel explicirt. Es ist aber überall kein Gewicht gelegt auf das opus ingenii oder intellectus, welches jene Genannten prästirten, als Gott sie rechtfertigte — sondern es ist Gnade — Imputation — und bei dieser gibt die mehr oder weniger explicirte Erkenntniss der Dinge keinen Ausschlag. Der Gerechtfertigte hat zufrieden zu sein mit dem, was die Gnade jeweilig als Heilsgut dem Gläubigen nahe bringt — ob dasselbe nun diese oder jene Formulirung hat.

Pighius freilich ärgerte sich schon gewaltig darüber und wies den Reformatoren nach, es sei ja der Gegenstand des rechtfertigenden Glaubens durchaus nicht an allen Punkten derselbige — bei Abram und bei Paulus[1]) — und spottend bemerkt er, auch Paulus hätte Luther's Glauben nicht gehabt. Es sei in den Exempeln Hebr. 11 keine bestimmte Verheissung von Christo Objekt des Glaubens, sondern es werde nur Glaube, der in der Liebe thätig ist, hier gepriesen.

Der Rationalismus hat auch hier das Erbe der Gegner der Reformation angetreten und unter gänzlicher Herabsetzung des Alten Testaments sich aller Möglichkeit beraubt, je sich der Glaubensgerechtigkeit zu erfreuen. Der rechte Massstab zur richtigen Beurtheilung des Verhältnisses von Weissagung und Erfüllung ist längst der Mehrzahl der Theologen abhanden gekommen und sie tappen, wie die Blinden am hellen Mittag nach der Wand.

---

[1]) Controversiae in com. Ratisponensibus, p. 83b.

Capitel IV.

Die Relationen der Rechtfertigungslehre.

---

§ 1.

Rechtfertigung und Urstand.

Ueber den Urstand in seiner Relation zur Rechtfertigung durch den Glauben ward viel gestritten. Er war besonders auch Gegenstand der Verhandlung bei den Tridentinern. Zufolge der Tridentinischen Kirchenbeschlüsse ward die iustitia originalis als der hinzukommende Gewichtstein betrachtet, der die pura naturalia, die religiöse Uranlage, bis dahin ergänzte, dass dieselbe der vollkommenen Idee des Menschen entsprach. Die iustitia originalis war nichts anderes, als das über dem Menschen schwebende Gottesgeschenk, das der Mensch aber nöthig hat zur vollen Erfüllung seiner Bestimmung. Dasselbe ging verloren durch Adam's Fall; es ist aber durch Christi Verdienst wiedergebracht, und durch die Taufe ist der Mensch[1]) wieder, was Adam vor dem Fall ist, nur dass ihm noch einige incommoda (auch die sündlose Concupiscenz) übrig bleiben, welche ihm aber zu einer seges et materia virtutis dienen. Das Charakteristische dieser Darstellung vom Urstand ist: dasjenige, was iustitia originalis heisst, als von der menschlichen Natur löslich hinzustellen, damit man es davonthun und hinzuthun könne, ohne den status des Menschen wesentlich zu alteriren. Es blieb immer eine gewisse Integrität der menschlichen Natur, besonders der freie Wille, auch nach dem Fall übrig, ob man nun die iustitia originalis sich an- oder abwesend dachte. Nun

---

[1]) Cat. Rom. pars II, cap. 2, quaest. 47; derselbe gibt die rechte Auslegung der Meinung der Trident. Versammlung.

waren die Protestanten durch die Lehre von der Rechtfertigung von vornherein gebunden, keine solche relative Willensfreiheit zuzugestehen, sondern die iustitia originalis verloren sein zu lassen; was vom Menschen übrig blieb, war nach der Schrift ganz unbrauchbar, um in der Rechtfertigung mit in Betracht kommen zu können. Man mass also den Wiedergebornen nicht mit dem Masse, mit dem man Adam mass.

Erst im Streite mit Osiander aber ging Melanchthon das volle Licht darüber auf, wie vom Urstand klar zu reden sei. Die in Nürnberg 1555 Versammelten (Melanchthon an der Spitze) stellten den Osiandrischen, durch Culman in Nürnberg vertretenen Irrlehren in ihrem Bekenntniss den Satz entgegen (No. VI): Diese Propositio ist auch nicht recht: der Wiedergeborne nach Adams Fall ist gerecht gleicherweyse wie Adam vor dem Fall war: Scilicet non imputatione, sed inhabitatione vel originali iustitia.

Es galt also in Osiander's Lehrweise zu bestreiten, dass der Wiedergeborne inhabitatione vel originali iustitia gerecht sei; kurz dass er nach dem Masse des ersten Adam zu messen sei, und es ward dagegen behauptet, dass von einer originalis iustitia nur bei Adam die Rede sei.

Osiander statuirte bei Adam eine Gabe, einen subjektiven habitus, den er Gerechtigkeit nannte und den er allem Thun des Guten vorausgehen liess, und verlangte consequenter Weise, dass dieser habitus, oder diese Gabe durch die iustitia essentialis in dem Wiedergebornen wieder hergestellt werde und somit dann der Sünder gerecht gemacht sei vor Gott, wie Adam vor dem Fall.

Anders Melanchthon. Während Adam eine originalis iustitia besass und begabt war mit hohem Verstand, mit Erkenntniss Gottes und aller Creaturen, ja vielmehr in seinem Umgang mit Gott und Menschen ein Spiegelbild dessen, was in Gott das Höchste und Herrlichste ist, nämlich seiner Gerechtigkeit und Heiligkeit, so ist bei dem Wiedergebornen nach Adam's Fall alles anders. Es geht hier alles in grosser Erbärmlichkeit zu, unter dem Zeichen von Römer 7, wie es u. A. ein Schüler Melanchthon's, Tilemann Kragen, in seiner Schrift: „Von dem Bilde Gottes" 1549 trefflich darstellt. Und noch ganz anders hat Melanchthon selbst in allen seinen Schriften gegen Osiander fast auf jeder Seite das Elend des Wiedergebornen geschildert und sich den Trost der Rechtfertigung offen gehalten.

Die grosse Frage ist diese: Ist die dem Gesetz gemässe Gerechtigkeit, die Adam hatte und durch den Fall verlor, eine Gabe, die dem Thun vorangeht — oder nicht vielmehr etwas, das sich im actus vollzieht und von Adam's Stand im Bilde Gottes abhing, kurz das Handeln gemäss Gottes Gesetz, welches aber auch verloren gehen konnte, wenn Adam, dem Satan folgend, wider Gottes präcises Gebot sich auflehnte? Gewiss ist sie nur das letztere. Wäre sie ersteres, wäre sie eine Gabe, welche dem Menschen essentiell einwohnt, so müsste man freilich Osiander nun auch darin Recht geben — dass an Stelle jener iustitia essentialis, die uns recht handeln macht, bei der Erlösung eine andere Gabe, eine neue iustitia essentialis, treten muss, die uns nunmehr recht handeln macht. Und wenn man auch nicht so weit geht, mit Osiander zu sagen: Gott selbst sei schon in Adam die Gerechtigkeit gewesen, und müsse nun wieder in uns wohnen und unser Leben, Gerechtigkeit und Heiligkeit sein — so bleibt man doch auf einer Linie mit Osiander, wenn man die Gerechtigkeit und Heiligkeit als eine dem Adam vor dem Fall zu Theil gewordene, ihm eingegossene essentielle Gabe ansieht.

Und damit wir dies nicht thun, ist es dienlich, die Lehre vom Bilde Gottes im Einklang mit der Erneuerung dieses Bildes, kurz mit den Forderungen der Rechtfertigung durch den Glauben zu setzen. Melanchthon hat in einer 1557 gehaltenen akademischen Rede das Ebenbild Gottes, unter dem Einfluss der Osiandrischen Streitigkeiten, behandelt: „Quomodo intelligendum sit quod homo ad imaginem Dei sit conditus.[1] Hier heisst es: „Utrumque voluit Deus, cum suam imaginem in hominem transfudit, videlicet ut homo agnosceret archetypum et se archetypo subiectum esse sciret. At ut agnosceretur Deus, lumen humanis mentibus insitum est, in quo, ut in speculo nostra corpora, sic Deus aliquo modo cernitur, quid sit, qualis sit eius voluntas, et quod congruere nostram voluntatem ad hunc archetypum oporteat. — Deus vult nostras mentes tanquam specula esse, in quibus inspiciatur — docuit nos quid sit Deus, videlicet mens aeterna

---

[1] Corp. Ref. X, p. 974 ff.

et immensa: et qualis sit, videlicet sapiens, verax, amans castitatem et iustitiam, i. e. aequalitatem, tribuens aequalia aequalibus, — — — (mens) benefica, paterna στοργῇ complectens humilia, diligens homines ut conditor, praesertim illud opus quod voluit suam esse effigiem et flagitans, ut nostra mens et voluntas congruant cum sua mente et voluntate." Man vergleiche hiermit Melanchthon, Historia nativitatis Christi (Opp. ed. Peucer, vol. 3, p. 18): „Conditus erat homo ad excellentem dignitatem, ut esset imago Dei, id est, ut in homine semper luceret notitia Dei et Deus in nobis habitaret et eo delectaretur, ibi acquiesceret et Sabbatum ageret et homines vere laudarent Deum etc." Vergl. meine Dogmatik, § 34 und ferner S. 225 mit dem Citat aus Loofs' Artikel.

Der Mensch also ist das Spiegelbild Gottes, in jeder Hinsicht also organisirt, dass, was in Gott das Beste ist, Gerechtigkeit und Heiligkeit, auch in seinem Thun zu Tage tritt. Nach Gott hin und nach seinem Nächsten hin erzeigt er sich ähnlich, wie Gott sich erzeigt, wenn wir ihn als lebendiges Wesen und nicht als todten Begriff uns vor Augen stellen. Es griff in der menschlichen Organisation alles derartig in einander, dass man, wo man solches in Thätigkeit sah, nicht anders urtheilen konnte, als dies Wesen sei ein Spiegel der Gottheit.

Dabei ist nun völlig ausgeschlossen, dass die Gerechtigkeit und Heiligkeit als irgendwo im Geiste ruhende Eigenschaften (qualitas passiva) zu denken wären — oder dass sie eingegossen und dann wieder weggegossen werden könnten — je nachdem wir uns vor den Fall oder nach den Fall Adam's versetzen. Die Gerechtigkeit hat nichts mit einer als besonderer Schmuck dem Menschen hinzugebenen Qualität gemeinsam, sondern sie erscheint in der ganzen Constitution des Menschen und besteht in der hellen Einsicht des Verstandes in dasjenige, was Gott und die göttlichen Dinge anlangt, und in der Bejahung des Willens gegenüber Gottes Gesetz.

Dasjenige also, was man durch Erziehung gegenwärtig dem Menschen einzuprägen hat, die ἕξις, der habitus, den man durch Uebung, stetiges Vorhalten mittelst Beispiel und Ermahnung dem Zögling einprägt und zu etwas ihm Geläufigen macht — diese firma quaedam facilitas, um gerecht, um masshaltend zu sein, war hier, in statu originali, dem Menschen etwas ganz Natürliches. Anders zu handeln mit Gott und dem Nächsten, war ihm ganz und gar fremd, und seine gute Natur bewegte sich nach den höchsten Normen des Gutseins. Gerechtigkeit und Heiligkeit war seiner ersten Stellung Feste und Schutzwehr. Solches brachte die Kenntniss des Gesetzes Gottes, ja der Verkehr mit Gott selber mit sich und unterhielt es; und Adam durfte sich wirklich einer anerschaffenen Vollkommenheit rühmen, die vor dem Gesetz Stand hielt und in dieser Weise von keiner Creatur wieder erreicht wurde, nachdem Adam gefallen. Adam war um und um gesund — die Idee des Menschen erschöpfte sich in ihm — er war gut und wollte nichts als das Gute (d. h. was dem Gesetz Gottes gemäss ist) und Gott wollte ihn auch nicht anders, als er war. Der Mensch hatte a limine den in der Weltordnung ihm zustehenden Platz — mit ihm hatte die Schöpfung ihr Siegel bekommen.

Der Fehler Osiander's lag darin, dass er gleich hier beim Urstand ausging von der Gerechtigkeit, die Gott selbst ist, und die nun Adam geschenkt ward. Auch Flacius packt den Stier bei den Hörnern, indem er den Osiander auf diese seine falsche Definition der Gerechtigkeit weist. Die Gerechtigkeit sei der „vollkömmliche Gehorsam gegen dem Gesetz und Willen Gottes mit Herzen und mit der That gewesen" (Flacius, von Preger I, 222—227). Osiander aber sagt: Gottes Gerechtigkeit (als Gabe) machte alsbald Adam gerecht handeln, wenn freilich zunächst noch conditionaliter, mit dem Absehen nämlich, dass Christus solches erst vollende, dessen Kommen dann nothwendig wurde. Bei der Wiedererneuerung nun begründet die Einwohnung Christi (seine iustitia essentialis) den Gehorsam und das Rechtthun der Gläubigen, und das mit derselben Nothwendigkeit, wie in Christo selber das Rechtthun durch seine göttliche Gerechtigkeit hervorgebracht ist. Man geht hier also von einer naturhaften Gerechtigkeit zur anderen — und kommt aus dem circulus vitiosus des Naturhaften, aus dem Rechnen mit physischen Kategorien gar nicht mehr heraus.

Aber auch die späteren Dogmatiker, die des 17. Jahrhunderts, begehen den Fehler, dass sie Adam's Gerechtigkeit als einen habitus fassen, der bei der Wiedererneuerung herzustellen ist. Bei dieser irrigen Behauptung nahm man aber in der Heiligungslehre das Gesetz wieder zu Hülfe und verwirrte die Sache nun erst recht; der heilige Geist wirkt dabei als Erzieher, nicht als Schöpfer und Gott.

Währenddem Osiander bei seiner mystischen Auffassung dieses Urstandes einem auf physischen Kräfte- und Stoffwechsel hinauskommenden Process das Wort redet — ist die andere Partei, die römische, und später die synergistische, der pelagianischen Rehabilitirung des Willens und der Wiederaufrichtung eines Gesetzes unerbittlich anheimgefallen.

Bei Osiander also schaut der Pantheismus herein — religiöser Stoffwechsel; bei den Römischen der Dualismus oder Pelagianismus. Nur in der orthodoxen Lehre ist man von beiden Extremen fern geblieben, in dem Interesse, die Rechtfertigung durch den Glauben zu wahren.

Es ist abgelehnt jene mystische Auffassung des Urstandes, und die Gerechtigkeit Adam's als die Resultante aus allen seinen natürlichen Gaben und Eigenschaften betrachtet. Nachdem diese jedoch durch den Fall in Verlust gerathen, so hebt bei der Wiedergeburt nicht nochmals das alte Spiel an — das Spiel, dass man durch Werke gerecht wird. Nun ist alles anders. Nun kann man einerseits nicht mit Osiander auf die Fülle der eingegossenen Gerechtigkeit Vertrauen setzen — sondern man lebt in Armuth. Man sieht nicht auf den goldenen Grund einer im Innern anwesenden Gerechtigkeit, sondern man sieht auf sein in Römer 7, 14 ff. gekennzeichnetes Fleisch und erfährt die Wahrheit aller Klagen, die Luther und Melanchthon über das im Wiedergebornen übrig gebliebene Fleisch angestimmt haben. So sehr sie einerseits rühmen, wenn sie dasjenige schildern, was wir von wegen der Imputation der Gerechtigkeit Christi besitzen, so können sie sich nicht genug thun, über den status quo, der bis zu Ende derselbe bleibt, eine grosse Wehklage anzustellen. Der Grund, weshalb in der Gegenwart die Schriften dieser Männer so wenig gelesen sind, liegt in der Monotonie dieser Klagen. Dagegen war Niemand so, wie sie, überzeugt von dem gewaltigen Werth der imputatio Christi.

Wir lernen demnach den Urstand kennen als etwas, das so nicht wiederkehrt, weil eben die Hauptbedingung desselben, das Gesetz mit seiner Forderung, fehlt. Mit dem Urstand aufs Engste verwandt, ist nun die Lehre von der Erbsünde zu erörtern. Auch sie ist eine der Relationen der Rechtfertigungslehre.

§ 2.

Rechtfertigungslehre und Erbsünde.

Um sich die Sünde ja nicht unter den Händen zerrinnen zu lassen, ging man protestantischer Seits zu sehr krassen Darstellungen der Erbsünde über.[1] Um der römischen Laxheit zu begegnen, geschah dies. Doch findet auch die Lehre von der Erbsünde an der Rechtfertigung ihr Correctiv, wo immer sie ungeschickt sollte definirt worden sein.

Was ist es, wovon der Mensch frei zu sprechen ist — was findet das absolvere a peccatis vor? Einen Menschen, der unter der Zurechnung der Sünde Adam's steht, der den ganzen ersten Stand in Folge dessen verlassen hat, der nichts Dauerhaftes mehr mit Hülfe des Gesetzes fertig stellen kann und welchem demnach von Gottes wegen dieses sein Hinausgetretensein aus dem ersten Stand und diese Unfähigkeit dem Gesetz gegenüber nicht vergeben, sondern beständig angerechnet wird. Es fordert das Gesetz alles, wie bisher, und findet den Menschen nie am rechten Platze. Seine Aufgabe ist, dass es uns überzeuge, es mangele uns an der Gerechtigkeit ihm gegenüber, wie Flacius sagt.[2] Ist nun etwa der Mensch ein Fass voll Sünden — ist er theilweise gut, theilweise böse? Ist er ein Neutrum oder das Flacianische malum geworden? Von der Rechtfertigung aus lassen sich nun in der einfachsten Weise die Linien ziehen, die auch die Erbsündelehre zu reguliren dienen. Die Rechtfertigungslehre lässt es gar nicht zu, dass man die Sünde gering anschlage und in römischer Weise der Erlösung die Aufgabe stelle, den Willen frei zu machen und mit Hülfe Christi heilig zu werden, resp. gute Werke zu thun. Aber sie lässt auch nicht das Osiandrische Gift zu: dass es gelte, der Sünde gegenüber, die wir von Adam's wegen ererbt, bei der Wiedergeburt die essentialis iustitia Christi, quae est Deus ipse, einzustellen. Da soll also dem adamitischen Wesen gegenüber, das uns bis dahin zur anderen Natur geworden war, das gottmenschliche Wesen Christi dem Wiedergebornen zur anderen Natur

---

[1] Vergl. mein Werk: Von der Incarnation des göttlichen Wortes; Abschnitt II: Von der Erbsünde.

[2] Preger, l. c. I, S. 227.

werden: freilich so, dass wir diese neue Gerechtigkeit nie uns und unserem Verdienst zueignen dürfen: denn Osiander ist kein Pelagianer.

Die orthodoxe Lehre geht nun zwischen der Klippe pelagianischer Freistellung des Willens und Osiandrischer Transformation des Sünders mitten hindurch. Es komme nicht an auf den freien Willen, der hier nichts darein zu reden hat, und auch nicht auf eine mystische Vergottung des Menschen, sondern auf Imputation. Und dass nun durch die Imputation der Gerechtigkeit Christi die Sünde aus dem Menschen substanziell ausgefegt wird, wie ein alter Sauerteig — oder dass es darauf ankomme, dem Menschen ein Gegengift zu geben, an dem die Sünde langsam zu Grunde geht — dies zu behaupten — wie etwa spätere Theologen — hat Melanchthon im Osiandrischen Streit nicht mehr in den Sinn kommen können. Der Wiedergeborne nach Adam's Fall ist gerecht imputatione, non inhabitatione vel originali iustitia. Und wenn auch unseren heutigen Theologen die Haare darob zu Berge stehen und sie ein Grauen erfasst vor dieser Imputation — nun so haben sie darin Vorgänger, nämlich Pighius, Bellarmin, Möhler und viele Andere aus dem eignen Lager. — Und doch ist die Imputation der Gerechtigkeit Christi das einzige von Paulus (Röm. 5, 12 ff.) erwähnte Gegenmittel gegenüber der imputatio peccati Adamitici. Paulus denkt nicht daran, der Imputation der Sünde Adam's ein Substrat an der natürlichen Verdorbenheit zu geben, damit sie nach Recht und Billigkeit geschehe. Denkt er doch ebensowenig daran bei der Imputation des Verdienstes Christi. Hier wird offenbar auf keinerlei gute Qualitäten oder neues in uns eingegossenes Leben, überhaupt auf etwas Naturhaftes Rücksicht genommen; sondern wir werden ohne unser Verdienst, $\chi\omega\varrho\grave{\iota}\varsigma$ $\nu\acute{o}\mu o\nu$, ohne dass ein Gesetz ein Wort darein zu reden hätte, gerecht, durch seine Gnade (Röm. 3, 21. 24).

Also auf Gegenmittel zur Ausbeizung der Sünde in uns haben die mit Osiander verhandelnden Orthodoxen nicht mehr denken können. Sie leugneten zwar die Inhabitation nicht, aber dieselbe brachte keine derartige Folgen mit sich, wonach die Sünde als ein unreiner Tropfen im reinen Ocean verschwand (Osiander) oder wonach sie durch die heiligmachende Gnade und den mitwirkenden frei gemachten Willen allmählich ausgetrieben worden wäre (römische

Lehre). Man war eben sehr unbeholfen. Es war die Unbeholfenheit des Lebens, jene des Apostels in Röm. 7 und 8. Aber man stimmte dabei mit der Schrift überein und ganz besonders mit Römer 5, 12—21.

Es ist wichtig, an diesem Punkte unserer Betrachtungen schon deutlich festzustellen, dass Paulus Röm. 5, 18 das $\varkappa\alpha\tau\acute{\alpha}\varkappa\varrho\iota\mu\alpha$ der $\delta\iota\varkappa\alpha\acute{\iota}\omega\sigma\iota\varsigma$ gegenüberstellt als die zwei cardines der ganzen Auseinandersetzung, welche die endgültige Stellung der Menschen betrifft, die sie einmal durch Adam, das andere Mal durch Christum überkommen haben. Das eine Mal heisst es: dass durch Einen Fall (den Sündenfall Adam's) das Verwerfungsurtheil über alle Menschen ergangen sei; das andere Mal, dass durch Eine Gehorsamsthat die Gerechtsprechung zum Leben über alle Menschen ergangen sei. Die zwei cardines sind also das Verwerfungsurtheil und die Gerechtsprechung — und sie setzen ein an den Ausgangspunkten der durch sie gesetzten Entwickelung der Menschheit: bei Adam und Christus. Das grosse Rechenexempel, das hier vorliegt, ist so in der heiligen Schrift nicht wieder zu finden. Auf der gleichen Linie mit Röm. 5, 12—21 liegen nur noch 1. Cor. 15, 21. 22; 2. Cor. 5, 14; 8, 9.

Also sowie Adam gefallen, setzte sofort das Urtheil über ihn und alle seine Nachkommen ein — sie seien schuldig (rei) vor Gott. Als Christus dagegen durch seine Aufopferung für Alle starb — da setzte das Urtheil über Alle ein: sie sind gerecht. Wir haben hier Urtheil gegen Urtheil, Imputation gegen Imputation — es ist der Rechtsstandpunkt, auf den Paulus sich stellt. Eine Rücksicht auf die Thätigkeit der einzelnen Menschen oder auf eine von Gott anticipirte Beschaffenheit derselben findet durchaus nicht statt. Ihr effektives Sündersein, das peccatum inhaerens, und ihr effektives Gerechtsein, die iustitia inhaerens, haben hier nichts mitzureden — die Richtigstellung dieser oft missbrauchten Begriffe wird uns später beschäftigen. Hier — in diesem sehr realen punctum der Verwerfung und der Rechtfertigung fällt alles fort, was Substanz und Qualität der Einzelnen betrifft — es steht ein göttliches Thun in Rede, das man Imputation nennt, ein Thun des Richters, der Schöpfer war und nun erlösen will. Und zwar geschieht das nicht so: dass er vor diesem Urtheil oder in Folge desselben Qualitäten aus- und eingiesst — gute Kräfte erweckt und böse durch seinen heiligen Geist unterdrückt — bald Gesetz, bald Evangelium wirken lässt, bald droht, bald lockt — nein, in diesem punctum der Verwerfung einerseits und der Rechtfertigung andererseits stehen wir jenseits aller subjektiv-menschlichen Faktoren; es wird von vorn angefangen und abgesehen von Qualitäten, die unsererseits in Betracht kämen, und die göttliche Rechtfertigung setzt erst diejenigen, an denen um Christi willen sich der heilige Geist bethätigt — gleichwie das göttliche Verdammungsurtheil diejenigen setzte, die als Sünder dazustehen kamen in Gottes Gericht. Imputation und Infusion sind in dieser Sache gänzlich verschiedene Dinge. Johann Gerhard, Loci XVII, Cap. 4, § 103 bemerkt gegen Bellarmin: Denique ne pontificii, per violentam textus detorsionem, imputationem et infusionem ulterius confundant, opponimus eis hoc argumentum: Si imputare iustitiam est plane delere peccatum (wie die Römischen lehrten) et infundere iustitiam, consequens erit a contrario sensu (so erfordert der Gegensatz), quod imputare peccatum sit delere iustitiam et infundere iniquitatem, quod est absurdum.

Adde quod peccatum et iustitia sint vere contraria; iam vero contrariorum uno adfirmato alterum negatur et contra. Ergo si non imputare peccatum est infundere iustitiam utique imputare peccatum erit infundere iniustitiam.

Die Sache würde anders stehen, wenn Gott noch ferner beabsichtigt hätte, gleichwie im Paradiese, so auch fortan, durch ein Gesetz lebendig zu machen. Dann freilich käme es auf die Herstellung des früheren Zustandes beim Menschen an, nachdem derselbe erst verloren gegangen durch den Fall. Dann würde Gerechtigkeit aus dem Gesetz, resp. dem gehorsamen Thun des Menschen, auch ferner geflossen sein. Dann befänden wir uns auf der grossen Heerstrasse der Heiden und Israel's, das im Fleische ist und durch Werke selig werden will, und endlich der Christen, die es nur dem Namen nach sind. Dann hätten wir uns mit der uns anklebenden Sünde, oder dem bösen Hang, sowie der zu erwerbenden Gerechtigkeit allein zu beschäftigen — und zwar mit aller Macht. Jeder Augenblick wäre wichtig — jeder Verzug würde uns die Gefahr bringen, das göttliche Missfallen auf uns zu ziehen. Die sittliche Umwandlung, sei es ganz in eigner Kraft oder mit Hülfe des mystisch oder pelagianisch aufgefassten Christus, würde das einzig Anzustrebende sein. Und je weniger man von Gott und göttlicher Hülfe redet — desto mehr würde das menschliche gute Vorhaben in seinem vollen Glanze hervortreten. Kant's Bemerkung [1] in dieser Hinsicht ist völlig richtig und die besten Philosophen der Alten (u. a. Cicero) stimmen dem bei.

Nun aber schweigt Gott nach dem Fall Adam's vom Gesetz — dasselbe hat kein Mandat ferner erhalten, wo es sich um die Rechtfertigung des Sünders handelt; — bis auf Mose, sagt Paulus Röm. 5, 13. 14, war es nicht vorhanden — der Tod herrschte, abgesehen von einer bestimmten Gebotsverletzung, wie sie vorher bei Adam war. Eine Verheissung ist alles, was Gott gegeben und um welche sich die ganze folgende Geschichte dreht. Ja, dem gefallenen Erstmenschen stellt Gott keine Forderungen, nicht einmal diejenige des Glaubens oder der Reue. Das Vertrauen war durch den Fall gebrochen; Gott hätte von seiner Höhe herabsteigen müssen — um Menschen zu gefallen, die den Bruch mit Gott vollzogen hatten. Sie konnte Gott nur noch dem Tode überlassen nach dem gerechten Urtheil Gen. 2, 17; und nur das Eine, was zu thun war, konnte er thun: Einen zweiten Adam, ein neues Haupt der Menschheit sich erwählen. Und solches hat Gott auch gethan (Gen. 3, 15). Mit dem zweiten Adam konnte von vorn angefangen, ihm konnte das Gesetz auferlegt werden — und indem er zugleich Erbe des ersten war, so konnte kraft göttlicher Zurechnung auf ihn auch die Strafe anlaufen, die dem Sünder gebürte. Aber damit war dann zugleich alles Können, Thun, Sollen, Müssen der übrigen Kinder Adam's ausgeschlossen; solches gehörte der ersten, nach Gottes Urtheil bereits abgethanen Ordnung der Dinge an. Und Gott war nicht gewillt, unter dem Scheine der Gnade ein Gesetz wiedereinzuführen, das uns hinter die Pforten des Paradieses zurückgeführt haben würde, wohin wir nun einmal nicht mehr gehören.

Es nützt nichts, beim Fall Adam's stehen zu bleiben, und sich den Kopf zu zerbrechen über die Art der Vererbung und wie sich solches dann reime mit der Gerechtigkeit Gottes. Solches

---

[1] Die Religion innerhalb der Grenzen der blossen Vernunft (2. Aufl. S. 58): Es sei nicht Jedermann nothwendig, zu wissen, was Gott zu seiner Seligkeit thue oder gethan habe, aber wohl, was er selbst zu thun habe.

Stillstehen und theoretisches Sichverwundern führt nur zu leicht auf philosophische Abwege, so dass man die empirische Allgemeinheit der Sünde aus der Nothwendigkeit der Entwicklung des menschlichen Geistes zu begreifen lehrt (so Hegel) oder mit Schleiermacher annimmt, die uns jetzt angeborne Sündhaftigkeit sei schon für die ersten Menschen etwas Ursprüngliches gewesen. Hier macht man die Erlösung ganz überflüssig und geräth in einen pantheistischen Process, der alles dogmatisch Feste auflöst und schwinden macht.

Es nützt andererseits nichts, mit den positiver gerichteten Theologen, z. B. Julius Müller, das Böse anzustarren [1]) und es recht schwarz zu machen, aus Furcht, man möchte es sonst unter den Händen verlieren und sodann die Nothwendigkeit eines Erlösers darunter leiden. Da will man Gottes Rath vom Fall des Menschen aus bestimmt sein lassen und treibt dem Dualismus zu.

Der Allerhöchste selber ist nicht lange stehen geblieben bei dem Fall. In wenig Worten war das Thema gegeben, dessen Inhalt die Jahrtausende regulirte: „Ich will Feindschaft setzen zwischen dir und dem Weibe“ (Gen. 3, 15).

Nicht einmal der Mensch, sondern Satan bekommt zunächst diese Worte zu hören und der Mensch — als ob ihn das Gnadenwort nicht zuallernächst beträfe — bekommt direct nur zürnende Worte zu hören: Weil du solches gethan hast etc. Dennoch versteht das erste Elternpaar Gottes Meinung — und wenn auch ihr Glaube durch jene ernsten Vorhaltungen auf eine harte Probe kommt, so dringt Adam dennoch bis auf den Grund durch und nennt sein Weib, das er noch soeben von sich gestossen — Mutter alles Lebendigen. Und Gott rechtfertigt ihn, ja bedeckt seine Blösse und beurtheilt ihn als Einen, der seines Gleichen ist. Dieser Hergang der Dinge ist typisch; es ist alles gleich im Anschluss an den ersten Fall des Menschen geschehen, was überhaupt zu geschehen hat. Wollten wir freilich aus solchen Vorgängen ein System uns bilden, so kämen wir immer zu kurz. Im Interesse des christlichen Unterrichts müssen wir zwar den Hergang bei der Rechtfertigung des Sünders in seine Theile zerlegen — aber verstehen

---

[1]) Vergl. meine Dogmatik, S. 192.

wird es doch zuletzt nur Derjenige, der, wie Adam, im Gericht Gottes gestanden — ein Anderer nicht!

Wo bleibt, so möchten wir fragen, in dem Gen. 3 uns geschilderten Hergange die Sünde? — sie ist vergeben; wo der Tod? — er ist verschlungen; aber andererseits: wo ist die Gerechtigkeit? — es ist da die Gerechtigkeit des Schlangentreters; wo ist Heiligkeit? — Heiligkeit ist gefunden in dem Blut der Thiere, deren Felle Gott verschaffte, damit sie zur Bedeckung der Nacktheit der ersten Eltern dienten! Aber anklebende Sünde, eingegossene Gerechtigkeit und ebensolche Heiligkeit — von diesen Dingen ist absolut nicht die Rede. Denn jene Sünde, die z. B. die römische Kirche durch ihren Tridentinischen Katechismus schleppt, um dieselbe als ein recht grässliches Phänomen anstaunen zu lassen, als eine Art Riesenschlange, mit der es der Christ aufzunehmen hat und auch aufnehmen kann in Kraft des Verdienstes Christi, — jene Sünde ist nicht die rechte, eigentliche Hauptsünde. Das ist vielmehr die hundertköpfige Sünde, gegen die man Klöster und Kapellen baut, hinter deren Mauern man dann ganz vergebens Schutz sucht vor ihr. Die rechte eigentliche Sünde ist die aversio a Deo, der auch Adam schuldig dastand — und neben dieser verschwindet alles Andere. In Gottes Gericht ist Gott selbst der Erste, und die Uebertretungen des ersten Gebotes sind das ständige Thema aller Propheten, neben welchen alle anderen wie ein unreiner Tropfen im Weltmeer verschwinden. Allein der „natürliche" Mensch denkt grade umgekehrt — ihm sind die anderen Gebote weit wichtiger und sie können mit diesen ihren blutrothen Sünden wohl gar den Propheten sehr zusetzen, so dass Jesaia 1, 18 rufen muss: Und ob eure Sünden blutroth wären — schneeweiss sollen sie werden!

Wie nun schon oben bemerkt worden: Der Laxheit der Römischen in der vortridentinischen Zeit zum Trotz trieb man gewaltig den Artikel von der Sündhaftigkeit des Menschen. Flacius gerieth leider hier auf Abwege.

Flacius hat zwar nicht Gott zum Schöpfer der Sünde gemacht, sondern mit Luther gelehrt, dass Gott aus der durch den Teufel verderbten Masse den Menschen bilde. Auch Er wollte dem Menschen etwas Gutes lassen; zu diesem Zweck unterschied er in dem Begriff substantia zweierlei Beziehungen: substantia materialis und forma substantialis. Und da sei nun die massa geblieben, aber der Wille, der zur forma substantialis gehört (wie die Figur des Dreiecks zum Wesen des Dreiecks gehört) sei verderbt. Und so ist denn der sündige Mensch nicht mehr Mensch im wahren oder im früheren Sinn des Wortes, er ist eine andere Art und Species geworden, wie wenn man „das goldene Bild eines schönen Menschen in ein Drachenbild umgegossen hätte, wobei auch noch der Stoff selbst verderbt und schlecht geworden sei". [1]) Wenn man nun bei diesen Sätzen die Rechtfertigung streng aufrecht erhielt und jede Eingiessung wesentlicher Gerechtigkeit fern hielt, so kam man freilich zu Sätzen, wie sie der Flacianer Magdeburgius [2]) aufstellte: „Der neugeborne Paulus ist zugleich die Erbsündt und ein fromber Christ". Oder: „Der Gläubige ist und bleibt auch im Tod und Grab dem Wesen nach die Erbsündt". Das war consequent, man blieb dabei im Rahmen der blossen Zurechnung der Gerechtigkeit Christi. Die subtileren Flacianer, wie Spangenberg, [3]) sagten dagegen: Sofern der Mensch durch Wasser und heiligen Geist wiedergeboren und aus Fleisch Geist wird, ist er nicht Sünde. Damit ist aber der Osiandrische Stoffwechsel eingeleitet, dem Flacius im Anfang seiner Laufbahn so kräftig widerstanden und den er auch jetzt nicht befördern helfen wollte.

Will man die Erbsünde voll und ganz, wie Luther, gegen die Römischen aufrecht erhalten und dennoch den Menschen als Creatur Gottes ungeschmälert lassen, so ist vom Bilde Gottes als einer eingegossenen Substanz ganz abzusehen und das Erschaffensein im Bilde Gottes ist in der Stellung des Menschen zu sehen, die es mit sich brachte, dass er in Gedanken, Worten und Werken von allem Anfang an gut, gerecht und heilig war; aber alles accidentaliter, nicht substantialiter. Diese iustitia originalis konnte alsdann von ihm genommen werden, ohne dass der Mensch an seinem Wesen Abbruch erlitt. Aber freilich ward er durch die Erlösung nicht abermals in jene Lage versetzt, wie der erste Adam, sich an einem Gebot nochmals bewähren zu müssen, und so war er fortan ohne jene Bedingungen in der Welt und konnte

---

[1]) Flacius, Clavis Scripturae, p. II, 482.
[2]) In seinem Werke: „Die manichäische Versuchung".
[3]) In seinem Buche: „Caecitas Germaniae".

mit dem besten Willen sich kein meritum mehr verdienen. Denn solches war ein für allemal ausgeschlossen. Der sich selbst überlassene Mensch wird nunmehr sündig und immer sündiger und am stärksten offenbart sich die Sünde, wenn sie es doch wieder (nach Röm. 7, 8) mit dem Gebot versucht, wodurch nun alle Lüste in ihm ins Leben gerufen werden und wobei das Ende freilich der Tod ist. — Wie stellt sich also die Erbsünde im rechten Lichte, d. h. von der Rechtfertigungslehre aus betrachtet, dar? Ritschl bemerkt:[1] die Erbsünde sei kein Lehrartikel, den wir glauben, und darauf käme es doch bei den Reformatoren hinaus, dass man an die Erbsünde glauben müsse. Gewiss ist die Erbsünde ein sehr reeller Faktor, aber ein Faktor, der doch auch nicht durch ein einfaches Ritschl'sches Werthurtheil richtig zu stellen ist, sondern seine Stellung durch sein Verhältniss zum Mittelpunkt (nämlich der Rechtfertigung) empfängt. So verfährt die Orthodoxie. Die Flacianische Definition, wonach die Erbsünde Substanz sei, wird vom Begriff der Rechtfertigung aus abgelehnt. Denn diese imputirt bekanntlich die Gerechtigkeit Christi und giesst dieselbe keineswegs ein und die Erbsünde aus. Auch trachtet die Orthodoxie nicht, in römischer Weise den Willen zu rehabilitiren und ihn abermals, wie bei Adam, unter ein Gesetz zu stellen, damit also das Leben erworben werde.

Wenn es also auch bei dem Propheten[2] heisst, dass das Herz steinern ist oder ein trotziges (trügerisches) und verzagtes Ding (Jer. 17, 9), das kein Mensch ergründen könne, so ist damit kein derartiges Verderben ausgesagt, welches naturhaft wäre und durch materielle Neuschöpfung aufgehoben werden müsste. Das Herz ist coram Deo reum, d. h. es steht in einer feindlichen Stellung gegenüber Gott, steht als solches schuldig da, und es muss zuerst diese Feindschaft dadurch aufgehoben werden, dass es einen neuen Muth zu Gott fasst, seine Stellung verändert und somit ein frisches, freies, fröhliches Herz wird. Das aber geschieht durch die Vergebung der Sünden in dem Blute Jesu Christi. Gerecht wird der Mensch durch die Zurechnung der Gerechtigkeit Christi. Als solche erlöste Gotteskinder[3] sind wir nun nicht mehr

---

[1] R. V. III, S. 311.

[2] Ezech. 11, 19; 36, 26.

[3] Dass dies die Gedanken der Reformatoren sind, weist Loofs l. c. S. 663 nach.

unter dem Gesetz, wir sind um Christi willen Kinder des Hauses (Gal. 3, 14; 4, 4. 5) und thun alles willig und wie von selbst. Fragt man nun: Verbleibt das Sündenverderben, nachdem also der Stand der Schuld (der reatus) aufgehoben? so ist die Antwort, dass es bleibt. Die Sünde bleibt bis zum Tode, und da erst sterben wir ihr ab. Sie ist aber freilich nicht als Flacianische Substanz zu betrachten, denn alsdann wäre der Sünde nur beizukommen durch einen Stoffwechsel im Moment der Wiedergeburt, wonach sie von guten Qualitäten plötzlich (wie bei Osiander) zurückgedrängt, oder allmählich (nach der Meinung der späteren Dogmatiker) ausgetrieben wird. Die consequenten Flacianer[1] sahen, wie schon bemerkt, nach ihrem Substanzbegriff auch in den Wiedergebornen, ja selbst in den Leichnamen, annoch Sünde und sagten, dass Gottes Zorn über ihnen bleibe bis zum jüngsten Tage. Bei ihrer strikt orthodoxen Annahme, dass wir nur durch Zurechnung gerecht sind, konnte solche Meinung richtig erscheinen.

Ferner ist die Begierde im Wiedergebornen nicht mit Rom als ein verschwindendes Etwas zu betrachten, als fomes, um einen Kampf einzuleiten. Auch das duldet die Rechtfertigungslehre nicht, die nur die imputatio kennt, und nicht die römische Freistellung der pura naturalia zum Mitwirken bei der Erwerbung des Heiles. Die Rechtfertigungslehre verträgt sich also nur mit einer Anschauung von der Erbsünde, wonach sie zwar vergeben wird, non imputatur, aber doch noch stets vorhanden[2] ist. Also die Sünde bleibt auch bei dem Gerechtfertigten, iustificatur impius. Um aber die Wiedergeburt ins Werk zu setzen, dazu bedarf es nicht der Annahme, dass bei der Wiedergeburt die Sünde wie ein malum physicum ausgetrieben oder durch neue Qualitäten ersetzt werde. Denn sie ist keine Substanz im Menschen; sie ist überhaupt nichts in uns Geschaffenes. Non est quiddam sua natura subsistens, sed defectus boni, und die Folge des defectus ist die ungeheure $\dot{\alpha}\tau\alpha\xi\dot{\iota}\alpha$, der impetus in viribus humanis contra legem Dei. Die iustitia originalis ist zu einem Mal verschüttet. Dies

---

[1] So z. B. Joachim Magdeburgius in Efferding, wie denn überhaupt diese verirrten Schafe hier in Oesterreich zu Böcken wurden, die die Heerde Christi verwirrten.

[2] Augustin sagt: Non ut non sit, sed ut non imputetur.

ist die richtige Fassung, der succus et sanguis der reformatorischen Erbsündenlehre, so wie ich es auch in meiner Dogmatik § 38 ff. vorgetragen habe. In diesen Stand der Dinge bringt die Zurechnung der Gerechtigkeit Christi (seiner obedientia activa und passiva) nur jene Wandlung, die mit der Gnadenökonomie, resp. der Rechtfertigungslehre übereinstimmt. Es wird nämlich bis zuletzt dabei bleiben, dass es Gnade sei, wenn der Mensch errettet wird (Röm. 11, 6). Dementsprechend stellt diese Oekonomie nicht abermals ein Gesetz auf, sie leitet auch nicht neue Kräfte, die den Sündenkräften entgegenwirken und sich dem Gesetz Gottes fügen, in den Menschen über, sondern es bleibt im Grunde auch der Wiedergeborne der alte Knecht. Der Spott der Gegner richtete sich grade gegen diese Position der Reformatoren. Jedoch ist dies der Unterschied zwischen dem Wiedergebornen und Unwiedergebornen, dass Jener, um mit Luther zu reden, seine grosse und gräuliche Sünde fühlt, zu Christo eilt und sie sich vergeben lässt,[1] wohingegen der Letztere für gewöhnlich die Sünde nicht fühlt, sondern sie mit seinen Werken übertäubt, wo er jedoch ihrer einmal wirklich inne wird, alsdann verzweifelt. Der Grund dieser Verzweiflung ist, dass sie nicht wissen, dass Christus auferstanden und keine Sünde ihm mehr im Wege stehen kann. Es muss zuerst im Wiedergebornen der Zweifel gehoben werden, dass Gott versöhnt sei und ungeachtet unserer Sünden uns annimmt. Alsdann schwinden dieselben von selbst und die Kraft der Sünde (welche der Sünde hilft), die da ist das Geseiz, ist gehoben.

In dieser Weise predigten die Reformatoren — ein Blick in die Predigten Luther's oder diejenigen von Caspar Huberinus u. v. A. genügt, um dies zu zeigen.

Sonach weiss der Apostel auch nur zu reden von einem Gesetz des Geistes des Lebens in Christo Jesu, das von dem Gesetz der Sünde und des Todes uns befreit hat (Röm. 8, 1), und nicht etwa von neuen Qualitäten, welche wider die alten streiten. Er weiss von solchem Gesetz des Geistes des Lebens auf Grund von Vers 3: Was dem Gesetz unmöglich war, das that Gott und sandte seinen Sohn in Gleichheit des Fleisches der Sünde und verdammte die Sünde —

---

[1] Luther, Predigt am 1. Osterfeiertage, Erl. Ausg., B. III, S. 30 und an hundert anderen Stellen seiner Werke.

auf dass das Recht des Gesetzes (seine gerechten Anforderungen)
erfüllt würden in uns, die wir nun nicht mehr nach dem Fleisch
(abermals unter Gesetz und in der vorigen Verfassung), sondern
nach dem Geist wandeln. Der Apostel bedient sich hier der
Präposition $\varkappa \alpha \tau \acute{\alpha}$, um die Norm und die Bahn auszudrücken,
innerhalb welcher an der Hand des Geistes ($\Pi\nu\varepsilon\acute{\nu}\mu\alpha\tau\iota$) der Gerechtfertigte gehalten wird und wandelt. Und da ist das Wandeln nach
Fleisch jenes Wandeln, wo wir, durch ein Gesetz sollicitirt, Ruhm
etwa haben, aber dann nicht vor Gott (Röm. 4, 1—4). Der
Wandel nach Geist dagegen ist nicht abermals ein Wandeln nach
einem höheren Gesetz (etwa in der Nachahmung Christi), als das
Gesetz Mosis war — sondern es ist ein Wandeln an der Hand
des heiligen Geistes — wo der Wiedergeborne nichts mehr zu
gewinnen, aber auch nichts mehr zu verlieren hat, sondern in der
Lage ist, von einem in Christo erfüllten Gesetz zu rühmen und
von der Gnade und Wahrheit, von der Fülle, die in Ihm erschienen,
zu empfangen Gnade um Gnade (Joh. 1, 16. 17).

Es eröffnet sich also ein doppelter Aspekt hinsichtlich der
Sünde. Einmal dieser: dass die Sünde bleibt, [1] dass alle unsere
Werke verdorben sind und der göttlichen Verzeihung bedürfen,
auch die vom Wiedergebornen geleisteten — insofern und solange
sie vom Standpunkt des Gesetzes aus angesehen und beurtheilt
werden. Der Unwille des Pighius, [2] der Römischen überhaupt,
richtet sich ganz besonders gegen diesen ersten Aspekt; es schien
ihnen zu abschätzig von solchen Werken geredet, die doch ihren
Werth auch nach römischer Lehre von der göttlichen Gnade her-
zuleiten haben. Der andere Aspekt ist der, dass die Sünde fort
ist, d. h. dass die Wiedergebornen sich zu achten haben als todt
für die Sünde, dagegen als lebend für Gott in Christus Jesus
(Röm. 6, 11). Solche Befugniss der Wiedergebornen ruht nach
Vers 10 auf Christi Sterben, d. h. auf seiner passio et actio, kurz
seiner für uns erworbenen iustitia. In diesem Sinn sagt Melanchthon sehr richtig: [3] Quod autem solet dici: Fide impleri legem,

---

[1] Wie Luther darüber urtheilt (s. seine Auslegung des 6., 7. u. 8. Cap.
des Ev. Joh. E. A. B. 48, S. 65): „Fleisch sei das ganze Leben des Menschen
— das dawider ficht, dass man gläube."

[2] Controversiae Ratispon. p. 82.

[3] Corp. Ref. 21, p. 313.

id dupliciter intelligendum est. Primum imputative, quia cum credimus in Christum imputatur nobis iustitia ac si implessemus legem. Et hic est praecipuus intellectus huius sententiae (fide impleri legem). Deinde potest etiam effective intelligi, quia nisi fide prius sit exemta dubitatio non potest lex fieri.

Auch Römer Cap. 7 duldet keine weitergehende Beseitigung der Sünde im Wiedergebornen, als jene, dass ein Gleichgewicht im innern Haushalt hergestellt worden ist, das aber freilich durch die Sünde stets wieder gestört wird. Die Sünde ist zwar noch da, „es ist mir das Böse zur Hand“, Vers 21, $\dot{\epsilon}\mu o\grave{\iota}$ $\pi\alpha\varrho\dot{\alpha}\varkappa\epsilon\iota\tau\alpha\iota$, sie hindert mich am Vollbringen des Guten — aber zugleich stimme ich mit Freuden dem Gesetz Gottes zu nach dem inneren Menschen (Vers 22). Es ist also eine doppelte Verfassung der Dinge, die man bei sich anzuerkennen hat.[1]) Eine Verfassung, wonach ich mit Haut und Haaren, mit Herz, Seele und Gemüth unter die Sünde verkauft bin (Röm. 7, 14) — die andere, dass ich zu gleicher Zeit erlöst bin und dereinst vollkommen erlöst sein werde von der Verfassung dieses Todes (Vers 24). Inzwischen aber dauert der Jammerzustand an, dass ich keiner Verfassung ganz angehöre und nur zu hoffen habe, es werde einmal anders werden, und also Dank sagen kann Gott durch Jesus Christus, unseren Herrn, wofern ich mich eben in Christo erfasse und beurtheile und nicht als ein immer noch an das Gesetz Verbundener (Röm. 7, 25).

Genug Sünde ist nichts, das man anders fassen und gleichsam vor sich hinstellen kann, als durch das alle böse Lust ins Leben rufende Gebot, das da sagt: Du sollst nicht begehren. Nimmt man es mit diesem Gebot auf, dann wird die Sünde über die Massen sündig und man stirbt zuletzt (Röm. 7, 7. 8). Ich bin ja durch ein Gesetz dem Gesetz gestorben, sagt Paulus (Gal. 2, 19). Das Gesetz machte sich selbst unbrauchbar, indem es den Menschen herausforderte, sich an ihm zu versuchen und mit seiner Hülfe den sittlichen Lebenshaushalt einzurichten. Ohne das Gesetz war die Sünde todt (Röm. 7, 8). Durchs Gesetz kommt Erkenntniss der Sünde (Röm. 3, 20). Alles, was man sonst über Sünde feststellen möchte — ohne Gebot — ohne dass z. B. das Gesetz gesagt: „Du sollst nicht begehren,“ ist eigentlich praeter rem und nicht zur Heils-

---

[1]) Vergl. auch meine Dogmatik S. 509 f.

ordnung gehörig. Erst wo das Gesetz kommt — und das geschieht
bei dem vor das Forum der Rechtfertigung Gezogenen, bei dem der
Kirche Christi Angehörigen — erst da wird Sünde mächtig, wird
sie ein Faktor, der schliesslich auch zum Besten dienen muss.
Denn ohne Sünde hätten wir solch grosses Mass des Heiles nie
zu erfahren bekommen.

Wir sind daher weit davon entfernt, auf die Flacianer einen
Stein zu werfen. Sie wollten eben die Sünde recht tief fassen
und dem Synergismus ihrer Gegner widerstehen. Aber grade
so hinderten sie sich und andere an dem Genuss der Wohlthat
Christi. Die Sünde wurde ihnen ein böses Gespenst, ein furcht-
bares Etwas. Sie erinnerten sich nicht, dass derselbe Luther, der
so furchtbar über die Sünde sich ereifern und vor ihr erschrecken
konnte, doch auf der anderen Seite sie als etwas hinzustellen wusste,
das uns gar nichts anhaben kann, weil alle unsere Sünde auf Christo
liegt und ihre Kraft und Wuth durch Christus gebrochen ist.[1] Das
war freilich den Römischen allzu lächerlich, und ist doch Wahrheit! —

Ebenso schilt Melanchthon auf die müssigen und unerfahrenen
Leute, die fortwährend nach Veränderung und Eingiessung der
Gnade fragen und die Vergebung der Sünde gering anschlagen.[2]
„Denn Sünde fühlen und Gottes Zorn ist nicht ein so schläfrig
Ding. Wiederum Vergebung der Sünde Ergreifen ist nicht so ein
schwacher Trost.“ Desgleichen im Commentar zum Ev. Johannis
Cap. 19 a. E.: Nos omnes statim postquam in hac vita facta est
conversio ad Deum, iacemus in sepulcro Christi, patimur hanc
carnalem naturam mortificari et fide exspectamus resurrectionem.
Sed ab otiosis Epicureis ridetur, nec intelligi potest, nisi ab iis,
qui in magnis doloribus quaerunt consolationem etc. Und der
ganze Streit drehte sich darum: dass die Reformatoren im Blick
auf die imputatio und im Vertrauen darauf, dass dieselbe Gewal-
tiges wirke, die Sünde nicht in mönchischer Weise anschlugen,

---

[1] „Die heilige Schrift lehrt uns, dass in der Welt gar keine Sünde,
kein Tod, kein Fluch mehr sei, sintemal Christus, auf welchen der Vater alle
Sünde geworfen (Jes. 53, 6), dieselbige an seinem eignen Leibe überwunden,
vertilget und erwürget habe. In Summa, es muss entweder unsere Sünde
Christi eigne Sünde werden, oder wir müssen in Ewigkeit verloren sein“ (zu
Gal. 3, 13). Vergl. auch meine Schrift: Von der Incarnation des göttlichen
Wortes, S. 132.

[2] Apologie (deutsch), S. 74, 79.

wie ihre Gegner. Diese machten sich aus der Sünde ein recht hübsches Lockmittel, um den Wiedergebornen zum Erwerb von Heiligkeit (virtus) anzustacheln. Die Sünde musste ihnen aber auch dienen, um die Seelen in das Netz ihrer Sacramente hineinzubekommen. Der Papst verdankt bis heute seine dreifache Krone dem Umstand, dass Rom einerseits leichter als die Reformatoren von der Sünde denkt, um die Seelen in sein Netz hineinzubekommen, andererseits aber schwerer, um diese Seelen ja nicht zur Freiheit der Kinder Gottes, zur Freiheit vom Gesetz um der Gerechtigkeit Christi willen entlassen zu müssen.

§ 3.

Die Rechtfertigung durch den Glauben in ihrer Relation
zum Menschen.

Die Gerechtigkeit aus dem Glauben im Gegensatz zur Gerechtigkeit aus dem Gesetz stellt ein Verhältniss der Uebereinstimmung des Sünders mit Gott dar, die lediglich auf dem Urtheil Gottes beruht. Die Rechtfertigung, welche jene Gerechtigkeit herstellt, geht vor sich, unabhängig von allem Werth, sei es des Glaubens oder der guten Werke; denn sie beruht auf einem Urtheil Gottes, welches den Sünder (impium) trifft und ihm die fremde Gerechtigkeit Christi zurechnet.

Es könnte nun den Anschein gewinnen, dass diese in der Rechtfertigung gegebene Begründung eines neuen Verhältnisses des Sünders zu Gott der geschichtlichen Verknüpfung mit dem historischen Sündenfall enthoben und so werthvoll an sich sei, dass alles, was der Erscheinung Christi vorausging, nur den Charakter der mehr unwillkürlichen, verblassenden Vorbereitung trüge. Verblassen würde sie, sobald als Christus erscheint und nun alles von sich aus regulirt und ins rechte Geleise bringt.

Bei Schleiermacher und allen Neueren, die ihm folgen, steht die Sache also, dass das Band, welches Christi Offenbarung mit allem Vorausgegangenen verbindet, entweder ein sehr dünnes geworden, oder ganz zerschnitten ist. Alle Jene aber, die da reden von einem neuen Leben, das mit Christo erschienen, oder von der Gemeinschaft, die durch Christus vermittelt wird zwischen Gott und dem Menschen, setzen Ergiessung des Lebens in den Mittel-

punkt und nicht Zurechnung, die in der Rechtfertigung geschieht.
Auch für die Pietisten fängt die Weltgeschichte, soweit dieselbe sie
angeht, erst an mit der Erscheinung Christi auf Erden, wodurch
ihre vielgerühmte Wiedergeburt oder Bekehrung ermöglicht ward,
zufolge des nunmehr stattfindenden Eingusses des neuen Lebens.
Alles, was dem vorausgeht, hat nur die Bedeutung einer ver-
schwindenden Vorbereitung auf dieses Hauptfaktum in ihrem Leben,
welches Christus ermöglicht hat. Daher die Geringschätzung des
Alten Testaments bei den Pietisten, worin sie sich mit den alten
Wiedertäufern und mit Schwenkfeld berühren. Sie haben keine
Geschichte; erst mit ihrer Wiedergeburt, resp. mit Christo, der sie
ermöglicht, hebt die Geschichte an. Aber auch Jene, welche die
Wiedergeburt auf essentielle Weise in der Taufe vor sich gehen
lassen, wie die späteren Lutheraner, begeben sich, wenn sie consequent sein wollen, des Genusses der Rechtfertigung durch den
Glauben. Denn diese kennt keine solche Wiedergebornen, sondern
es gilt hier das Wort: „iustificatur impius“, der, obwohl getauft,
doch als non renatus in der Kirche lebt, bis Gottes Geist ihn
kräftig ergreift.

Ritschl hat mit Recht darauf gewiesen: dass die Rechtfertigung
durch den Glauben, wie sie Paulus lehrt, den Begriff der von Gott
verliehenen oder gewirkten Lebensgerechtigkeit ganz ausschliesse,[1]
und er nennt die Einschaltung dieses Begriffs in Römer 5 ein
pietistisches Postulat zur Gegenwirkung gegen falsch verstandenes
Lutherthum, also gegen die Orthodoxie. Paulus verstehe aber in
diesem Zusammenhang unter dem Ausdruck „Gerechtigkeit“ die
durch göttliches Urtheil begründete ideelle Congruenz der Glieder
der Gemeinde Christi mit Gott. Diese Congruenz, weil sie ideell
ist, warte nun noch auf ihre Realisirung, welche hier im hohen
paulinischen Gedankenfluge zunächst ausser Augen gelassen werde
und freilich an mannichfache individuelle Bedingungen und Vermittlungen, die vom Menschen zu erwarten sind, gebunden sei.
Selbige Realisirung bestehe aber nicht in der Eingiessung der
Lebensgerechtigkeit. Das Leben vielmehr, das in Röm. 5, 17
genannt wird, sei Seligkeit. In Seligkeit werden die Empfänger
der Gottesgerechtigkeit herrschen. Und wenn wir nun nachsehen,

---

[1] R. und V. II, 340.

worin die Realisirung jener ideellen Congruenz bestehe, so werden wir auf Röm. 6, 3—4 verwiesen, wonach der Gläubige durch die Taufe für sich selbst, wie für Gott verändert ist. Mystisch versteht Ritschl das freilich nicht, sondern es geht alles im Rahmen einer persuasio moralis vor sich, nicht mit Hülfe der späteren unio mystica, die er ein apokryphisches Produkt nennt.[1] Die Stellung Christi zu Gott, seine Gerechtigkeit, ward den Jüngern angerechnet,[2] aber in direct, indem dieselben durch den Glauben (als ihre Gehorsamsthat) zu ihm gehören und deswegen in die Liebe Gottes effektiv aufgenommen werden, gleichwie Christus zuvor in derselben wurzelte. Also die Rechtfertigung ist auch bei Ritschl der neue Anfangspunkt für die Individuen. Alles, was ihr vorausging, ist eine Beurtheilung der Dinge auf Seiten Gottes und für Gott, das uns aber nicht weiter offenbar ist (III, 329); mithin auch bei Ritschl wird die Vergangenheit ausser Acht gelassen und blos auf die Zukunft gesehen. Es gibt keine Vergangenheit für den Menschen. Aber die Rechtfertigung hat es zu thun mit Solchen, die $\chi\omega\varrho\grave{\iota}\varsigma$ $\nu\acute{o}\mu o\nu$ in die göttliche Beurtheilung aufgenommen werden — und das setzt dann nach aller gesunden Logik Menschen voraus, die bis dahin $\acute{\upsilon}\pi\grave{o}$ $\nu\acute{o}\mu o\nu$, als unter Gesetz Gestellte, sich in der Betrachtung Gottes darstellen. Was aber dieses „unter Gesetz sein" oder das Suchen, die eigne Gerechtigkeit auf dem gesetzlichen Wege darzustellen, alles in sich schliesst, ist kaum mit wenig Worten darzustellen.

Der actus iustificationis also, wie ihn wenigstens Paulus Röm. 3, 21 ansieht, rechnet nicht nur mit einer ganzen Geschichte der Menschheit, sondern auch mit einer Geschichte des einzelnen Menschen, einer Geschichte, die, nachdem sie im Grossen von den Völkern gelebt worden, nunmehr auch im Rahmen des Lebens eines jeden iustificandus durchlebt wird.

Einerseits sind nun aber durch die Rechtfertigungslehre Menschen ausgeschlossen, welche, wie bereits die Flacianer annahmen, gemäss der Schöpfung, ausser ihrem natürlichen Menschen auch noch einen übernatürlichen oder theologischen Menschen haben, in welchem das Ebenbild Gottes erst zur Darstellung kam, wodurch

---

[1] Geschichte des Pietismus B. II, S. 29; vgl. R. und V. III, 21.

[2] R. und V. III, S. 69.

der Mensch seinen wahren Charakter vor Gott erhielt (die substantia formalis in summo gradu nach Flacius),[1] nämlich des göttlichen Ebenbildes Träger zu sein. Ueberhaupt sind Menschen ausgeschlossen, welche ausser ihrem in der Psyche und dem $\sigma\tilde{\omega}\mu\alpha$ sich erschöpfenden Wesen noch ein wirkliches eigentliches Sein haben, durch welches jene Verbindung zwischen Gott und Mensch sich vollzieht, welche in mystischer Weise geschieht, d. h. nicht eine unio ist, welche substantialis oder personalis wäre. Denn jede solche unio widerspricht der Rechtfertigung, die, rein im Wege der Zurechnung, den Gottlosen als Gott entsprechend setzt.

Gegenüber diesen Theologen ist Ritschl im Recht.[2] Sie hängen alle in den Maschen der Substanz fest, und die Wiedergeburt ist Austreibung der bösen Massa der alten Geburt, in der eben der Sündenfall eine substanzielle Veränderung mit sich brachte. Die Mystik ist ganz eigentlich darauf bedacht, dieses wirkliche, eigentliche Sein auf Kosten des natürlichen zu erheben, und zwar hat solches durch innere Erhebung des Geistes oder durch die Vernichtung des eignen Willens zu geschehen. Gegen solche Auswüchse auch innerhalb des Protestantismus hat Ritschl seine „Geschichte des Pietismus" gerichtet.

Ritschl selbst stellt sich nun seinen Gegnern gegenüber auf das andere Extrem. Während diese dem pantheistischen Abgrund zuneigen, so neigt Ritschl dagegen dem deistisch-dualistischen zu. Er kennt[3] nur eine Einheit zwischen Gott und Mensch, die sich auf die gemeinsame Willensrichtung oder Gesinnung bezieht, also eine ethische Einheit. Was freilich das Ethos, was die Gewohnheit, soweit von ihr die Rede sein kann zwischen Gott und Mensch, sei, ist eine weitläufige und von der Erfahrung abhängige Frage. Und diese Forderung stellt denn auch Ritschl an die Theologie, dass sie absehe von allen metaphysischen Gedankenbildern, die man sich vom Menschen macht, und zur Nüchternheit der Erfahrung zurückkehre. Er appellirt an das eigentümliche Selbstgefühl, in welchem der Mensch sich seiner bewusst ist — und wenn dieses zur Selbstbeurtheilung nicht genügt, dann hilft alle Metaphysik

---

[1] S. Preger, Matth. Flacius, B. I, 314.
[2] Theologie und Metaphysik, S. 24 ff.
[3] A. a. O., S. 27 ff.

nicht. Man hat sich aller Versuche, a priori etwas über den Menschen wissen zu wollen, zu enthalten. Der Christ ist an die christliche Gemeinschaft gewiesen; die ihm damit gegebene Stellung hat er anzuerkennen. Durch Gottes Gnade, die aber hier ganz gleich steht mit dem in der ersten Schöpfung sich erweisenden Willensentschluss, Menschen in seinem Bilde zu schaffen, — durch diese Gnade sind Christen da und eins im Willen und in der Gesinnung mit Gott, durch Vermittlung des Sohnes Gottes.

Es will also auch Ritschl durchaus sich als Glied der christlichen Gemeinschaft betrachtet wissen und nicht als „blosser" Mensch, der ein Produkt der Philosophie wäre. Er will alle jene schönen Zweckbestimmungen, die der Christ in sich und Anderen zu realisiren anstrebt, im Schoosse der christlichen Kirche und durch Vermittlung der Gemeinde der Gläubigen vermittelt wissen. Ist nun dieser Mensch Ritschl's jener Mensch, wie ihn die Theologie, nach dem Vorgang des Apostels Paulus (vgl. Röm. 5, 12 ff.), fordern muss? Nein, — was dieser Mensch nach Ritschl's Vorstellung an sich erfährt durch das Mittel der Offenbarung — wie schön, wie ähnlich mit reformatorischen Ausdrücken es auch immer klinge — es hat absolut keine Gemeingültigkeit. Dieser Mensch sitzt mit seiner Erfahrung völlig auf dem Isolirschemel. Dieser Mensch Ritschl's ist ebenso undenkbar, wie der Mensch, der den Gegnern vor Augen steht. Da ist etwas, aus der Heilsabsicht Gottes heraus, durch Christus begründet, das ebenso, wie der Mensch nach dem Recept der Philosophie, in der Luft hängt und einer Unterlage in der Geschichte entbehrt. Wir sagen im strikten Widerspruch mit Ritschl:[1] Grade in Hinsicht auf die 12 einzelnen Jünger und die folgenden Vielen ist die Absicht Christi gerichtet gewesen, und nicht auf eine putative Gemeinde für Gegenwart und Zukunft, von der es sich nun erst finden muss, wie viele Einzelne ihr im Verlauf der Zeit durch Vermittlung ihres Geborenseins in solchem Rahmen der Gemeinde und unter bleibender Befolgung des hier mustergültigen Vorbildes Christi zugehören werden. Die Gemeinde der Gläubigen als solche, oder als Rahmen, besteht ja gar nicht, und ihr an Christo und dessen Gemeinschaft mit Gott, die Er durch den ganzen Verlauf seines Lebens bis zum

---

[1] R. und V. III, 509 (517).

Tode am Kreuz aufrecht erhalten hat, einen realen Anhalt, einen Zusammenhalt und ein Vorbild zu geben, ist ganz schriftwidrig. Denn Christi Person und Werk wird von Paulus Röm. 5, 12 ff. an Adam's Person und Werk gemessen — ὥσπερ (ὡς) — οὕτως, und nicht ist der Mensch eine unbestimmte Grösse, die dann erst Inhalt, Mass und ethisches Gewicht von dem Vorbild und Urbild, Christo, sich müsste geben lassen.[1]

Genug, der Mensch, den die Rechtfertigungslehre bei Paulus fordert, um ihn durch Jesum Christum errettet werden zu lassen, findet sich weder bei Ritschl, noch seinen Gegnern. Dort, bei Ritschl, ist es doch wieder nur die Kantische Uebersetzung der biblischen Ideen in Vernunftideen unter Beibehaltung der biblischen Terminologie — also ein Rückfall ins Pelagianische — währenddem seine Gegner (wir geben das zu) dem enthusiastischen und mystischen Irrthum Vorschub leisten, dass der substanziell veränderte oder dann zu verändernde Mensch Gegenstand der christlichen Rechtfertigungslehre sei.

Der Apostel hat im Römerbrief seine ganz bestimmten Leser vor sich; Menschen, die Fleisch und Blut haben, die eine Vergangenheit haben, in denen er eine Erziehung und sittlichen Charakter, ja vielmehr eine religiöse Art oder Unart, jüdisches oder heidnisches Wesen, voraussetzen muss und voraussetzt. Diese Leser sind theilweise bekehrt, theilweise will er sie bekehren durch sein Wort im Briefe — alle aber sind sie getauft. Diese ihre Taufe und alle mit derselben nach Röm. 6, 3 ff. gegebenen Vorrechte präjudiciren nun keineswegs dem Gedanken, dass sie alle, ohne Ausnahme, Menschen, also sagen wir: blosse Menschen sind, und obschon Gott, dem Vater, um Christi willen angenehm (accepti et grati), dennoch Fleisch, σαρκικοί. Solche Anerkenntniss verlangt der Apostel von seinen Lesern; dieselbe will er hervorrufen. Er will dem Menschen an die Wurzel kommen, sonst wird ihm eine Heilung nie zu Theil werden können. So sehr auch immer er um Christi willen Gott genehm ist, so soll nun der Gottlose im Leben selber erst es erfahren, was es heisse, gerecht-

---

[1] Ritschl, R. und V. III, S. 330, behauptet ohne jeglichen Grund das Gegentheil. Die Relation zwischen ὥσπερ (ὡς) und οὕτως ist aber für uns bindend und entscheidet alles.

fertigt zu sein. Das göttliche Wohlgefallen ruht in Christo auf dem Sünder — aber eben deshalb fängt Gottes Geist mit ihm nun im Verlauf des Lebens zu handeln an. Er erweckt durch das Gesetz Erkenntniss der Sünde. Dem groben Klotz gebürt ein grober Keil. „Quando Deus incipit hominem iustificare, prius eum damnat, et quem vult aedificare destruit, quem vult sanare percutit, quem vivificare occidit etc."[1]) Mithin geht die Sache im Leben erst recht an, und die in der heiligen Taufe dem Menschen vorgegebene Rechtfertigung wird im Leben durchgeführt. Paulus weiss sehr wohl, dass sein Wort, das Wort des Evangeliums (Röm. 1, 17), Heilung bringt und bringen muss. Aber, was wäre Heilung ohne Selbsterkenntniss — eine Predigt des Heiles, die nicht Selbsterkenntniss bewirkt, führt Verstockung mit sich. Und so gibt es wirklich Momente in der Entwicklung des Reiches Gottes auf Erden (Jes. 6; Joh. 12; Act. 28), wo die Predigt nur Verstockung wirkt — weil man sie falsch auffasst oder ohne Weiteres sich ihren Heilsinhalt anmasst und so das Heilmittel in sein Gegentheil verkehrt.

Um nun der heilenden Kraft des Evangelii, sagen wir es nur in kurzen Worten: der Rechtfertigung durch den Glauben, Bahn zu brechen in der Erkenntniss der römischen Gemeinde, so ist der Apostel darauf aus, einen Menschen sich gegenüber zu stellen, wie ihn die Rechtfertigung durch den Glauben erfordert: einen Menschen, der sich selbst hat kennen gelernt. Wo findet er denselben? — Nirgends in der Erfahrung. Alle wollen mehr sein, als blosse Sünder. Und so muss denn im empirischen Leben ein Solcher wirklich noch erst gesucht und zugerichtet werden. Um einen Menschen herauszubekommen, wie er ihn braucht, geht Paulus Cap. 1 erst den Heiden zu Leibe, reisst ihnen alle Lappen der Gottesverehrung und Selbstentschuldigung vom Leibe herunter und lässt sie als blosse Menschen dazustehen kommen. Der blosse Mensch hat der Gotteserkenntniss genug, aber er hat Gott nicht als Solchem gedankt (Cap. 1, 21 ff.). Er hat sittliche Maximen genug im Vorrath (um Kant damit an die Hand zu gehen und als Vorbild zu dienen), er weiss an dem Nächsten alles wohl zu richten (Cap. 1, 30;

---

[1]) Luther, Resol. thesis 7 ex 95. Opp. lat. II, 252 f.

Cap. 2, 1) — aber er thut nicht, was er also als gut einsieht. Etwa deshalb nicht, weil er noch nicht der Vermittlungen innerhalb der Ritschl'schen Kirche sich erfreut? Nun, dann wäre Gott ungerecht, dass er diese Heiden ihre Wege gehen liess, ohne sie mit Ritschl bekannt gemacht zu haben. Oder thut der Heide etwa deshalb noch nicht, was er als gut einsieht, weil er noch nicht der Wohlthat des frei gemachten Willens nach dem römisch-tridentinischen Lehrbegriff sich erfreute — oder etwa, weil er noch nicht unter dem Einfluss der iustitia essentialis steht? Nun, dann wäre Gott ungerecht, dass er die Heiden nicht mit Rom, mit Osiander oder dem Pietismus bekannt werden liess, bevor er sie nach Pauli Evangelium gemäss ihrer zu Tage liegenden Werke verdammte (Cap. 2, 14). Für Gottes Urtheil reichte wirklich jene erste Phase aus, die die Heiden durchlebten, um das Verdammungsurtheil über sie zu fällen, falls Er sie lediglich nach dem Gesetz behandeln wollte. Cap. 2, 12: Wie Viele ihrer, ohne im Besitz eines (positiven) Gesetzes zu sein, gesündigt haben — die werden auch, ohne dass dieses als Masstab angelegt wird, verloren gehen.

Vergeblich ist es, gegen diesen ehernen Wortlaut einzuwenden, Paulus sehe hier noch von der Erlösung ab, aber hege gleichwohl die Meinung: wenn erst die Völker mit der Erlösung bekannt geworden, da werde sich die Sachlage ändern.

Dass es auch dann nicht besser geht, wenn die Erlösung eingerechnet wird in diese Beurtheilung des Menschen Seitens Gottes, gibt der Apostel an dem Beispiel der Juden zu verstehen von Cap. 2, 17 an. Denn diese standen doch unter dem Einfluss des Bundes Gottes mit Abraham; bei ihnen konnte mit Grund eine Beschneidung des Herzens, im Geist und nicht blos dem Buchstaben nach, erwartet werden, und doch ergeht das Verwerfungsurtheil auch über sie, und gilt dem ganzen Zustande, in dem sie sich befinden. Cap. 3, 12: Alle sind abgewichen — und aus Werken eines Gesetzes wird kein wie immer geartetes Fleisch gerechtfertigt werden vor Gottes Antlitz (Vers 20). Und wenn der Jude kleinlaut nach seinem notorischen Vortheil vor den Heiden sich erkundigt (Cap. 3, 1), so erfährt er, sie hätten Sprüche Gottes empfangen — und das sei genug — und übrigens vernichte ihre Untreue Gottes beharrliche Treue nicht — Gott bleibe gerecht und Richter. Und wenn sie abermals sich melden (Vers 9), so antwortet Paulus: wir haben schon zuvor Juden und Heiden überführt, dass alle unter Sünde (unter deren Banne) seien.

Einen blossen Menschen demnach herzustellen, dazu bedarf es bei Juden und Heiden, Bekehrten und Unbekehrten, einer längeren und immer wieder erneuerten Arbeit des heiligen Geistes an ihnen. Es bedarf dazu: die Menschen erst einmal zum Stehen zu bringen, dass sie sich dem Urtheil des Apostels, das nach dem Gesetz ist, aber doch auch nach Massgabe seines Evangeliums (der von Christo ihm aufgetragenen Verkündigung der frohen Botschaft), sich unterstellen. Dann erst und auch dann meist nur allmählich beginnt es zu tagen in den Hörern solcher Worte. Es ist aber gewaltig schwer und bedarf der Allmacht der göttlichen Gnade.

Also ob auch getauft, ob damit auch gerechtfertigt durch den Glauben vor dem göttlichen Richterstuhle (in foro coeli) — es muss nun das Gesetz erst die Arbeit an den Seelen beginnen. Und das ist der erste grosse Erweis der göttlichen Gnadenarbeit, dass das Gesetz uns apart nimmt und Sünder aus uns macht. Denn die Wiedergeburt hat uns doch nicht neue Kräfte verliehen, oder einen neuen Teig aus uns gemacht, auf dass wir mit ihrer Hülfe nunmehr Gott willig dienten und dadurch selig würden. Das hiesse uns für immer an ein Gesetz des Dienstes und der Werke fesseln und den Rahmen der Rechtfertigung zerbrechen. Das Gesetz vielmehr arbeitet an unseren Seelen, dass wir inne werden — es sollte wohl sein — aber es geht nicht, in Ewigkeit nicht. Der Mensch weiss zwar, was er selbst und Andere zu thun habe, um Gottes Gerechtsamen ($\tau\grave{o}$ $\delta\iota\varkappa\alpha\acute{\iota}\omega\mu\alpha$ $\tau o\tilde{v}$ $\Theta\varepsilon o\tilde{v}$ Röm. 1, 30) zu entsprechen — aber er thut es eben nicht. Zwischen dem „Sollen“ und „Können“ erhebt sich eine unausfüllbare Kluft. Kein Hebel lässt sich erfinden, um uns über diese Kluft hinwegzuheben. Grade der beste, edelste Hebel, das Bewusstsein von einem unbedingt in uns gebietenden Sittengesetz, an welches Kant in so rührender Weise[1]) appellirt, versagt uns seine Mitwirkung, wenn der Sturm der Leidenschaften uns treibt. Dass also jemals von Lohn vor Gott die Rede sein könne, ist gänzlich ausgeschlossen — nicht nur deshalb, weil Niemand sich desselben würdig macht,

---

[1]) Die Religion innerhalb den Grenzen der blossen Vernunft, S. 48 ff.

sondern auch weil Gott weder Heiden noch Juden in die Gelegenheit dazu je gestellt hatte.

Die Vertröstung auf ein Zusammenleben in einer Kirche (Ritschl) ist nur dann trostreich, wenn es ein Trost ist, Genossen im Elend zu haben. Das Beispiel der Juden zeigt solches genügend. Wir sind eben Sünder und ermangeln der Herrlichkeit Gottes (Röm. 3, 23). Das und das allein will das Gesetz, freilich auf vielen Umwegen (nach Ausweis der Geschichte sogar auf einem über Jahrtausende sich erstreckenden, aber providentiellen Umwege), uns andemonstriren.

Die platten, auf der Hand liegenden Einwürfe gegen diese Lehre hat der Apostel mit sehr apodiktischen Entgegnungen Röm. 3, 3—8 abgelehnt. Bei der Erkenntniss des absoluten Bankrotts, bei der Erkenntniss, dass Paulus, ohne eine Ausnahme zu statuiren, gegen Juden und Heiden, sogenannte Gläubige und Ungläubige, die Beschuldigung der völligen Sündhaftigkeit erhebt, so dass nur Gott als gerecht dazustehen kommt: wird der Mensch missmuthig und meint: Wenn also gar nichts hilft — ja wenn unsere Ungerechtigkeit noch gar dienen muss, Gottes Gerechtigkeit nur mehr hervorzuheben, — ist dann Gott, wenn er als Richter seinen Zorn über uns ergehen lässt, nicht ungerecht? Ganz einfach antwortet Paulus: Gewiss nicht — denn wie sollte Gott sonst die Welt richten? Und ebenso weist er die Consequenzmacherei der Gegner in V. 7. 8, als ob aus Bösem Gutes hervorgehen könne, dadurch ab, dass er sagt: Weshalb werde ich dann noch als Sünder verurtheilt? Warum lässt man mich nicht ruhig gewähren mit meiner mir schuldgegebenen Lehre vom Thun des Bösen, damit Gutes daraus hervorgehe? Indem die Gegner solches ihm zum Vorwurf machen, zeigen sie eben, dass es ihnen mit dem Vers 5 Gesagten nicht Ernst sei, wo sie meinten, unsere Ungerechtigkeit diene wohl gar, um Gottes Gerechtigkeit zu releviren. Und indem sie dergestalt ihren mangelnden Ernst verriethen, sei ihr Gericht, das sie treffen müsse, ganz gerecht.

Wir sagen: Die platten Einwürfe gegen die Lehre des Apostels, dass Gott allein wahrhaftig sei und alle Menschen Lügner (Vers 4) — diese platten Einwürfe erhielten eine apodiktische, aber nicht platte Antwort. Einmal: Wie soll Gott die Welt richten? — und zweitens: Eure Consequenzmacherei ist eine solche, die wider besseres Wissen geschieht und daher verdammlich.

Wir stehen hier an der einzigen Stelle im N. T., wo der Apostel sich aufgelehnt hat gegen die Folgerungen, welche man aus seinen Sätzen zog, bei dem Satz von der Gnade Gottes und deren um so herrlicheren Erweisung, je grösser die menschliche Sünde sei (bes. Röm. 5, 20). Er stellt Vers 3 den Satz voraus: dass Gottes Treue (seine Emeth) durch unsere Untreue nicht vernichtet wird, sondern, was die Kehrseite davon ist, dass sie wächst und in einem um so helleren Lichte erscheint. Nicht das sagt er: dass Gottes Gerechtigkeit durch unsere Ungerechtigkeit etwa wächst oder Gottes Wahrheit durch unsere Lüge — wohl aber wächst und erscheint in ihrem wahren Lichte seine Treue durch unsere Untreue — das ist die These, die der Apostel den im Sinne der Gegner gemachten Einwürfen gegenüber vertheidigt. Der Mensch suchte Gott in Seiner Treue zu ermüden — jedoch blieb Gott durch die Jahrtausende hindurch getreu und änderte sich nicht.

Darin steckt nun ein ganzes Evangelium, dass Seine Treue nicht durch unsere Untreue vernichtet wird, dass er wahrhaftig ist, alle Menschen dagegen Lügner (Vers 4). Es ist dasselbe Evangelium, das Paulus erfahren hat auf dem Weg nach Damaskus und weiterhin; ein Evangelium, das wir aber nur in der Schule des heiligen Geistes lernen. Denn erst in dieser Schule lernen wir Seine Treue und unsere Untreue kennen.

Mit dem Begriff der Creatur, die nicht vollkommen gleich wie Gott ist, war die Möglichkeit des Abfalls gegeben.[1] Gott gab der Creatur das Dasein; Er gab ihr Sein Gebot; es stand im Paradiese alles so, wie es stehen sollte und allein stehen konnte. Und nach dem Fall, nach dem Erweis der Untreue Seitens des Menschen kehrte Er sich nicht an solche Untreue; Er blieb sich gleich, blieb seinem Vorsatz treu, und darin liegt unser Heil und unsere Errettung!

Auf dieser Linie liegt nun auch das weitere Walten Gottes und die Geltung seines Gesetzes. Er zieht in keinem Stücke seine Forderungen zurück. Er bleibt, wie er ist. (Ps. 102, 28). Die

---

[1] Vgl. meine Dogmatik § 37.

göttliche Offenbarung setzt sich durch: sie sorgt für Einzeichnung des Gesetzes in die Vernunft und ein daneben hergehendes Zeugniss des Gewissens — und endlich nimmt Gott selbst die Einzeichnung seines Gesetzes in die Herzen der Wiedergebornen durch die Vermittlung der Sendung seines heiligen Geistes in die Hand (nach der Verheissung bei Ez. 36, 27 und Jer. 31, 31). Der Widerspruch zwischen unserem natürlich-fleischlichen Dasein (nach Adam's Fall) und dem Gesetz Gottes, das uns unsere nie erlassene und nie zu erlassende Aufgabe vorzeichnet, beginnt — die Untreue wächst. Sie reflektirt sich als Schuld in unserem Inneren. Sie muss aufgehoben werden, wenn Gott bleiben soll, der er ist — Gott! Biegen oder brechen — das ist hier die Frage! Was dann aber, wenn das Menschenkind nun bricht, wenn es zerbrochen daliegt vor Seinen Füssen? Wo bleibt dann der Triumph der Treue — sie hat, wenn der Menschen Untreue sie zu nichte macht, keinen Gegenstand mehr. Und wenn nun Alle über dem Kampf zu Grunde gehen? Dass letzteres möglich sei — dies sollten grade die Vertreter der Willensfreiheit nicht in Abrede stellen — denn wo wäre eine Garantie dagegen gegeben? Aller Menschen Wille muss ja nun die Freiheit haben, der Treue letztlich zu widerstehen. Paulus sagt aber τινες in sehr begütigender Weise: denn die Zahlen sprechen nicht für ihn. Er sagt aber, dass Etliche untreu geworden, und schliesst mit dem τινες auf Andere, die treu sind. Das thut er mit grösserem Recht, als Ritschl, der uns hier auf seinen inhaltsleeren Begriff, die von Gott bezweckte Gemeinde (einen unausgefüllten Rahmen), weist.[1] Der Apostel weiss, was für ein Gemächte wir sind, er weiss, dass wir Fleisch sind. Und so hat er sich darüber keiner Täuschung hingegeben, dass etwa menschliches Entgegenkommen den Ring des Ungehorsams und der Sünde gesprengt habe, der uns Alle umschlossen hält. (Röm. 11, 32, vergl. Gal. 3, 22). Paulus hat vielmehr Gottes Treue den Sieg behalten lassen. Es kann nicht Ein und derselbe Paulus in einer Zeitperiode seines Lebens die Untreue bis zum Aeussersten

---

[1] Metaphysik, S. 20: wonach Ritschl, gemäss dem Zeugniss Christi und der dem Glauben an ihm feststehenden Erfahrung, das Reich Gottes in der Gemeinde Chrisi als wirklich in irgend einem Umfang voraussetzt, wenn er von der Relation der Liebe Gottes und der im Reich Gottes vereinigten Menschen rede.

treiben und dann in einer anderen der göttlichen Treue Zugang bei sich verstatten. Die Untreue bis zum Aeussersten zieht die Verwerfung nach sich. Sie tritt uns bei Judas entgegen. Wo es nicht soweit kommt, da muss im Kampf der Untreue mit der Treue der Mensch von Gott überwunden und dahin gebracht werden: dass er fragt: Herr, was willst du, dass ich thun soll? — oder dass er wie Petrus thut, der bitterlich weint, nachdem Jesus ihn angeblickt, und nicht wie Judas, der an seinen Ort ging. Solches Ringen nun der Treue Gottes mit der menschlichen Untreue bis zur Niederwerfung der letzteren — ist im Interesse der Verherrlichung der Treue Gottes gelegen, aber ist nicht Gott zur Regel zu machen. Menschliches Spekuliren fordert entweder die Wiederbringung Aller — oder die selbstherrliche Einschliessung oder Ausschliessung vom Gnadenreich. Es lässt diese Treue ihrem Begriff nach es zu, dass Andere in dieser äussersten Anspannung der Untreue verstrickt werden, fallen und zu Grunde gehen. Wer sich an diesen Anderen spiegelt, erfährt, was es mit der Untreue auf sich hat, und wohin der Zorn Gottes es treiben kann — an sich selbst aber darf er die Langmuth und Treue Gottes erfahren. — Beides zugleich in Einem Menschenleben zu erfahren, ist unmöglich. Und weil das der Fall, so marschirt die Menschheit getrennt — aber dennoch dem gleichen Ziel entgegen, der Verherrlichung der Treue Gottes: wonach also Untreue Ihn nicht aus dem Feld schlägt, vielmehr es an Vielen sich bewährt, dass seine Treue gleichwohl verherrlicht und so dem Menschen gezeigt wird, wiewenig er auf Gott gewartet und welche Mühe er Gott gemacht mit seinen Sünden. Endlich zeigt sich am Kreuze Christi, was es Gott gekostet, indem er seines eignen Sohnes nicht verschont hat — sondern ihn für uns Alle dahingegeben. Dass dabei „Etliche" untreu bleiben — ist die nothwendige, unserem Denken freilich stets anstössige Kehrseite der Errettung der Uebrigen.

Menschliche Spekulation fordert bei diesem Problem universelle Durchsetzung der Treue Gottes vermittelst eines Processes, wobei die Zahl der zum Reiche Gottes Zugehörigen die der davon Ausgeschiedenen immer mehr überwiegt bis zur Wiederbringung Aller zu Gott, womit der Zweck der Schöpfung erfüllt, freilich aber auch Gottes Treue zum Schein herabgemindert wird (so der Pantheismus, Schleiermacher, gewisse Mystiker und Theosophen).

Oder aber menschliche Spekulation schränkt die Verherrlichung der Treue Gottes auf diejenigen ein, welche ihrer Untreue aus eignem Entschlusse Halt gebieten und dualistisch mitwirken, d. h. Gott zum Gott machen, mit dem Erfolg, dass er immer doch Ehre nehmen muss von Menschen. So verfährt der Rationalismus und neuerdings wieder Ritschl. Die heilige Schrift geht den Mittelweg zwischen beiden Extremen.

Die ἀπιστοῦντες, die Treulosen, Ungehorsamen, Ungläubigen (was alles Wechselbegriffe sind), sind nun nach Paulus nicht dazu angelaufen (d. h. haben sich an dem ausgesprochenen Willen Gottes nicht dazu gestossen), damit sie gefallen sein möchten, als ob Gott sich an ihrem Fall erfreute oder diesen Fall zum letzten äussersten Zweck sich vorgesetzt hätte. Denn wie könnte da Gott die Welt richten, wenn menschliches Unrecht, seine Gerechtigkeit zu releviren, dienstbar werden müsste (Röm. 3, 5. 6). Ausdrücklich lehnt Paulus Röm. 11, 11 diesen Satz ab: dass Israel angelaufen sei oder sich gestossen, damit es zu Fall gekommen sei. Nein, sagt er — es ist vielmehr durch seinen Fall ein Höheres erzielt: das Heil für die Heiden, und dies wiederum nicht als letzter Zweck, sondern auch dies dazu, um nur wieder Israel zu reizen. Also der Fall der τινες, die untreu gewesen, ist nicht Selbstzweck — Gott lässt sie nur gewähren — er lässt sie dahingehen in ihres Herzens Sinn, ja gibt sie dahin — aber so, dass es ihre Schuld ist (salva culpa). Der Zorn Gottes kommt über die υἱοὶ τῆς ἀπειθείας (Col. 3, 6), nicht über Solche, die es nicht sind und nicht geworden oder doch nicht geblieben wären, falls die Gottheit nur (κατὰ ἄνθρωπον λέγω) ihre Schuldigkeit gethan hätte.

Aber bei diesem Gewährenlassen der Ungehorsamen ist sein Zweck ein höherer und weit über sein nächstes Thun hinaus liegender. Es ist dieser, dass Andere an ihrem Fall sich ein Beispiel nehmen und unter Gottes Gnadenbeistand nicht beharrlich widerstehen, sondern, an dem Gesetz Gottes sich messend und ihm zu Willen zu sein sich bestrebend, sterben, absterben dem eignen Können und Wollen (wie es das Gesetz hervortreibt), und danach Gott leben, in Christo Jesu.

Das Gesetz Gottes, das Gott nach seiner Wahrhaftigkeit und Treue nicht zurückgezogen, setzt die zu Errettenden (die Leser der Gemeinde in Rom zunächst) in die Lage, dass sie sich über ihren ganzen Zustand völlig orientiren, und es wird somit ein ganz gewaltiger Wegweiser zu Christus. Denn auch da, wo es sie hart anlässt, will es sie nicht tödten — das ist seine Zweckbestimmung nicht; in keinem Moment der Heilsordnung ist dies des Gesetzes directer Zweck.

Es kommt das Gesetz im Schoosse der Christenheit zu Christen, zu Getauften, zu den in der Kirche Christi Versammelten. Von diesen gilt, dass sie gerechtfertigt sind und nicht mehr unter dem Zorn. Dies Urtheil erging an sie in der Taufe. Sie sind aber impii, an und für sich betrachtet; dennoch aber zugleich pii in Christo Jesu, nämlich im Wege der Zurechnung seiner Gerechtigkeit. Nunmehr ist es das Absehen des Gesetzes, Solche, die alles haben und denen stets das Wort gilt: „Was hast du, das du nicht empfangen hättest", aus den Banden der sie gleichwohl umlagernden Finsterniss und des Todes herauszureissen. Das Gesetz muss kommen, um die Christen von der Stelle zu bringen. Sie erkennen die Sünde nicht, ohne durchs Gesetz (Röm. 7, 7). Es muss Gährung in sie hineinkommen. Besonders auch das, was sie nach Menschenweise und angenommener Massen vom neuen Leben hatten oder zu haben meinten — sei es Kräfte der Wiedergeburt oder irgend welche moralische Beschaffenheit — muss ihnen erst einmal gründlich abhanden kommen. Nackend muss das Gesetz sie ausziehen — und die Ueberzeugung gewirkt werden, zum ersten Mal recht gewirkt werden, dass sie todt sind. Ἐγὼ δὲ ἀπέθανον, sagt der Apostel (Röm. 7, 10), nachdem er das Bekenntniss abgelegt (Vers 9), dass er bis dahin ein angenommenes (putatives) Leben geführt, bei dem die Sünde todt, oder ein so bescheidenes Dasein geführt, dass man sich ihrer nur mit Mühe und Noth bewusst wurde. Jetzt aber lebte sie auf; sie nahm Anlass am Gebot, verlockte ihn zu halsbrechenden Anstrengungen, eben durchs Gebot, und liess ihn endlich neben dem Gebot oder gar mit dem Gebot in der Hand todt liegen.

Das Gesetz, oder das Gebot im einzelnen Fall, wäscht bei diesem Todtschlag seine Hände in Unschuld — es ist nicht schuld daran, wenn nun für den Menschen das erste Leben (der faule Friede) verloren ging, und er, aller Behelfe baar, todt vor den Füssen des Gesetzes Gottes dazuliegen kommt und nun seinen Feind, die

Sünde, erst recht in ihrem Werk sieht und inne wird, was denn eigentlich in ihm lebt — Sünde nämlich.

Das sind alles Erfahrungen des Getauften, der bei denselben nicht die Ausrede zur Hand hat — er sei damals (als die Röm. 7 beschriebenen Erfahrungen gemacht wurden) noch nicht wiedergeboren gewesen, gleich als ob es dann besser stehen würde mit ihm. Er kann sich nicht der Wiedergeburt als etwas Zukünftigen getrösten. Er ist grade so weit gewesen, als er jemals kommen wird. Denn nach göttlicher Rechnung ist er durch die Taufe zur Zahl der Wiedergebornen gehörig; aber es soll ihm nunmehr im Leben klar gemacht werden, was von ihm und vom bis dahin für wahr angenommenen christlichen Leben zu halten sei und was die Folge sein wird von der echten Betrachtung der Dinge, also derjenigen Wiedergeburt oder Rechtfertigung, welche durch Gottes Geist im Menschen gewirkt wird. Und da verschwindet, was ich bis dahin von Leben hatte; das Gute, das ich bis dahin besass, wird als Schein erkannt und ich vor dem Forum des Gesetzes als todt. Denn wir wissen, dass das Gesetz geistlich ist, — ich aber bin fleischlich, unter die Sünde verkauft (Vers 14). Also nach der Einen Betrachtungsweise bin ich todt, erkenne mich als fleischlich, als verkauft unter die Sünde. Und alle Instanzen dagegen helfen nichts, wie solche denn von Vers 15 an angerufen werden. Freude hat zwar der Wiedergeborne (der Gerechtfertigte), der kein anderes Subjekt ist, als der σαρκικός Vers 14, am Gesetz nach dem inwendigen Menschen; das Wollen liegt ihm bei (ist da). Der Mensch sieht über alle dazwischen liegenden Hindernisse oftmals hinweg auf die golden bestrahlten Gipfel, wo er sein soll und einst sein wird — aber kaum, dass er sich dess bewusst geworden, kaum dass er jenes freundlichen Lichtes sich zu freuen begonnen — so kommen aus der Tiefe schon wieder die Nebel. Ein anderer νόμος, der als von aussen her kommend erscheint, sofern er gegen den soeben noch sich freuenden inneren Menschen oder den νόμος τοῦ νοός μου andringt, nimmt mich rücksichtslos gefangen und zwingt mich unter das Gesetz der Sünde, das in meinen Gliedern wohnt. Kaum dass der Mensch dabei Zeit findet, den Seufzer auszustossen: ich elender Mensch, wer wird mich erlösen von dem Leibe dieses Todes? — ich danksage Gott durch Christum, unsern Herrn (Röm. 7, 24. 25)!

Mit diesen letzteren Worten haben wir denn auch die andere Betrachtungsweise berührt, wonach also der Mensch, zufolge gnädiger Zurechnung Gottes, in Christo Jesu befasst erscheint und unter solcher Beurtheilung doch wieder andere Erfahrungen macht, und zwar Dank zu sagen weiss dem Gott, der solches in Christo gewirkt, da er ihn auferweckt und zum Haupt der Gemeinde gesetzt, und nun in der Rechtfertigung solches dem Sünder zuspricht. Der einzige feste Boden, den wir unter den Füssen haben und auf dem der Glaube allein festen Fuss fassen kann, ist also das gnädige Urtheil Gottes, das jenes frühere, an Adam's Namen und Erbe haftende Urtheil, aufzuheben dient: — „Dieser da, in seinem Blute, ist gerecht — er soll leben" — und die durch den heiligen Geist vermittelte Erfahrung davon im Inneren, die Frieden und ein ruhiges Gewissen wirket.

Unter wessen Leitung und wessen Auspicien nun dieser ganze lebendig verlaufende Heilsprocess mit dem Sünder nach Anfang, Mitte und Ende verläuft, das wird durch den III. Glaubensartikel genauer erläutert. Mit der Wiedergeburt und Rechtfertigung in der Taufe ist der heilige Geist gegeben, und von dessen Mittheilung an das Kind hängt alles ab, was von der Taufe an mit dem Kinde weiter geschieht und zu geschehen hat.

§ 4.

Rechtfertigungslehre und der heilige Geist.

„Es ist kaum ein Glied der christlichen Gesammtanschauung von der Theologie stets so vernachlässigt worden, wie dieser Begriff," sagt mit Recht Ritschl (III, 569). Ja — was macht Ritschl aber selbst aus dem heiligen Geiste? „Der Geist Gottes oder der heilige Geist, der in Beziehung auf Gott selbst die Erkenntniss ist, welche Gott von sich selbst hat, ist zugleich Attribut der christlichen Gemeinde, weil dieselbe gemäss der vollendeten Offenbarung Gottes durch Christus diejenige Erkenntniss von Gott und seinem Rathschluss mit den Menschen in der Welt hat, welche mit der Selbsterkenntniss Gottes übereinstimmt." (Ritschl III, 571 f.) „Als die Kraft der den Christgläubigen gemeinsamen erschöpfenden Erkenntniss Gottes ist aber der heilige Geist zugleich der Beweggrund des Lebens aller Christen, welches als solches nothwendig auf das gemeinsame Ziel des Reiches Gottes gerichtet ist." Und alsdann wird abgewiesen, dass der heilige Geist in der Art einer Naturkraft wirke und also der Mensch dadurch verändert werde — sondern es findet nur statt eine moralische Einwirkung, die ausgeht von dem Vertrauen auf Gott, den Vater Jesu Christi, und die zur Geduld und Demuth, wie zur sittlichen Thätigkeit im Reiche Gottes den Einzelnen antreibt.

Schleiermacher tadelt dagegen die christliche Dogmatik, weil sie die Einheit des Selbstbewusstseins durch die Einwohnung des heiligen Geistes zerstöre — und zeigt damit, dass er solches Geheimniss nicht versteht. Und doch ist es nicht zum erstenmal, dass dies Geheimniss sich uns aufdringt. Schon bei der Lehre von den Eigenschaften Gottes kommt man auf die gleichen Grenzstreitigkeiten zwischen dem menschlichen und göttlichen Geist. Bekannt ist die Controverse, die schon bei der Lehre von der Allgegenwart Gottes zwischen den Orthodoxen und Socinianern bestand. Während letztere die Allgegenwart nur dynamisch fassten (Gott ist virtute et ἐνεργείᾳ allgegenwärtig), so fassten die Orthodoxen sie essentialiter et praesentialiter. Zerstört also die Allgegenwart, nach orthodoxer Definition, die Realität anderer Wesen, dann erst und dann allein werden wir Schleiermacher[1]) zugeben, dass durch die Einwohnung des heiligen Geistes die Einheit des Selbstbewusstseins zerstört werde. Wir werden uns dann auch hier socinianisch genügen lassen an einer dynamischen Einwirkung Gottes. Es ist überhaupt hier, wie an so vielen Punkten, das Geheimniss der Schöpfung, das nicht in seinen weiteren Folgen für die christliche Gesammtanschauung genügend gewürdigt wird. Mit dem Begriff der Schöpfung können die Neueren nicht fertig werden; man schwankt, ob Emanation oder ewige Materie anzunehmen sei, und umgeht die creatio e nihilo, und die dort nicht gründlich ausgefegten Reste des pantheistischen oder dualistischen Sauerteiges heften sich nun den Forschern an die Sohlen auf Schritt und Tritt. Alles ist inficirt von pantheistischem oder pelagianischem Sauerteig. Und so verhält es sich auch hier in der Lehre von dem heiligen Geist.

Pantheistisch verfährt die neuere Spekulation, indem sie „die

---

[1]) Der christliche Glaube § 123.

göttliche Realität des heiligen Geistes wieder dadurch zur Geltung gebracht zu haben meint, dass sie im heiligen Geist die Selbst-offenbarung des göttlichen Geistes im menschlichen Geist der sich mit Gott eins wissenden Gemeinde erkannte" (Pfleiderer, Grund-riss, § 183). Rationalistisch dagegen verfährt Ritschl, und auch Schleiermacher hält sich davon nicht frei. Sie thun so nach ihrem kurzsichtigen Verstande und den selbsterfundenen Masstäben, die sie überall zur Beurtheilung dieser Dinge mitbringen.

Wen wir aber hier zunächst befragen wollen — das ist die orthodoxe Dogmatik — fragen wollen wir sie: ob sie denn mit diesem Theologumenon von der Wirksamkeit des heiligen Geistes wohl umgegangen, und ob hier die protestantische Kirche gar keine Kritik an sich selbst zu üben und üben zu lassen schuldig sei? Es ist ja sehr bequem, sich mit den historischen Ehrenmonumenten unserer protestantischen Kirche vor der stechenden Sonne der gegnerischen Kritik zu decken und in ihrem Schatten dicke Bücher über die göttlichen Dinge zu schreiben. Trifft jedoch Ritschl weit vom Ziel, wenn er sagt, die Lehre von der unio mystica sei ein hors-d'oeuvre, welches dazu gedient, die Augen von der Rechtfertigung aus dem Glauben abzulenken? (R. u. V. III, 21.) Oder wenn wir sagen: die unio mystica hat den heiligen Geist in seiner Wirk-samkeit verdrängt?

Diese unio mystica ist ein Rückfall ins Mittelalter, meint Ritschl. Gewiss, die Katechismen (der lutherische wie der Heidel-berger) wissen nichts davon. Dieselbe soll zu Anfang des 17. Jahr-hunderts in die Kirche eingeschlichen sein.[1] Dann aber haben die späteren lutherischen Dogmatiker die verschiedenen Momente der Heilsordnung als besondere Akte der gratia Spiritus sancti applicatrix systematisirt, und hierbei wusste man die Rechtfertigung schon gar nicht mehr recht unterzubringen. Sie passte als forensischer Akt gar nicht recht zu den immanenten Gnadenwirkungen, als da sind (nach Hollaz) 1) die Berufung, 2) die Erleuchtung, 3) die Be-kehrung und Wiedergeburt, 4) die unio mystica, 5) die Erneuerung.[2]

Somit war das Gewebe der Heilsordnung in Unordnung ge-

---

[1] R. und V. I, 359. Siehe oben S. 60.

[2] Pfleiderer, a. a. O., S. 229 erläutert die einzelnen Momente aus der lutherischen Dogmatik in folgender Weise:

1) Die Berufung (vocatio), als indirecte durch die natürliche Offen-

rathen, der Charakter der Rechtfertigung gefälscht, und, von ihrer erhabenen Höhe herabgestürzt, theilte sie ihren Rang mit der unio mystica. Schon die Concordienformel ist nicht frei von Schuld daran. Sie redete von der Einwohnung Gottes im Gläubigen (Form. Conc. 695, 54), und zwar von einer inhabitatio totius trinitatis, womit die Aufsteller der Formel etwas zur näheren Erklärung der Osiandrischen inhabitatio essentialis iustitiae Dei in nobis thun wollten. Hätten sie geschwiegen, so wäre das besser gewesen. Auch der Gegensatz, den die Formel p. 587, 18 macht, dass näm-

---

barung, als directe und eigentliche nur durch die Predigt des Evangeliums vermittelt, ist eine universelle, an die ganze Menschheit gelangende, auch den Heidenvölkern irgendeinmal zu Theil geworden. Sie ist jetzt immer gebunden an das Mittel des äusseren Wortes (mediata, ordinaria), nur bei Propheten und Aposteln geschah sie auch auf unmittelbare Weise (extraordinaria). Sie ist an sich immer ernstlich und wirksam, aber — abgesehen von der Unwillkürlichkeit ihrer ersten vorbereitenden Wirkungen — nicht unwiderstehlich, die Erfolglosigkeit also menschlich verschuldet (gegen Calvinisten).

2) Die **Erleuchtung** (illuminatio) ist die vom heiligen Geist durchs Wort gewirkte Erkenntniss von der göttlichen Wahrheit nach Seiten des Gesetzes und des Evangeliums. Im Kampf der Orthodoxie mit dem Pietismus kam die Unterscheidung auf zwischen der unvollkommenen, auf den Intellekt beschränkten, und der vollkommenen, auch den Willen bestimmenden Erleuchtung.

3) **Bekehrung** und **Wiedergeburt** (conversio et regeneratio), gewöhnlich promiscue gebraucht für diejenige Wirkung des heiligen Geistes, wodurch im Menschen die wahre Busse und der wahre, rechtfertigende Glaube erzeugt wird (**gratia operans**, als Ziel der gratia praeveniens oder **praeparans**). — Verworfen wird die katholische Lehre von der Busse, dagegen nicht polemisch berücksichtigt Calvin's Umstellung der Busse nach dem Glauben.

4) Die **unio mystica** ist die mit Wiedergeburt und Rechtfertigung unzertrennlich und unmittelbar verknüpfte (der letzteren bald nach-, bald auch vorausgesetzte!!) Einigung Gottes und des Menschen zur wesentlichen gegenseitigen Immanenz (mutua immanentia, vera, realis, intrinseca et arctissima conjunctio substantiae hominis cum substantia sanctissimae trinitatis), nicht blos moralische Verbindung oder dynamische Einwirkung, sondern substanzielle Einwohnung und Durchdringung ($\pi\epsilon\varrho\iota\chi\acute{\omega}\varrho\eta\sigma\iota\varsigma$), analog, doch nicht identisch der Verbindung des Göttlichen und Menschlichen im Gottmenschen Christus.

5) Die **Erneuerung** oder **Heiligung** (renovatio, sanctificatio) ist die fortgehende Wirkung der gratia cooperans im Wiedergebornen und Gerechtfertigten zur reellen (!!) Umwandlung desselben aus dem alten fleischlichen in den neuen geistlichen Menschen.

lich auch Gott, und nicht blos die dona Dei in den Gläubigen wohnten, ist irreführend. Denn dieser Contrast zwischen Gott und den Gaben Gottes, welche in den Gläubigen wohnen, ist in der Oekonomie der Gnade nicht zulässig. In der Gesetzesökonomie und bei dem ersten Adam war solches zulässig. Da gab Gott Naturgaben und gab sie in solcher Ordnung und Harmonie, dass der Mensch ein schönes Bild Gottes war und heissen konnte. Da war aber alles Sache des Menschen, und was daraus hervorging, wenn er diese Gaben verwendete, war ein opus ingenii sui, aber nicht opus Spiritus sancti, nicht Frucht des heiligen Geistes. Und ebenso ist in der Gesetzesökonomie von Gehorsam zu reden, den Gott fordert und wozu Gott durch Vorhalt von Lohn den erforderlichen habitus erweckt; aber alles, was also im Menschen zu Stande kommt, ist opus ingenii, eine durch oftmalige Wiederholung dem Menschen eingeprägte Fähigkeit und virtus ($\xi\xi\iota\varsigma$), und nicht opus Spiritus sancti, Frucht des Geistes. Das Gleiche wird erzielt durch Erziehung. Alles, was man gemäss der Philosophie unter dem Titel habitus und virtus preist, gehört in das Gebiet der opera legis. [1])

Erst der Glaube, sagen wir, im Anschluss an Melanchthon, der die fremde Gerechtigkeit Christi sich aneignet, gehört zum Gnadenbund, ist ein Geschenk Gottes und vom heiligen Geist

---

[1]) Zu vergleichen ist Melanchthon, Declamationes (C. R. XII, p. 327. (An virtutes sint habitus?). Nachdem Melanchthon bemerkt, dass Paulus dasjenige, was Aristoteles unter dem Titel habitus und virtus preist, in das Gebiet der opera legis verweist, sagt er: Ecclesia prorsus de virtute nos rectius docet, quae adfirmet eam esse motus Spiritus si. effusi in corda renascentium, confirmantis agnitionem Dei, et incitantis ad tales motus, qualis ipse est. Ut in Joseph castitas est motus Spiritus sancti, confirmans agnitionem Dei in cerebro, accensam verbo Dei, et repugnans insidiis Diaboli et illecebris ardentis Dominae. Nec recuso uti hac phrasi, virtutem esse ipsum Deum seu ipsum Spiritum sanctum, ut Psalmus inquit: Fortitudo mea Deus es tu. Et quidem in tanta infirmitate nostra agnoscamus, nobis opus esse Deo rectore et immensa beneficia filii Dei intelligamus, cum pro caeteris beneficiis, tum vero et pro hoc dono, quod nos gubernat et munit Spiritu sancto, ne aut infirmitate nostra labamur, aut Diaboli odiis et insidiis evertamur. — — — — Agnoscamus ergo infirmitatem nostram et auxilium a Deo petamus, sicut Dominus praecipit: Quanto magis pater coelestis dabit Spiritum sanctum petentibus. Et grati ingentia beneficia Dei celebremus. Haec dulcissima Ecclesiae doctrina multo illustrius ostendit, quid sit virtus, quam illa Aristotelis, ut ita dicam, scenica virtutis simulatio seu umbra.

gewirkt und währt immer, weil der heilige Geist ewig währt. Dieser Glaube aber ist himmelweit verschieden von jener obedientia des ersten Adam und dem gesetzlichen Gehorsam Israel's nach dem Fleische und abermal der Christen, die im Fleische leben (d. h. unter Gesetz; vergl. Röm. 6, 14).

Zur alten Schöpfung gehört, dass der Mensch, als Gottes Geschöpf, durch die ihm verliehenen Gaben, die aber causae secundae sind, neben und getragen von der obersten causa (Gott), wirksam ist, nach Gesetzen handelt — sein Aeusserstes thut, um dem Ideal zu entsprechen. Da handelt er, als ob er allein in der Welt wäre, und Passivität auf diesem Gebiet wäre Faulheit, Unvernunft. Offene Augen, Klarheit des Verstandes, Emsigkeit, Vorsicht, Masshaltung, Treue, Beharrlichkeit sind lauter merkwürdige virtutes, und die Kinder dieser Welt beschämen darin oft die Kinder Gottes und bringen in der Erziehung oft mehr zu Stande, als die der Welt ärgerlichen Kinder des Lichtes. Das aber alles ist von der ersten Schöpfung. Wohl hat auch hiermit der heilige Geist zu thun — wohl erfreut er sich daran, wenn man die göttlichen Gesetze und Ordnungen, Anstand und gute Sitten befolgt und so beiträgt zur Sicherstellung der menschlichen Lebenssphäre und zum Fortschritt der Menschheit. Mit Einem Worte, er hat es gern, wenn seine Gesetze und Ordnungen den Menschen in Fleisch und Blut übergehen, und wenn neben der Religion in der Welt auch gute Sitten bestehen. Das Alles aber gehört zur alten Oekonomie, zum Gesetzesgehorsam, zum ersten Adam. Solches Gesetz der Werke jedoch ist ein für allemal abgethan und einen Greuel empfindet Gott daran — einen Greuel auch an dem leisesten Cooperiren unsererseits (was ja alles gesetzlich wäre) — seit Christus das Haupt auf Golgatha geneigt und seitdem aus seinem Mund der Ruf erschollen: Es ist vollbracht!

Seitdem ist die Haushaltung anders bestellt. Seitdem herrscht die Gnade und fliesst auf uns über (Röm. 5, 15). Wo Vergebung der Sünden ist, da ist Leben und Seligkeit, sagt Luther. Wir sind nicht mehr unter Gesetz, sondern unter Gnade (Röm. 6, 14) — unter Gesetz, dass wir meinten, seinen Willen erfüllen zu müssen in der neuen Haushaltung. Wir sind unter Gnade, d. h. die Gnade nimmt die Erfüllung alles dessen, was das Gesetz von uns fordert, auf sich. Sie bringt's zu einer Rechtfertigung, die Leben mit sich führt (Röm. 5, 18), oder die, welche sie empfangen haben, herrschen im Leben durch den Einen, Jesus Christus (Röm. 5, 17). Zwischen diese Verbindung, die zwischen Rechtfertigung und Leben besteht ($\delta\iota\varkappa\alpha\dot\iota\omega\sigma\iota\varsigma\ \zeta\omega\tilde\eta\varsigma$ sagt Paulus Vers 18) kann sich kein Mittelglied mehr einfügen lassen, also Gaben, welche die Gerechtfertigten zu verwenden hätten. Und wenn der heilige Geist uns Gaben gibt, so thut er dies nur zu einem bestimmten Zweck (Amt und Beruf), zum gemeinen Nutzen der Kirche Christi. (s. Röm. 12, 6 ff.) Aber im Leben des Wiedergebornen handelt es sich gar nicht mehr um Erreichung eines Zweckes, und gute Werke sind nicht die Zweckbestimmung der Rechtfertigung. Denn solches alles, wie Lebenszweck und gute Werke, liegt ja, nachdem wir gerechtfertigt sind durch den Glauben, schon hinter uns; solches alles hat Christus für uns erworben, und uns kann kein Verdienst mehr zuwachsen aus der Anstrebung solcher Zwecke oder aus der Forderung, dass wir nun per virtutem Spiritus sancti cooperiren könnten und müssten (wie die Form. Conc. 674 solches fordert). Die Formel selbst meint es zwar nicht böse, sie schränkt diesen Satz sofort ein durch die Bemerkung: dass solches Cooperiren selber stamme aus den neuen Kräften und Gaben, die der heilige Geist bei der Bekehrung in uns angefangen (inchoavit.) Aber in dieses Schlupfloch verkriechen sich die Römischen auch zur Noth noch, wenn man sie sehr drängt.[1]) Aber wozu soll denn solches Dazwischenschieben der Gaben überhaupt noch dienen? Sie stehen uns nur im Wege. Eine Frucht des heiligen Geistes kennt die heilige Schrift wohl (Gal. 5, 22), aber von Gaben weiss sie nur behufs der Ausrüstung der Christen zum Amt und Werk an der Gemeinde.

Unsere tägliche Reue würde mit solchen in uns eingegossenen Gaben auch nicht übereinstimmen. Wo blieben diese Gaben? — Wo bliebe die Sanftmuth, wenn wir Zorn empfinden — wo der Friede, wenn wir Unfrieden fühlen — wo die Arglosigkeit, wenn wir Falschheit in uns merken? Sollen wir Reue haben über die

---

[1]) Verdienen kann der Mensch die Gnade der Rechtfertigung nicht. „Non tamen ex ipsis aut ex nobis sed ex divina gratia ex qua procedunt — — ex Christi, cuius asperguntur sanguine — ex eiusdem (Chr.) meritis, quae nobis ut membris comunicantur" — sind die guten Werke vor Gott werthvoll, sagt Pighius, Controv. Ratispon. S. 80.

schlecht angewandten Gaben — dann würden wir damit anzufangen haben, diese Gaben besser anzuwenden, und somit in die alte gesetzliche Tretmühle gerathen. Wir kämen aber bei solcher Reue über schlechte Verwendung der Gaben nie zu dem Bekenntniss, dass wir die Sünder sind, und dass täglich der alte Adam in uns ersäuft und getödtet werden muss, und wiederum täglich der neue Mensch auferstehen, der in Gerechtigkeit und Reinheit vor Gott leben soll in Ewigkeit. Die Heiligungsgaben, welche dem Menschen verliehen würden, um in der Heiligung zuzunehmen, würden uns nur im Wege stehen. Denn wo sollen wir sie unterbringen? Beim alten oder beim neuen Menschen? Der alte Mensch wird durch sie nicht besser — denn dieser kann nicht mehr geheiligt, sondern nur getödtet werden. Und der neue Mensch, der täglich aufersteht, braucht keine Gaben, die ihm verliehen würden, er hat an der Einen Gabe, dem heiligen Geist in persona, genug. Diese erste und letzte Garantie seines Daseins (Ps. 51, 13) verliert der neue Mensch nun und nimmermehr. Desgleichen ist das Leben, welches dem Sünder anstatt des ihn umfangenden Todes durch Christus erwirkt worden, unverlierbar. Denn er hat es glücklicher Weise nicht in der Form zu eigen erhalten, dass er es verlieren könnte. Der Apostel redet von einem $\dot{\varepsilon}\nu$ $\zeta\omega\tilde{\eta}$ $\beta\alpha\sigma\iota\lambda\varepsilon\dot{\upsilon}\varepsilon\iota\nu$ (Röm. 5, 17) und das durch Jesum Christum. Deshalb sollen wir Gott fern bleiben mit Gaben, und mit einer Verwendung von Gaben, um vor ihm heilig und heiliger zu erscheinen — denn solches alles hat er nicht gefordert von uns — vielmehr will er selbst es thun durch seinen heiligen Geist. Ezechiel Cap. 36, 27 heisst es: Ich will es machen, dass ihr in meinen Geboten wandelt; und ganz ebenso 1. Thess. 5, 23 und Hebr. 13, 21.

Der heilige Geist wird nicht von den Wiedergebornen genommen — und wenn der Psalmist betet (Ps. 51, 12): „Schaffe in mir, Gott, ein reines Herz und gib mir einen neuen, gewissen Geist“, so hält er im folgenden Vers 13 („Nimm deinen heiligen Geist nicht von mir“) zugleich die Wahrheit aufrecht, dass der heilige Geist nie von ihm gewichen. Wollte man mit den meisten Auslegern hier den heiligen Geist mit sogenannten Geistesgaben verwechseln — so wäre Vers 13 kein richtiges Gebet. Vers 12 bittet David um gänzliche Erneuerung (schaffe in mir ein reines Herz), und hier würde er im Widerspruch damit behaupten, dass er den heiligen Geist schon habe, und dann natürlich das Erneuern des Herzens nur sehr theilweise zu geschehen habe. Auch Calvin weiss hier keinen Rath. Aber wenn je der heilige Geist gänzlich verloren werden könnte, so müsste auch die Taufe repetirt werden, es müsste eine oft wiederholte Wiedergeburt aus Wasser und Geist geben, wenn die erstmalige so völlig zerstört werden kann. Wir Protestanten haben eben kein Bussacrament. Die späteren Lutheraner aber nehmen es mit diesem Abfall der Heiligen viel zu leicht; desgleichen die Arminianer (Acta Synodi Nationalis Dord. in der Rejectio errorum VI—VIII zum fünften Artikel). Sie liessen ihn abfallen — und dann bekam er durch wahre Reue den heiligen Geist bald wieder. Aber das widerspricht dem biblischen Begriff von der Unverlierbarkeit der Gnade und erweckt den Schein, als ob Gott sein in der Taufe gegebenes Verheissungswort wirklich auch seinerseits zurückziehe und erst dann wieder wahr mache, wenn der Gläubige das opus operatum der Reue geleistet. Wahre Reue setzt aber immer schon den heiligen Geist voraus (II. Tim. 2, 25. 26; Act. 11, 18) und kann also derselbe von dem Kinde Gottes nie gewichen sein.[1]

Genug der heilige Geist bleibt in dem Gläubigen, auch wenn er sündigt. Er ist das einzig Feste, fester als alle Qualitäten und Gaben, fester als die Seele selbst. Und wir hüten uns, für den Ausdruck: „heiliger Geist" das unpersönliche vis spiritus sancti einzusetzen, wie es unsere alten Theologen (auch die in Dordrecht versammelten)[2] lieben, die immer etwas verlegen sind, wenn sie von der Berührung der Glaubenden mit dem heiligen Geist reden sollen. Es ist ihnen genehmer, von der vis zu reden, von den novae qualitates et inclinationes, quae Deus in mentem, voluntatem et affectus inserit,[3] als es direct auf den heiligen Geist ankommen zu lassen — dass dieser, in der Gnadenökonomie natürlich, nun den menschlichen Geist erwecke und treibe, auf dass er dies oder jenes thue.

Man darf nun aber nicht meinen, dass bei dieser Wirksamkeit des Geistes Gottes und seinem Verhältniss zum Wieder-

---

[1] Vergl. meine Dogmatik S. 467.
[2] Acta Synodi Nationalis Dordrechti habitae (ed. 1620) p. 243.
[3] Z. B. Acta Synodi Dord. p. 268.

gebornen der Mensch passiv wäre und also der heilige Geist in ihm glaubte, oder in ihm kräftig wäre. Zu solcher gezwungenen Vermittlung dieses Heilsgeheimnisses zu greifen, sind wir nicht genöthigt. Zwischen diesem Zwang und der blos moralischen Einwirkung des heiligen Geistes auf den Menschen gibt es ein Drittes, Mittleres. Wir halten uns gleich fern vom Pantheismus (der mystischen Theologie) und dem Dualismus (der Rationalisten). Was von allen diesen Problemen, Schöpfung, Allgegenwart in ihrem Verhältniss zur Selbständigkeit der Creatur, von der Allwissenheit im Verhältniss zum freien Willen gilt — das gilt auch hier. Weder das Eine (Zwang — Determinismus), noch das Andere (Willkür — Indeterminismus) ist anzunehmen — sondern der Mittelweg, der von beiden Extremen sich gleichweit entfernt hält.

Die Vernunft strauchelt hier, der Glaube betet an. Denn auch der heilige Geist ist ein Gegenstand des Glaubens. Es wird dem Glauben jedoch bestritten, dass der heilige Geist Gott und dass er in uns anwesend sei. Da wird das Ringen des Glaubens oftmals ein Ringen auf Leben und Tod und grade so zum ἔλεγχος, dass das nicht Gesehene, also der heilige Geist, dennoch da sei. Er ist nicht da, wenn man das eigne ingenium forcirt, an ihn zu denken; er ist nicht im Ritschl'schen oder Schleiermacher'schen Rahmen der christlichen Gemeinde (als der Christus- oder Gemeingeist) — und er ist dennoch da, wo ein zerschlagenes Gemüth ohne ihn sonst nicht auf der rechten Bahn zum Himmel erhalten bleiben würde.

Auf ihm wird ruhen der Geist des Herrn, der Geist der Weisheit und des Verstandes, der Geist des Raths und der Stärke, der Geist der Erkenntniss und der Furcht des Herrn. Auf wem? Nach Jes. 11, 1 ist es Christus. Da sind also sechs virtutes von dem heiligen Geist prädicirt. Dem kleinen Zweig aus der verloschenen Dynastie Isai's wird solches zugesagt, und wir sehen daher dasselbe wachsen unter dem sanften Wirken dieses Geistes Jehova's. Dem Messias sind diese virtutes nicht eingegossen — er ist Mensch, des Menschen Sohn. Aber auf ihm ruht der Geist, als freier dispensator seiner virtutes. Jesus ist durch den Geist befähigt, die Dämonen auszutreiben (Matth. 12, 28), und Gott gibt ihm den Geist nicht nach dem Masse (anderer Propheten und

Kinder Gottes), heisst es Joh. 3, 34. — Aber auch schon in den Propheten (1. Petr. 1, 21) war der Geist Gottes; in Israel war Gott (Deut. 1, 42); der ganzen Stiftshütte und ihrem Dienst liegt zum Grunde, dass Gott in ihr wohnt (Exod. 25, 8. 22.) Nach biblisch-theologischen Grundsätzen können wir nur das Eine nach dem Anderen, das Schwerere nach dem Leichteren verstehen. Das Leichtere ist nun, zugestandener Massen, die Immanenz des Geistes Gottes in der Welt (Gen. 1, 2); man meint wenigstens dies zu verstehen, nach dem vielen Gerede darüber in der Neuzeit. Leichter ferner ist das Wohnen in der Stiftshütte zu fassen — denn freilich die Heiden haben ja auch ihre Adyta für die Gottheit. Schwerer wird es schon bei den Propheten; schwerer beim Messias — am allerschwersten aber ist dies zu fassen: dass er nicht allein Anderen, sondern auch **mir** gegeben ist.

Und weil dies so schwer, so geheimnissvoll ist, und nur in der Anfechtung und dann auch oft blos als ein lichtschwacher Punkt am Horizont des geistlichen Gesichtskreises auftaucht — so hat man die unio mystica einerseits, und den Gemeindegeist andererseits sich ersonnen (auch Ritschl), um nur mit der heiligen Schrift sich abzufinden.

Das Ansich der Seele, ihre Natur, die hinter den Aktionen des Geistes als die Wurzel liegt, soll der Ort sein, wo der heilige Geist oder die ganze Trinität einwohnen. Hier wird man religiös afficirt und dadurch angeregt, im Dienste Gottes thätig zu sein. Nun, bei dieser nach physischen Kategorien bemessenen Einwohnung und Einwirkung des Geistes in uns hat man vorläufig gute Ruhe; man kann ausruhen auf einem Faktum, der unio mystica, einem erschlichenen Verhältniss zu Gott, grade so gut erschlichen wie das Recht, das Schleiermacher zu haben glaubte, wenn er Religion als Gefühl der Abhängigkeit definirte. Man hat sich nur fleissig selbst zu beobachten, ob aus den Thaten, Gedanken und Worten auch zur Genüge hervorgeht, dass der heilige Geist noch in uns wohnt. Vielleicht ist er auch einmal wieder abwesend — vielleicht auch gar nie da gewesen — und dann, ja dann müssten wir die Sache wieder von vorn anfangen. Denn wer sagt's mir, dass er da sei, wenn ich Jahrzehnte lang nichts davon verspüre. Diese unio mystica aber ist nicht nach der Analogie des Glaubens. Gott wohnt nicht anders in den Christen, als in dem Volk Israel. Will man über die Art und den Erfolg seines

Einwohnens sich orientiren, so hat man sich an sein Wort und seine Verheissung zu halten.

In Ritschl's (resp. Schleiermacher's) Kirchenbegriff tritt aber der Pelagianismus zu Tage; es wird Einem kalt dabei. Dieser fordert, dass man das Beste mitbringe; dass die Gläubigen das Leben im heiligen Geist (ubi? — unde?) darin nachweisen, dass sie die Gnadengaben (unde?) erkennen (1. Cor. 2, 12); dass sie Gott als ihren Vater anrufen (Röm. 8, 15), dass sie in Liebe und Freudigkeit, in Sanftmuth und Selbstzucht handeln (Gal. 5, 22), sich vor Parteisucht (NB!) hüten, hingegen den Gemeinsinn üben (1. Cor. 3, 1—4).[1] O, dass es doch keine Corinther gegeben, die da Paulum genöthigt, solches uns aufzuerlegen, wird mancher unter die Räuber gefallene Arme denken — dem jedes Wort und Gebot, das da Anforderungen an ihn stellt, schon centnerschwer sich an den Leib hängt. Wissen denn diese Gelehrten gar nicht, was eigentlich in den Gemüthern der Christen umgeht und welches die eigentlichen Wehen sind, aus denen immer wieder die Gewissheit des Heiles herausgeboren werden muss? Sagt nicht Melanchthon wiederholt und mit Recht, dass diese Dinge nur in vero agone und unter den terrores conscientiae verstanden werden? Wo bliebe der Christ, falls nicht der linde Hauch von oben im Kampf, im täglichen Fallen und Wiederaufstehen seine Stirn kühlte und so Pausen kämen, Zeiten der Erquickung, die alle Kampfesmühe vergessen lassen?

Mit genügender Klarheit stellt Paulus die Art, wie die Christen des heiligen Geistes Wirken erfahren, Röm. 8, 11 ff. dar. Wenn nämlich der Geist dessen, der Jesum von den Todten erweckt hat, in euch wohnt, so wird Der, welcher Christus Jesus von den Todten erweckte, auch eure sterblichen Leiber zu Leben erwecken mittelst seines in euch wohnenden Geistes. Vom Vater, als der obersten Instanz bei der ersten, wie bei der zweiten Schöpfung geht die Heilsordnung und Regierung aus. In Christo, dem aus Todten Erweckten, gründet solche Heilsordnung, die den Menschen zu gut in Christo da ist. Aber durch den heiligen Geist, welcher der Geist des Vaters und des Sohnes ist, ist nun erst die Kette geschlossen, die uns zu unserem Heil umfängt. Er soll nun erst unsere nichts

---

[1] R. u. V. III, 22 f.

als sterblichen, um der Sünde willen nach Vers 10 todten Leiber von Fall zu Fall erwecken und so Leben rufen aus dem, was todt ist an sich.

Die Zersetzung der Lehre von der Rechtfertigung beginnt aber thatsächlich auch sonst früh genug.

Man wusste keinen rechten Weg mit der Definition und richtigen Stellung des Glaubens, der die Rechtfertigung sich aneignet. Die Concordienformel[1]) stellte die regeneratio nach der iustificatio — aber der Glaube war nun doch dem Unwiedergebornen nicht möglich. Die späteren Dogmatiker stellten nun die regeneratio vor die iustificatio und bewirkten damit, dass die letztere ganz verdunkelt wurde. Wo sie eintreten solle, konnte nun nicht mehr sicher angegeben werden. Denn nachdem der Glaube da war und die Wiedergeburt geschehen — so kam sie eigentlich zu spät. Das Neue, das durch sie gesetzt werden sollte, war schon in der Wiedergeburt fertig, und zwar greifbar in der Taufe gesetzt worden und bestand in neuen Gaben und Kräften. Die Rechtfertigung hatte also das Nachsehen. Ein medicinischer Akt, in der Wiedergeburt und dem darauf folgenden Heilsprocess ersichtlich, war schon im Vollzug begriffen, als die Rechtfertigung hinzukam, um zu constatiren, dass alles in Ordnung und auch vom Standpunkt göttlichen Rechts nichts mehr einzuwenden sei, nachdem für das mangelnde Verdienst auf Seiten des Sünders das stellvertretende Verdienst Christi eingetreten.

Nun wurde man verwirrt. Die Kindertaufe hatte eben eine greifbare Veränderung im Täufling gesetzt und dieser ins Kind als Vermögen gesetzte Glaube zehrte die Rechtfertigung auf. Wenn sie kam, war das zu Bewirkende schon geschehen. Und doch war die Rechtfertigung des Sünders nach den grundlegenden Lehrurkunden der Reformation der grosse Wendepunkt, der vom Tode zum Leben, vom Unglauben zum Glauben hinüberführt — abgesehen von allen Leistungen, vom menschlichen Verhalten, habitus u. s. w. Dem göttlichen Akte soll der Mensch die grosse Aenderung verdanken, wonach er nicht mehr schuldig, sondern unschuldig, nicht mehr todt ist, sondern vor Gott lebt, insofern er an der Gnade und dem auch ihm abgekündigten Pardon im Glauben festhält.

---

[1]) 686, 21; 688, 28.

Keineswegs aber wird umgekehrt durch Eingiessung neuen Lebens in der Wiedergeburt (beim Taufakt, oder dann unabhängig von demselben kraft der ewigen Erwählung auf den Sünder herabkommend) der Akt der Rechtfertigung irgendwie bedingt sein. Damit würde alles auf den Kopf gestellt.

Richtig dagegen ist, was gegen Bellarmin Joh. Gerhard, Loc. 17, Cap. 1, § 19 sagt: Infusus habitus est causa efficiens et principium bonorum operum ex hypothesi pontificiorum. Jam vero gratia in articulo iustificationis opponitur operibus. Ergo non potest significare infusum habitum. Gratia in iustificatione opponitur legi (Röm. 3, 24). Jam vero donum renovationis nihil aliud est, quam donatio Spiritus sancti, per quem Deus legem suam in cordibus nostris scribit (Jes. 31, 34; Ezech. 36, 27). Quodei gratiam (Röm. 3) intelligitur donum renovationis, quomodo consistit oppositio apostolica (sine lege). — Conc. Trid. sess. VI, can. 11, anathema dicit illis, qui statuunt, gratiam, qua iustificarum, esse tantum favorem Dei.

Es kann der Rechtfertigung ihr Charakter, an der Spitze des Ganzen zu stehen, nur gewahrt bleiben, wenn man auf der ganzen Linie, die der Christ zu durchlaufen hat, absieht von einer Veränderung, die im Menschen mit Hülfe physischer Kategorien stattfände, sowohl in der Wiedergeburt als auch in der Rechtfertigung und endlich in der Heiligung.

Es ist dieser Gedanke die Grenzscheide, die den Protestantismus vom Katholicismus trennt. Wir sind ohne Verdienst gerechtfertigt, durch die Gnade (nicht aber Einguss neuer Kräfte) vermittelst der Loskaufung, die in Christo Jesu gegeben (Röm. 3, 21). Was geändert ist, das ist nur die Stellung des Sünders zu Gott, durch Aufhebung des Zorns am Kreuze Christi und Abkündigung des Pardons in foro coeli, in baptismo und weiter in corde — aber also dass dies alles der Glaube hört, der Glaube bewahrt, und der heilige Geist eindringlich macht, in der Weise, wie solches geistliche Heilsgut überhaupt eindringlich gemacht werden kann — in agone, per crucem, in periculo mortis und, was höchst nothwendig, auch ausserhalb desselben. Nur in dem Augenblick versteht man auch die Bedeutung davon — wo man es nöthig hat. Sonst fehlt es — und kann durch künstliche Mittel der Devotion und Selbstpeinigung nicht aufgeregt und befördert werden. Es kommt und geht. Man merkt die Anwesenheit dieser Dinge (Hebr. 11, 1) — aber weiss nicht, woher sie kommen und wohin sie (wenn sie fort sind) wieder gehen. Es trägt das alles des Geistes Art, die Art seines Gehens und Kommens an sich. (Joh. 3, 7.) Wir feiern aber in solchen Momenten, falls sie sich stark reflektiren, sei es nun in stiller Anbetung, sei es im Gewühl des täglichen Lebensberufes, das Fest der Einwohnung des heiligen Geistes.

§ 5.
Rechtfertigung und Incarnation.

Von der Rechtfertigungslehre aus lassen sich auch die Linien ziehen, welche die Incarnationslehre richtig stellen, der kaum Genüge geschehen ist in der Theologie nach Luther.[1] Es gehen hier zwei Wege auseinander, und die Orthodoxie steht wieder in der Mitte. Auf der einen Seite erblicken wir Osiander. Derselbe leitet unsere Gerechtigkeit vor Gott von der divina natura Christi her — etwas Dingliches, nämlich die inhabitatio essentialis iustitiae, wird zur Basis unserer Versöhnung mit Gott gemacht. Auf der anderen Seite steht Stancarus, der in der Polemik gegen Osiander bis dahin ging, dass er der göttlichen Natur Christi die Theilnahme an dem Erlösungswerk absprach und die Rechtfertigung lediglich auf den von Christus als Mensch geleisteten Gehorsam gründete.

Beide Extreme sind abzuweisen. Melanchthon,[2] und nach ihm die Concordienformel,[3] sowie auch Calvin sagen dagegen: Christus sei Mittler oder er sei unsere Gerechtigkeit secundum utramque naturam, in sola videlicet obedientia sua, quam Patri ad mortem usque absolutissimam Deus et homo praestitit (Röm. 5, 19). Nur durch das Zusammenwirken beider Naturen habe das Werk der Versöhnung und Erlösung vollbracht werden können. Es mündete diese Behauptung des Stancarus aus in Pelagianismus, wie sie ausging vom Nestorianismus. Denn um für uns die Gerechtigkeit zu erwerben, dazu gehörte ein Sieger von vornherein. Hier kann nur siegen, wer von Ewigkeit her Sieger ist. Die

---

[1] Vergl. meine Schrift: Von der Incarnation des göttlichen Wortes. Im Anhang zu derselben s. die Stellen aus Luther's Werken.

[2] Responsio de controversia Stancari scripta, v. J. 1553.

[3] S. 584, 3 (Hase'sche Ausgabe).

Person muss beim ersten Schritt alle Garantien leisten, dass das Ziel erreicht werde. Aber freilich ist auf der anderen Seite die Gerechtigkeit nun auch zu erwerben. Diese Gerechtigkeit aber ist eben die neue Leistung, die Christus secundum utramque naturam für uns vollbracht, näher der Gehorsam, durch den er das Gesetz erfüllt und der Gerechtigkeit Gottes genug gethan.[1] Und damit wird Osiander widerlegt, der die wesentliche Gerechtigkeit (Heiligkeit) des Mittlers hier hineinbrachte. Soll die Rechtfertigung des Sünders vor Gott Bestand haben, so kann sie nicht mit einem dinglichen Ersatz rechnen, sondern sie muss eine Leistung zum Grund haben — die obedientia activa et passiva. Denn einen dinglichen Ersatz (iustitia essentialis) konnte Gott ohne Weiteres sich schaffen; dazu brauchte er nur neue Menschen nach Adam's Fall zu erschaffen. Aber eine Leistung des völligen Gehorsams musste im Leben eines zweiten Anfängers der Menschheit prästirt werden — um zugerechnet werden zu können, oder sie war eben nicht da. Calvin (Inst. III, Cap. 11, § 11) beruft sich gegen Osiander mit Entschiedenheit auf die wahre menschliche Natur des Erlösers, die allen Gehorsam vollbracht.

Ebenso beruft sich Melanchthon in seinem Gutachten[2] gegen Osiander auf den Gehorsam des Erlösers nach seiner menschlichen Natur. Flacius[3] ferner im Streit mit Osiander hat den rechten Weg gleichfalls gefunden und abgesteckt. Er will durchaus nicht die göttliche Natur von der menschlichen in der Versöhnung, die unser Herr hergestellt, abscheiden; die erstere (oder dann die wesentliche Gerechtigkeit des Sohnes Gottes) sei ohne Zweifel nicht müssig gewesen in der Erlösung oder Versöhnung der Welt. Unser Hoherpriester hat eine hohe Person sein müssen — die Menschheit Christi allein hätte in keinem Wege solche grosse Dinge können ausrichten. Aber das wird nun geleugnet: dass solche wesentliche Gerechtigkeit jene Gerechtigkeit sei, durch welche oder von wegen welcher wir gerechtfertigt, versöhnt, oder aus Gottes Feinden seine Freunde werden. Ist die wesentliche Gerechtigkeit

---

[1] Cf. Form. Conc. III. Epit. p. 529; Sol. Decl. 622. 623.
[2] Corp. Ref. Band VII, 896 f.
[3] S. Verlegung der Bekenntniss Osiandri M, 2. 3.

Christi unsere Rechtfertigung, so folgt ungezweifelt, dass der Sohn Gottes vergeblich ist Mensch geworden[1].)

An einem anderen Orte[2] spricht Flacius sich so aus:

„Es hat Christum selbst seine wesentliche Gerechtigkeit nicht sollen helfen, dass ihn die Ungerechtigkeit unseres Ungehorsams nicht hätte in den Schuldthurm göttlichen Zorns und ewigen Todes hinuntergedrückt. Wie sollte sie denn uns helfen? Was hat aber Christum geholfen, dass er wieder aus dem Schuldthurm göttlichen Zorns und ewigen Todes ist gekommen? Seine vollkömmliche Bezahlung für unsere Sünde oder Gerechtigkeit des Gehorsams oder Erfüllung des Gesetzes, mit Thun und Leiden von ihm geleistet."

Von diesem Gesichtspunkte aus ist es Flacius auch nicht schwer, der Frage Osianders zu begegnen: Ob denn nicht Christus schon im Mutterleibe, also ehe er anfing, Gehorsam dem Gesetze zu leisten, gerecht gewesen sei?

„Hie kömmt Osiander her wie Ajax mit seinem siebenfechtigen unüberwindlichen Schilde und thut wider alle unsere Argument diesen Vorwurf: Ob Christus im Mutterleibe nicht gerecht sei gewesen, so er darnach allererst durch solchen neuen Gehorsam die Gerechtigkeit erfunden hat?

Antwort: In Christo muss man zwei Ding betrachten, seine Person und sein Amt. Was seine Person belangt, da hat er weder nach seiner Gottheit, noch nach seiner Menschheit nie von keiner Sünde gewusst. Was aber sein Amt belangt, sintemal es nun des Mittlers ist, da hats ihm im Mutterleibe und darnach die ganze Zeit über bis zu seiner Auferstehung so viel an Gerechtigkeit gemangelt, dass er nicht allein nicht gerecht, sondern die Sünde und Fluch selbst, nach der Schrift, gewesen ist, das ist, unsere Sünden sind ihm vom Vater — ehe er sie durch seinen Gehorsam und Leiden also überwunden und mit Füssen getreten hat, affixo ad crucem chirographo nostro captaque captivitate, dass er in seiner Auferstehung davon triumphiren könnte — so hoch zugerechnet gewesen, als hätte er selbst wahrhaftiglich aller Welt Sünde begangen. Aber nach seiner

---

[1] Verlegung des Bek. Osiandri G, 4.
[2] Kurtze u. klare Erzelung der Argument Osiandri D, 2.

Auferstehung, da er über Sünde, Tod und Hölle gesiegt hat, ist er nicht mehr eine Sünde, sondern eitel Gerechtigkeit, nicht mehr ein Fluch, sondern eitel Segen worden, und das nicht ihm selbst, der immer gerecht und gebenedeit gewesen ist, sondern denen, die an ihn glauben."[1]

So sagt er auch in seiner Schrift: Kurtze und klare Erzelung, D, 2. 3: „Man unterscheide nur fleissig die Person und das Amt Christi, so wird man sich leichtlich aus dem Irrthum Osiandri können auswirken. Denn man bedenke, ob Christus seiner Person oder seines Amts halben, um sein- oder um unsertwillen zur Sünd, das ist ein Ungerechter, und zum Fluch sei worden, so wird man merken, dass er solches alles seines Amtes und unserthalben worden sei. Denn was seine Person belanget, so ist er stets der gerechteste und liebste Sohn gewesen. Ei so wird er auch unsere Gerechtigkeit worden sein nicht nach seiner Person, sondern nach seinem Amt, wie er unser Fluch und Ungerechtigkeit gleicherweis seinem Amt nach worden ist." — Dazu bemerkt Preger, M. Flacius I, S. 237: aus dieser Darlegung des Flacius folge im Gegensatz zu Osiander, dass das Subjekt, von welchem die Gerechtigkeit, die Gott von dem Menschen fordert, ausgesagt wird, nicht der ewige Sohn Gottes ist, abgesehen von seiner menschlichen Natur, auch nicht die gottmenschliche Persönlichkeit, abgesehen von der thatsächlichen Erfüllung des Gesetzes, sondern die gottmenschliche Persönlichkeit insofern, als sie durch Thun und Leiden des Gesetzes die von dem Gesetz erforderte Leistung vollbracht hat.

Dieser neue Gehorsam, seine obedientia activa und passiva, beginnt nach Flacius nicht erst mit Christi bewusstem Verhalten, oder dem ersten Gehorsamsakt, der Beschneidung, wie Osiander einwarf, sondern mit der Incarnation und zieht sich durch sein ganzes Leben hin bis zum Tode am Kreuz.[2]

Durch solches sein Thun und Leiden dem „Schuldherrn" gegenüber hat Christus sich selbst ein Recht erworben, zu fordern: so dass Gott uns, den Gläubigen, Gunst und das ewige Leben

---

[1] Verlegung des Bek. Osiandri C, 1.
[2] Verlegung des Bek. Osiandri B, 3 u. 4.

schuldig sei. Also ist Gott aus einem Schuldherrn unser Schuldner worden.[1])

Fragen wir daher, welche Incarnation sich mit der Rechtfertigung verträgt, so ist es jene, die zugleich eine tiefste Erniedrigung war; es ist das Eingehen in unsere unter der Zurechnung der Sünde Adam's stehende Natur; dass also der Sohn Gottes in Gleichheit des Fleisches der Sünde gesandt erschien (nach Röm. 8, 3). Sowie man hier bei der Incarnation erst Raum schaffen möchte für die göttliche Natur, und also eine Reinigung der massa der Maria, um der Sünde vorzubeugen, fordert, so geht man a limine irre. Dann ist die wesentliche Gerechtigkeit (Heiligkeit), die Christus mitbringt in dieses Leben, der Grund unserer Gerechtigkeit, und nicht der schon im Moment der Incarnation geleistete Gehorsam.

Und wenn man doch allgemein seit Irenaeus ein Quiesciren der Natur des Logos annahm, damit der Messias leiden und sterben könne[2]) — so ist solches eben auch consequent durchzuführen und auf die Erwerbung dieses stellvertretenden Gehorsams und dessen Voraussetzung, nämlich auf das Eingehen in alle Bedingnisse des menschlichen Daseins, kurz auf das Sicheinlassen in den Widerspruch des menschlichen Lebens (wie es nun einmal seit Adam's Fall geworden ist) mit dem göttlichen zu beziehen.

Damit werden wir noch nicht Genossen des Stancarus, dass wir die göttliche Natur trennen würden von der menschlichen. Wir werden aber auch nicht Kenotiker, dass wir die göttliche Natur durch den Erlöser abgelegt sein liessen. Sie ist uns werthvoll für die Garantie des Sieges und hernach für die Thatsache der Fürbitte im Himmel. Aber vorerst hat sie geruht und der menschlichen Natur die Wege nicht verstopft, um sich menschlich und nach den göttlichen Anforderungen des Gehorsams (einer perfectissima obedientia) zu erzeigen.

Es ist schwer, überaus schwer — aber Melanchthon[3]) freute sich auch nicht vergeblich auf die himmlische Schule, um der göttlichen Natur ihre Stellung neben der menschlichen anweisen

---

[1]) Flacius a. a. O. O, 4. P, 1.

[2]) Melanchthon, Propositiones de ecclesia, Opp. ed. Peucer B. II, p. 321.

[3]) Opp. omnia, ed. Peucer, IV, S. 88.

und das Zusammengehen beider zu Einer Person feststellen zu können — es kann das hienieden nur von der Rechtfertigungslehre aus angedeutet werden. Was ausserhalb der Punkte fällt, welche die Verbindungslinie zwischen den beiden in Rede stehenden Lehren markiren, ist vom Uebel.

Es ist damit der Arbeit der Kirche bis auf heute eine Aufgabe gestellt, und grade hier sollte das Problem, die Dogmatik vom Mittelpunkt der Rechtfertigung aus zu construiren, Triumphe feiern! Die Rechtfertigungslehre fordert ihren ganz bestimmten Mittler und Erlöser. Der Heidelberger Katechismus antwortet auf die Frage 15: was für einen Mittler und Erlöser müssen wir suchen: „einen solchen, der ein wahrer und gerechter Mensch und doch stärker, als alle Creaturen, d. i. zugleich wahrer Gott sei."

Wenn der Katechismus die wahre Menschheit betont, so thut er das in Uebereinstimmung mit der ganzen Kirche. Die wahre menschliche Natur ist die conditio sine qua non der Erlösung. Wenn er dagegen von einem gerechten Menschen redet, so müsste doch mit Melanchthon und Flacius gegen Osiander die Ueberzeugung sichergestellt werden — dass die Gerechtigkeit des Erlösers eine erworbene und nicht etwa eine, kraft des Vorhandenseins der iustitia essentialis in der menschlichen Natur, gewirkte Gerechtigkeit sei. Die gerechte Menschheit bei Christus urgiren zu wollen, um ihn vor dem Sündenschmutz zu bewahren, heisst diese Menschheit zum Canal machen, durch welchen das göttliche Wesen mit seiner Gerechtigkeit auf uns überfliesst. Und darauf reducirte sich bei Osiander alles. Aber die kirchliche Lehre, durch den Mund Melanchthon's,[1] sagte: durch den Gehorsam des Einen (Christi) werden die Vielen als gerecht hingestellt werden. Und ebenso urtheilt Calvin (Inst. III, C. 11, 11). Also nicht in etwas Naturhaftem, etwa darin, dass Christus ohne Zuthun des Mannes erzeugt, dass die Masse in der Jungfrau gereinigt wurde,[2] sondern in dem Gehorsam des Einen (Christi) ist die Basis unserer Gerechtsprechung zu suchen. Und der Gehorsam hebt eben an mit der

----

[1] S. sein Gutachten über Osiander, C. R. Band VII, 896.

[2] So denkt es sich freilich auch noch Melanchthon in der Concio de annunciatione Mariae (Ed. Peuc., Opp. III, 203) — man konnte sich von diesem mittelalterlichen Sauerteig nicht so schnell befreien.

Incarnation und endet mit dem Tode am Kreuz; geht dann aber seiner Wirkung nach in die Ewigkeit der Ewigkeiten. Er besteht in lauter Thun und es reiht sich ein Gehorsamsakt an den anderen an. Die ganze Zeit seines Lebens auf Erden hat er uns dem Vater versöhnt (vgl. Heid. Kat. 37). Christus hat also kraft seiner Geburt aus dem Weibe grade so eine völlige menschliche Natur, wie wir, und ist als Solcher der Zurechnung der Sünde Adam's, wie wir alle, theilhaftig. Er ist in allen Stücken seinen Brüdern gleich geworden. Dies sagt die heilige Schrift und besonders Hebr. 2, 17. Das „ohne Sünde" steht dort, wo von der Versuchung die Rede ist (Hebr. 4, 15) und sagt das Resultat des ehrlich unternommenen Kampfes des Erlösers aus. Es steht aber nirgend, dass ihm die Sünde durch einen besonderen göttlichen Akt wäre fern gehalten worden, um die göttliche Natur nicht zu beleidigen. Das wäre die Osiandrische Herabsetzung der menschlichen Natur zu einem blossen Canal; damit wäre aller Gehorsam zum Schein, die Versuchung zur leeren Phrase geworden. Dann könnte man nur gleich mit den Anabaptisten (Menno Simons) dekretiren, Christus habe seine menschliche Natur vom Himmel mitgebracht. Man wird sie doch nicht mehr festhalten können auf der Erde und zum Gegenstand des Zornes Gottes und zum Substrat der vollkommenen Gesetzeserfüllung machen können, wenn man diese menschliche Natur für Christus bei der Incarnation eigens präparirt und von der sündlichen Substanz gereinigt werden lässt.

Es gilt hier eben, den Charakter der Imputation, dieses wahrhaft göttlichen Thuns, festzustellen und dann auch festzuhalten. Er ist von eminentestem Belang. Die Imputation zeigt ihre erste geheimnissvolle Seite hier bei der Incarnation.[1] Sie macht den, der von Sünde nicht wusste, der also in se et sui ratione (um mit Gerhard zu reden)[2] iustissimus war, zur Sünde; sie machte ihn — das will verstanden werden durch den Mittelbegriff der Zurechnung. So wurden einst schon alle Sündopfer zur Sünde gemacht und trugen von der Sünde ihren Namen — durch Zurechnung, durch Uebertragung der Sünde des Menschen, welche in der

---

[1] Gerhard, Loc. 17, 4, § 203 sagt: Solus Deus ius illud habet et exercet, ut filio suo innocentissimo et sanctissimo imputet totius mundi peccata et debitas poenas.

[2] Gerhard, Loc. 17, Cap. 4, § 239.

Handauflegung symbolisirt war. Nun das geschah alles zum Vorbilde und typisch. Aber wo in aller Welt blieb da die Sünde? Sie konnte nicht weggenommen werden durch solche stumpfen Thiere, so dass man ihrer gar nicht mehr gedachte. Endlich kam der Erlöser. War dieser mit derselben Incongruenz zu dem, was er eigentlich leisten sollte, behaftet, wie jene Opferthiere? Nein! Er nahm auf sich unsere Sünden! Bildlich — zum Schein? Num scenica simulatione? Danach sehen Gethsemane und Golgatha nicht aus. Er hat die Sünde getragen und hat dafür gelitten, als für die eigne. Dies Wunderwerk hat die Imputation zu Stande gebracht.

Sie bringt aber noch ein Weiteres zu Stande. Und die Rechtfertigung des Sünders vor Gott zeigt uns diese Seite der Imputation, die das Gegenstück zur Anrechnung unserer Sünde an Christus ist, im hellsten Lichte. Dieselbe ratio, wonach Christus peccatum heissen konnte, hält auch vor in 2. Cor. 5, 21, wenn wir daselbst „Gerechtigkeit Gottes" heissen. Das zeigen die alten Theologen mit grosser Schärfe.[1] Da gibt es kein quasi — es

---

[1] Gerhard, Loc. 17, Cap. 4, § 239 sagt zur Erklärung von 2. Cor. 5, 21: Quemadmodum Christo imputata sunt peccata nostra, etiamsi in se et sui ratione esset iustissimus, imo ipsa iustitia: ita quoque imputatur nobis Christi iustitia, etiamsi in nobis ac nostri ratione adhuc simus peccatores: quae est ratio appellationis, quando Christus dicitur peccatum, eadem est ratio appellationis, quando dicimur iustitia. At illic ratio appellationis non aestimatur a forma inhaerente, sed extrinseca et imputata. Ergo et hic ratio denominationis a forma imputata aestimanda est. Cf. das Weiterfolgende.

§ 140: Si iustitia Christi nobis inhaereret, vel si cum Osiandro statueremus essentiali iustitia Christi nos iustificari, tum concederemus (was Bellarmin sagt), so aber bleibt es dabei: imputari nobis iustitiam Christi non inhaerere.

§ 208 Ambrosius sagt zu 2. Cor. 5, 21: Christus factus caro, non immutatus, sed incarnatus factus est peccatum. Propter quod autem omnis caro sub peccato est, ideo factus caro factus est peccatum.

Et quoniam oblatus pro peccatis, non immerito peccatum factus dicitur, quia et hostia in lege quae pro peccatis offerebatur peccatum nuncupabatur.

Gerhard, Loc. 17, Cap. 4, § 103 bemerkt gegen Bellarmin: Denique ne pontificii, per violentam textus detorsionem, imputationem et infusionem ulterius confundant, opponimus eis hoc argumentum: Si imputare iustitiam est plane delere peccatum (wie die Römischen lehrten) et infundere iustitiam, consequens erit a contrario sensu (so erfordert der Gegensatz), quod imputare peccatum sit delere iustitiam et infundere iniquitatem, quod est absurdum.

steht einfach da: Gott hat ihn zur „Sünde“ gemacht, auf dass wir würden „Gerechtigkeit Gottes“ in ihm. Wir verbitten uns hier jedes Abdingen, was die Ausleger von Erasmus an bis auf Grotius und Spätere meisterlich verstanden, besonders zu Röm. 8, 3.

Und gleichwie dort bei Christus der Grund für die Benennung „Sünde“ nicht in einer inhärenten Qualität ruhte, sondern rein durch Imputation Gottes hergestellt wird — so verhält es sich auch im zweiten Fall. Auch bei der Rechtfertigung ist keine Infusion oder Aenderung im Menschen als Grund angenommen, sondern rein durch Imputation werden wir gerecht gesprochen vor Gottes Gericht. Wenn für solche Imputation, damit sie gerecht sei (secundum veritatem), freilich eine iustitia essentialis Christi oder inhaerens in uns vorhanden sein müsste — dann würde Gefahr sein (was Bellarmin gern betonte), dass Christus durch Zurechnung unserer Sünde an ihn ein Sünder inhaerenter und essentialiter würde.[1] So aber ist nur die Rede davon, dass uns die iustitia Christi imputirt werde — mithin hält sich die Imputation unserer Sünde an Christus auf gleicher Höhe; d. h. sie macht ihn zum Sünder an unserer Statt, ohne dass er doch Sünder peccato inhaerente ist.

Mit Flacianischen Begriffen von Erbsünde als einer wesenhaften Umwandlung des Menschen dürfen wir hier freilich nicht kommen — und die Concordienformel, ja alle anderen Bekenntnisse waren davon leider nicht genugsam frei — sondern wir müssen mit einer Erbsündenlehre uns zur Lösung dieses Problems einfinden, wie solche die Rechtfertigungslehre verlangt.

Die Rechtfertigungslehre fordert nicht Qualitäten in dem Sünder (dem impius), sondern ein Thun oder eine Gerechtigkeit, wie sie der Mensch vor dem Fall hätte prästiren können. Dieses Thun des Gesetzes nun und das Leiden für die Uebertretung des Gesetzes wird durch Christi Stellvertretung supplirt. „Durch den Gehorsam des Einen werden die Vielen als gerecht hingestellt werden“ (Röm. 5, 19). Gott sieht, was in uns da ist, die Sünde, an, als ob es nicht da wäre, und was nicht da ist, Gerechtig-

---

Adde quod peccatum et iustitia sint vere contraria; iam vero contrariorum uno adfirmato alterum negatur et contra. Ergo si non imputare peccatum est infundere iustitiam utique imputare peccatum erit infundere iniustitiam.

[1] S. auf der vorigen Seite Gerhard l. c. § 140.

keit, will er um des Verdienstes Christi willen ansehen, als ob es da wäre.

Dasselbe geschah im ewigen Rathschluss und danach, als die Zeit erfüllt war, mit Christus. Seine ewige Unschuld und Heiligkeit (die iustitia essentialis Osiander's) sieht Gott in den Tagen seines Fleisches an, als ob sie nicht vorhanden sei, und dagegen, was nicht da ist, die Sünde, sieht er als auf ihn geladen an und behandelt ihn, den Erlöser, dem entsprechend. Solches eben liegt in dem seligen Geheimniss der Zurechnung.

Wir stehen hier bei der schwierigsten Probe der Rechtfertigungslehre: bei dem Nachdenken über die Bedeutung der Incarnation und des genugthuenden Leidens Christi. Wir können die Fäden erkennen, die zwischen ihr und der Rechtfertigungslehre geschlungen sind. Die Rechtfertigungslehre fordert eine solche Deutung der Satisfaction Christi, die weder mit Osiander der göttlichen Natur zu viel, noch auch mit Stancarus der menschlichen Natur zu viel gibt. Die Vertretung des Sünders vor Gott durch den anderen Adam, Jesus Christus, kommt so allein zu ihrem Rechte, und der Gedanke der satisfactio vicaria oder der Sühne kann so allein aufrecht erhalten werden — wenn wir Christum ganz als den Samen des Weibes, Abram's Sohn, David's Sohn festhalten und ihn mit dem Auge des Glaubens nicht wieder loslassen, bis dass Er alles hat bezahlt, was er, als Mensch, an unserer Statt zu zahlen und zu leisten schuldig war. Nicht dass wir Christum nun als Einen der Unserigen, und nichts weiter, betrachten lehrten; nein, er ist Gottes Sohn, wahrer Gott; aber doch als Solchen haben wir ihn vor Augen, der, nachdem Er im ewigen Rathe die Sühne auf sich genommen, nun auch als Einer der Unserigen von Gott betrachtet und behandelt ward, und dass demgemäss die Strafe auf ihm lag, die uns den Frieden (Heil, Gesundheit, Leben) bringen sollte (Jes. 53).

Damit solches geschehen und Christus ein Strafobjekt für Gott werden konnte, nicht ein blosses Strafexempel (so Grotius und viele Neuere), dazu musste ihm die Sünde zugerechnet werden können. Und diese Zurechnung liegt, wie gesagt, 2. Cor. 5, 21 in den Worten: „Gott hat ihn für uns zur Sünde gemacht" ausgedrückt. Dieses „zur Sünde Gemachtwerden" des Erlösers ist das Correlat zu dem anderen Satz: „dass wir Gerechtigkeit Gottes geworden in ihm". Wenn nun Sünde anders, als durch Imputation auf die Nachkommen überginge — dann wäre kein Weg offen, um auf Christum, den dem Weibe Gen. 3, 15 (cf. Gal. 4, 4) schon Zugesagten, die Sünde kommen zu lassen und ihn „zur Sünde" zu machen (2. Cor. 5, 21). So aber kann sie auf ihn kommen; das Mittelglied ist: dass der Logos Fleisch geworden. Damit hat der ewige Sohn Gottes sich mitverantwortlich stellen wollen in Gottes Gericht für Adam's Ungehorsam und hat die Schuld wie die Strafe der Schuldigen voll und ganz für seine Person übernommen und alle Folgen davon im Leben und Sterben gehorsam tragen wollen.

Würde man nun aber die Sünde durch die böse Substanz, in die Adam's Natur verwandelt worden, sich vererbt denken, und nicht durch Zurechnung, dann fehlt alle Möglichkeit, Christum als mitverantwortlich hinzustellen für Adam's Schuld. Alsdann müssten wir gleich an seiner Geburt herumdeuten und ihr den wahren menschlichen Charakter absprechen — indem wir von einer Reinigung der Substanz im Mutterleibe sprächen. Denn eine böse Substanz nimmt der über die Engel Erhabene nicht an, wohl aber wird er sich, indem er sich in die Gemeinschaft mit uns durch seine Geburt aus Maria aufnehmen lässt, der Mitverantwortlichkeit für der Menschen Schuld unterstellen können. Und dies alles daher, damit er, Fleisches und Blutes wie wir alle theilhaftig, durch den Tod der Sieger über Satan zu werden, ferner auch zu leiden, Versuchung zu bestehen und abzuweisen vermöchte — und somit uns, die versucht werden, helfen könnte. (Hebr. 2, 14—18.)

So allein kommt es durch die Gehorsamsthat des Einen, die sich über den ganzen Lauf seines Lebens hin erstreckt, zu einer Rechtfertigung, die Leben mit sich bringt (Röm. 5, 18).

Das Urtheil Gottes nun, das in Hinsicht auf die Menschen erstmalig in der Verwerfung um Adam's willen bestand — denn Gott hat durch sein Verwerfungsurtheil einen deutlichen Stand der Dinge hergestellt und nicht erst abgewartet, ob die Menschen zu Adam's That Stellung nehmen würden, und welche Stellung dann etwa — dieses Urtheil wandelt sich nach Christi Tod und Auferstehung in das entgegengesetzte, in das der Annahme zu Kindern; der Sünder ist Kind Gottes und es sind ihm seine Sünden vergeben.

Es ist ein Fehler, dass man annimmt, Gott habe erst in Betracht gezogen, wie sich die Sünde durch Fortpflanzung gleichwie ein schwarzer Strom über alle Nachkommen Adam's verbreiten werde, und dadurch habe er sich veranlasst gesehen, über alle Menschen den Tod zu verhängen. Dies geschieht vielfach mit Benutzung der Uebersetzung des $\dot{\varepsilon}\varphi'\tilde{\omega}$ (Röm. 5, 12) durch „dieweil" oder „darauf hin, dass sie alle gesündigt haben". Wir sagen umgekehrt mit Paulus: der Tod ist zu allen Menschen hindurchgedrungen, auf Grund dessen sie alle gesündigt haben.[1] Und die Sünde der Einzelnen ist so wenig das Erste, dass Paulus (5, 13. 14) vielmehr einschaltet, es werde auf diese gar keine Rücksicht genommen, sondern der Tod habe von Adam bis Mose geherrscht über Alle ohne Ausnahme — und festen Boden gewinnt der Apostel erst mit Christo, der des ersten Adam Nachbild (und dieser Vorbild von ihm) war — sofern jener (der erste Adam) Haupt aller Menschen vor und in der Sünde gewesen und Christus das Haupt in der gegenwärtigen Neuordnung der Dinge, die, unter genauer Berücksichtigung aller Momente Seitens Gottes, über Bethlehem, Gethsemane und Golgatha uns zum Himmel weist.

Es soll gänzlich der Versuch vom Apostel hintangehalten werden, dass die Menschen in der einen oder anderen Weise sich zwischen Adam und Christus eindrängten und mit Hilfe eines Gesetzes erst noch den Versuch machten, eine aparte Stellung für sich zu gewinnen, oder, wenn dies nun sich unthunlich erweist, dann die Schuld voll übernähmen, um Christo zuzufallen. Das Sacrament der Beschneidung und der Taufe steht a limine dem entgegen. Hier wird sofort in einer Weise über Alle verfügt, dass ein Provisorium ganz undenkbar ist. Man ist erstlich Adam's Kind und Erbe — durch Zurechnung — und wird dann durch Zurechnung des Verdienstes Christi Gottes Kind und Miterbe Christi. Man ist mitgekreuzigt, da Christus gekreuzigt wurde, mit lebendig gemacht, da er es wurde (Röm. 6, 6; Gal. 2, 10; Eph. 2, 5; Col. 1, 21 f.; 2, 13) und im Wege der Zurechnung ist alles derartig wieder ins rechte Geleise gekommen, dass Gott um Christi willen zufrieden auf seine Neuschöpfung hinblicken kann.

Aber damit diese Zurechnung einen festen Grund habe, so muss der Erlöser nun auch voll und ganz Satisfaction sowohl zu

---

[1] S. meine Dogmatik, S. 205; Hofmann und Ritschl übersetzen ähnlich.

leisten in den Stand gesetzt sein, als dieselbe auch wirklich leisten. Und da kommt dann die den Neueren und auch schon den Socinianern so anstössige fremde Gerechtigkeit in Betracht, die unser eigen wird, als hätten wir selbst alle den Gehorsam (im Thun und Leiden) vollbracht, den Christus für uns hat geleistet. (Heidelb. Kat., Fr. 60.)

Warum musste das sühnende Eintreten Christi für uns bis zum Tode sich steigern? Weshalb wurde der Tod Christi erfordert?

Alle Neueren winden sich vor lauter Anstrengung, um an dem Kreuz mit guter Manier vorüberzukommen.

Das Kreuz als Bedingung des göttlichen Vergebens der Sünde erscheinen zu lassen — womit die Rechtfertigung durch den Glauben steht und fällt — liegt auch den Neueren am Herzen. Es ist zu deutlich in der Schrift ausgedrückt. Paulus will mit keinem anderen Wissen unter die Corinther treten, als dem von Jesus Christus, und zwar dem gekreuzigten (1. Cor. 2, 2). „Das Wort vom Kreuz" will er verkündigen. Christus redet also noch immer sehr vernehmlich vom Kreuz herab — aber was ist seine Rede an die Menschheit, die nicht verstummen will?

Soll das Todesgeschick Christi am Kreuz rühren — nach dem Satz: „das that ich für dich, was thust du für mich?" — Ja, aber wie konnte Gott ihn so tief in die Leiden versenken, dass er rief: „Warum hast du mich verlassen?" Was nöthigte die Allmacht, solche Wege mit Christo zu gehen? Wir Menschen liessen uns schon auf billigere Weise rühren. Den Charakter einer Sühne oder die Analogie mit dem hier massgebenden Opferbegriff müssten wir überdies völlig vermissen. Oder konnte jenes Todesgeschick Jesu, in welchem die Sünde culminirt, Reue wecken und so die Abkehr von der Sünde und die Umkehr auf dem bösen Wege veranlassen — also mittelbar der Sünde den Todesstoss geben? So wünschen es viele Neuere darzustellen. Dabei wird vorausgesetzt, was zu beweisen war, dass je eine Seele durch solche Betrachtungen vom Tode zum Leben hindurchgedrungen. Das sind Operationen des Verstandes und der Phantasie, und um diese anzuregen — dafür braucht der Tod am Kreuz nicht geschehen zu sein. Es kommt diese zweite Lösung im Grunde auf die erste hinaus. Sie dient, uns zu rühren. Rührend war der Tod des Sokrates auch.

Andere meinen: Christus habe die ewige Geltung des göttlichen Gesetzes und seiner Schuldforderung in seinem Tode anerkannt und bethätigt. Er hat nämlich die Uebel und den Tod, welchen die Sünder ohne Verständniss und mit Murren tragen, als Gottes Gericht verstanden und anerkannt als Gottes gerechtes Gericht. Wir aber bekommen Antheil an dieser That Christi; Gott hört auf, die Sünde zu richten, weil Christus die Sünde der Menschen gerichtet hat.[1] So urtheilt Häring.

Bei dieser an Schleiermacher erinnernden Anschauung fehlt aber das Wichtigste: der Zusammenhang zwischen Christo und uns, der durch die Fleischwerdung und die Zurechnung der Sünde an ihn, der Gerechtigkeit an uns hergestellt wird.

Die obige Darstellung erweckt ferner den Schein, dass Gott etwas habe thun müssen; was wir aber nicht ersehen, ist, wie damit seiner Gerechtigkeit genug gethan wurde.

Ritschl eliminirt bekanntlich allen Bezug des Todes Christi auf die Sühne der Sünden des menschlichen Geschlechts und sieht in dem Tode nur die vollkommene Bewährung des Berufsgehorsams Christi. Es ist dies ein Rückfall ins Socinianische, welchem ich in meiner Dogmatik S. 410 ff. Rechnung getragen habe. Wenn Ritschl dabei bemerkt,[2] dass Christus seine Leiden nicht als Strafe habe beurtheilen können, so versteht er eben nicht das Wesen der Zurechnung. Der da zurechnet, ist Gott. Und mit der Zurechnung steht zugleich eine dementsprechende Behandlung des von dieser Zurechnung Betroffenen in Verbindung. Gott behandelte Christum als Sünder; im Wege der Zurechnung war er es; — und wenn wir hier zurückschrecken — dann stehen uns nur Umwege offen, die in eine nie zu lichtende Zukunft und zur Verzweiflung führen. Es hat doch Christus nicht etwa in der Agonie am Kreuz den 22. Psalm herzusagen begonnen, oder ihn auf seine Lippen genommen,[3] um diesen damit als Ganzes sich anzueignen. Das mögen wir thun, mit Christus war es anders. Nein, Christus hat die ganze Gottverlassenheit gefühlt — denn Gott entzog sich ihm. Lassen wir doch alle Sophistereien fahren,

---

[1] Häring in Stud. und Krit., 1889, 1. Heft, S. 143 f.
[2] III, 451.
[3] S. Frank, II, S. 190.

die sich damit beschäftigen, wiefern quantitativ durch diese Erduldung der Höllenqualen Jesu Christi demjenigen entsprochen wurde, was die verdammten Sünder zu erdulden haben. Da beginnen also unsere Gegner zu zählen und zu messen und missgönnen uns den Trost, der daraus fliesst, dass Gott sich damit zufrieden gegeben, mit nicht mehr, aber auch mit nicht weniger; dass Er es im Rathschluss also geordnet und darauf hin seinen Sohn nach drei Tagen hat auferweckt und sein Placet dazu gegeben. Die Gegner sind hier engherzig. Die heilige Schrift unterscheidet auch nicht zwischen Erbsünde und aktueller Sünde; dass Christus etwa nur für jene und nicht auch für diese gesühnt hätte. Die Meinung Grotius', Christi Tod habe nur als Schreckbild (Strafexempel) zur Vermeidung künftiger Sünden und überhaupt leichtfertiger Beurtheilung der Sünde dagestanden — floss aus seiner rationalistisch verdünnten Schätzung der Sünde und wird durch die deutlichsten Schriftstellen Gal. 3, 13; 2. Cor. 5, 15. 21; 1. Petr. 2, 24; Col. 2, 14 widerlegt. Denn nach allen diesen Stellen ist die Sünde von Vergangenheit, Gegenwart und Zukunft durch Christi stellvertretende Leistung aufgehoben, vergeben und vor Gott ausser Rechnung und Kraft gesetzt — gleich als ob es nie Sünde gegeben, gibt und geben wird.

Allen diesen Auslassungen über die Bedeutung des Todes Christi gilt das Wort Melanchthon's, Apol. Art. IV: Otiosi homines non sentiunt, quid sit ira aut iudicium Dei. At in agone conscientiae et in acie experitur conscientia vanitatem illarum speculationum philosophicarum.[1] Das ist der rechte und einzige Standpunkt, der dem Bewusstsein des Menschen gebürt — nach dem Satze: „Er muss wachsen, ich aber muss abnehmen".

Entgegen den Verwässerungen der Neueren erinnern wir nur an dieser Stelle an die Anschauung Melanchthon's über die Leiden Christi.

Melanchthon, Comm. zu Joh. 10, 28 (Nemo tollit etc.): O incomprehensibilem humilitatem. Filius Dei aequalis aeterno Patri subiicit se Patri, derivat in se iram Dei adversus nostra peccata,

---

[1] Vergl. auch Aktenstücke, die Amtsentlassung Dr. Baumgartens betreffend, Schwerin 1858, S. 113 ff.

iacet prostratus coram Deo, quasi contaminatus esset illis ipsis sceleribus, quae nos fecimus. Hoc onus multo maius fuit morte corporis. Cogitemus ergo quam procul se deiecerit Filius Dei, ut agnoscamus, magnam esse iram Dei adversus peccatum etc.

Zu Joh. 13, 31: Luctatur paene ut metuens abiectionem.

Zu Joh. 19 (Verlassensein am Kreuz): Filius Dei sustinet terrores propter nostra peccata, quasi ipse se tot nostris sceleribus polluisset.

Luther zu Gal. 3, 13; s. mein Werk von der Incarnation S. 127 ff.

Calvin zu Hebr. 5, 7: quod sensu carnis sustinuerit Dei iudicium.

Thomasius, Christi Person und Werk III, 1, S. 95.

Endlich citiren wir ein Wort aus der sonst vielgelesenen Postille des Caspar Huberinus, die einst in Oesterreich Vielen Trost spendete.

C. Huberinus, Postilla, Deutsch, 1552. Theil I, Seite 140 b.: Das andere Leiden ist das hohe, innerliche, unaussprechliche Leiden gewesen des Gewissens, da Christus im Geist und Gewissen solch hohes Leiden getragen hat, da er Matth. 27 zum Vater rufft: „Mein Gott, mein Gott, warum hast du mich verlassen?" Item Ps. 22: „Ich bin ein Wurm und kein Mensch; denn da ist Christus von allen Creaturen, Engeln und Menschen, ja von Gott selber verlassen worden," Ps. 8, 6; Hebr. 2, 8.

§ 6.

Die Rechtfertigung durch den Glauben.

Wenn wir fragen: ob wir durch den Glauben gerechtfertigt werden, so steht nach allem Vorhergegangenen ausser Frage, dass der Glaube nicht als verdienstlicher Faktor in Betracht komme. Die Frage, die uns zur Beantwortung obliegt, ist — was Gott objektiv und ohne uns, $\chi\omega\varrho\grave{\iota}\varsigma$ $\nu\acute{o}\mu ov$, gethan habe. Und da sagt die Schrift: Gott hat durch Christum die Welt mit sich versöhnt (2. Cor. 5, 19); Er hat Christum als einen Sühndeckel vor sich hingestellt (Röm. 3, 25); Er hat uns alle unsere Sünden vergeben, und wir sind um seines Sohnes willen ihm angenehm, nicht aber wegen irgend welcher Qualitäten und auch nicht wegen unseres Glaubens.[1])

Jede Einmischung des Glaubens oder irgend welcher Qualitäten würde das Problem fälschen und uns auf die Bahn des Pantheismus oder Dualismus drängen.

Was bei der Rechtfertigung Neues anzumerken ist, das ist erstens die Stellung Gottes zu uns und zweitens unsere Stellung zu ihm: im Uebrigen ist alles beim Alten geblieben und bleibt alles beim Alten, sowie wir von Gott ab- und auf den Menschen hinsehen.

Der hohe, einzigartige Zweck des göttlichen Gerichts, in dem der Erlöser als Bürge für die Menschen gestanden, bestand darin — Gott ein Mittel zu verschaffen, dass er den Sünder, welcher vor ihm flieht, die Creatur, die doch einmal da ist, aber nicht mehr ist, wie sie sein soll, ohne Kränkung seiner Gerechtigkeit als Kind wieder annehmen könne. An dem Posten der Sünde soll nichts herabgemindert werden in dieser göttlichen Rechnung — die Schriftlehre gestattet solches nicht. Gott stellt den Gottlosen vor sich, wenn er also richtet. Das Gesetz soll auch nicht wiederum in irgend einer Form hervorgeholt und als von dem Menschen zu erfüllen seine Ingerenz an irgend einem Punkte der Heilsordnung geltend machen dürfen. Von Satan ist kein Rechtsanspruch bei dieser Auseinandersetzung zu erheben — er hat allein die Früchte seiner Verführung zu pflücken und wird im Kampf mit Jesus sich derartig erschöpfen, dass er keine Macht mehr hat.

Aber der ganze Frevel der Sünde Adams und der einzigartigen Verschuldung soll darin zu Tage treten, und es soll andererseits die Geltung des Gesetzes Gottes dadurch laut und öffentlich proklamirt werden: dass der zweite Adam nicht umhin kann, wenn er anders Erlöser sein will, als den Zorn Gottes wider die Sünde anzuerkennen und sich darunter zu stellen und eben darin seinen Beruf zu finden und ihn bis zu Ende durchzuführen, dass er als der gehorsame Knecht Gottes thut, was Gott von ihm fordert, und leidet, was von den Sünder zu leiden war.

Sein Gegenbild ist Adam; an Adams Deficit ist der Werth

---

[1]) Vergl. Melanchthon, ep. ad Romanos v. J. 1556 in den Vorbemerkungen de iustificatione. Ferner opp. omnia, ed. Peucer, III, p. 973.

des Werkes Christi zu messen. Der Ausfall dort fordert die Einbringung eines Neuen hier, bei Christus. Hinweggefallen war mit Adams Uebertretung das Haupt, der Stammvater — der Einzige, der uns in legitimer Weise zum Wesen und Dasein verhelfen konnte und sollte. In Christo tritt ein zweiter Adam, als Urheber eines Neuen, an die Spitze der Menschheit. Er thut solches aber nicht als der Gottmensch der Vermittlungstheologie, sondern als der zweite Adam. Die Befugniss dazu entnimmt der Erlöser aus seiner ewigen Gottheit. Diese jedoch zeigt ihre Allmacht sofort darin, dass sie ihre Strahlen einhält und der menschlichen Natur die primas partes überlässt. Der Erlöser ist des Weibes Same, Abram's Same, David's Sohn. Und in der von mir in der Dogmatik S. 335 ff. beschriebenen Weise bringt nun der Erlöser nach Phil. 2, 5—9 die in Adam verlorene Schlacht wieder zum Stehen, und kämpft allein gegen den Zorn Gottes, Fleisch und Blut, Teufel und Tod, bis er in die verlorenen Positionen zurück gelangt und von da bis zum Herzen Gottes, das zu erobern war, vordringt. Wir weisen für das Einzelne auf meine Dogmatik, besonders § 58 und 59. Und von nun an ist dies das erste und vornehmste Neue, von dem wir Meldung zu thun haben (Evangelium), dass Gott seitdem anders denkt über den Sünder, heisse er nun Adam, David oder so, wie wir heissen.

Die Creatur, welche vor ihm steht im Gericht (d. h. in der Abschätzung, die der Schöpfer seinem nunmehr sündigen Geschöpf zu Theil werden lässt) wird Gott nicht umschaffen; das hiesse das Objekt verändern, mit dem Er im Gericht zu thun hat. Er lässt sie so, wie sie ist; denn Schaffen wäre am Ende ein Leichtes für Gott. Aber unter den gegebenen Verhältnissen die einzelnen Posten so anzusetzen und alles derartig zu ordnen, dass Gott sich nichts vergibt, wenn er Sünden erlässt, und dass doch zuletzt Alle zufrieden sind — das ist mehr als Qualitäten eingiessen, oder den Glauben als neue Wurzel eines Zukunftsbaumes im Sünder setzen. Dazu gehört, dass die durch Adam eingenommene Lage wieder von Neuem in Besitz genommen werde von den Menschen. Mithin wird der Erlöser durch Gehorsam neu anfangen, was durch Adam schlecht zu Ende geführt war. Er wird dabei alle Activa und Passiva Adams übernehmen. Die Activa sind, dass er in einem bestimmten Beruf (nicht als Allerweltsmensch oder Normalmensch oder als der Gottmensch der Vermittlungstheologen oder als kenotischer Christus oder blosses rationalistisches Vorbild) von Anfang bis zum Ende desselben treu ausharre, bis Gott sagt, es sei genug. Zugleich aber muss er die Passiva übernehmen. Was Gott an Adam als Forderungen aussteht hat, also Erniedrigung, Verkennung (ecce homo), Verwerfung; dass man der Letzte ist und nicht der Erste; dass die Macht fehlt, wo sie strahlend hervortreten soll, oder dass sie erbeten sein will von oben — kurz alle jene Schwächezustände, in denen die Erniedrigung bis zum Tode sich offenbarte, endlich die Versuchungen und der Tod am Kreuz, worin sich die ganze Vermaledeiung über den Sohn des Menschen ergoss — alles das hat der Erlöser als Forderungen Gottes an den, der sich Menschensohn nennt, anerkannt und auf sich genommen. Natürlich wurden die Feinde Gottes Mittel, um solche Forderungen einzutreiben — aber darum wurden sie dennoch Jesu zu leisten nicht erspart. Es floss der Schweiss wie Blutstropfen im Garten Gethsemane, und am Kreuz fühlte er sich von Allen verlassen — zuletzt von Gott. Dadurch aber ward Gott versöhnt mit uns — nicht contra, auch nicht praeter eius voluntatem, aber doch so, dass die voluntas divina nun einen Grund hatte, zur voluntas gratiosa zu werden und sich den Sündern zuzuwenden, immer aber so, dass nicht das, was am Kreuz geschah, eitel Spiegelfechterei war. Dies geschieht dort, wo, wie bei Ritschl, der Mensch durch die Versöhnung nur zu einer veränderten Schätzung seines Verhältnisses zu Gott angeleitet wird, wogegen wir mit der Kirchenlehre sehr gewiss eine Umstimmung Gottes durch Christus zu Gunsten der Menschen statuiren müssen.

Das zweite Neue, das in der Rechtfertigung anzumerken ist, ist die neue Stellung des Sünders zu Gott. Es ist ausgeschlossen, dass ihm vor oder bei der Rechtfertigung neue Qualitäten eingegossen werden; das ist römisch und Osiandrisch. Also was geschieht denn, damit wir überhaupt vorwärts kommen? Sagen wir: nichts, so fallen Alle über uns her, wie einst Osiander und die Römischen solches unseren Vätern thaten. Sagen wir: etwas, d. h. etwas Thatsächliches und Handgreifliches, etwas, was an Substanzveränderung erinnert, so sind wir häretisch in einem Hauptpunkt der Lehre. Das sola fide schliesst solches aus, und diese fides wird nicht, kaum dass von ihr die Rede ist, alsbald zum

Werk, oder zum Keim der guten Werke, oder zum Anfangspunkt eines in die Heiligung einlaufenden, oder in dieselbe überlaufenden Processes.

Wie steht es denn nun? Die Stellung des Sünders zu Gott ist geändert. Steht es aber noch einmal so, wie einst bei Adam — so dass wir nicht weiter gekommen sind, sondern nur wieder im Paradies stehen und von Neuem anfangen können? Steht es so, dass die Gnade nur wieder den neuen Anfang schafft, wie bei Adam, dass aber der Empfänger derselben nunmehr zu dieser Gnade Stellung nehmen muss, gleichwie einst Adam; mithin dass er die durch die Gnade empfangenen Gaben behalten oder verlieren kann, gleichwie es vormals bei Adam der Fall war? Nein, die Sache steht gar anders. Adam hatte alles natürlicher Weise überkommen; er war so gut, so recht, so frohen Muthes, wie er nur sein konnte, und wie wir es nimmer werden können. Es ist aber alles anders in Christo! Es ist alles neu geworden; das Alte ist auch in diesem Punkt vergangen. Wir haben Tod und Sünde aus eigner Anschauung erfahren; wir haben die Unschuld nie gekannt; wir gingen auch nicht aus von dem Nullpunkt der geistigen Entwicklung der Menschen, sondern wir hatten von der Geburt an einen Schuldposten überkommen. Gesetz und Gewissen hatten uns diese Thatsache lebendig erhalten — während unseres ganzen Lebens vermochten wir auf keinen Punkt hinzuweisen, wo wir absolut neu anfangen konnten. Seitdem unser Bewusstsein erwacht, haben wir der Gerechtigkeit aus dem Gesetz nachgestrebt, aber vergeblich! In der Rechtfertigung sind wir auch nicht etwa um eine neue Beurtheilung unseres Verhältnisses zu Gott reicher — sondern dieses Verhältnisses selber ganz und voll durch den Glauben theilhaftig geworden. Aber das alles ist da, und es ist doch nicht da! Es ist da im Glauben, und nicht da im Schauen. Und doch besteht darin allein grade unser Heil, dass es da ist; und es entsteht bei den Gerechtfertigten sofort ein gewaltiger Kampf, wenn das Bewusstsein, gerechtfertigt zu sein, nicht im Herzen ist. Und aus dem Gefühl des Mangels dieses Bewusstseins der Sündenvergebung entsteht ein immer wieder erneuertes Hinstreben nach dem Centrum, wo Gott richtet im Blick auf das ἱλαστήριον, als welches er sich Jesum Christum in seinem Blute vorgestellt hat. (Röm. 3, 25 f.) So allein kommt nun auch ein ruhiges Gewissen zu Stande. Bei der durch das Gewissen vermittelten Selbstbeurtheilung des Menschen würden wir stets Stösse erleiden, ja scheitern, wenn nicht das Wasser der Gnade uns über die immerdar vorhandenen Felsenriffe der Sünde hinwegführte. Eingegossene Qualitäten, eine bessere Willenssubstanz würde hier gar nicht nützen. Denn hätten wir die Gnade abermals eingegossen erhalten als ursprüngliche Gesundheit, in der Form von Qualitäten oder Gaben (facultates — nicht $\chi\alpha\varrho\acute{\iota}\sigma\mu\alpha\tau\alpha$ d. h. individuelle Begabung), so wäre alles wieder auf Kündigung und unter der Bedingung, dass wir mit diesen neuen schönen Sachen nun auch gut umgingen oder umzugehen lernten. Da riefe denn freilich unser Zustand dringend nach einer Kirche, die uns gängelte, uns mit ihren Sacramenten vorwärts brächte und die verlorenen Qualitäten ersetzte oder das flackernde Licht des Glaubens durch neues Oel wiederum ins Brennen brächte. Wir kämen wieder „unter Gesetz"; es käme dahin, dass wir uns abermal fürchten müssten, und der Geist der Kindschaft, der freimüthig ist, würde doch wieder in den Geist der Knechtschaft umgesetzt.

Aber das ist ja grade das Neue in der Rechtfertigung: statt der aversio a Deo die conversio ad Deum; statt des Bewusstseins der Sünden kein Bewusstsein mehr; statt der Furcht Liebe zu Gott. Und wenn uns unser Herz verklagt — tritt die Gewissheit ein, dass Gott grösser ist, als unser Herz[1] und sich um unsere Sünden in der Weise nicht kümmert, dass sie ihm im Wege sein könnten dort, wo er vergeben will. Daher der Christ also, wenn auch nicht von Sünden frei, so doch vom Gewissen (Bewusstsein) der Sünden befreit ist. Denn das ist das eigentlich Niederschmetternde — nicht dass wir Sünden haben (dies liegt uns als Erbtheil Adams bis zum Tode auf), aber dass wir ein Bewusstsein davon haben, das uns bändigt, von Gott fernhält und wir nunmehr keinen Weg wissen, wo mit den Sünden zu bleiben, ausser jenem, welchen das Gesetz uns vorschreibt — und dieser führt aus dem Tode zum Tode, nicht $\grave{\varepsilon}\varkappa\ \pi\acute{\iota}\sigma\tau\varepsilon\omega\varsigma\ \varepsilon\grave{\iota}\varsigma\ \pi\acute{\iota}\sigma\tau\iota\nu$: Röm. 1, 17. Den letzteren Weg eröffnet uns allein die Rechtfertigung, der Blick auf Christus. Seitdem wir gerechtfertigt sind durch den Glauben, haben wir Frieden mit Gott durch unseren Herrn Jesum

---

[1] 1. Joh. 3, 20.

Christum, durch welchen wir ja den Zugang im Wege des Glaubens erhalten haben zu dieser Gnade, in der wir stehen, und wir rühmen uns der Hoffnung der Herrlichkeit Gottes (Röm. 5, 1. 2). Seitdem wir gerechtfertigt sind, ist keine Verdammniss mehr für die, welche nun auch dabei beharren, d. h. die in Christo Jesu nicht nach dem Fleisch, sondern nach dem Geist wandeln (Röm. 8, 1). Nach dem Fleisch wandeln, heisst aber in diesem Zusammenhang: nicht mehr unter Gesetz, wie selbst Adam im Paradies solches musste, sondern unter Gnade stehen. Es heisst die apostolische Argumentation in Röm. 6 und 7 voll zu der seinigen machen; die Sünde — Sünde sein zu lassen, den Tod — Tod, das Gesetz — Gesetz; kurz alles an seinem Ort zu lassen, wo ihm seine Abfertigung in Christo zu Theil wird — und nicht mehr gelegentlich auch selbst wieder mit Sünde, Tod und Gesetz es aufnehmen zu wollen. Solches würde geschehen, wenn die Gnade Gottes in Christo nur den neuen Anfang des Lebens der Wiedergebornen setzte und nicht auch den Fortgang und Schluss. Alsdann freilich wäre Raum gelassen für die selbständige Uebernahme der Bedingungen des Gnadenbundes, die auch Coccejus, immer unter Berufung auf den Beistand der Gnade, übrig liess. Alsdann wäre Raum gelassen für eine allmähliche sittliche Wiedergeburt, die der prinzipiellen Umschaffung nachfolgt. Hier hätte die Ethik der neueren Theologen ihren Platz, die ja gewiss in ihrer Weise auch mit einem von der Gnade gegebenen fundus instructus als Voraussetzung rechnet — aber nun die Wiedergebornen auf die Ration des Gesetzes herabsetzt und kahle Frohndienste fordert, wobei man am frühen Morgen den Abend ersehnt, — und das heisst dann Gnadenstand und Gnadenleben! Das Gewissen hat keine Ruhe und jeder leise Stoss von der Sünde her, die ja trotz alledem in unseren Gliedern wohnt, würde das ganze Gebäude unserer Seligkeit wiederum in Frage stellen, ja in den Abgrund stürzen. Und sodann würden die Gewissenhafteren die Rückkehr zur Gnade möglichst schwer, die Laxen möglichst leicht machen (wie beides in der Kirche geschehen, vergl. den Streit der Pietisten mit den todten Orthodoxen). Aber was ist das für ein Gnadenstand, der nach Belieben des Menschen eingegangen werden und dessen man unwiederbringlich verlustig gehen kann? Das ist die crambe recocta Rom's, und dann nicht einmal mit den sacramentlichen Behelfen der römischen Kirche, durch die man, mit Hülfe Gottes, wieder obenauf kommt, wenn man nur zur Reue und Busse begnadigt und letztere ernstlich sind. Es ist also eine absolut andere Basis, auf die sich die neueren ethischen Theologen stellen, wenn wir damit jene Basis vergleichen, auf der wir, als Evangelische, von Gottes und Rechts wegen stehen. Dort alles Unsicherheit, Frohndienst (wenn auch das Stroh noch seitens der Gnade geliefert wird) und Gejagtheit des Gewissens — hier Sicherheit, Freiheit vom Gesetz und Ruhe des Gewissens. Dort einen Gott, der immerdar noch zu versöhnen ist, weil er nie völlig versöhnt wurde; hier ein in Ewigkeit versöhnter Gott. Dort ein Hoherpriester, der immerdar neue Handlungen seitens des Christen fordert — hier ein Hoherpriester, der keine Ergänzung seines Werkes heischt; dort ein Hoherpriester, der es mit zu Vollendenden — hier ein solcher der es mit Vollendeten zu thun hat.

§ 7.

Rechtfertigung und Wiedergeburt.

Es ist wohl nicht zu leugnen, dass man sich in der evangelischen Kirche seit der Concordienformel zu einseitig auf die Definition der Rechtfertigung durch den Glauben als eines actus forensis zurückgezogen im Gegensatz zu dem actus medicinalis der römischen Kirche. An und für sich war man im vollsten Recht, iustificare nach dem bekannten hebräischen Sprachgebrauch für iustum pronuntiare zu nehmen. Aber dabei liess man es nun nicht bewenden, sondern, gereizt durch die Römischen, die in ihrer Art die Rechtfertigung noch völliger und noch mehr zum Ziel treffend (sofern sie auch die Werke mit einschloss) zu definiren trachteten, vertröstete man die Gläubigen auf einen Nachtrag in der Heiligung. Damit schwächte man die Rechtfertigungslehre und lehrte sie als eine Art introitus behandeln, hinter dem das innere Heiligthum erst liege. Und so vertrieb man, ohne es zu wollen, die Rechtfertigungslehre aus dem Mittelpunkt des Lehrsystems. Crass geschah dies in der schon erwähnten Regensburger

Unionsformel (1541); die Wenigsten [1]) sahen etwas Schlimmes in einer iustitia zweiten Ranges, die man in dieser Formel zu derjenigen ersten Ranges hinzufügte.[2]) Naiv war auch Brenz, der die iustificatio im doppelten Sinne nahm in seinem Katechismus, einmal nach der hebräischen, dann nach der lateinischen Wortbedeutung. Joh. Gerhard, Loc. Bd. 17, p. 113, referirt darüber, ohne Anstoss zu nehmen. Vor Osiander war man überhaupt vielfach nicht vorsichtig genug in seinen Ausdrücken, was sich aus der noch von Melanchthon mit einer brieflichen Empfehlung 1549 versehenen Schrift: „Vom Ebenbild Gottes von Tilemanus Kragen“ ergibt. Reformirter Seits fand man in dieser Ausdrucksweise auch kein Haar, wie oben angeführt.

Flacius und Melanchthon hatten sich dann als treffliche Theologen erwiesen, als Osiander auftrat, und allseitige Zustimmung gefunden. Aber schon den Streit mit Justus Menius und Major hielten Viele, auch sonst erleuchtete Männer, für einen Wortstreit. Die Concordienformel erfüllte hier ihre Pflicht als abschliessendes Symbol der lutherischen Kirche — aber es ist doch fraglich, ob sie immer im Geiste der Väter vorging. In der Praedestinationslehre wenigstens trat sie aus den Spuren der Väter heraus, aber auch in der Rechtfertigungslehre verliert sie in einzelnen Wendungen wenigstens schon den Faden. Z. B. wenn sie sagt Art. 4, 639. 42: dass es falsch sei, zu sagen: es sei Niemand jemals ohne gute Werke selig geworden. Das ist aber eine Behauptung, die dem ganzen Worte Gottes widerspricht! Damit wird zugleich etwas aus der Rechtfertigungslehre herausgeschält, was mit ihr innig zusammengehört — nämlich dass der durch den Glauben Gerechtfertigte durch Christum aller Gerechtigkeit voll sei, als hätte er sie selber gethan. Es mangelt hier schon — momentan wenigstens — an der Einsicht in die imputatio meriti Christi. Ebenso ist das verlegene Ablehnen seitens der Concordienformel, im Artikel von der Rechtfertigung von den „guten Werken“ zu reden, verkehrt (p. 688 ff.). Denn in dem alsdann folgenden Abschnitt von den „guten Werken“ werden dieselben höchst mangelhaft auf die göttliche voluntas et

---

[1]) Selbst ein Gelehrter, wie Brieger, in seiner Licentiatendissertation, merkt den Bruch, der damit in die evangelische Fundamentallehre hineinkam, durchaus nicht. Er hat an Zanchius und Witsius Vorgänger.

[2]) S. o. S. 21.

ordinatio gegründet und eine innere Ableitung der guten Werke zu geben wird verabsäumt. Es sieht überhaupt bei den späteren Lehrern immer so aus, als sei die Rechtfertigung doch noch der Ergänzung wie fähig, so auch bedürftig — als stelle sie den Menschen noch nicht vollkommen hin in Christo (entgegen Röm. 5, 18. 19). Sie zerren so lange an dem Gewebe, bis die Maschen losgehen und fremde Gesichtspunkte sich doch wieder einnisten. Man lässt eben ausser Acht, dass Luther und Melanchthon, geschweige denn die heilige Schrift, nicht also uns belehren. Bei jenen Beiden ist, wie Ritschl und noch genauer Loofs nachgewiesen, Alles, wessen der Christ bedarf, in Einem gegeben, in der Rechtfertigung durch den Glauben. Das nachträgliche Abdingen der Epigonen, das Zerren an dem Gewebe gestatteten sie nicht.

Ein Blick auf die lutherische Uebersetzung der heiligen Schrift kann schon beweisen, dass nach der Rechtfertigung durch den Glauben der Sache genug gethan und gerechter als gerecht doch Niemand werden könne. Die editio princeps v. J. 1522 übersetzt ἐδικαίωσε Röm. 8, 32 durch: „rechtfertiget". Die ed. v. J. 1534 übersetzt: „die hat er auch from gemacht" (so auch Act. 13, 38; 1. Tim. 3, 16). Die ed. 1561 endlich hat: gerecht gemacht,[1]) was bis auf heute geblieben. Dies letztere: „gerecht gemacht" ist auch in den Postillen und Predigten üblich (ich weise nur auf Huberinus, Vom warn Erkanntnuss Gottes 1538, S. 132). Ist das nun pure Sorglosigkeit von Luther gewesen, dass er den specifischen Ausdruck „rechtfertigen" in der späteren Ausgabe verliess und zuletzt bei dem Ausdruck „gerecht machen" stehen blieb? Ist es etwa ein Zugeständniss an die römische Kirche? Weit entfernt, dass es das wäre! Wir meinen aber, dass Luther eben nicht den actus forensis declaratorius von dessen consequens, einer daraus hervorgehenden iustitia inhaerens und inhabitatio Dei, scheiden wollte, wie solches die Späteren thaten. Es sollte in dem zweiten Gliede der goldenen Kette des Heiles (οὓς ἐκάλεσε — τούτους καὶ ἐδικαίωσε) nicht ein vorläufiger actus forensis untergebracht wer-

---

[1]) So auch die böhmische Bibelübersetzung, und die böhm. Confession vom Jahre 1608 erklärt ausdrücklich den term. technicus „rechtfertigen" durch: er hat sie gerecht gemacht (Art. VI). Das war nun ganz gewiss kein Zugeständniss an den römischen Lehrbegriff.

den — dem dann im dritten Gliede ($\grave{\epsilon}\delta\acute{o}\xi\alpha\sigma\epsilon$) die Eingiessung neuer Qualitäten, oder die aus der Rechtfertigung hervorgehende iustitia inhaerens folgen sollte. So allein erklärt sich der sonst leicht zu missdeutende Ausdruck in Röm. 8, 32: „die hat er auch gerecht gemacht" (und so an allen Stellen der Art). Daraus erklärt sich auch, dass die lutherische Terminologie vor der Concordienformel noch nicht nach dem Leisten der letzteren fixirt war — was Loofs in seiner Arbeit über die Rechtfertigungslehre der Apologie nachgewiesen, und dessen sich übrigens die Verfasser der Concordienformel selbst bewusst sind. Sie sagen p. 686: Vocabulum regenerationis — quandoque etiam solam remissionem peccatorum et adoptionem in filios Dei significat. Et in hoc posteriori usu saepe multumque id vocabulum in Apologia Confessionis ponitur. Verbi gratia, cum dicitur: Iustificatio est regeneratio.

Und zwar ist hier (in der Apologie) nicht die regeneratio im Akt der Justification im Unterschied von einer regeneratio, die sonst sich mit sanctificatio und renovatio deckt, gemeint, und die dann in einem besonderen dritten Theile der Heilsordnung nachgetragen würde. Nein, das war eben der Fehler der späteren Theologen bereits seit der Concordienformel, dass sie streng schieden, was die Apologie Melanchthon's noch zusammengefasst.

Es gibt nach der Apologie, wie Loofs richtig zeigt, nur einen Akt, die Rechtfertigung, in dem alle anderen Akte Gottes miteinbegriffen sind. Das freilich haben die Theologen der Concordienformel bereits nicht mehr begriffen. Sie trennten die renovatio von der fidei iustificatio (Epit. 585, 8). Melanchthon dagegen braucht iustificari = iustum effici = regenerari; und die regeneratio identificirt er mit der remissio peccatorum. Und diese remissio peccatorum ist die regeneratio oder renovatio. In demselben Moment, wo uns die Augen offen gehen über die Thatsache, dass uns unsere Sünden vergeben sind, sind wir nicht blos gerechtfertigt (d. h. vor Gott im rechten Stande hingestellt durch göttliche Zurechnung), sondern was je mit uns geschehen wird, ist schon vorhanden, d. h. unser Herz ist schon gewandelt, wir sind Erben, sind zu Kindern angenommen! Und alles, was alsdann noch mit uns vorfällt (im dritten Gliede der Heilsordnung), ist hier auf Erden nur eine Abschlagszahlung auf Grund des hier im zweiten Gliede ($\grave{\epsilon}\delta\iota\varkappa\alpha\acute{\iota}\omega\sigma\epsilon$) mit uns Geschehenen. Im Himmel kommt dann

erst das Vollkommene. Und ebenso, was im ersten Gliede der Heilsordnung (οὓς ἐκάλεσε) an uns von Gottes wegen geschehen —
die Ertheilung des Glaubens (donatio fidei) und Erweckung der
Reue (μετάνοια sensu strictissimo) -- steht ebenfalls als Einleitung
auf diesen Akt der Rechtfertigung da und ist unmittelbar (nexu
individuo) damit verbunden. Ja, die vocatio („Glaube und Reue")
geht nur scheinbar in zeitlicher Getrenntheit von der iustificatio
vor sich — eigentlich ist sie nur logisch, nicht auch effectiv und
zeitlich von ihr getrennt. Eben dasselbe gilt von der Verherrlichung, dem dritten Theil der Heilsordnung. Für die Richtigkeit
dieser Deutung der paulinischen Heilsordnung (der sogen. catena
aurea salutis) spricht auch der Gebrauch der Aoriste. Diese
werden ja hier, wie auch im classischen Sprachgebrauch, von zukünftigen Ereignissen gebraucht, die der Redende als so gewiss
ansieht, dass er sie als schon geschehen ausspricht (Kühner Gr. II,
§ 443, 2; Krüger, Gr. S. 86).

Kommen wir nun damit nicht doch wieder auf die Bestimmung
Osiander's zurück; „Gerechtigkeit ist das, was uns macht recht
thun?" Ist nun nicht doch wieder Gottes wesentliche, um der
Versöhnung Christi willen uns mitgetheilte Gerechtigkeit dasjenige,
was nach rückwärts (ins Gebiet der Berufung) und nach vorwärts
(ins Gebiet der Verherrlichung) so kräftig übergreift und einwirkt,
dass alles, was der Mensch thun könnte, dadurch überflüssig, ja
verdammlich erscheint?

Nein — es tritt hier etwas anderes ein, welches zu Anfang,
in der Mitte und am Ende des irdischen Heilsweges uns jener
mystischen Gedanken des Osiander überhebt, das ist die Kraft
des Wortes Gottes, die der Glaube je und je festhält und ihr trotz
alles Widerstandes zur That und Wirksamkeit verhilft. Wir sind
hier natürlich weit entfernt von der arminianischen Auffassung,
als ob der Glaube, der dem Wort und der Verheissung vom
Menschen geschenkt wird, und die daraus folgende Frucht der
Grund der Rechtfertigung des Sünders vor Gott sei. Solches
würde uns wieder in einen Gegensatz zu der χάρις (= favor)
und der δωρεά des Apostels bringen — wir würden nun die
Erweckung des Glaubens uns zum Gesetz machen oder machen
lassen. Nein, das Wort Gottes ist dasjenige, was hier allein das
medium ist. Wo dieses Wort erschallt, dort gibt Gott wahrhaft

ewige Gerechtigkeit und Leben. Daselbst erhört Gott in Wahrheit die Betenden und leitet sie, ja mildert ihre Kümmernisse und macht sie zu Herren über Leben und Tod.

Von dieser Kraft des Wortes, von der vox evangelii incorrupta, von dem Wort, welches das einzige Vehikel des heiligen Geistes ist — hätten wir sehr viel zu reden. Wie weit verschlagen sind die heute Lebenden von der Einfalt unserer Reformatoren, die mit diesem Wort der ganzen Welt, Papst und Concilien Trotz boten und nichts anderes zu empfehlen wussten, als das Wort und wiederum das Wort.[1] Das Evangelium ist eine Kraft Gottes, selig zu machen Alle, die daran glauben (Röm. 1, 16).

Nein, sagt dagegen die heutige Theologie, der Christus in uns, die neuen, durch die Wiedergeburt uns eingegossenen Qualitäten, das neue Princip ist dasjenige, das uns recht macht thun, oder das Neue, das durch das Christenthum in uns kam. Nicht der blosse Glaube macht gerecht — sondern was derselbe mitbringt,[2] dieses Princip des neuen Lebens oder die inchoatio novae vitae. Letztere müssen wir zur Aktualität erheben und im Leben realisiren, und dies geschieht in der Heiligung. Um dies klar zu machen, wollen wir einen Mann der alten Garde, Caspar Huberinus, hören und dagegen einen der jüngeren Garde, Tholuck.

Der Lutheraner und augsburger Prediger Huberinus in seiner Schrift: Vom warn Erkandtnuss Gottes, 1538, geht S. 132 vom Kreuz aus: weil der Christ sieht, dass er unter dem Kreuz liegt, soll er die Rechnung machen, dass er der zuvor ersehenen Kinder Gottes Eines sei. Nicht an den nachfolgenden guten Werken soll der Christ herumzerren und sich selbst gleichsam täglich und stündlich den Puls der Werke fühlen, ob er in der Gnade stehe oder nicht — sondern dies für das Allergewisseste halten, dass, wo er mit Christo leidet und darin seinem Ebenbild gleich ist, er auch in die Zahl der Kinder Gottes sich einrechnen dürfe und in die

---

[1] Vergl. die drei Wittenberger Ordinationszeugnisse in Luthardt's Zeitschrift für kirchl. Wissensch., IX, S. 472. 475.

[2] Schneckenburger will sogar in seiner Vergleichenden Darstellung II. S. 17, dies als reformirte Vorstellung geltend machen, dass die Gerechtsprechung des Sünders immer schon die wirkliche Qualität des Gerechtseins voraussetze — zufolge der im Glauben geschlossenen Verbindung mit Christus. Ritschl widerlegt ihn.

Ordnung hineingehöre: Welche er zuvor versehen hat, die hat er auch verordnet, welche er aber verordnet hat, die hat er auch berufen, welche er aber berufen hat, die hat er auch gerecht gemacht, welche er aber hat gerecht gemacht, die hat er auch herrlich gemacht. „Wiewohl du von der Welt Schmach und Schande hast, so ist's doch vor Gott nicht also, sondern er will dich mit seinem Sohn (durch das Leiden) herrlich machen. Und Gott hat's schon mit dir angefangen, dieweil du sein Kind bist, bis er dich zur ewigen Herrlichkeit einführet. So hat er dich auch zuvor gerecht gemacht, denn er hat dir Christum geschenkt, der deine Gerechtigkeit worden ist, die vor Gott gilt, und hast schon diese Gerechtigkeit, den Glauben an Christum erlangt. Das weisst du; denn der heilige Geist hat dir solches oftmals in deinem Herzen Zeugniss gegeben, dass du wahrhaftig an Christum glaubst. So hat er dich auch berufen — durchs Evangelium — in die heilige Christenheit. Er hat dich durch die heilige Taufe Christo eingeleibt und dich also deines Berufs und Glaubens gewiss gemacht, daran du keinen Zweifel hast. So hat er dich auch verordnet, denn er hat dich zu eben dieser Zeit des Evangeliums in die Welt kommen lassen, dass du durch sein heiliges Wort erleuchtet werden solltest, zu Gnaden Gottes kommen und Christum lernen erkennen, durch welchen du frumm werden kündest (könntest). So steige nun jetzt weiter, und thue einen frölichen, tröstlichen Sprung ins Himmelreich hinein und sprich: hieraus folgt endlich, dass ich von Ewigkeit her fürsehen bin, dass ich ewiges Leben haben solle. Dess bin ich jetzt gewiss." Diese ewige Wahl, Gnade, Erwählung, Fürsehung, und in Summa die einige Barmherzigkeit Gottes gelte allein, sagt Huberinus S. 134, nachdem er zuvor auseinandergesetzt, wie es — abgesehen von dieser Wahl — dem Teufel gewiss gelingen würde, uns in den Abgrund der Hölle zu bringen wobei dann Christus und sein Verdienst im herrlichsten Lichte dargestellt wird.

Kurz, wir sind hier ganz auf dem Boden der alten Garde, die Luther in den Anfangszeiten um sich gesammelt hatte, von denen aber die Späteren nur in verschämter Weise zu reden lieben, nachdem sie völlig anders über diese Dinge zu denken anfingen.

Und nun Tholuck in seinem Commentar zum Römerbrief? Immer und immer wieder wird hier, was man soeben aufgebaut, wieder eingerissen (vergl. Gal. 2, 18). Nachdem zu Cap. 4, 5 zugegeben, dass die Gerechterklärung noch ebensowenig ein Gerechtmachen sei, als das Schuldigsprechen ein Schuldigmachen ist, sondern dass jene (die Gerechterklärung) eine nicht aus der Luft gegriffene, sondern eine in der Wahrheit begründete Erklärung über ein Sachverhältniss sei, so heisst es nunmehr weiter. „Dasselbe besteht nun bei dem gerechtfertigten, an Christum gläubigen Sünder darin, dass in dem im Glauben angeeigneten Christus in der That das Princip der vollkommenen Gesetzeserfüllung liege; — die volle Verwirklichung dieser anticipirenden (Gerecht-) Erklärung, welche den Keim nach seiner vollen Entfaltung beurtheilt, tritt an dem von Paulus Cap. 8, 29 bezeichneten Ziele ein, und mit Rücksicht auf dasselbe wird von den in der Zeit noch Kämpfenden Vers 30 bereits das $\dot{\epsilon}\delta\acute{o}\xi\alpha\sigma\epsilon$ als ein vollendetes ausgesprochen.“

Eine doppelte Ausstellung haben wir an dieser Tholuck'schen Erörterung zu machen — erstlich, dass Christus als Princip der vollkommenen Gesetzeserfüllung angesehen wird, während doch er, oder seine dem Vater geleistete Genugthuung nach orthodoxer Lehre nicht blos Princip, sondern Anfang, Mitte und Ende der Gesetzeserfüllung ist. Zweitens ist eine anticipirende Erklärung eine solche, die noch auf Ergänzung wartet und natürlich eine solche, die durch den menschlichen Canal hier zugeführt wird und in der Lebensgerechtigkeit besteht, die zwar nicht ohne Christi Verdienst erworben wird, aber doch Sache der menschlichen Selbstthätigkeit ist. So sagt Tholuck zu Röm. 8, 10: Die Lebensgerechtigkeit käme als Grund der $\zeta\omega\acute{\eta}$, die dem $\pi\nu\epsilon\tilde{\upsilon}\mu\alpha$ beigemessen wird, doch in Betracht, „soweit sie eben schon vorhanden ist“. Belustigend ist es, fernerhin zu lesen, wie bei Tholuck zu Röm. 8, 30 alles gradezu auf den Kopf gestellt wird, und der Ausleger Paulum das Gegentheil sagen lässt von dem, was er nach Huberinus und den classischen Auslegern der Reformationszeit sagt. Gelegentlich des $\varkappa\alpha\lambda\epsilon\tilde{\iota}\nu$ wird nämlich von Tholuck beim Empfänger zum Verständniss (des Geistes) auf geistige Verwandtschaft gerechnet. Weiter: das $\varkappa\acute{\eta}\varrho\upsilon\gamma\mu\alpha$ des Apostels hat die empfänglichen Hörer durch den Beweis des Geistes und der Kraft (1. Kor. 2, 4) überwunden; als ob „Empfängliche“ überwunden werden müssten und als ob nicht Tholuck hier, wie an unzähligen anderen

Stellen, in lauter Phrasen sich bewegte, die den Heilsbegierigen nur auf die Folter spannen. Im Uebrigen gestattet sich Tholuck beim 30. Vers des 8. Cap. thunlichste Beschleunigung seines Auslegungsgeschäfts. Nachdem er sich auf das Faktum der Empfänglichkeit der Hörer als eines feststehenden berufen und somit bewiesen, dass von der irresistibilitas des Rufes keine Rede sein könne, ja nachdem er Joh. Gerhard noch angerufen, sind wir fertig mit Vers 30. Das Glied οὓς δὲ ἐκάλεσε τούτους καὶ ἐδικαίωσε wird gänzlich ausgelassen und über ἐδόξασε muss uns der heilige Bernhard, hier ein willkommener Lückenbüsser, belehren und hinweghelfen.

Ach, es ist nach solchen Auslegungen, wie die Tholuck'sche über den Römerbrief, nicht zu verwundern, dass, wie Franz Delitzsch in seinem „Bekenntniss" („Der tiefe Graben zwischen alter und moderner Theologie") klagt, der Aufbau eines halben Jahrhunderts eingerissen, und was bisher feststand und auf die Dauer festgestellt schien, umgestürzt wird. Es stand eben nicht fest, deshalb fiel es. Was hilft es, sich mit grossem Pomp auf den Galaterbrief — Luther's Erklärung nämlich — im Vorbeigehen zu berufen und dabei mit grosser Selbstgerechtigkeit Ritschl und seine Schule abzutrumpfen. Sollte es denn wirklich Delitzsch unbewusst sein, dass er (und die Mehrzahl seiner Gesinnungsgenossen mit ihm) ein auf pietistischem Boden erwachsenes Dogma von der Wiedergeburt an die Stelle des Reformationsdogma's von der Rechtfertigung gesetzt hat? Oder was sind das anders als unreformatorische Redeweisen, wenn es S. 11 jener Rede heisst: er habe die Wehen und Wonnen des neuen geistlichen Lebensanfanges mit F. Weber durchlebt und sei in Einem immer mit ihm (Weber) in Uebereinstimmung geblieben, dass der Stand des wahren Christen ein übernatürlicher, ein in der erlebten Wiedergeburt wurzelnder sei. Dieser habitus practicus θεόσδοτος lasse sich an den modernen Theologen vermissen. — Wo soll man anfangen, wo enden, um die Irrthümer dieses Diktums aufzudecken und zu widerlegen? Meine vorliegende Schrift ist aber, wie ich hoffe, der Widerlegung (ohne es zu wollen) gerecht geworden. Es ist die irrthümliche Ueberordnung der Wiedergeburt über die Rechtfertigung, die bei jenem Ausdruck ins Auge sticht. Jene Wiedergeburt, oder (wie es S. 7 heisst) jenes Geistesleben ist eine Setzung der Gnade, welche den Menschen

dem Naturgesetz entrückt — und sie überwiegt also, dass eine
Imputation der Gerechtigkeit Christi nur so nebenher läuft. Während
der Mensch immer noch sein natürliches Ich hat, ist Christus
seine Gerechtigkeit, in Ihm hat er ein neues Ich gewonnen —
und diese zwei Iche führen nun ein dualistisches Leben, wie etwa in
einer unglücklichen Ehe Mann und Frau. Was für Früchte dabei
herauskommen müssen, ist klar — es sind Früchte des Gesetzes, das allein bei solchem Dualismus Ordnung halten kann; es
ist keine Frucht des Geistes. Endlich wird aus streng orthodoxen,
auf der imputatio eines fremden Verdienstes (Christi) ruhenden Sätzen Luther's (im Galaterbrief) die Folgerung von Delitzsch
gezogen: Die Gnade wirkt **also** in das natürliche Leben des
Menschen ein übernatürliches neues Leben hinein, welches sich
von jenem so wesentlich unterscheidet, wie die zukünftige Welt
der Verklärung von der gegenwärtigen Welt des Entstehens und
Vergehens. Man wird mir zugestehen: Delitzsch steht in dieser
Rede ganz auf pietistischem Boden!

Wir fragen nun: was ist Wiedergeburt? Ist sie ein physischer
Vorgang, welchem die Rechtfertigung als ein iudicium secundum
veritatem nachfolgt? Oder ist die Wiedergeburt gleich der Rechtfertigung, und nur ein anderer Ausdruck dafür?

Wiedergeburt oder Neuzeugung geschieht nach 1. Petr. 1, 21
durch das lebendige Wort Gottes, das da ewiglich bleibt. Es ist
an derselben Stelle dieses Wort dem Samen verglichen und dem
vergänglichen Samen — nach dem Zusammenhang gleichstehend mit
nachgemachter Lehre ($\zeta\iota\zeta\acute{\alpha}\nu\iota\alpha$) — entgegengestellt. Ewig bleibend
ist das Prädikat dieses Samens; es ist so beschrieben nach seiner
Wirkung — sofern dasjenige, was es im Menschen hervorgerufen,
nicht vergeht. An Stoffliches ist nicht zu denken. Hervorgerufen
hat das Wort aber im Sünder ganz bestimmte Ueberzeugungen,
die denjenigen des Zustandes, den wir durch die Geburt aus Adam
haben, gradezu entgegengesetzt sind. Es sind nun natürlich nicht
Ueberzeugungen, die die Länge eines Compendiums einnehmen —
sondern lebendig ist Gottes Wort, kräftig und bis ins Innerste eindringend (Hebr. 4, 12). Bald dieses, bald jenes Wort ist Träger
dieser Ueberzeugungen und inneren Erleuchtung. Wie Viele nun
dieses lebendige Wort — den $\Lambda\acute{o}\gamma o\varsigma$, sagt Johannes statt dessen
— aufnehmen, für die bringt solches Wort die Befugniss mit,

dass sie sich als Wiedergeborne betrachten dürfen, oder die $\dot{\epsilon}\xi ov\sigma i\alpha$ $\tau \dot{\epsilon} \varkappa \nu \alpha \; \vartheta \epsilon o\tilde{\iota} \; \gamma \epsilon \nu \dot{\epsilon} \sigma \vartheta \alpha \iota$ (Joh. 1, 12). Und das schliesst dann, mit Johannes zu reden, aus, dass ein Solcher aus Fleisches- und Manneswillen gezeugt wäre, und schliesst ein, dass er aus Gott gezeugt ist. Diese Wiedergeburt oder Neuzeugung darf nun, um mit der Rechtfertigung im Einklang zu stehen, nichts stofflich Neues im Menschen setzen — denn dann käme die Rechtfertigung zu spät, sie käme nur, um zu constatiren, dass der Betreffende neu und gerecht sei. Sie darf aber auch keineswegs der Rechtfertigung nachfolgen, denn die Erklärung Gottes, also hier: dass Einer gerecht sei, genügt und eine darauffolgende Wiedergeburt würde wieder zu spät kommen. Die Wiedergeburt kann neben der Rechtfertigung nur genannt werden, insoweit sie ein anderes Bild sein soll, um darzulegen, dass der Gerechterklärte nunmehr Gottes Kind ist.

Was sollte aber auch durch die Wiedergeburt Neues gesetzt werden. Um Neues zu setzen, müsste erst Altes fort. Was ist aber das Alte? Der Mensch, unser alter Mensch. (Röm. 6, 6.) Und das Neue? — Der Mensch — der neue Mensch! Und der Letztere soll nun alsbald und sofort an die Stelle des Ersteren treten — einen Process lässt die Gerechterklärung nicht zu — es ist eben eine Erklärung, etwas Momentanes nach Röm. 8, 30: $\dot{\epsilon}\delta \iota \varkappa \alpha i \omega \sigma \epsilon$. Eine Anticipation aber der nachzuholenden vollen Gerechtigkeit wäre unwahr und würde doch wieder die Sache des Heiles ungewiss machen und einen nachträglichen Process erfordern.

Es muss sich also die Wiedergeburt in Uebereinstimmung mit der Rechtfertigung halten — oder sie zerstört dieselbe. Dass Einer wiedergeboren wurde, geschah allein so: dass das Wort zu ihm kam, begleitet von dem heiligen Geist, und dass dieses Wort ihm den Zugang öffnete zu dem gnädigen Gott und Vater Jesu Christi. Vor dieses Gottes Thron sah der Gottlose nunmehr sich freigesprochen und aller Sündenschuld mit einem Male ledig — kraft der vollgültigen Gerechtigkeit, erworben durch das Blut des Lammes Gottes, Jesu Christi, des Sohnes Gottes.

Diese Gerechterklärung ist aber zugleich die Gerechtmachung; iustum pronuntiari et iustum effici klafft nicht etwa auseinander, so dass die regeneratio der peccatorum remissio oder iustificatio folgte, und zwar bei den Gerechtfertigten anfangsweise, mit dem Vorbehalt, dass selbige in der regeneratio begonnene nova vita ihr

Wachsthum während des weiteren Lebens auf Erden habe.[1] Calvin will, wie wir sahen, Melanchthon nicht beipflichten (s. o. S. 45), der die vivificatio auf die Tröstung der geängsteten Gewissen, welche aus der Rechtfertigung hervorgeht, bezogen wissen wollte. Er will die vivificatio lieber als Eifer zu einem frommen und heiligen Wandel fassen, welcher Eifer aus der Wiedergeburt (renascentia) hervorgeht: quasi diceretur hominem sibi mori ut Deo vivere incipiat.

Mit solchem quasi ist nichts gesagt — es gibt nur ein Entweder-Oder. Entweder ist der Mensch der Sünde gestorben, dass er Gott lebt — — oder er ist es nicht. Ist er es (und Römer 6 bringt dafür den vollgültigen Beweis), so haben wir die vivificatio nicht, wie später mit der sanctificatio geschah, auf den ganzen Rest des Lebens nach der Gerechterklärung auszudehnen — sondern es ist geschehen! Wir können uns hier gegen Calvin auf Calvin berufen, und zwar schon in der früheren Ausgabe seiner Institutio. In der Inst. rel. christ. (1539—1554) heisst es schon, unter Berufung auf 1. Cor. 1, 30: Nullum ergo Christus iustificat, quem non simul sanctificat. Sunt enim perpetuo et individuo nexu conjuncta haec beneficia. — — — Inter se distinguamus (iustitiam et sanctificationem) licet, inseparabiliter tamen utramque Christus in se continet — in frusta discerpi non potest — alterum nunquam sine altero (largitur). Ita liquet quam verum sit, nos non sine operibus, neque tamen per opera sanctificari; quoniam in Christi participatione, qua iustificamur, non minus sanctificatio continetur quam iustitia (Opp. I, 776). Ganz das Nämliche steht in der letzten Ausgabe der Institutio l. III, Cap. 16, § 1. Ferner vergl. Calvin zu Röm. 8, 13: Discant ergo fideles, non in iustificationem modo sed in sanctificationem Christum amplecti, damit sie Christum nicht zerreissen. Fast wörtlich so lehrt auch Beza.

Es war das eine schwere Position, erst gegenüber den Römischen, später gegen Osiander und heute fast gegen die gesammte Dogmatik der Christenheit, sich die Rechtfertigung nicht zerstückeln und unversehens doch wieder einer Lehre von der Heiligung den

---

[1] So selbst Calvin im Antidotum gegen das Tridentin. Concil (Opp. VII, 425), wo es heisst: Duplicem esse baptismi gratiam: peccati remissio et regeneratio. Remissionem plenam fieri dicemus, regenerationem inchoari dumtaxat, suosque tota vita facere progressus. Ferner Inst. III, 3, 3.

Löwenantheil zukommen zu lassen. Die Väter und Begründer unserer Kirche standen scharfblickenden Gegnern gegenüber. Im Ringkampf um ihre Existenz erspähten die gelehrten römischen Theologen die schwachen Punkte der Reformatoren. Dass die Evangelischen sich immer und immer wieder auf den Glauben als einzige dispositio (vom heiligen Geist gewirkt — wohlverstanden) proxima, quae a nobis iustificandis exigitur, berufen, ist schon dem Pighius (l. c. p. 81) zuwider; er wollte absolut die Werke (einen habitus infusus) einmischen, die freilich auch aus dem meritum Christi flössen. Unentwegt aber blieben die Reformatoren auf dem Stück stehen — keinerlei Werke in die Rechtfertigung einzumischen. Wenn dann aber die Gegner (wie Calvin im Antidotum VII, 425 sie thun lässt) auf Röm. 8, 1 sich beriefen, um zu zeigen, dass Gott nichts an den Wiedergebornen hasse, mithin die Ausrottung der Erbsünde mit Stumpf und Stiel lehrten, so dass der Mensch wieder wird, was Adam vor dem Fall war — dann galt es, sich nicht auf die schiefe Ebene der Heiligungslehre drängen zu lassen, sondern sich der Imputationslehre zu erinnern. Dieser Lehre gibt Calvin einen classischen Ausdruck (Inst. VI, Cap. 15, § 9), wenn er sagt: Iustitiam quoque apprehendunt (in baptismo) sed qualem in hac vita obtinere populus Dei potest, nempe imputatione dumtaxat, quia pro iustis et innocentibus eos sua misericordia Deus habet.

Das Gefährliche der römischen Angriffe auf die protestantische Rechtfertigungslehre liegt aber darin, dass die Römischen mit physischen Kategorien rechnen (Einguss der Gnade), wohingegen die Protestanten mit ihrer rein religiösen Auffassung dieses Problems die physischen, aber auch ethischen (heidnischen) Kategorien ablehnten. Denn dies ist der Gegensatz in diesem Lehrstück (der Rechtfertigung) sowohl, wie auch bei anderen Lehrstücken (Christologie, Lehre vom Urstand). Auf der einen Seite stehen die Römischen mit ihrer physischen Auffassung der Wiedergeburt; auf der anderen die neueren Theologen mit ihrer ethischen Fassung. Während jene dem Pantheismus sich nähern, so diese dem Dualismus (oder Deismus). Denn freilich nicht die Zurückstellung der physischen Kategorien im Punkte der Rechtfertigungslehre ist es, was wir bei Ritschl bemängeln, sondern seinen Uebergang ins grade entgegengesetzte ethische Gebiet.

Bei Ritschl wird die Bekehrung durchweg als selbständiger Akt des menschlichen Willens (also ethisch) betrachtet. Und der heilige Geist wird zwar noch aus seinen Wirkungen erkannt und so gewissermassen anerkannt,[1] aber weil der Wille die Entscheidung gibt, so wird jener (wie bei der Mehrzahl der Neueren) doch gänzlich eklipsirt und sein Wirken in der Kirche mit der Wirksamkeit eines Gemeingeistes oder esprit de corps identificirt. Es ist das Schleiermacher'sche Spielen mit Worten und Namen, wohinter aber nichts steckt, sondern womit nur das erzielt wird, dass die Hörer in Sicherheit eingewiegt und dann um so gründlicher auf pelagianische und deistische Bahnen gebracht werden. Thun sie dann, nachdem sie, der Terminologie des Meisters vertrauend, sich seiner Führung hingegeben, endlich wieder einmal gut die Augen offen, so befinden sie sich mitten in der Hauptstadt des Feindes.

Wir stehen hier vor dem Kernpunkt der Differenz, die zwischen Ritschl und der Orthodoxie sich geltend macht.

Die Differenz aber zeichnet sich schon deutlich ab, wenn wir ins Haus eintreten, bei der Beurtheilung dessen, was Offenbarung sei. Gott wird bei Ritschl[2] von vornherein unter das Maass gestellt, nach welchem andere Erkenntnissobjekte an den Verstand gelangen. Dieses Objekt oder „das Ding an sich" lebt nur in seinen Wirkungen, sonach Gott nur in seiner irgendwie beschaffenen, aber von uns empfundenen und wahrgenommenen Offenbarung.

Wir rufen gleich hier Ritschl ein Halt! zu. Das „Ding" lebt in seinen Wirkungen, aber das persönliche Wesen, Gott, greift darüber hinaus und setzt Contact zwischen sich und anderen persönlichen Wesen. Hier steht nicht blos Natur gegen Natur, sondern Person gegen Person — Gott gegenüber dem nach seinem Bilde geschaffenen Geschöpf. Und da gibt es von vornherein eine anticipatio Deorum (Cicero) im Menschen vor aller Wirkung, und der menschliche Geist ist nicht etwa das weisse Blatt, auf das sich göttliche Wirkungen (die Offenbarung) abzeichneten; denn ohne jene Annahme einer anticipatio Deorum würde auch die Wirkung (also die Offenbarung) nicht auf uns von Einfluss sein.

---

[1] R. und V. III, S. 23. (3. Aufl.)
[2] Theologie und Metaphysik, 1881, S. 30 ff.

Aber freilich hat nun diese anticipatio Deorum nichts zu schaffen mit irgend welcher Verschmelzung der Naturen (von Gott und Mensch) oder mit der crassa mixtura Dei et fidelium Osiander's, die schon in Adam vor dem Fall vorlag als mixtura Dei et hominum. Das führte zum Pantheismus. Selbige anticipatio Deorum ist aber auch nicht mit vielen Neueren zu definiren als die Macht, Gott zu erkennen und sich ihm und seinen Wirkungen (Offenbarungen) wollend hinzugeben. Das führte zum Dualismus (Deismus). Nein, sie ist vielmehr etwas ganz Apartes, sie ist religiöser Art, ans Wort gebunden und gewiesen.

Es ist religiöser Art, wenn wir reden von einer Verbindung Gottes mit uns, und zwar einer solchen, die schon bei der Schöpfung veranlagt ist im Menschen. Zugleich ist es ein individueller Vorgang, nicht vermittelt durch Verschmelzung der Naturen oder durch die Kirche, den esprit de corps oder Gemeingeist — kurz solche Verbinduug, die weder pantheistisch noch dualistisch, sondern nach Art religiöser Vorgänge zu denken ist. Wir bewegen uns vorsichtig auf der scharfen Kante zwischen den beiden Extremen, wenn wir sagen, das Verhältniss sei religiös zu bestimmen. Gott und Mensch sind auf einander angelegt — im Bilde Gottes ist der Mensch geschaffen, seinem Schöpfer zur Seite und in nächster Nähe, um seine Offenbarung zu vernehmen — und eben also nach der Gleichheit Gottes, widerstrahlend das dort Aufgenommene. In Ihm haben sie ihren Bestand und ihr Sein, wie die Art ihres Seins, welches „in Ihm" nicht mystisch zu nehmen, so dass Gott zu dem immanenten Grund ihres Daseins herabsänke, sondern ebenfalls religiös, d. h. durch das Wort und den dasselbe lebendig machenden Geist bestimmt — und in diesem Rahmen allein zu verstehen ist. Damit allein ist es herzustellen, dass der Mensch einerseits nicht in Gott zerfliesst und andererseits nicht alles an sich reisst und alles durch den menschlichen Canal hindurchgeht.

Osiander fasste den Urstand der Menschen in der Weise, dass das göttliche und menschliche Wesen vereinerleit wurden; die Neueren fassen das menschliche Wesen, wie es in Adam zuerst uns entgegentritt, als ein solches, das, durch Selbstbewusstsein und Selbstbestimmung hindurch, Gott zu empfangen fähig ist. Wir meinen dagegen, dass der Exegese damit Gewalt angethan und, was man wünscht, lediglich in den Text eingetragen wird.

Nach der Erzählung Gen. 1 und 2 war Adam geschaffen im Bilde Gottes, nach der Gleichheit Gottes. Soll das heissen, dass Gott ihn mit den Gaben ursprünglicher Gerechtigkeit und Heiligkeit übergossen, damit er aller Versuchung widerstände? — Gewiss nicht, denn alsdann hätte Gott sein eignes Bild in Adam aufs Aeusserste blossgestellt und mit dem einen Abfall untergehen lassen. „Im Bilde" ist der Stand, „nach der Gleichheit" die Wirkung.[1]) Aber daneben war dem vollkommen erschaffenen Menschen ein Gebot gegeben — womit gesagt wird, dass er in dem Rahmen eines Gebotes, und damit des allerhöchsten Willens Gottes mit seiner anerschaffenen geistigen Gesundheit und Vollkommenheit zu bleiben habe, weil solches Gottes Ehre und sein eignes Bestes erforderte. Gehorsam war das Requisit des an sich so vollkommen Erschaffenen. Damit ist die Relation zwischen Gott und Mensch durch das Wort bestimmt. In ihm, dem Worte, war Leben, und das Leben war das Licht der Menschen (Joh. 1, 4). Schon im Anfang bestrahlte das Wort Adam's Lebensweg: es leuchtete ihm in der Form des Gebotes (Gen. 2, 17). Nach dem Fall schien nun das Wort wieder als eine Leuchte — nicht etwa als ein bald hier, bald dort auftauchendes Licht, oder nicht blos im Gewissen sich geltend machend — sondern in der Predigt. Es ist von der via salutis nicht so obenhin zu reden oder darauf los zu rathen, worin die Heilsordnung wohl bestanden haben möchte. Solches ist vielmehr der Krebsschaden unserer Zeit, dass sie säumig ist in der geschichtlichen Fassung des Heilsweges. Gott hat aber nach Hebr. 1, 1 geredet zu den Vätern durch die Propheten. Solche Redner wurden gesandt — und kein Zeitpunkt lässt sich nach dem Massstabe des biblischen Heilsweges denken, wo nicht geredet wurde, und wo es keine Gemeinschaft der Gläubigen (Kirche) gegeben hätte. Berufen, gerechtfertigt, verherrlicht — solches geschieht nicht mittelst Pantomimen und es geht auch nicht von inwendig aus den Herzen der Menschen hervor — sondern zu allen drei Vorgängen gehören Gott und Mensch, und das Vermittelnde ist das Wort, und der Ort, wo es geschieht, die Gemeinschaft der aus der Welt versammelten Kinder Gottes.

Die Erbsünde wird auch viel zu sehr als ein ungeheuerliches,

---

[1]) S. meine Dogmatik, § 33.

unheimliches, überall im Menschen lauerndes Gift angesehen; man kann sich nicht genugthun, über die Verrottung der menschlichen Natur zu klagen. Oft geschieht dies mit heuchlerischem Augenverdrehen, indem man durch die Grösse des Verderbens, dem man ehemals verfallen war, die Anstrengungen sich steigern lässt, die Einen die Bekehrung gekostet und das Behagen merken lässt, dass man nun doch ein ganz anderer Mensch sei. Bei dieser unheimlichen Auffassung der Erbsünde, die in unseren ascetischen Büchern besonders üblich, ist nun wieder das Wort Gottes, hier also das Gesetz, ausser Augen gelassen. Man bleibt stehen bei der passiven angestammten Sündhaftigkeit, als einem ganz unsagbarem Verhängniss und lastendem Schaden — und vergisst ganz, wodurch die Erbsünde, die übrigens, quoad reatum, sofern sie Schuld involvirt und uns von Gott trennt, aufgehoben ist, immer und immer wieder so aktuell und gewaltig wird. Dadurch nämlich, dass erstlich das Gesetz seine Forderungen an uns geltend macht und die Sünde weckt, und zweitens dadurch, dass wir uns sofort auf den Boden des Gesetzes begeben und mit den Forderungen des Gesetzes Ernst machen, als ob wir wirklich noch auf dem Boden lebten, auf welchem Adam einst stand. Bei ihm galt: Thue das, so wirst du leben. Bei uns ist das Gesetz gegeben 1) zur Erweckung unserer Sünden, 2) um den Tod zu wirken. Wir wüssten auch von der Erbsünde nichts, wenn nicht das Gesetz Gottes gekommen wäre, um uns unsere Gleichgültigkeit und Misstrauen gegen Gott, sowie das selbstsüchtige Begehren aufzudecken. Solches aber geschieht allein durch das Wort der Predigt. Wir behaupten natürlich nicht, dass ohne die Predigt und die durch sie geweckte Sünde keine Erbsünde da wäre; aber wir würden sie, z. B. die böse Lust, eben nicht kennen, falls nicht das Gesetz gesagt hätte: Du sollst nicht begehren (Röm. 7, 7). Und so ist es an dem Worte gelegen, bei uns die Sünde lebendig zu machen, und wenn wir auch anders stehen, als Adam, so müssen wir uns doch immer erst selbst im Spiegel des Gesetzes begreifen lernen in unserem gewaltigen Sündenelend. Und dazu nimmt das Gesetz sich Zeit, nach Gottes weiser Anordnung. Und denen, die Gott sich nach seinem Vorsatz berufen hat (Röm. 8, 28), muss nun auch hier alles zum Besten dienen. Sein Zorn ist für sie ja nicht ein unheimliches Feuer, sondern bemisst sich und lässt sich bemessen an dem Gesetze Gottes. Und der Zorn Gottes wird leichter verständlich im Leben, als in der Theorie, in der Gemeinde leichter, als in der Welt. In der Theorie sehen wir lediglich den Zorn und vergessen den Sünder. Wir lassen ausser Acht die Empörung gegen Gottes Gesetz, die in jeder, auch der kleinsten Uebertretung liegt. Im Leben stellt sich das alles anders; da wiederholt sich Adam's Fall immer und immer wieder und die Probe auf die Erbsündenlehre kann von Jedermann gemacht und erfahren werden, dass Gottes Urtheil über den Sünder gerecht sei. Ueberhaupt ist der göttliche Zorn keine Leidenschaft in Gott und etwas, das Gott nöthigte, sich in gewaltigen Ausbrüchen gleichsam Luft zu machen. Nein, Gott stellt die Menschen hoch, indem er ihnen erstlich sein Gesetz gibt und über der Beobachtung desselben wacht, ja endlich seine Geschöpfe zu Objekten seines Zorns macht, weil sie Sünder sind. Denn Er müsste sonst mit sich und seinem Gesetz in Widerspruch treten, und zugleich des Menschen Bestes verabsäumen, wenn er den Menschen ungestraft sündigen liesse. Sein Zorn ist Liebe. Alles Unheimliche ist hier ausgeschlossen auf Gottes Seite. Unheimlich wird die Sache erst, wenn man die Sünde sowie die göttliche Reaktion dagegen (den Zorn) ausser der in der heiligen Schrift stets gewahrten Verbindung mit dem göttlichen Gesetz verstehen zu können vermeint. Wie anders aber muthet uns ein Capitel wie Deut. 28 an, wenn wir die aktuellen Sünden Israels, das Sündigen mit aufgehobenem Arm in Betracht ziehen, und dem entsprechend die immer gewaltigeren Manifestationen des göttlichen Zorns (Deut. 28, 49—62). Von Sünden, die aus Versehen (b' sch'gaga) geschehen, ist hier keineswegs die Rede. Diese Sünden sind freilich nicht ausgeschlossen von dem göttlichen Zorn und etwa minder verzeihlich und minder die Schuld mehrend für den Sünder als jene groben — aber die heilige Schrift hat es doch bei ihren Drohungen auf die Sünden, die mit aufgehobenem Arm und vorsätzlich geschehen, abgesehen und die eben aus der Verunachtsamung der Schwachheitssünden hervorgehen. Jene ersteren, aus der Schwachheit unserer Natur fliessenden, sind zwar da; ja um ihretwillen schloss Gott den Bund mit Abram und wollte ihrer nicht mehr gedenken, gab die Beschneidung schon dem unmündigen Kinde — aber im weiteren Verlauf des Lebens gilt es mit ganz anderen Sünden zu rechnen, mit den Sünden des Aufstandes wider

Gott, oder jenen, die aus Heuchelei und falscher Sicherheit, oder aus verkehrter Stellungnahme zum Gesetz (gemäss verkehrter Heiligungstheorien) hervorgehen. Und hier wird nun die Sache sehr ernst. Hier steht man in Gefahr, das Blut des Bundes, in welchem man Heiligung gefunden, unrein zu achten und den Geist der Gnade, die man bereits empfangen, zu schmähen (Hebr. 10, 29). Zum mächtigsten Einspruch und Kampf sehen sich daher die Propheten herausgefordert, wo sie den Sünder in der Meinung sich festrennen sehen, er müsse dem göttlichen Zorn zu begegnen trachten durch ethisches Verhalten oder ein opus operatum, das er mittelst gottgeliehener Kräfte verrichtet, oder zu verrichten versucht. Da wird der Abstand zwischen Sollen und Können unheimlich. Stellt man sich mit diesen Sündern auf den gleichen Grund und Boden, da kann man sich freilich nicht vorstellen, wie ein gerechter Gott schneiden kann, wo er nicht gesäet hat.

Nun aber ist ja gar nicht, nach eben demselben Worte, das zuerst das Gesetz uns entgegenhält, die Meinung diese: dass der Mensch durch eigne Thätigkeit, sei es gemäss modern-ethischer oder römisch-katholischer Auffassung, sich über seinen natürlichen Standpunkt hinausschwinge. Sondern von Anfang an schuf Gott den Menschen, dass er Mensch sei (nicht Gott, nicht Engel), und als er gefallen, so nahm er ihn auf als Gegenstand seiner Barmherzigkeit und forderte nicht, was er nicht gegeben. Er hatte aber Christum ihm gegeben. Und wo Christus ist, da ist in Ihm allein die Fülle der Gottheit, und wer ausser Ihm und neben Ihm Wege weiss — dem ist Blindheit zu wünschen, statt des Gesichts (Joh. 9, 41), Lahmheit statt starker Beine, Rückschritt statt des Fortschrittes.

Im Worte steht die erste Schöpfung und so abermals die zweite, das Wort ist das Vermittelnde. Ein Wort ist aber die Imputation, das iustum pronuntiari. Dass es so sei und nicht anders, steht beim Worte Gottes — und in Einhaltung der Schranken, die das Wort Gottes zieht (der Logos nach Johannes, was kein Wortspiel ist), steht das Glück und das Leben des erschaffenen Menschen. Sein erstes Glück hat er drangegeben. Er fiel. Das konnte auch nicht anders sein. Adam konnte nicht, was Gottes ist, in sich abspiegeln; dann wäre er Gott gewesen; aber deshalb konnte er auch nicht stehen bleiben, wo die Ver-

suchung mit solcher Gewalt und List alle ihre Minen springen
liess. Nun tritt an seine Stelle ein zweiter Adam — unser lieber
Herr Jesus Christus — und der blieb im Kampfe stehen und spie-
gelte alles, was Gottes ist, in sich ab und erwarb es uns, dass
wir nochmals wieder stehen vor Gott, und das Urtheil der zweiten
Schöpfung vernehmen — dieser da, jener dort — ist gerecht.

Und alsbald ist der Sünder gerecht und wartet nun nicht
auf eine weitere Gerechtmachung, [1]) sondern sein ganzes Dasein
geht darin auf, sich fortwährend der Vergebung seiner Sünden zu
getrösten und zu dem Ende da zu verbleiben, wo Gott ihn durch sein
Wort hingestellt (in Christo), und wie er Christum überkommen
(als Prophet, Hohenpriester und König), also nun auch in ihm zu
wandeln (Col. 2, 6) an der Hand des heiligen Geistes.

Es ist uns wohl bewusst, welche Anfeindung diese Lehre
finden muss in der Welt — die Lehre: dass der Mensch gerecht
wird durch den Glauben, ohne eignes Verdienst, aus Gnaden. Es
schien das den Meisten ein iudicium, das nicht der Wahrheit gemäss war. [2]) Es musste aus der iustificatio sofort etwas Reelles
gemacht werden. Die Aufhebung der Schuld war noch keine ge-
nügende Veränderung im Menschen, sondern es musste eine
positive reale Veränderung hinzutreten. [3]) Es muss nach der
Vergebung der Sünden erst reelle Gnade dem Menschen eingegossen werden — denn sonst geschieht eben nichts mit dem Menschen. Es fehlte den Römischen die Einsicht in die Majestät des
Wortes und somit der Begriff der Schuld. Es fehlte an der Einsicht, dass das Wort des lebendigen Gottes die einzige Vermittlung bildet zwischen dem Schöpfer und seinem Geschöpf, und dass
abgesehen von diesem Wort (oder Offenbarung) keinerlei Anspruch
erhoben werden kann, dass man etwas von Gott an sich wissen
und lehren kann. Es fehlte an der Einsicht, dass keine naturhafte Verbindung zwischen Gott und Mensch an die Stelle der

---

[1]) Luther (Tischreden II, S. 359) sagt: Unmöglich ist es, dass die
Papisten den Artikel „Ich glaube an eine Vergebung der Sünden" verstehen
sollten, denn sie sind ersoffen in ihren Gedanken von der anklebenden Gerechtigkeit.

[2]) Flacius hatte diesen Vorwurf schon Osiander gegenüber zu bekämpfen;
s. Preger I, S. 244.

[3]) Vergl. Duns Scotus (Ritschl, R. und V. I, 100).

durch das Wort vermittelten treten kann. Die Sünde aber, welche wider die allerhöchste Majestät Gottes und seinen ausgesprochenen Willen begangen ist, muss auch mit der höchsten, das ist mit der ewigen Strafe an Leib und Seele gestraft werden. Wirkliche Veränderung trat natürlich mit dem Menschen ein in Folge des Abfalls Adam's. Seine Stellung zu Gott ward geändert; im Stand der Schuld ward er fortan empfangen und geboren (Ps. 51, 7) und somit unfähig, Gott ähnlich zu sein. In erster Linie kam also immer der religiöse Defekt in Betracht, der Unglaube gegenüber Gott und seinem Wort. Nicht weil er gewisse übernatürliche Gaben nicht gebraucht hätte, wie er sollte, ist Adam gefallen — Gaben, an deren Stelle dann böse getreten — die nun wieder durch neue übernatürliche Gaben ersetzt werden mussten, um im neuen Leben des Erlösten besser gebraucht zu werden. Nein, Adam hat, trotzdem er in der Ehre und Herrlichkeit dastand, es vorgezogen dem Teufel zu folgen. Solcher Ungehorsam geschah von Adam's wegen durch Misskennung des guten Gebotes Gottes. Nun muss der Erlöser an die Stelle treten. Er nimmt auf sich, was Adam's Erbe war, die völlige Ungnade und den Zorn Gottes. Er steht, wo Adam stand. Die Veränderung, welche in Folge der Fleischwerdung mit dem Logos stattfand, ist nicht mit Hülfe physischer Kategorien zu erklären. Es änderte sich — zufolge der imputatio — nur das göttliche Urtheil über ihn. Er war Fleisch geworden — Mensch, wie wir, Adam's Kind und Erbe. Gott hat ihn zur Sünde gemacht, d. h. dafür erklärt — auf dass wir würden Gerechtigkeit Gottes in ihm.

Sowie wir die Linie verlassen, welche die Imputation vorzeichnet und physische oder ethische Umwandlung hier einmischen, so machen wir Christum zum Sünder, ebenso wie wir andererseits die Menschen zu wesenhaft Gerechten in Folge der infusio essentialis iustitiae Christi machen würden.

Somit sagen wir, indem wir zur Wiedergeburt zurückkehren, folgendes. Nach dem römisch-katholischen Lehrbegriff ist die regeneratio die iustificatio, sofern letztere das zusammenfassende Urtheil über die Erfolge der im Menschen zufolge Eingusses der heiligmachenden Gnade vorgegangenen ethisch-physischen Aenderung ist. Die Wiedergeburt ist dagegen nach dem reformatorischen Lehrbegriff nur ein Ausdruck für die mit dem Menschen vorgegangene

Aenderung seiner Stellung zu Gott durch Christum. Und dass nun diese Aenderung der Stellung zu Gott wirkt und was sie wirkt, das wird nicht im Unklaren gelassen. Nein, der Mensch ist von Anfang an in Christo vor Gott gerecht, heilig und unsträflich — und zugleich, wenn man auf ihn sieht, vom Anfang bis zum Ende seines irdischen Lebens derselbe impius, der er im Moment der Rechtfertigung gewesen. Auf Christus beruht die ganze Sache auch der Wiedergeburt.

Es erhebt sich nun die weitere Frage: wann die Wiedergeburt anhebt und in welchen Zeitmoment sie zu verlegen sei? Auch hier herrscht Unklarheit. Die römische Kirche hatte das Tauf- und Busssacrament, durch welche der Sünder die heiligmachende Gnade empfängt. Diese verleiht der erbarmende Gott dem Sünder um des Erlösers willen, um gerecht vor ihm wandeln zu können.

Zu diesem Taufbegriff trat nun die evangelische Kirche insofern in Gegensatz, als sie sagte: nur die Schuld, nicht die Erbsünde selber wird aufgehoben. Die letztere blieb also; der impius bestand weiter und war nur durch Zurechnung ein pius. Bei der römischen Kirche trat nun im Verlauf des Lebens das Busssacrament in Wirkung, bei welchem es sich um neuen Empfang heiligmachender Gnade von Seiten des aus der Gnade Gefallenen handelte.

Was sollte da die evangelische Kirche an die Stelle des Busssacraments setzen? Der heranwachsende Christ war imputatione iustus, die Erbsünde aber geblieben. Also konnte dieser nicht als ein aus der Gnade Gefallener betrachtet werden — denn er war erst noch impius und musste erst in Behandlung genommen werden. Eingegossene Kräfte in dem jungen Christen wirksam zu denken, fiel den gesund denkenden und nach dem Massstabe der heiligen Schrift lehrenden Reformatoren nicht ein. Das ersannen erst Spätere. Die Reformatoren bedienten sich der Predigt des Gesetzes, dessen primus usus hier einschlägig ist. So sagt, wie wir schon bemerkt, Luther, resol. thesis 7 ex 95: Quando Deus incipit hominem iustificare, prius eum damnat, et quem vult aedificare, destruit, quem vult sanare perccutt, quem vivificare, occidit etc.[1]) und ähnlich oft in den Heidelberger Thesen und

---

[1]) Opp. lat. II, 252 f.

ihren Resolutionen. Diesen Ausführungen liegt, wie Loofs [1]) richtig bemerkt, die Gleichung iustificatio = conversio impii zum Grunde, denn offenbar ist der iustificandus als Erwachsener gedacht. Es ist das ungemein pädagogisch und richtig, einmal in der Taufe die volle Garantie, das unumschränkte Gnadenvorrecht verliehen zu sehen, dass dieses Kind als Glied des Gnadenbundes Erbe Gottes und Miterbe Christi sei — und dann andererseits dieses selbige Kind als impius zu betrachten und seine Rechtfertigung mitten in den Lauf seines Lebens hineinfallen zu lassen. Machen wir es in der Kindererziehung etwa anders? Reden wir das Kind nicht an, als ob es eigentlich schon einmal auf der Welt gewesen und Lernen nur reminiscentia wäre? Behandeln wir es nicht als ein verständiges Wesen, der Anlagen, die es zum Höchsten führen können, voll? Haben wir nicht eine maxima quae debetur puero reverentia, wenn wir rechte Lehrer sind? Es ist alles Saat auf Hoffnung — gewiss; aber des Ackers sind wir, wenn wir zu erziehen anfangen, einigermassen sicher. Weit sicherer aber sind wir seiner im geistlichen Leben. „Sie sollen sein Volk sein und Er ihr Gott,“ so lautet das Wort des Gnadenbundes (Gen. 17, 7). Getauft auf den Namen des Vaters und des Sohnes und des heiligen Geistes, sehen wir das Kind mit den Baptisten nicht an als ein unheimliches, vorerst noch nicht zu classificirendes Wesen, dem man erst dann mit Vertrauen nahen dürfe, wenn es nunmehr auch bekehrt ist. Nein maxima debetur baptizatis reverentia. Wenn wir den jungen Christen anreden, so ist er uns ein Erbe aller Dinge. „Euer und eurer Kinder ist die Verheissung“ — und schon hat Christus begonnen, sein in der Taufe gegebenes Wort wahr zu machen, und sie abwendig zu machen von ihren Schlechtigkeiten (Act. 3, 25. 26). In welcher Weise dies näher geschieht, entzieht sich der Analyse. Wo alles da ist, und doch zugleich nicht so da ist, dass das Kind es präsent hätte — da bedienen wir Alten uns der Vorsicht und sind unserer eignen Ohnmacht stets eingedenk. Wir wagen kein Urtheil der Art etwa: dies Kind glaubt nicht — es hat keine Reue. Wir reden mit ihm, als ob es alles da wäre, und siehe da: auf dem Grunde der Seele geht mehr vor sich,

---

[1]) Stud. und Krit., 1884, S. 687. Vergl. Ritschl I, S. 198 ff.

als Vater und Mutter wissen. Ob das nun in erster Linie Glaube heisst, oder zunächst Reue, — darüber streiten wir nicht. Es ist des heiligen Geistes Werk — aber freilich dieses Gnadenwerk ist so gross und es erscheint bei den Kindern noch meist so wesenlos, dass es uns schwer wird, solches Alles im Ernst für wahr zu halten.

Die von Ritschl (I, § 26) angeregte interessante Frage, ob erst Glaube und dann Reue, oder das umgekehrte die rechte Reihenfolge sei, ist von ihm selbst nur in pelagianischer Weise gelöst. Er fragt, ob Glaube, oder ob Reue das erste sei, was im Christen geweckt werde. Er entschliesst sich für die Wirkung des Glaubens, sofern die Werthschätzung des Gesetzgebers derjenigen des Gesetzes vorausgehen müsse. Von diesem praeambulatorischen Glauben unterscheidet er den reifen und vollständigen Glauben an die Sündenvergebung durch Christum. Vor sich gehen soll das alles dann in der Kirche und beileibe nicht in der Schule, wozu eben die Reformatoren die Kirche zuletzt hätten werden lassen. Aber das ist alles das andere Extrem zu der römischen Anschauung von der Behandlung des Getauften als eines pius und wesenhaft Bekehrten. Denn was Ritschl Kirche nennt, ist eine solche Gemeinschaft, in der Alle reden und Erfahrungen machen können, wie sie wollen, wo aber allein das Wort Gottes einen Maulkorb trägt und nur nach Ritschl'scher Exegese reden darf. Die Gemeinschaft der auf Grund einer gemeinsamen Exegese gleiches Erfahrenden oder Erfahrung Simulirenden: dies und sonst nichts ist Ritschl's Kirche.

Bei unseren Reformatoren war nun, wie Ritschl I, 202 richtig sagt, die Gemeinde der Gläubigen der Zweck, aber vor allem auch schon Grund dessen, was man Kirche nennt. Was nun für diese auf das „Wort" gebaute Gemeinde heilsam und fördersam zu sein die Bestimmung hat, und ihr zu solchem Zweck auch als Gnadengabe wirklich verheissen ist (nach Eph. 4, 11; 1. Cor. 12, 28), das brauchen wir nicht zu errathen — das ist eben wieder nur Bedienung des Wortes (ministerium verbi). Und zwar Bedienung durch Hirten und Lehrer, die solches zu sein wirklich von Gott berufen sind. Keine irgendwie beschaffene Institution (der Klerus, ecclesia repraesentans) kann hier zur Assecuranz für unsere wirkliche Auferbauung zu einer Behausung Gottes im Geiste dienen (Eph. 4, 12) ausser jener **einen** schwer zu constatirenden Bürgschaft: dass Amt und Regiment auf dem Grunde des apostolischen Wortes stehen und im Geiste desselben walten und schalten.[1]

Weil nun diese wichtigste Bürgschaft schwer zu constatiren ist und unseres ganzen Zustandes wegen auch nicht constatirt werden soll, — so hat Gott die Wiedergeburt erstmalig durch die heilige Taufe aufs Deutlichste abbilden lassen. Er hat gezeigt, dass Er des Willens sei, uns zu Kindern anzunehmen und fortan als Solche zu behandeln. An diesem durch ein Sacrament verbrieften Ehrentitel der Kinder Gottes ist nichts abzudingen und mit den Sekten zu sagen: Die bekehrten Kinder sind Erben und Kinder Gottes. Eine Veränderung findet nicht statt, ausser jener gewaltigen, dass Gott unser und unserer Kinder Gott in Christo ist und uns demnach zu behandeln willens ist. Wir haben also das Kind vor uns und haben es nach allen Regeln geistlicher Erziehung zu behandeln. Mehr denn einen impius haben wir nicht in ihm zu suchen. Bekehrt soll es werden — gewiss — aber dem Einen sei gewehrt: dass wir es als vergotteten Menschen, oder dann als puren Heiden behandeln!

Osiander und nach ihm die Pietisten verfielen in den ersteren Fehler — die Pietisten ganz systematisch. Die Wiedergeburt findet doch trotz alles Geredes vom heiligen Geist in der Art einer Blutverbesserung statt; die neu eingegossenen Kräfte wirken, und es müssen nun, auf Grund solcher passiver Heilsversicherung, allerlei Gemüthserregungen, allerlei unfreie, unklare, ziellose Strebungen im Kind geweckt werden. Das ist Mysticismus. Es findet das Gleiche statt in jenen Sekten englischer Zunge, welche die Praedestinationslehre, abgesehen von Amt und Erziehung, missbrauchen und zuwarten, bis die Gnade ihren Erwählten ergreift und oftmals würgt, dass ihm Hören und Sehen, jedenfalls aber die rechte Nüchternheit in geistlichen Dingen vergeht. Auch diese Sekten haben eben an der Einsicht in das rechte Walten des heiligen Geistes innerhalb der ordentlich organisirten Kirche kein Correctiv. Sie müssen sich wohl oder übel in Atome auflösen.

Andererseits ist aber dem zu wehren, dass wir die Wiedergebornen, in der Kirche Befindlichen, doch nur im Grunde wieder

---

[1] Vergl. Harless, Etliche Gewissensfragen hinsichtlich der Lehre von der Kirche S. 34 ff.

als tabula rasa oder als Heiden behandeln. Denn da ist alles Verstandeswerk. Man will der mystisch (-pantheistischen) Contemplation aus dem Wege gehen, man will dem Ueberjagen und Erschrecken der Christenseelen vorbeugen — man verdammt mit Recht alles dasjenige, was zuguterletzt auf „Heilsarmee" hinausläuft, — aber was setzt man an die Stelle?

Man setzt die sittliche Wiedergeburt an die Stelle der religiösen, oder so eng an das Religiöse heran, dass, was da übrig bleibt vom Religiösen, nur eine Wandlung der Beziehungen des Menschen zu Gott ist. Diese Beziehungen, statt wie im Heidenthum ins Wilde zu verlaufen, sollen nun freilich an Christus angeknüpft werden. Es klingt alles gut und wohl, wenn die Beziehung des Glaubens auf den historischen Christus streng festgehalten und die ethische Neugestaltung des Lebens als die Folge derselben erklärt wird [1] — wir könnten hundert solcher Betheuerungen und Versicherungen von Ritschl und Ritschl's Schülern hier anführen — es ist und bleibt aber eine dualistische Anschauung der Religion. Um die Linie, welche Christenthum und Mystik scheidet, nicht zu überschreiten, blieb man gleich ausserhalb der Linie, die das Religiöse vom Profanen scheidet, und verfiel in die dualistische Trennung zwischen Gott und Mensch. Auch wir wollen freilich nicht mit den Mystikern Substanz-Vermischung als Anfang und Ziel der Wege Gottes mit der Menschheit setzen, aber auch nicht eine Trennung, bei der ich in jedem einzelnen Glaubensakt mich erst auf allerlei Vorbedingungen des zu vollziehenden Aktes besinnen muss — um nun auch wirklich meines Gottes sicher zu sein. Was nützt alles solches Vertrauen zu Christus, was aller Glaube, dass seine Sünder suchende Liebe auch mir zugewandt ist,[2] wenn ich jener impius bin, der ständig gerechtfertigt werden muss und der bis zum letzten Athemzug nie auf jenen grünen Zweig kommt, von welchem die Ritschlianer von allem Anfang an ausgehen.

Melanchthon konnte es daher auch Luther nicht abgewinnen, dass er im Punkte der Rechtfertigung von Qualitäten reden sollte,

---

[1] S. Reischle, Ueber den Mysticismus, S. 66 und Ritschl, Theologie und Metaphysik, 1881, S. 31 (die sieben letzten Zeilen).

[2] Reischle a. a. O., S. 67.

die dann doch, wenn auch erst in zweiter Linie, das Urtheil Gottes (dass der Mensch gerecht sei) mitbestimmen hülfen. Luther fügte dem bekannten Briefe Melanchthon's an Brenz (1531) die Worte bei: Auch er stelle sich die Sache so vor, als ob gar keine Qualität in seinem Herzen sei, die Glaube oder Liebe heisse, sondern an die Stelle hiervon setze er Christum und spreche: haec est iustitia mea, ipse est qualitas et formalis, ut vocant, iustitia mea. Im Jahre 1536 bat dann Melanchthon Luther selbst um eine in den Tischreden [1]) aufgezeichnete Erklärung über die Lehre Augustin's, nach welcher man meinen sollte „nos iustos esse fide, hoc est novitate nostra". Melanchthon fragt: ob Luther meine, der Mensch sei gerecht durch jene Neuheit oder durch die umsonst gegebene Zurechnung, die ausserhalb unser liegt, und durch den Glauben, das ist das feste Vertrauen, das sich aus dem Worte herschreibt?

Luther antwortet: „Sic sentio et persuasissimus sum ac certus, hanc esse veram sententiam evangelii et apostolorum, quod sola imputatione gratuita simus iusti apud Deum." Indem Melanchthon weiter fragt, wie es nach der Wiedergeburt sich verhalte — wodurch Paulus nach seiner Wiedergeburt Gott angenehm sei (ob nicht doch durch die nun aus der Wiedergeburt fliessenden Werke) — antwortet Luther: „Nulla alia re, sed sola illa renascentia per fidem, qua iustus factus est, permanet iustus perpetuo et acceptus." Er meint hier, wie wir sehen, diejenige renascentia, welche eben im Akt der Rechtfertigung selbst sich vollzieht, nicht das erst aus dem Glauben fliessende eigene neue, gute Leben.

Es war eben Luther bei seinen Aussagen über die Rechtfertigung um ein praktisches Interesse, um die Tröstung und Versicherung der Gewissen der Gläubigen zu thun; und diese findet er, so gewiss Christus jetzt in ihnen sein soll, doch immer nur in dem objektiven Christus und in dem Verheissungswort unwandelbar für die Subjekte begründet; die Erfahrung vom inwohnenden Christus (vom Christus in uns) ist eine wandelbare: das Gefühl von ihm wechselt, die Früchte, welche aus ihm stammen, sind immer unvollkommen; in diesem Sinne sagt Luther auch

---

[1]) Erl. Ausgabe B. 58, Tischreden II, S. 339 ff.

wiederholt: „Christus ist **nicht** in mir, ich sehe ihn nicht leiblich u. s. w. (Erlanger Ausg. 47, S. 253); oder: Auf den zur Rechten Gottes sitzenden, im Worte dargebotenen Christus soll das Herz sich richten, um der Gerechtigkeit des Geistes gewiss zu sein.

Wenn nun unsere Reformatoren die Aenderung des Menschen nach der Rechtfertigung mit Ernst hervorheben, so haben sie das gethan in Unterordnung unter die heilige Schrift. Sie standen auch hier im Gehorsam des Glaubens. Und wenn die Propheten und Apostel an so vielen Stellen die Verheissung einer Aenderung auf das Verdienst Christi gründen, so standen die Christen auch hier mit offenem Munde da, gewärtig der Erfüllung des Wortes: Thue deinen Mund weit auf, lass mich ihn füllen. Aber mit haarspaltender Genauigkeit hielten sie alle an das sogenannte ethische Gebiet streifenden Sätze und Gedanken fern. So ungereimt es wäre, zu sagen: Gott soll Gutes thun, die Sonne soll scheinen — ebenso ungeschickt sei es, wenn man sagen wollte: Der Gerechte soll gute Werke thun.[1] Man dürfe dem Gerechten nicht gebieten, dass er gute Werke thun soll, denn er thut's ohne das, ohn alles Gebot und Zwang (womit das Ethische gänzlich ausgeschlossen), weil er eine neue Creatur und guter Baum ist. Und wenn Ritschl (III, 480) diese Analogien von der Sonne ablehnt, als der Freiheit entgegengesetzt, so zeigt er damit deutlich, dass er im contradiktorischen Gegensatz zu Luther sich befindet. Er behält sich nämlich vor, dass für jeden einzelnen Akt des Christen ein deutliches Pflichturtheil gebildet werde, und die Gesinnung, woraus selbiges hervorgeht, bewähre sich doch nicht als blinde Naturkraft. Als ob es nicht ein Drittes gäbe zwischen dem Zwang, d. h. dem Handeln in Kraft der blinden Naturkraft und der Freiwilligkeit, welcher Ritschl das Wort redet — nämlich das Getriebensein durch den heiligen Geist. Wir bewegen uns, indem wir die evangelische Lehre von der Rechtfertigung aufrecht erhalten, wieder nur auf der scharfen Kante zwischen dem Pantheismus der Mystik und dem Pelagianismus der Ritschl'schen Schule. Ob nun dieser Gedanke, dass der Gläubige der Sonne gleich, die scheinen muss, das Gute thut, mit dem Bestand eines tertius usus legis,

---

[1] Luther's Tischreden a. a. O., S. 355.

also mit der Lehre vom usus legis paedagogicus unverträglich sei, dies ist in meiner Dogmatik § 74 erörtert.

§ 7.

Rechtfertigung und Praedestination.

Ob mit dieser Rechtfertigungslehre noch eine Universalität der göttlichen Heilsabsicht und des Rathes zusammenbestehen könne, das ist eine Frage, die sich hier erhebt. Wenn alle Christen getauft werden, wenn in der Taufe von Seiten Gottes alles den Christen angeeignet wird, was je angeeignet werden wird, wenn alles Folgende, ja die ganze Heilsordnung (Röm. 8, 30) nur eine Auseinanderlegung dessen ist, wozu sich Gott ein für allemal erboten, also Auseinanderlegung der neuen Schöpfung (2. Cor. 5, 17) in Christo — so werden demnach Alle selig? Diese Schlussfolgerung würde auch Röm. 5, 18 uns nahe legen, wenn nicht hier in Vers 19 sofort die Einschränkung in dem Ersatz des πάντες ἄνϑρωποι durch οἱ πολλοί[1]) einträte. Ist also die göttliche Absicht bei der Taufe eine universale? Der Umstand, dass die Taufe in der christlichen Kirche allgemein und auch den Kindern zugedient wird, hat das Vorurtheil erweckt, dass die Absicht Gottes überhaupt eine universale sei. Doch zwei Richtungen lassen sich auch hier deutlich, als auf Abwegen befindlich, neben dem königlichen Weg der evangelischen Wahrheit anweisen.

Auf der einen Seite steht die römische Kirche, die beim Täufling einen Einguss heiligmachender Gnade statuirt und das Kind von der einen Substanz (der Erbsünde) befreit, um es mit einer neuen (mit den Kräften der heiligmachenden Gnade) zu bereichern. Diese Wiedergeburt in der Taufe ist eine effektive (magische) und mit dem Makel des opus operatum behaftet. Zu solcher Auffassung konnte auf dem Standpunkt der Rechtfertigung allein durch den Glauben Niemand sich entschliessen, obschon die necessitas baptismi ad salutem (A. C. IX) aus alter Gewohnheit in der Augustana stehen blieb. In den ältesten Zeiten der Reformation dachte man nicht daran, mittelst der als opus operatum

---

[1]) *Oἱ πολλοί* heisst bei Demosthenes das athenische Volk; also eine bestimmte, dem Redner vor Augen stehende Zahl; s. Pape, Lexikon zu *πολύς*.

wirkenden Taufe die Rechtfertigungslehre zu schädigen. Dieselbe war vielmehr ein in das Leben des Individuums hineinfallender Akt, und die in der Taufe verheissene Wiedergeburt war eine von Gottes Seite aufrichtig gemeinte Zusage; aber sie präjudicirte nicht der anderen Wahrheit, dass der Täufling als impius zunächst in der Kirche lebe, bis Gott ihn thatsächlich rechtfertigt, d. h. ihm den Geist gibt, wo dann der Mensch im Glauben es verstehen lernt, dass Gott versöhnt ist durch Christum, woraus alles Weitere (Frieden mit Gott, bona opera) von selbst folgt.

Die Rechtfertigung des Sünders geschieht ja nämlich erstlich bereits im ewigen Rathschluss Gottes mit Absehen auf die Auferweckung Jesu Christi (Röm. 4, 24). Oder von einem anderen Gesichtspunkte aus kann man sagen: Das Testament ist gemacht (Gal. 3, 17); Abraham und alle Gläubigen stehen als Erben darin verzeichnet. Aber zuvor musste der Testator sterben — auf Golgatha geschah solches; nachdem der Tod also geschehen, so wird die Erbschaft vertheilt. Die heilige Taufe bringt den Täuflingen die ganze Erbschaft unter die Augen. Aber erst im Moment, wo der unbekehrt annoch dahinlebende Christ durch Gottes Geist kräftig berufen, gerechtfertigt und verherrlicht wird (Röm. 8, 30) — erst da kommt alles dem Gläubigen wirklich zu, was ihm je und je zugedacht war, und es wird nun im Leben gleichsam die Probe gemacht auf Gottes über allen Zweifel erhabene Rechnung in dem Rathschluss der Ewigkeit. So sahen es die Reformatoren an, indem sie die conversio impii mit einer massvollen Schätzung der Kindertaufe (sei es dann auch als Wiedergeburt) zusammenbestehend sich dachten. Sie standen eben noch gänzlich unter dem Eindruck, dass Gottes Wort lebendig und dass, was er in der Taufe zusagt, uns gewiss sei und nicht durch Eingiessung neuer Kräfte gleichsam sicher gelegt werden müsse, um dann seiner Zeit, unter dem Kampf der neuen Kräfte mit den residuis des alten Adam, zur Geltung zu gelangen.

Von der nüchternen, alles abwägenden Auffassung der Reformatoren entfernten sich zuerst die Wiedertäufer. Sie standen auf dem anderen Extrem, bemüht, wie sie waren, Altes und Neues möglichst von einander zu trennen. Zur reinlichen Sonderung des Alten und Neuen, die dann im Gottesreich zu Münster zur Carrikatur wurde, gehörte auch die Bedienung der Taufe allein für die

Bekehrten. Mit dieser echten Taufe kommt dann der heilige Geist über den Täufling, und wer denselben hat, der wird durch innere Offenbarung Gottes begnadigt und ist verpflichtet, diese Gnade überallhin zu verkündigen. Hier lag nun ein pelagianisches Element vor, wie denn wirklich die Mennoniten (die besonnenste Abart der Wiedertäufer) die Erbschuld in den Kindern abschwächen und erst durch peccata actualia den Menschen verdammlich werden lassen.[1]

Aber auch die einseitige Praedestinationslehre trieb die Puritaner (am stärksten in der Cromwell'schen Periode, in der Form des enthusiastischen Independentismus) zu einer gewissen Geringschätzung der Kindertaufe. Für sie ersetzte der Akt der Bekehrung, der auch eingegossene Gaben und Kräfte mit sich brachte, die Nothwendigkeit der Taufe. Und von diesem Sauerteig sind bis heute die presbyterianischen Freien Kirchen nicht frei, indem sie es z. B. der englischen Kirche zum Vorwurf machen, dass selbige in die Taufe die Wiedergeburt verlege. Sofern man nur diese Annahme der Kirche England's in der Weise der Reformatoren mit Vorsicht hinstellt, ist sie ja unverfänglich und auch Calvin[2] nicht fremd.

Unsere Reformatoren dachten sich die Praedestination und die in der Taufe kundgegebene allgemeine Heilsabsicht Gottes als im Einklang befindlich; ja das Gebot, sagen wir lieber, das Vorrecht der Kindertaufe soll die Gefahren der Praedestinationslehre abwehren und Trost den erschrockenen Gewissen darbieten. Zwar dachten sie wohl nicht an eine Taufe, die ohne Anwendung der Zucht ganz promiscue zugedient werde. Und wenn es faktisch in der Zeit der Reformation mit der Zucht auch so stand, dass Luther

---

[1] Winer, Comparative Symbolik, ed. Preuss, S. 61.

[2] Es ist reformirte Lehre: in baptismo adesse spiritus efficaciam ut nos abluat et regeneret (s. Calvin an Melanchthon Opp. XV, p. 217), wenn auch mit Einschränkung auf die Erwählten. Calv. Opp. IX, p. 118 (Contra Westphalum): „Implet Deus quoties visum est, ac repraesentat effectu praesenti quod in sacramento figurat. Sed nulla hic necessitas fingenda est (die Lutheraner überhaupt und so auch Westphal nahmen diese Wiedergeburt simul ac baptizantur infantes an). „Etsi enim minime dubium est, quin ex parte Dei, ut vulgo loquuntur, haec perpetua sit vis baptismi et utilitas, atque haec etiam ordinaria dispensandae gratiae ratio, perperam tamen quis inferat, liberum gratiae Dei cursum temporum articulis astringi. (!)

1536 in einem Schreiben an die Schweizer die Zuchtlosigkeit in seiner Kirche zu beklagen nicht anstand, so war es doch nur aus Noth oder alter Gewohnheit, dass man so vorging. Kindertaufe ohne Zucht ist ein völlig anormaler Zustand — aber man hoffte damals immer noch auf bessere Zustände, wo dann Zucht eintreten könne — statt wohl oder übel den Stock die Widerspenstigen fühlen und das herrliche Kleinod nicht länger vor die Hunde werfen zu lassen.

Wo immer aber die Kirchenzucht geübt wird, da ist die Voraussetzung zulässig, dass die der Gemeinde geschenkten Kinder zu Gottes erwähltem Volk gehören — und da soll man die Schranken nicht enger setzen, als sie der heilige Geist gesetzt hat. Die Kirche ist, wie sie daliegt, das zerbrechliche Gefäss, aber doch immer das Gefäss, in welchem für uns Christen der Schatz durch die Welt getragen wird. Sie ist es, solange sie die Merkmale hat, die ihr Aug. Conf. Art. 7 und in erweiterter Form in Conf. Gall. 33, Belg. 29, Scoticana 18. 25, Heid. Kat. 85. 86 bestimmt sind. Und obschon wir dabei, um mit der Aug. Conf., Art. 8 zu reden, wissen, dass die Kirche eigentlich die congregatio sanctorum et vere credentium ist, so widerstehen wir doch dem donatistischen Irrthum, der in immer neuen Formen (im Darbismus, Baptismus u. s. w.) wieder auftaucht: als dürfe das geistliche Amt nur von Wiedergebornen verwaltet werden und als könnten in der Kirche keine Heuchler sein.

Wir legen alles Gewicht auf den Gnadenbund Gottes! Und gleichwie in der alten Oekonomie Familien, ja selbst ein ganzes Volk in diesen Bund aufgenommen waren und ihnen durch die Beschneidung der volle Bestand der Gnade Gottes auch für ihre Kinder verbürgt war — so verhält es sich in der neuen Oekonomie nicht anders. „Machet zu Jüngern alle Völker", sagt der Herr Matth. 28, 19. Also völkerweise werden die Menschen berufen, und der Gnadenbund überschattet Völker, Städte, Familien, und unter seinem Schatten geniessen sie die Fülle aller Gaben. Denn sie sind nach des Herrn Befehl (Matth. 28, 19. 20) einmal getauft, wo dann das Wasser Blut und Geist Christi bedeutet (Heid. Kat. 69) nach der göttlichen Verheissung: „Ich will reines Wasser über euch sprengen, dass ihr rein seid." Zum zweiten aber sind sie auch belehrt, alles zu beobachten, was immer Jesus Christus den Aposteln aufgetragen (Predigt, Sacramente, Zucht).

Erst der Pietismus machte die Kirche von dem vollen Segen der Taufe los und wies, freilich aus eigner Schuld der Kirche, auf Nebenpfade. Es kam ein fleischlicher Eifer auf, um fleischliche Nachlässigkeit auszutreiben. Man legte in der synergistischen Form des Pietismus allen Eifer auf die Bekehrung und die (erst seit 1672 durch Undereyk und dann durch Spener eingeführte) Confirmation musste dienen, der Taufe einen Nachtrag zu geben, der sie bald in den Schatten stellte. In dem mit der Praedestination zusammengehenden Pietismus (in Grossbritannien und Holland) ward dann gleichfalls die Taufe und auch das Amt mehr und mehr mit scheelen Augen angesehen. Man gerieth in die Bahnen des geistlichen Individualismus. Man machte eine Kluft zwischen Bekehrten und Unbekehrten auf eigne Faust, aber mit Umgehung der ordentlichen Organe der Kirche (die freilich stumme Hunde geworden und sich am Fleisch der Gemeinde mästeten). Man erhob sich über das Amt; die Gläubigen schaarten sich in Conventikeln zusammen, die in Holland anfangs von der Kirche geduldet, ja von ihr geaicht wurden. Man suchte in allerlei Kennzeichen der Gnade sich seiner Wiedergeburt zu versichern und sich seinen Christenstand durch allerlei Werke vor sich selbst und vor Anderen garantiren zu lassen.

Diese Methoden, solange sie noch von dem Bande der Kirche umspannt wurden, glommen, wie Feuer unter der Asche. Sie wurden aber kirchenverwüstend, als jenes Band nachliess und man nun nach solchen Methoden separirte Gemeinschaften zu stiften begann. Da bekam die Sache ein anderes Gesicht.

Von den Quäkern wollen wir hier nicht reden, die, den Independenten und Baptisten weit vorauseilend, aller Welt zur Warnung dastehen, wohin das unhistorische Fussen auf sich selbst (auf das innere Licht) die Christen führt. Wir reden von den mit uns aus derselben historischen Wurzel Hervorgewachsenen, und zwar von den ältesten Independentengemeinden Amerika's. Wir constatiren aus einem alten Kirchenbuch von Roxbury, dem Orte, wo John Eliot, der berühmte Indianerprediger, lange stand, Folgendes.

Es fand eine strenge Trennung zwischen Getauften und adjoined (adjuncti) der Kirche statt, worüber die Kirchenbücher Listen führen. Von Letzteren werden noch wieder 'getrennt Solche,' who toke hold of the covenant, d. h. Bekehrte, und endlich werden die

Excommunicirten angegeben. Die Aergernisse, die zur Zucht Veranlassung gaben, werden verzeichnet, oft bis ins Kleinliche hinein. Auch Lehrzucht wird geübt an Einem, der ein Buch voll von Häresien über die Rechtfertigung (1650) geschrieben. Der „General-Court" von Massachusetts (also damals noch die bürgerliche Obrigkeit) liess es verbrennen. Viele wunderbare Zeichen göttlicher Vorsehung werden angemerkt. Wir sind schon mitten in dem Fahrwasser, welches spätere Sekten so gut zu befahren verstanden — mitten im religiösen Individualismus, an dem Amerika und auch das Disserterthum Grossbritannien's krankt. So war es am grünen Holz — was wird am dürren werden?

Der Charakter dieser Krankheit ist ersichtlich. Zwar wird die Praedestination festgehalten; die Idee des Volkes Gottes und einer besonderen Zukehrung Gottes zu ihrer Sekte gleichfalls. Aber die Freiheit der Kinder Gottes gedeiht nicht im Rahmen der Sekte; sie entartet im hellen Tageslicht, in das sie die Sekte stellen will, und wird dann leicht zur Tyrannei. Man schliesst ein und schliesst aus je nach Menschen-Gebot und -Satzungen; man steht in Gefahr, die Schwachen zu zertreten und die Heuchler grosszuziehen — es fehlt an der Controlle, welche die Welt auch über das Leben der „Heiligen" übt. Man gehört zu den „Heiligen", eben weil man zur Sekte gehört, und es wird dem Einzelnen nicht leicht gemacht, sich zu prüfen und sich zu fragen: Ist auch Unrecht in meinen Händen?

Man soll aber auch in Sachen der Kirchenleitung und Regierung durch Glauben und nicht durch Schauen wandeln — man soll manches der Correctur des allerhöchsten Hauptes, Christi, überlassen, der sich Zeit gönnt und oft erst in Jahrhunderten fertig bringt, was Menschen in zehn Jahren fertig wünschen. Und so wurde denn die Praedestinationslehre wirklich ein zweischneidiges Schwert, sofern es abgetrennt von der Rechtfertigung gehandhabt wurde, die allein im Stande ist, dem Grössenwahn, welchen jene Lehre nur allzu leicht nährt, wirksam zu begegnen. Wenn die Praedestinationslehre sich dann noch mit der Lehre von bei der Wiedergeburt eingegossenen Gaben und Kräften verschwistert, dann wird sie zur Mutter von allerlei Schwärmereien und ephemeren Sektenbildungen, die zwar sich mit der Zeit wieder auflösen, aber immer lange genug bestehen, um das Wort Röm. 2, 24 zu bestätigen: Eurethalben wird Gottes Namen gelästert unter den Heiden.

Die Dissenters Grossbritannien's, Presbyterianer wie andere Nonconformisten, schwanken gegenwärtig in ihrem Kirchenschiff zwischen zwei bedenklichen Klippen. Auf der einen Seite stehen Männer, wie Spurgeon und seine Baptisten-Gemeinde, die sich treu zur Praedestinationslehre halten, aber von der Kindertaufe nichts wissen wollen. Sie predigen mit Engelzungen — meinetwegen — das mag ihnen trotz ihrer halsbrechenden Exegese unverwehrt bleiben; aber dabei haben sie Luchsaugen für den Seelenfang, um welche die römische Kirche sie beneiden könnte, und lieben es, ihre Emissäre hinzuschicken, wo sie nicht gerufen sind, Emissäre, die sich wie Kletten an die besten Elemente der Landeskirche anzuhängen wissen.

Auf der anderen Seite entdecken wir die Klippe des Universalismus und Synergismus, und auch ein Liebäugeln mit der freien Wissenschaft bis tief in das Mark der grossen Freikirchen und der Baptisten-Gemeinden englischer Zunge hinein. Für diese Freikirchen, die das Recht des Individuellen dem Recht des Geschichtlichen bei ihrem Austritt aus der Mutterkirche überordneten und sich mit dem Uebertritt der Correctur, welche Gott oft nach Jahrhunderten an einer Landeskirche übt, entzogen haben, gilt es, doppelt aufzupassen. Schon wankt der Boden unter den Füssen auch in diesen Freikirchen. Die Exegese wird schwach betrieben und die grossen Einleitungsfragen (Abfassung des Pentateuches durch Mose, Einheit des Jesaia u. s. w.) werden mehr und mehr in der Weise, wie man es in Deutschland gelernt, entschieden. Die Theologie ist zum grossen Theil deutsch — wird aber hier auf fremdem Boden betrieben. Der Buchstabe der Bekenntnissschriften wird als lähmend empfunden; durch Declarationen [1] möchte man das Band der

---

[1] Z. B. innerhalb der kleinen englisch-presbyterianischen Kirche. In dem mir vorliegenden Entwurf eines „Declaratory statement" vom 30. April 1885 ist die allgemeine Gnade im ersten und zweiten Punkt vorgetragen und in Punkt 3 das Seligwerden sowohl **aller** in der Kindheit Sterbenden, als auch die Möglichkeit der Errettung in der Heidenwelt ohne Evangeliumverkündigung. Das ist weit hinausgehend über den von der Mutterkirche dieser Leute verworfenen Amyraldismus, was Dr. Dykes in London, der Hauptvertreter dieser kirchlichen Auflösung und jetzt Professor der Theologie, billig **wissen** sollte.

Symbole lockern und die Lehrartikel also modificiren, dass sie Glaubensartikel werden. Man acceptirt also einen Gegensatz zwischen Lehre und persönlichem Glauben, der schon stark an die in Deutschland gewöhnliche Trennung der Theologie und Religion erinnert. Und das ist verderblich, ja in 20 Jahren könnte das Dissenterthum leicht die Bahnen der heutigen deutschen Theologie wandeln, wenn nicht, wie in der Freien Kirche Schottland's bis jetzt noch geschieht, der Willkür Halt geboten wird. Dann werden die Staatskirchen den Wall bilden, hinter deren Schutz die willigen Prediger des Wortes, die homines bonae voluntatis, frei ihres Amtes werden walten können. Innerhalb der Sekte wird man sie verfolgen.

Die Separation selbst ruht aber leider vielerorts auf dem Hintergedanken, dass wir Menschen der Correctur nicht täglich und stündlich bedürfen — der Correctur durch das Wort Gottes und seinen Geist. Zur rechten Methode leitet uns allein die wohlverstandene Rechtfertigungslehre. Bei ihr ruht das Gesetz nicht, und kommt auch das Evangelium zu seinem Recht. Das Gesetz behält ja für den durch den Glauben Gerechtfertigten seine Kraft und Bedeutung und zeigt ihm beständig, wie gross seine Sünde und Elend sei. Denn an diesem „wie gross“ beginnt erst der Bekehrte oder Wiedergeborne, kurz der Gerechtfertigte, zu studiren — vorher war ihm die Einsicht in das „wie gross“ verschlossen. Aber auch das Evangelium kommt zu seinem Recht im Rahmen der rechtverstandenen Rechtfertigungslehre. Nicht zwar so, dass man im Evangelium gegenüber dem Ueberschwang der Sünde ($\grave{\varepsilon}\pi\varepsilon\rho\acute{\iota}\sigma\sigma\varepsilon\nu\sigma\varepsilon$ nach Röm. 3, 21) ein noch grösseres Mass eingegossener Kräfte, um die Sünde zu überwinden, empfängt ($\acute{\nu}\pi\varepsilon\rho\varepsilon\pi\varepsilon\rho\acute{\iota}\sigma\sigma\varepsilon\nu\sigma\varepsilon$ heisst es nur von der Gnade). Das würde ein ewiges Balanciren zwischen zwei entgegengesetzten Polen zur Folge haben. Ueber allerlei Versuche, die bösen Säfte durch gute zu vertreiben oder sie absorbiren und aus dem geistigen Organismus sich ausscheiden zu lassen, würde der Christ nicht hinauskommen. So aber kommt das Evangelium, jene Kraft Gottes für alle, die daran glauben; es bringt uns das Urtheil Gottes, gerecht zu sein durch Christus, und behandelt uns auch demgemäss. Und da hilft eins dem anderen. Die Taufe lässt uns bis auf den Grund des tiefen Meeres sehen, und die Rechtfertigung gibt uns den Muth, bis auf diesen Grund im Glauben hinabzutauchen. Da finden wir denn der Perlen viele, und wenn wir es auch dort unten, solange wir im Fleische sind, nicht lange aushalten, sondern wieder nach oben begehren — es erübrigt nichts anderes, wollen wir anders der Perle der Vergebung unserer Sünden wiederum theilhaftig werden, — als abermals bis auf den Grund zu tauchen, um abermals der Sündenvergebung und des Lebens gewiss zu werden. Unserem alten Menschen nach leben wir oben — unser neuer verlangt nach jenem Grunde, wo die Perlen sind — ein beständiges Wesen gibt es da nicht; der Christ muss sich vielmehr mit Paulus sagen: nicht dass ich es schon ergriffen habe, — ich jage ihm aber nach, ob ich es ergreifen möchte, auf Grund dessen, dass ich auch durch Christus ergriffen bin (Phil. 3, 12). Von einem Anfang der ewigen Freude, den man in seinem Herzen empfindet, redet der Heid. Kat. 58.

Die Praedestinationslehre, die nach rückwärts in den Himmel führt und nach vorwärts die Beharrung im Glauben uns garantirt, hat nur den Charakter der Befestigung im Leiden, die der Christ um des Haltens an der Rechtfertigung willen erduldet. Aus dieser Lehre folgt Aergerniss und aus dem Aergerniss das Kreuz. Aber an und für sich dürfen wir die Praedestinationslehre nicht an die Spitze des Systems stellen und das geschieht auch, abgesehen von Melanchthon's Loci v. J. 1521, Luther's De servo arbitrio, und Zwingli's De providentia, in den späteren Jahrzehnten des 16. Jahrhunderts nirgends. Diese Lehre dient vielmehr blos als Corrolar zur Rechtfertigungslehre; sie 'steht und fällt mit ihr. Aber freilich, als Melanchthon in seinen späteren Schriften, zunächst 1535 in der neuen Bearbeitung seiner Loci, diese Lehre ganz fallen liess, kam er sofort in den Verdacht, er sei von der reinen Lehre abgefallen. Sein Streit mit Cordatus (1537) und später der synergistische Streit bekunden deutlich die Etappen dieses Abfalls, obschon er sich dagegen (1537) verwahrte; nun hätte er keine Apologie mehr schreiben können, die dem Pighius so verächtlich erschien, den Kindern Gottes aber stets werthvoll bleiben muss. Sowie Melanchthon, die iustificatio im Leben des impius festhaltend, sich der Praedestination entledigte — musste als Correctiv sofort die Mitwirkung des zu Bekehrenden (Synergismus) als Ersatz eintreten. Verwirft man dagegen die iustificatio impii, unter einseitiger Verlegung der Wiedergeburt in den Taufakt, wobei neue Kräfte dem Menschen eingegossen werden, so ist man entweder im römischen Fahrwasser, oder man treibt das Schiff auf die Klippen des Antinomismus, wovon die lutherische Kirche im 17. Jahrhundert in der Praxis nicht freizusprechen ist und wogegen dann der Pietismus ein Correctiv anbot, was aber ebenso schlimm war, als der zu heilende Schaden.

So nöthig also ist die Praedestination als Hülfsbeweis für die Rechtfertigung aus dem Glauben. Sie hat aber ihre eigentliche Stellung dort, wo sie Paulus in Röm. 8, 29 ihr anweist, in agone conscientiarum. Abgesehen davon führt sie zu dem fanatischen Gebahren, das wir an den Puritanern zur Zeit der grossen Revolution 1648 mit Betrübniss wahrnehmen, — welche Puritaner eben auf enthusiastische Abwege geriethen. Es ist ein schlechtes Lob, das Weingarten hier der Praedestination spendet, als ob sie es gewesen, die diese Leute im Gedränge jener welthistorischen Katastrophe oben gehalten. Dann könnte man ebenso gut die Türken loben. Aber der Fanatismus ist nie gut, und die echte Religion wäscht ihre Hände bei alledem, was damals in Grossbritannien geschah, in Unschuld. Dieselbe hat nicht in solchen Katastrophen ihre segnende Hand über die Kämpfer gebreitet — und in ihrem Namen sind die Dinge, die damals dort geschahen, nicht gut zu heissen! Peccabatur extra muros — et intra!

§ 8.

Rechtfertigung und Heiligung.

Wir kommen nunmehr zur Hauptsache — was es sei mit der Heiligung.

Ritschl redet (R. V. I, S. 143) von einer Entdeckung der Rechtfertigungslehre durch die Reformatoren. Er meint aber, diese Lehre sei auch für die Gegenwart erst wieder zu entdecken. Das ist gewiss richtig! Aber irrig ist doch wiederum, wenn er die römische Lehre von der Rechtfertigung und die protestantische Lehre von der Heiligung zusammenordnet und meint, dass die katholische Lehre in der Rechtfertigungslehre unterbringe, was der Protestant unter dem Titel von der Heiligung neben der Lehre von der Rechtfertigung vorträgt. Ausdrücklich nämlich gibt Ritschl (S. 142) zu verstehen, dass die römische Lehre in der Justification erklären wolle, wie aus dem Sünder ein aktiv Gerechter werde — wogegen dies der protestantische Lehrbegriff einem späteren Locus, dem von der Heiligung, vorbehalte. Er beklagt jedoch zugleich, dass bei Luther und Melanchthon solche Richtung auf den praktischen Gebrauch jener Rechtfertigungslehre nicht zu ihrem Rechte komme. Er erhebt also gegen die Reformatoren den Vorwurf, dass sie unterlassen, für die Rechtfertigung als solche eine Abzweckung auf die Wiedergeburt und auf die Erfüllung des Gesetzes vorzubehalten — d. h. dass sie eine Rechtfertigung lehren, unbekümmert um eine danach folgende (bei den späteren Dogmatikern nachgetragene) Heiligungslehre.[1]

Aber haben denn die Reformatoren überhaupt nach der Rechtfertigung noch erst die Lehre von der habituellen Erneuerung des Gerechtfertigten, so dass er nun zu guten Werken fähig wird, in Aussicht genommen? Gewiss nicht? Die Abzweckung der wunderbar herrlichen Rechtfertigungslehre ist nicht, dass der Gerechtfertigte sich mit einer Sittenlehre in der Heiligung auseinanderzusetzen hat. Das ist ja grade die Klage Eichhorn's, eines Schülers von Ritschl,[2] dass die Beziehung auf das Sittliche der Apologie Melanchthon's ganz fehle — der Begriff des Sittlichen sei nicht gebildet. Loofs drückt dies besser so aus:[3] dass dem Sittlichen neben dem Religiösen gar keine Selbständigkeit in der Apologie eingeräumt sei. Die Betrachtung des widersittlichen Charakters der Sünde sei völlig absorbirt von der Beurtheilung der Sünde gemäss ihrer widergöttlichen Art. Die widersittliche Art des natürlichen Menschen ist nur Krankheitssymptom, nicht die Krankheit selbst.

Ueberhaupt hat Loofs darauf hingewiesen, dass das Neue an dem Alten zu messen ist: die renovatio — an ihrem Gegentheil, der Erbsünde.

Das erste Neue bei der Rechtfertigung ist der Friede mit Gott, der Friede des Gewissens — das zweite Neue ist das donum per gratiam — der wirksame heilige Geist. Er wird denen geschenkt, die nunmehr zu heiligen sind. Was man aber in der Erbsündenlehre säet, das hat man hier zu erndten; wer dort Unzulängliches

---

[1] Vergl. auch Loofs a. a. O., S. 639, der Ritschl widerlegt.
[2] Stud. und Krit. 1887, II, S. 463. 488.
[3] Stud. und Krit. 1884, S. 641 f.

behauptet, hat hier die Folgen zu tragen. Wenn man sagt: dass ausser der göttlichen imputatio immediata es eine mediata gibt, wonach Gottes Urtheil an der verdorbenen Art, die seit Adam's Fall durch die Zeugung sich fortgepflanzt, haftet, und daher vor allen Dingen die Nachkommen Adam's der Verdammniss (dem κατάκριμα) verfallen seien — so verwirrt man den klaren Stand der Dinge. Was Gott nöthigte, nach der imputatio peccati Adamitici immediata den Nachkommen sich fern zu stellen — war nicht der besondere Umstand, dass dieselben zur mala natura geworden und ganz von der Sünde angesteckte und zerfressene Wesen waren. Dies wird als Flacianischer Irrthum von der Kirche abgewiesen, indem dagegen behauptet wurde, die Sünde sei ein accidens und habe im Menschen die Schöpfung Gottes nicht aufgehoben (s. Calvin, Inst. II, 16, 3; B. X, 175, 5. Absatz). Es ist hier Gottes Urtheil, das an ein Gesetz gebunden ist, in Anschlag zu bringen. Dies Urtheil brachte es dahin, dass Alle um des Einen (Adam's) willen als Sünder dazustehen kamen. Und solches Urtheil ward nur durch ein anderes aufgehoben, welches in Christo und dessen Gehorsam seinen Stützpunkt findet (Röm. 5, 12—21).

Gleichwie nun Gott bei der erstgenannten Beurtheilung des Menschen sich rein auf gesetzlichem Boden (dem Boden des ius talionis: Aug um Aug etc.) stellt und daher die Menschen als Sünder dazustehen kommen, als die den Tod über sich und in Folge dessen die Sünde in sich herrschend haben (Röm. 5, 12) — also ist in Christo ein neuer Boden der Beurtheilung betreten worden. Nunmehr herrscht die Gnade, und nach ihr bemisst sich die Beurtheilung der Sünder. Es steht hier Urtheil gegen Urtheil. Paulus sagt in abschliessender Weise (Röm. 5, 21): dass, gleichwie die Sünde im Tode geherrscht, d. h. durch den Tod als Mittelglied ihre Herrschaft geübt habe, so auch die Gnade herrsche durch Gerechtigkeit (so dass Gerechtigkeit die Art und Weise der Herrschaft näher bestimmt) zu ewigem Leben durch Jesum Christum unseren Herrn. Da resumirt der Apostel zuguterletzt noch einmal die Hauptmomente von Röm. 5, 12—21; er erledigt aber zugleich damit die Sache unseres Heiles. Wie das Eine Allen erkennbar vorliegt: dass die Sünde im Tode geherrscht hat — so auch das Andere, dass Gnade herrscht durch Gerechtigkeit zum ewigen Leben durch Jesum Christum unseren Herrn. Mit diesem neuen

Standpunkt der Beurtheilung ist der alte abgeschafft, der im Blick auf Adam und unter Berücksichtigung des Gesetzes seine Kraft hat und behält. Behalten hat dieser erste Standpunkt seine Kraft, so lange die Menschen nicht glauben, oder sobald sie sich abermals unter das Mass des Gesetzes stellen und demgemäss messen lassen. Verloren aber hat der Standpunkt seine Kraft, sowie sie durch den Glauben in Christo sich erfinden lassen. Da nämlich ist das ans Gesetz gebundene Urtheil in foro divino abgestellt zu gunsten eines anderen, auf Gerechtigkeit basirenden Urtheils, wonach der in Christo Jesu sein Heil Suchende der ins ewige Leben hineinreichenden Herrschaft der Gnade untergeben ist. Wenn wir nun diese zwei Urtheilsfällungen durch Einmischung nebensächlicher Gesichtspunkte unterbrechen würden, so wären wir Irrende und beirrten überdies Andere. Wenn wir die natürliche, durch die Zeugung vermittelte Corruption einmischen und die Frage aufwerfen würden, inwiefern Gott diese verderbte Art übersehen könne und nicht zu allernächst durch Eingiessung wesentlichen göttlichen Lebens das Todesverderben aufhöbe, so stellen wir eben damit den ganzen Heilsvollzug und besonders das Verdienst Jesu Christi in Frage, ja stürzen mit diesem einen Bedenken alles um! Wir provociren nunmehr doch ein Urtheil nach dem Gesetz, also gemäss der ersten Ordnung der Dinge, der Ordnung in Adam. Denn das Gesetz will etwas vor Augen sehen und will keinen Glauben. Und so stellen wir denn dem Gesetz den handgreiflichen oder wesentlichen Besitz der Lebensgerechtigkeit unter die Augen und lassen uns wieder in die Zwangslage versetzen, solchen Besitz nun auch, natürlich mit Hülfe des heiligen Geistes, zu bewahren und zu mehren. Das aber ist Gesetzes Art, und das Gesetz wirkt Sünde und Tod; und wenn es in Wirkung tritt, ruft es alle bösen Leidenschaften wieder wach und macht aus dem Christen ein ganz unerträgliches Wesen — ein Zwitterwesen zwischen Geist und Fleisch; halb Mensch — halb Gott!

Sehen wir aber ab von Tod und Sünde, wie sie in uns wirksam sind, und sehen wir allein hin auf die Gnade, die da also herrscht (in Christo Jesu), dass Gerechtigkeit das Zeichen ist, unter dem sie ihre Herrschaft führt — so ist alles geschlichtet. Denn dieses hier betonte Moment der Gerechtigkeit, wodurch die Gnade in der Ausübung ihrer Herrschaft näher bestimmt ist, weist auf

Christum. Es weist auf sein δικαίωμα, seinen Gehorsam, als das Antidotum gegen Adam's παράπτωμα; Christi ὑπακοή ist das Gegengewicht zu Adam's παρακοή.[1] Durch den Gehorsam des Einen werden die Vielen als gerecht hingestellt werden (Röm. 5, 19). Und gegenüber Osiander haben sowohl Melanchthon, in seinem Gutachten,[2] als auch Calvin[3] sich auf den Gehorsam zurückgezogen, welchen Christus als Mensch vollbracht hat. Ebenso Flacius.[4]

In diesem Zeichen siegt die Gnade — sie herrscht durch Gerechtigkeit, d. h. die in Christo Jesu, unserm Herrn, ihr zur Verfügung gestellte (vergl. auch 2. Petri 1, 1). In Ihm sind wir gerecht — ἐν τούτῳ πᾶς ὁ πιστεύων δικαιοῦται (Apostelgesch. 13, 33). Aber wird nun nicht das Erste, was die Gnade zu thun hat, nachdem durch die Rechtfertigung ein neues Verhältniss zwischen Gott und dem Sünder hergestellt ist, dieses sein, dass sie die Eingiessung wesentlichen göttlichen Lebens vornimmt?[5] Nun auch Paulus redet Röm. 5, 15 von einer δωρεὰ ἐν χάριτι τῇ τοῦ ἑνὸς ἀνθρώπου Ι. Χριστοῦ, von einem Geschenk, welches die Gnade mit sich führt. Dieses δωρεὰ ἐν χάριτι ist von Melanchthon im Osiandrischen Streit, wie wir schon oben gesehen haben, vom heiligen Geist und nicht, wie Pighius und Bellarmin wollten, von eingegossener Gerechtigkeit (Liebe oder dergleichen) zu verstehen. Auch Röm. 5, 5 redet von dem uns gegebenen heiligen Geist als demjenigen, der das Bewusstsein der Liebe Gottes (wonach wir Gegenstände dieser göttlichen Liebe sind) in uns wirkt. Wo also die Gnade herrscht, da bringt sie den heiligen Geist mit, und dieser ist der bleibende persönliche Urheber aller jener Wirkungen auf den Gerechtfertigten, die man unter dem Namen „Heiligung" zusammenzufassen gewohnt ist. Der Zusatz ἐν χάριτι τῇ τοῦ ἑνὸς ἀνθρώπου Ι. Χρ. bedeutet, dass

---

[1] Röm. 5, 15. 19.

[2] C. R., Band 7, S. 892 ff.

[3] Inst. III, Cap. 11, § 11.

[4] Verlegung des Bekentnis Osiandri M, 2. 3. Vergl. Preger, Flacius I, S. 233 ff.

[5] Vergl. Thomasius, Christi Person und Werk, III, 2, S. 303. Derselbe redet von Wiedergeburt als einer Erzeugung wesentlichen göttlichen Lebens. Und so urtheilen auch seine Gesinnungsgenossen.

jenes donum uns zu Theil werde durch die besondere Gunst und Gnade Gottes in Christo und durch Christum — so dass dieses donum, d. h. der heilige Geist, nicht auf unserem Verdienst beruht. Auch soll nicht etwa, wie Bellarmin wollte, durch das ἐν χάριτι ein habitus infusus angezeigt werden, in welchem dieses donum bestände.[1]

Sofort aber erhebt sich nun die Behauptung der Gegner, welcher Bellarmin besonders scharfen Ausdruck verlieh:[2] Benevolentiam Dei non esse inanem, sed omnino praestare ac efficere id bonum, quod alicui vult. Ergo Deus iustificans non solum bene vult sed etiam iustos et sanctos facit.

Demnach geschieht nichts, und die Gnade Gottes läuft auf nichts hinaus. Diesen Eindruck machte die evangelische Lehre auf die Gegner. Und die Evangelischen sind in ihrer Vertheidigung gegen solche Einwürfe nicht immer consequent genug verfahren. Zwar bezieht sich Melanchthon bereits 1530 mit Entschiedenheit auf die Imputation der Gerechtigkeit Christi (Apol. 125, 184f.) und trennt die göttliche Anschauungsweise von der menschlichen. Und so ist auch bei Luther,[3] Chemnitz und Anderen die Lehre von der Rechtfertigung gänzlich durchflochten mit der Lehre von der Zurechnung von Christi Gerechtigkeit an die Gläubigen.

Auch Gerhard[4] beruft sich gegen Bellarmin auf den Charakter der Imputation und verweist auf Röm. 5, woselbst die Gegenüberstellung von Christus und Adam, indem der Erstere die Sünde auf sich nahm, die Realität der Imputation erweise. Aber schnell bezieht er sich sodann auf die sogleich anhebende renovatio per Spiritum sanctum, um Bellarmin zu schlagen, oder doch zu beschwichtigen. Denn die römischen Gegner waren nicht faul, hier das Messer der Kritik einzusetzen und die Evangelischen zu nöthigen, von der Rechtfertigung auf die Heiligung überzugehen, um der ersteren damit ihren vollen Gehalt zu sichern. Und wenn

---

[1] Cf. Joh. Gerhard, Loc. 17, Cap. 1, § 18: Ergo per gratiam non potest intelligi donum aliquod nobis inhaerens, infusus quidam habitus, quo formaliter coram Deo simus iusti, sed denotatur gratuitus Dei favor in Christo et propter Christum.

[2] Cf. Gerhard 1. c. ebendaselbst.

[3] In allen seinen Schriften.

[4] Loc. 17, Cap. 1, § 18.

man dann römischer Seits mit solchem Resultat, wie es auf dem Gebiet der Heiligung hergestellt wird, sich unzufrieden zeigte, so begnügte man sich, wie Gerhard thut, damit, über die menschliche Schwäche zu klagen. Wenn es also mit der Heiligung nicht gut vorwärts wolle, so möge Bellarmin deshalb der Imputation den Erfolg nicht absprechen. Er möge vielmehr das abgründliche Verderben unserer Natur daraus erlernen, welches so gross ist, dass es bis zuletzt dem heiligen Geist widersteht. Nun das war denn freilich leeres Gerede, um nur das letzte Wort zu behalten, und konnte Bellarmin nicht aus dem Felde schlagen.

In ähnlicher Weise suchte auch Pighius schon die Protestanten aufs Trockene zu setzen. Er fragt in den Controversiae in comitiis Ratisponensibus etc. (1542) p. 82 ff., woher sich denn nun der Charakter der Unvollkommenheit der guten Werke der Wiedergebornen (sanctorum) herschreibe? Aus uns seien sie ja nicht, weil unser freier Wille dazu nicht mitgewirkt, ja vielmehr auch bei dem Wiedergebornen widersteht — gemäss den reformatorischen Lehrern, qui nullas partes nobis relinquunt in bonis operibus, sondern alles durch Gottes Geist und die Gnade gewirkt werden lassen. Vielweniger aber könne sich jener Charakter der Unvollkommenheit von der göttlichen Gnade, die Jene ganz als Ursache der guten Werke ansehen, herschreiben. Also woher dieser Charakter der Unvollkommenheit der guten Werke? Und er endet mit dem Ausruf: Vides, quam sit caeca impietas! Er setzt damit die Gegner aufs Trockene. Und die Gefahr ist gross, dass man sich, wenn nach den guten Werken gefragt wird, von der Rechtfertigung auf die Heiligung treiben lässt, und wenn es sich ergibt, dass die Werke der Heiligen doch unvollkommen, so zieht man sich wieder auf den Boden der Rechtfertigung zurück. So ist man denn zu guterletzt nirgendwo zu finden, wenn es sich handelt um die Thatsache: ob der Gerechtfertigte gute Werke thut? Und ferner: wenn dies der Fall, wo sie dann von ihnen, den Reformatoren, in einer auch die Gegner befriedigenden Weise aufgezeigt werden auf Seiten der Wiedergebornen? Es handelt sich dabei um Sein oder Nichtsein der evangelischen Lehre. Und hier verlegen auszuweichen, gilt eben nicht.

Es hilft auch gar nichts, wenn Melanchthon in den zu Worms (1557) gestellten Artikeln das necessarium der guten Werke von der göttlichen Ordnung auslegt.[1] Oder dass er überhaupt die Nothwendigkeit der guten Werke durch das göttliche Gebot begründet oder sie unter den Gesichtspunkt des Berufs stellt und ihnen damit ein eignes Gebiet im Gegensatz gegen das katholische Mönchthum anweist.[2] Es wird damit die Lösung der Schwierigkeit nur verschoben, und die Nachfrage der Gegner nicht beschwichtigt: wo denn nun die guten Werke seien, damit es klar erscheine, dass Gott nicht etwas ganz Erfolgloses in der Rechtfertigung unternommen, wie Bellarmin höhnisch den Evangelischen vorwarf. Das waren auch bei Melanchthon nur Auskünfte für den Augenblick, und die Reformatoren haben, wie Loofs (a. a. O. S. 639) zeigt, schon in der Rechtfertigungslehre die Abzweckung auf Herstellung wahrhaftig guter Werke sicher gestellt. Der Gerechtfertigte thut wirklich gute Werke. Luther: Wir richten das Gesetz auf, d. h. eben darum lehren wir den Glauben, damit das Gesetz erfüllet werde;[3] so auch im Grossen Katechismus (488, 2).[4]

Ebenso Melanchthon: Ideo iustificati sumus ut bene operemini. Ut si quis hoc modo argumentetur: labor non prodest aegroto, ergo etiam curatus nihil agam. Respondendum erit per inversionem ex causa finali: — — curatus es, ut deinceps labores.[5] Wir werden später sehen, wie sich solches die Reformatoren dachten.

Uns bleibt hier die Aufgabe übrig, diesem Problem nicht aus dem Wege zu gehen, sondern ihm seine Lösung aus der heiligen Schrift angedeihen zu lassen. Wir meinen aber das Problem: Sind gute Werke in der Rechtfertigung vorgesehen, und wenn ja — was ist zu halten von der Unvollkommenheit der guten Werke, wo es doch ganz deutlich ist, dass Glaube und böse Werke nicht zusammensein können. Denn es gibt keine durch die Gnade modificirte sittliche Weltordnung! — Man mag noch so viel sich als Begnadigter, als Kind im Elternhause wissen; man mag darob halten,

---

[1] C. R. X. 406.

[2] Eichhorn, Die Rechtfertigungslehre der Apologie S. 464 f. (in Theol. Stud. und Krit. 1887, II).

[3] Kirchenpostille E. A. 14, 154.

[4] Loofs a. a. O. S. 639.

[5] C. R. 15, 460; 27, 521; 21, 308; nach Loofs a. a. O., S. 640.

dass man die Liebe des Vaters besitzt **vor** allem Thun — so bleibt doch feststehen, dass, wo dieses Thun nach Gottes Gesetz nicht vorhanden ist, man vor die Thür des Himmelreiches gehört! Die perfectio christiana, welche die Reformatoren (bes. A. C. 36, 49) aufstellen und in ihr die Realisirung des Reiches Gottes auf Erden erblicken, nicht dagegen in äusserlichen neuen Diensten nach der Erfindung der Menschen — diese perfectio weist uns strikt darauf, dass es eine hier auf Erden bereits nachzuweisende gibt.

Wo ist also die perfectio? Wir sind voll (d. h. vollkommen) in Christo (Col. 2, 10); es ist des Vaters Wohlgefallen gewesen, dass in ihm die ganze Fülle wohnen solle (Col. 1, 19). Die Fülle ($\pi\lambda\acute{\eta}\varrho\omega\mu\alpha$) meint hier den allgenugsamen Vorrath an solchen Dingen, die da Christum in Stand setzen, um der Noth und Leere seiner Gemeinde abzuhelfen. Somit ist hier gelehrt, dass das Haupt zuerst für die Glieder alle Fülle in sich hat und dass solche Fülle von dort aus auf die Glieder übergeht und an ihnen auch erscheint, so dass die Irrlehrer an den Früchten den Baum erkennen müssen. Diese Früchte gibt das dritte Capitel näher an. Man kann ihnen gar nicht aus dem Wege gehen — und sie sind entweder da oder nicht da; aber sie dann zuguterletzt mit der Gesammtnote zu charakterisiren: sie seien doch nur unvollkommen und es sei also gerathen, sich nur immer hübsch den Satz von der Rechtfertigung aus dem Glauben präsent zu halten, das ist unstatthaft. Sie sind entweder da oder nicht da. Und sieht man ein, dass die guten Werke nicht da sind, die der Apostel der Gemeinde vorhält, so ist es ja nie zu spät (solange der Christ hienieden lebt), dass sie im heiligen Geiste alsbald da seien. Man entziehe sich nur der Bestrafung des heiligen Geistes nicht, sondern lasse ihn sein Strafamt (Joh. 16, 8—11) auch bei uns voll ausüben. Er wird vollkommene Werke herstellen!

Aber der Fehler ist, dass man sich zur unrechten Zeit der Rechtfertigung getröstet und zur unrechten Zeit auf die Heiligung vertröstet. Der Rechtfertigung dort, wo man die Werke haben soll; der Heiligung dort, wo man die Wohlthat der Rechtfertigung (das Absolutorium vor Gottes Gericht — in foro coeli —) voll und ganz annehmen sollte. Die Schuld liegt daran, dass man den heiligen Geist ausser Acht lässt. Mit Uebergehung seines hochheiligen Amtes, das uns bei der ernstlichen Frage nach den Werken zur Busse führen will, springen wir schnell mit unseren besudelten Werken zu dem Born der Rechtfertigung, um hier im Handumdrehen die Sache in Ordnung zu bringen; oder wir klagen unsere Ohnmacht an, wo Kraft oder doch Aufrichtigkeit gefordert wird. Wir ziehen den Kopf aus der Schlinge, die uns Gottes guter Geist überwirft. Oder aber, wo die Rechtfertigung aus dem Glauben uns ihre Wohlthat zu gute kommen lassen will, und die Belehrung davon im heiligen Geist an uns ergeht — da brennen wir schon vor Ungeduld, von diesem Thema auf ein anderes zu kommen. Wir fühlen uns stark genug, um nun alsbald mit der Heiligung zu beginnen, oder mit ihr fortzufahren. Auch hier wiederum dieselbe Ausserachtlassung des heiligen Geistes. Man will an der Fülle des Hauptes wohl Antheil haben und sich vom heiligen Geist gern bedienen lassen — durch das Mittel seiner Gaben und Kräfte — aber nur soll man dann auch freie Bahn haben. Das Cooperiren scheint ein leichtes Ding; man verliert aber den, der mit uns, der in uns, der für uns operirt, den heiligen Geist, gänzlich aus den Augen, und ist, ehe man sich dessen versieht, wieder unter dem Gesetz ($\dot{v}\pi\dot{o}\ v\acute{o}\mu o\nu$, entgegen Röm. 6, 19).

Dasselbe Versteckspiel wiederholt sich häufig, denn das menschliche Herz ist arglistig und auch wieder verzagt. Dem heiligen Geist geht es immer gern aus dem Wege. Und wenigstens will man die Sache mit den vom heiligen Geist verliehenen Kräften und Gaben fertig bringen und sonach wieder mit Hülfe eines Gesetzes. — Nehmen wir als Beispiel die Forderung der Zucht (ein gutes Werk per eminentiam), wonach also in den Gemeinden Gottes Gesetz herrschen soll. Nun da ist man zwar in thesi allgemein einverstanden, dass Ordnung die Seele der Dinge sei und so auch in der Kirche obwalten müsse — aber in der Praxis regiert entweder der Stecken des Treibers oder man ist mit der Erklärung der Ohnmacht bald zur Hand und dann sogar geneigt, das Princip zu verdächtigen, oder endlich man sagt: Zucht könne allein der Papst üben. Natürlich wenn man alles auf die eigne Kraft, oder auf geliehene Kräfte dabei ankommen lässt — dann übertreibt man die Zucht, oder man entdeckt bald eine Blösse nach der anderen, und ein vollkommenes Werk kommt nicht zu Stande. Würde man aber frisch ans Werk gehen, weil es Gott befohlen, würde man der Verheissung Gottes vertrauen: Ich will dich mit meinen Augen leiten (Ps. 32, 8); oder derselbige (der Geist der Wahrheit) wird euch in die ganze Wahrheit einführen (Joh. 16, 13) und: Ich bin bei euch alle Tage bis an der Welt Ende (Matth. 28, 20): so würde eben dieses Werk der Kirchenzucht von selbst guten Fortgang haben. Wird alsdann dieses Werk, oder auch andere, wie z. B. die häusliche Zucht, keine Flecken und Unvollkommenheiten haben? Was durch den Geist Gottes gethan ist — hat keine solchen; es will aber hier freilich ein iudicium parium das letzte Wort haben. Daher sagt David, als ihn der Herr errettet hatte aus der Hand aller seiner Feinde (Ps. 18, 25): Darum vergilt mir der Herr nach meiner Gerechtigkeit, nach der Reinheit meiner Hände vor seinen Augen. Und von Hiob lautet das göttliche Urtheil: dass er recht geredet von Gott (Hiob 42, 7).

Bei der Ablehnung alles eignen Verdienstes, aller eignen Kraft, bei der mit Beschämung verbundenen Anerkennung der eignen Sünde und Ohnmacht, bei dem frischen Muth, den die Ueberzeugung verleiht, dass wir nicht mehr unter Gesetz sind, sondern unter Gnade (Röm. 6, 14) und man also alle Tage wieder neu anfängt, ja täglich die Absterbung des alten und die Auferstehung des neuen Menschen erfährt und feiert — da gewinnt der heilige Geist an Boden und gewinnt Zugang in unsere Herzen, dass er durch allen Widerstand hindurch dennoch ein vollkommenes Werk ausrichtet. Hier gilt, dass man das Wort vom Zweifel sich vor Augen halte (Jak. 1, 6 f.): denn wer zweifelt, ist wie die Meereswoge — ein Mann mit getheilter Seele ($\delta i\psi v\chi o\varsigma$), unbeständig in allen seinen Wegen.

Das Gericht ist Gottes! Und in Gottes Gericht hat der Gerechtfertigte Werke in Fülle (Matth. 13, 23; 25, 34 ff.) Dem Satan gegenüber vertheidigt Gott selbst seinen Knecht Hiob — und ist diese Ehrenrettung für menschliche Augen auch eine solche, die mit vielen Opfern erkauft ist und wobei menschliche Kraft Schiffbruch leidet — sie besteht doch vor Gott und wird nicht angefochten werden können. Und Jakobus sagt sogar (2, 23) von Werken, die freilich von der fides formata Rom's oder den ethischen Werken der neueren Theologen himmelweit verschieden sind — dass aus den Werken der Glaube vollendet wird, indem der Glaube gleichsam die Erwartung weckt, die dann erst durchs Werk befriedigt und erfüllt wird. Denn was sieht die arge

Welt von dem gänzlich verborgenen Glauben — was sehen die Feinde davon, was Satan? Um diese zufrieden zu stellen, soweit dies möglich und gefordert werden kann — dienen dann eben die Werke, um zuletzt alle Welt zur Vergewisserung dessen zu bringen, dass diese da, obschon es nicht so schien, im Glauben stehen. Sie müssen unsern guten Wandel in Christo, den sie bis dahin geschmäht, mit Beschämung anerkennen (1. Petr. 3, 16). An und für sich konnte Abram sich nichts darauf zu gute thun, dass er den Sohn hat opfern wollen, sowenig wie Rahel ihrerseits ihres Thuns sich rühmen konnte. Aber dennoch sind sie aus Anlass grade dieser Werke vor Gott als das erklärt, was sie am wenigsten in dem Augenblick vor sich selbst und Menschen waren — nämlich als gerecht. Der Glaube ist ein lebendiges Ding, sofern ihn Gottes Geist lebendig macht — er will heraus, in die Aussenwelt, und hier sich erfinden lassen. Er kann nicht im eignen Innern, an mystischem Gottesgenuss Befriedigung finden; — er will die Welt der Dinge sich aneignen und herrschen im Leben durch Christum Jesum.

Eine fides formata ist das aber noch lange nicht, denn das Formgebende, zu Leben und Wirksamkeit Erweckende stammt aus dem heiligen Geist — und jene fides formata Rom's würde nur wieder auf ein gesetzliches Wirken hinauskommen. Der Gläubige ist auch meistens zu unbefangen, um an Leistungen nach gesetzlicher Anweisung sich zu machen. „Durch den Glauben kriegen wir Lust und Liebe zu allen Geboten" (Luther, Gr. Kat. 504, 69; vergl. den Heid. Kat. 90), und sind wir damit also auf ein Sichauswirken desselben gewiesen, auf eine neue, in Gott und dem Zutrauen zu ihm gründende Lebensauffassung, die nicht mehr mit dem bösen Gewissen zusammenbesteht — sondern frei ist von demselben — eine Lebensauffassung, die nichts mehr mit dem Gesetz zu thun hat. Und wenn das Gesetz ja sich aufmachen sollte, um die Seele wiederum unter sein Joch zu bringen, so kann sie nicht schnell genug vor diesem drohenden Schuldherrn in das Asyl fliehen, welches Christi Verdienste bilden. Ausserhalb dieses Asyls herrscht das Gesetz unbeschränkt. Es tritt da für den Christen ein, was Hebr. 10, 1. 2 Israel und den Opfern absprechen muss, dass die letzteren den Darbringern zur Freiheit vom Sündenbewusstsein verhälfen. Der Christ hat solche Freiheit, nachdem er einmal gereinigt ist durch Christi Blut, wie solches die folgenden Verse sagen (Vers 10 bes.), dass Christus uns durch sein einmaliges Opfer geheiligt ein für allemal. Und die einmal wirklich Gereinigten sind das böse Gewissen los geworden (vergl. auch 9, 14).

Meldet sich das böse Gewissen wieder, so haben sie einfach den Weg dorthin zurückzumachen, wo sie einmal wirklich gereinigt worden sind. Sie haben nicht an der „novitas“ zu arbeiten, dass die neuen Wirkungen und Tugenden wieder in ihrem ersten Glanze scheinen; sie haben, um es kurz zu sagen, nicht an ihrer Heiligung zu arbeiten — denn solches hiesse des Menschen Blick vom Mittler abwenden. Und solcher Trost wird eben durch die Blendwerke der Enthusiasten und Anabaptisten verdunkelt,[1] deren Lehre auf das Gleiche hinauskommt, wie die des Osiander, und in den Nürnberger Sätzen vom Jahre 1555 zugleich mit der Irrlehre Osiander's von Melanchthon widerlegt wird.[2]

Alle diese Gegner der Rechtfertigungslehre der Reformatoren waren darin einig, dass sie etwas hinzubringen müssten zu der Herrlichkeit der Gemeinde Christi, zu welcher der Erlöser alle Voraussetzungen in sich selbst gegeben hatte. Heilig wollten sie werden. Schwenckfeld wollte selbst den Brauch der Sacramente anstehen lassen, bis dass eine Gemeinde der Heiligen beisammen wäre. Mit diesen Forderungen beirrte Schwenckfeld die Liegnitzer, und Speratus[3] antwortet ihnen: Inolescat usus Altaris propriissimus, pusillus tum semper grex futuri sumus. Vereor ne in tanto numero vix octo Nochae, vix unus aut alter Caleb sociato Iosua alicubi inveniendi sint. Er meint, dass, wenn die äusserlichen, zusammenhaltenden Mittel noch weggenommen werden sollten, sehr Wenige in der Kirche übrig bleiben würden. Und das meinten und wussten mit ihm Luther, Melanchthon und alle Besonnenen zu jener Zeit. Ja, gewiss, wenn wir uns die Sacramente und dazu

---

[1] C. Ref. 12, p. 619 propositio 36: von den im Text Genannten heisst es: invitant te aspicere novitatem et abducunt mentes a conspectu mediatoris.

[2] Corp. Ref. 8, p. 563 f.: Er (Schwenckfeld) streitet auch wider diesen Trost: Durch Glauben werden wir gerecht und saget von Vergöttung etc. — — — davon Erinnerung geschehen in den vorigen Artikeln (gegen Osiander).

[3] Leben von Speratus v. Prof. Kosak, S. 132 ff.

die Kirche als das die Menschen zusammenhaltende Band fort-
gefallen denken — was wird da übrig bleiben? Und freilich für
diese Uebrigbleibenden redet im Grunde die heilige Schrift —
und nur diesen gilt, dass sie Gegenstand der Rechtfertigung und
Gegenstand der Heiligung des Geistes sind. Nur sie bilden jene
Christenheit, jene ecclesia, jenes corpus Christi, mit welchem vereint,
der Einzelne die Sündenvergebung oder Rechtfertigung erfährt. Der
Ring, der diese Edelsteine umfasst, ist aber unsichtbar. Nach-
gemachte Ringe und Edelsteine gibt es zwar in Fülle — oft nicht
zu unterscheiden von den echten — aber die, welche sich daran halten,
gehen dann auch verloren. Es kommt nicht auf Wenig oder Viel
hier an, sondern darauf, dass der Herr in ihrer Mitte sei. (Ps. 46, 6.)

Zur Karrikatur der Kirche (des corpus Christi) führt, wenn
man die Kirche als Anstalt zur Bekehrung der Menschen an die
Stelle der wahren, unsichtbaren Kirche setzt — wie in den Zeiten
der „Orthodoxie" geschah. Da verstieg man sich wirklich zu dem
Unternehmen, die Gemeinde der Gläubigen, die man durch die
Taufe gesammelt vor sich zu haben meinte, in regelrechte Behandlung zu nehmen. Man wollte sie, nach missverstandenen oder
zu wörtlich genommenen Rathschlägen der Reformatoren (Luther
und Melanchthon im Visitationsbüchlein 1528) durch das Gesetz
zur Reue bringen — die Reue weckte den Glauben — der Glaube
führte zum Erlöser — diesen liess man sich dann schenken —
und dann kam der heilige Geist in Einen hinein: und dieser
brachte Kräfte und Gaben mit — und wenn das alles noch nicht
half — dann half die Beichte und Absolution nach — und das
Abendmahl, womöglich fünf Minuten vor dem Tode, vollendete,
was noch etwa rückständig war. So war es lutherischer Seits.
In solchem Wesen sind die meisten unserer Altvordern dahin-
gestorben.

Und reformirter Seits? War hier alles Licht? Nun —
dann würden wir in diesem Lichte wandeln und uns wohl hüten, hier
viele Worte obendrein zu machen. Aber auch da liess man durch
die Lehre von der Praedestination einen Kern von Bekehrten in
der Kirche sich garantiren und dieser Kern — was geschah mit
ihm? Er wurde bald sehr unruhig und jeder durchs Gewissen
Angetriebene und irgendwie Geängstigte wollte lieber Kern sein
und nicht zur Schale gehören. Daraus entstand das Conventikel-

wesen — die Kirche in der Kirche, aber als Karrikatur, nicht als Wahrheit und Leben. Die unruhigen Elemente in der Kirche nährten den Geist der Unzufriedenheit mit den Institutionen. Die Staatskirche hatte Schuld. Man murrte und klagte, man zog sich zurück und schaffte sein eignes Heil und nicht zugleich das des Nächsten (Phil. 2, 13).

Dann kamen die Sekten, heimathlose Leute, voll Ueberglaubens uud prangend in guten Werken, und erhöhten die Unzufriedenheit in der Kirche. Die Selbstauflösung der Kirche — ein Zerfallen in Theile, die nicht zu einem Ganzen wieder zusammengebracht werden konnten uud wollten — ist besonders auf dem Boden der reformirten Kirche wahrzunehmen. Die im Grunde römischen Anschauungen vom vollkommenen und unvollkommenen Christenthum wurden wieder in Gang gebracht, wenn auch natürlich in concreto hier eine andere Bestimmung des vollkommenen Christenthums stattfand, als im römischen Lager. Aber man konnte sich auch hier nicht mit der kahlen Rechtfertigungslehre begnügen, sondern, indem man vielfach den Missbrauch derselben vor Augen hatte, fing man an mit der Heiligung, der novitas vitae etc. sich zu beschäftigen. Selbst ein Voetius war schon, wie wir gesehen, nicht frei von pietistischen Anwandlungen; schon er liebte es, die Gewissen der heilsverlegenen Seelen durch Aufstellung von allerlei Kennzeichen zu beschweren. Er forderte eine praecisitas, ein präcises Wesen, von den Gläubigen, das doch ganz unter den primus usus legis gehört, während der tertius usus viel tiefer greift und überhaupt nicht so gemessen werden kann, wie es diese Leute wollen. Es waren bald so, bald anders bestimmte Leistungen, die in den nun innerhalb der Kirche entstehenden Kreisen erst für wahrhaft geistliche Dinge galten, über deren Zahl dann zwischen den Coccejanern und Voetianern bereits Streit entstand.

Wer aber darin nicht mitmachte, der galt als lau, als zurückgeblieben in der Heiligung — mochte er sonst ein noch so verlornes, unter dem Donner des Gesetzes unzählige Male zerschmettertes Herz mit sich herumtragen. Ja, auch die reformirte Kirche hatte ihre 99 Gerechte, und ein verlornes Schaf — ob es nun angenehm zu hören ist, oder nicht — wahr ist es!

Noch weit mehr verunstaltet erscheint der mit Pomp neuerdings wieder von Ritschl und seinen Anhängern vorgetragene Kirchenbegriff. Hier werden die christlichen Gemeinden — m. a. W.: was nur immer durch die Geburt der Kirche angehört — zusammengenommen und empfangen die Kenntniss von den Bedingungen der Bekehrung und lernen Gott als den, der uns in Christo anders beurtheilt, kennen, und das eigne Verhältniss als ein in Christo verändertes, in welchem auch die Sünde Mittel der Annäherung zu Gott in Christo ist. Es ist ein Neubau ganz eigner Art. Gleichwie Cicero sagt: kein Volk sei so fera et immansueta, dass es nicht wüsste, man müsse irgend Einen Gott haben — so sagt Ritschl, keine christliche Kirche sei so unchristlich, dass sie nicht wüsste, man müsse einen Christus haben. Und wie Cicero hinzufügt: wenn es auch nicht weiss, was für einen (qualem) zu haben sich gezieme — so konnte Ritschl von den Kirchen sagen: wenn sie auch nicht wissen, was für einen Christus zu haben sich gezieme.

Das Elend, welches wir bis dahin nur bei den Völkern, von denen Cicero redet, schmerzlichst empfanden, dass sie nicht wissen, qualem habere Deum deceat — wird hier auf die Christen übertragen. Sie sind bis dahin im Unklaren, qualem habere Christum deceat; sie müssen dies mit Hülfe Ritschl'scher Anpreisungen zu ergründen suchen; zunächst wissen sie nur: habendum esse, sed non qualem. Ritschl's Kirchenbegriff ist ein sehr von allen bisherigen abweichender. Die christlichen Lebensmotive werden uns hier ähnlich zugeführt, wie die der Familie und der Nation. Und während man seine Eltern doch noch sah und von der Mutterbrust gesäugt wurde — so ist man im Christenthum an das unerschütterliche Gefühl der Zugehörigkeit zur Kirche gewiesen und solches originirt zwar in Christo, wird aber gegenwärtig durch den Geist, der in dieser Kirche von Christus her lebt, lebendig erhalten, und derselbe Geist wirkt, wie sonst auch der Corporationsgeist thut, um ein wahres echtes Christenthum hervorzurufen, zu fördern und in der Ausübung desselben uns zu unterstützen.

Die Rechtfertigung ist nun die Regulirung der einzelnen Gläubigen, die in der Kirche zusammengefasst sind, auf dass sie, die sonst wie ein unregulirter Strom, alles überschwemmend, austreten würden, nun von Einem Geiste gehalten — auf einen Lebenszweck hin leben, der in Christo erstmalig realisirt worden und von uns, ihm nach, realisirt wird.

Diese Kirche aber kommt nicht einmal mit der deutlichen Lehre von Christo — qualem habere deceat — uns entgegen. Sondern als in ihr geboren müssen wir die Qualitäten Christi erst selbst an uns erproben und haben dabei das Beste zu hoffen von der Gemeinschaft des Geistes mit allen Christen, mit welchen unser gesammtes religiöses Leben in stetiger, im Einzelnen uncontrolirbarer Wechselwirkung steht.[1]

Indem Ritschl dergestalt das Wirken des heiligen Geistes in das Wirken der Gemeindeglieder auf einander aufgehen lässt, so meint er unverständliche Vorgänge durch verständliche Formeln erklären zu können. Es soll nämlich bei aller Anerkennung des übernatürlichen Entstehungsgrundes der Gemeinde Christi doch dasjenige, was darauf gebaut wird, natürlich verlaufen und in theoretischer wie praktischer Beziehung brauchbar sein. Seine Opposition trifft die Mystik. Dieser Mystik erscheint der heilige Geist als in der Weise einer Naturmacht wirkend; nach ihr bestimme die Gnade den menschlichen Geist rein passiv, und der so von der Gnade und dem heiligen Geist bearbeitete geistige Hintergrund im Menschen äussere sich dann in geistigen Akten. Ritschl will überhaupt die Christen ablenken von der mystischen Contemplation und wünscht durchaus keinen directen Verkehr des Einzelnen mit Gott ohne das Medium der Gemeinde, in der alles eben viel prosaischer und nach Weise der anderweitigen menschlichen Wechselwirkungen vor sich geht. Gewissheit der Rechtfertigung auf directem Wege zu erlangen, ist ihm eine Anmassung des Pietismus, und Worte, die der Gläubige innerlich vernimmt, Gehirnhallucinationen.[2] Er sieht vielmehr jene Gewissheit dadurch erlangt, dass der Gerechtfertigte den Vorsehungsglauben übt und Geduld im Leiden zeigt. Der Sünder, der in seinem bisherigen Misstrauen gegen Gott sich von der Welt abhängig zeigt, untergeht als Gerechtfertigter die Veränderung, dass er durch das nun erlangte Vertrauen auf Gott die Welt beherrscht. In diesem Gefühl der

---

[1] Vergl. Kattenbusch, Kritische Studien zur Symbolik — Stud. und Krit. 1878, I, S. 250 — nach Ritschl's Werk von der Rechtf. und Vers. z. B. III, S. 107 u. oft.

[2] R. V. III, S. 166. 167.

Befriedigung resumirt sich für Ritschl die laetitia spiritualis, von der jene Mystiker fabeln! — Alles ganz begreiflich, aber von Ritschl muss gesagt werden: peccat in defectu, indem er auf diejenigen losschlägt, qui peccant in excessu. Der Mittelweg wäre das Richtige.

Es tritt dasselbe hier ein, was wir schon anderweitig beobachtet haben. Der Mittelweg, den die orthodoxe Kirche betreten, wird nicht eingehalten. Sowie man, übersättigt von der Rechtfertigungslehre, eine Heiligungslehre als ihren Nachtrag aufstellte, kam man auf den Abweg des Mysticismus. Der Unterschied war dieser, dass der Mysticismus sogleich den Grund für diese Heiligung in der Rechtfertigung legte und eine Vergottung durch die Wiedergeburt annahm, während die blos mit dem Kalbe des Mysticismus Pflügenden in der Kirche das Fundament der Rechtfertigung zwar stehen liessen, aber aus ihr Kräfte (Qualitäten, aptitudo, capacitas) ableiteten, welche in der Heiligung verwendet werden mussten, damit eben der Christ auf dem in der Rechtfertigung gelegten Grunde nun auch fortbaue. Aber was durch alles hindurchschlug, das war doch die göttliche Natur Christi, die in irgend einer Weise uns eingepflanzt wird, und nicht der Gehorsam Christi, der uns zugerechnet wird und in dem unsere Gerechtigkeit vor Gott in Zeit und Ewigkeit besteht. Wir werden nicht anstehen, in dem Mysticismus eine Tendenz zum Pantheismus anzuerkennen.

Auf der anderen Seite steht der Deismus, der alle Rationalisten für sich hat. Hier ist denn freilich Vorsorge getroffen, dass der Abstand zwischen Gott und Mensch gewahrt bleibe. Die Quälerei des Textes Pauli, die sich die Vorgänger der Rationalisten oft erlaubten, trieb die Ausleger ins andre Extrem. Ein Mann, wie Rückert, im Commentar zum Römerbrief, zieht den Text nackend aus und lässt ihn dann mit einigen rationalistischen Feigenblättern zum Aerger der ernsten Christen herumlaufen.[1] Das geistige Eunuchenthum nimmt überhaupt in diesen Kreisen des alten und neuen Rationalismus immer mehr zu — man ist, ohne es sich gestehen zu wollen, ein dürrer Baum geworden.

Aber auch Ritschl zieht an einem Joch mit den Ungläubigen, weil er wohl die Rechtfertigung der Wiedergeburt überordnet, aber

---

[1] Z. B. Röm. 6, 19 ff., s. S. 276 ff des Commentars.

von der Wiedergeburt gerade so viel übrig behält, um damit nothdürftig durch die Welt zu kommen. Man will das Ewige nicht in der Form des Naturgesetzes erleiden (worauf der Mysticismus in seiner pantheistischen Tendenz hinausführt), sondern man will das Ewige in der Form der sittlichen Forderung zu seinem persönlichen Besitz machen und erleben (Hermann, Die Gewissheit des Glaubens, S. 56). Man will nicht nur als Stoff, sondern auch als Kraft in Betracht kommen, wie Hermann eben daselbst, mit Reminiscenzen aus Büchner's bekanntem Werk um sich schlagend, sagt. Man ist eben lieber Hammer als Ambos und wünscht der Welt zu zeigen, wie im Christenthum unser Dasein erhöht und vollendet wird. Und so ist denn die ganze Schule (welcher Harnack in der Dogmengeschichte secundirt) bestrebt, den Nachweis zu liefern, dass ihr Christenthum auf der einen Seite dem Evangelium entspricht, das die Menschen selig machen will — und welches auf der anderen Seite einer Wissenschaft entspricht, welche über die scholastische Vermischung von Natur und Geschichte hinausgediehen ist.[1]

Was ist dies aber im Grunde anderes, als der alte rationalistische, deistische Irrthum? Man schilt auf die Substanzvermischung des anderen (mystischen) Extrems und stellt sich alsbald auf das andere Extrem, wo man das persönlich-ethische Leben in Schutz nehmen will, aber darüber die Wahrheit Gottes auf allen Punkten verkürzt und Pauli deutliche Worte in ein Schema hineinzwängt, das von vornherein fertig, aber nicht für Paulus gemacht ist. Wenn Hermann das persönliche Verhältniss des Glaubens zu Gott als die allerhöchste Wirklichkeit preist, so ist er in demselben Augenblick des Menschen zwar sicher, meint es wenigstens zu sein — aber Gottes ist er nicht sicher. Denn diesem seinem Gott muss er in deistisch-dualistischer Weise erst ein Dasein verleihen — und er kann nicht von Gott als der höchsten Wirklichkeit reden — wenn er den heiligen Geist, der Zeugniss ablegt mit unserem Geist, verleugnet und die Funktionen unseres aktiven persönlichen Lebens dafür an die Stelle setzt.

Hat die Ritschl'sche Schule, hat Ritschl selbst nicht den

---

[1] **Hermann, S. 56**; vgl. Kaftan, Glaube und Dogma, S. 40.

Muth,[1] im entscheidenden Augenblick die Funktion des heiligen Geistes ins Mittel treten zu lassen, nicht etwa die Kirche, nicht das Zeugniss Anderer, nicht den historischen Christus, den Niemand einen Herrn nennen kann, ohne den heiligen Geist (2. Cor. 12, 3) — so bleibt es dabei: sie gehören allesammt dem Deismus an. Dieser Deismus kann trefflich die Schwächen des Mysticismus tadeln — aber er ist doch selbst nur das andere Extrem, und eine Kirchenverbesserung kann von ihm nicht ausgehen.

Die Orthodoxie schlägt hier den richtigen Mittelweg ein: einerseits lehnt sie jede Substanzvermischung ab, oder sie sollte es doch nach der Consequenz der Rechtfertigungslehre thun. Andererseits bewahrt sie die Christenheit vor dem Rückfall in das gesetzliche Wesen, wo dann Christus umsonst gestorben wäre. Gegen den ersteren Irrwahn (Mysticismus) ist bereits der Colosserbrief, gegen den zweiten (Pelagianismus) der Galaterbrief gerichtet.

Es ist heutzutage auch von Ritschl's Gegner, Dr. Frank in Erlangen, anerkannt: dass Ritschl seine Verdienste hat.[2] „Er hat sich ein Verdienst um die evangelische Theologie erworben durch den Hinweis auf das Eindringen einer das gesunde Mass der reformatorischen Lehre überschreitenden Mystik, namentlich innerhalb der ascetischen Literatur, und durch Aufdeckung der vielen Schäden, welche dem Pietismus anhaften." Ja, auch die reformirte Kirche muss Ritschl Dank wissen, denn er nöthigt sie, ihre Geschichte zu revidiren und sich nicht pharisäisch über die anderen Kirchen zu erheben. Zu solchem Pharisäismus könnten Werke, wie dasjenige Weingarten's über die Revolutionskirchen in England, gar leicht führen, der in den puritanischen Bewegungen zur Zeit der englischen Revolution fruchtbare Keime eines Neuen sieht, während wir nur eine Zersetzung der reformirten Kirche darin zu

---

[1] Ritschl hat den Muth nicht, denn zur Anerkennung und Aneignung des durch den Sohn Gottes vertretenen Zweckes ist der heilige Geist nicht nöthig. Die Vorbedingungen hierzu sind so geartet, dass der heilige Geist dabei eine ganz überflüssige Rolle spielt (vergl. z. B. III, 471). Wo fände in solchen Auseinandersetzungen über die Heilsordnung der heilige Geist seine Stelle? Er glänzt denn auch in der That durch seine Abwesenheit, wie nicht anders zu erwarten ist.

[2] Frank, Ueber die kirchliche Bedeutung der Theologie A. Ritschl's. 1888.

beklagen wüssten. Das Gesunde wurde durch das Krankhafte auf-
gewogen.

Gewiss, die Mystik hat das gesunde Mass der reformatorischen
Lehre überschritten. Aber nach Ritschl hat diese Mystik schon
früh die Grenzen unserer Kirche verletzt. Er zeigt, wie schon
durch Aufstellung der unio mystica die Rechtfertigungslehre in den
Hintergrund gedrängt sei. Wir gehen weiter und sagen, der
Schade war: dass Osiander's Lehre nicht ausdrücklicher aus der
Kirche ferngehalten wurde, sondern in Württemberg z. B. nie ein
rechtes Verständniss für die Gefahren dieser Lehre sich zeigte, und
daselbst schon bald nach 1560 Osiandristen erträglicher erschienen,
als Flacianer. So kam es, dass die Concordienformel eigentlich
mehr eine Buchreligion, als eine Religion, die im Leben sich
kräftig erwies, zu registriren hatte: so konnte der Osiandrismus
leicht im Körper der Kirche sitzen bleiben. Und interessant ist
es, zu sehen, wie die Dogmatiker der Jetztzeit kaum ein Wort
des Tadels für Osiander zu finden wissen — sondern Fleisch von
ihrem Fleisch und Bein von ihrem Bein in ihm erkennen.[1]

Man thut sehr vornehm und wird uns auch jetzt vielleicht
zurufen: Erwecke nicht die alten Plagegeister; lass die Todten
ihre Todten begraben. Aber wir geben zur Antwort: Wem soll
man denn aber heutzutage nachfolgen?

Alle die, welche nach der iustitia imputata eine iustitia inhaerens oder infusa,[2] eine novitas, eine Aenderung, die die Qualitäten des Menschen berühren, annehmen — stehen auf der schiefen
Ebene, die zu den Tiefthälern des Osiandrismus führt. Sie statuiren eine Zurechnung — wohl; aber kaum dass sie das gethan,
statuiren sie, eben durch Annahme jener iustitia inhaerens, jener
„Lebensgerechtigkeit", ein fundamentum in dem, welchem die
Gerechtigkeit zugerechnet wird. Sie halten die Rechtfertigung
durch den Glauben für abgeschlossen, aber indem sie eine auf
Grund derselben erneuerte Person setzen, welche die ihr geschenkten
Gnaden- und Geisteskräfte gebrauchen soll,[3] so treiben sie uns

---

[1] Vergl. z. B. G. Frank, Geschichte der prot. Theologie II, am Schluss
des Abschnitts über Osiander.

[2] So wörtlich Zanchius (Opp. VIII; Epp. I, 62) unter Bezugnahme auf die
Regensb. Unionsformel (1541), die er bereits Bucer zuschreibt.

[3] Thomasius, Christi Person und Werk 3, 2, S. 297.

doch wieder aus dem Paradiese hinaus auf den Acker des Gesetzes, der Dornen und Disteln trägt. Solche neuen Kräfte im Christen zu lokalisiren, ist ja der Römischen ganzes Bestreben. Aehnlich verfuhr Osiander; nur hatte er den Vorzug, dass er das Gesetz fernhielt von dem Haushalt der Christen. Sein Sohn Lucas Osiander hat ihn dadurch zu vertheidigen getrachtet, dass er des Vaters Irrthum mit der Lehre von der iustitia inhaerens zu identificiren und zu ¦decken suchte. Unsere Theologen haben aber den tertius usus legis in seiner Verwendung für die nach der Rechtfertigung stattfindende Heiligung zu einer wahren carnificina der Christen gemacht. Alle ethischen Lehrbücher der Neuzeit beweisen dies. Keines macht eine Ausnahme!

Bei manchen Irrungen, die nach anderer Seite hin ihm schuld gegeben werden müssen, soll doch dieses Verdienst Melanchthon's gewahrt bleiben, dass er gegenüber dem Irrthum Osiander's das Beste geleistet hat in der Kirche (um 1550—55); nur leider, dass man über seinen von der Concordienformel abgelehnten anderweitigen Leistungen auch diese höchste, ja unvergängliche Leistung in Vergessenheit gerathen liess.

Von Luther haben wir keine polemischen Aeusserungen gegen Osiander. Derselbe hielt zwar einmal schon 1537 vor Luther und mehreren seiner Mitarbeiter am Werke der Reformation[1] eine Predigt von der Einwohnung Christi im Gläubigen und dass Christus nach seiner göttlichen Natur unser Leben, Gerechtigkeit und Heiligung wäre; jedoch im Gedränge der Ereignisse und bei Luther's schwerer Erkrankung erregte diese Predigt damals in Schmalkalden keinen Sturm. Es steht aber fest, dass Luther und auch Andere laut ihr Missfallen über diese neuen „Spitzfindigkeiten" geäussert haben. Aber leider geschah das nicht nachhaltig! Auf diese Predigt berief sich später Osiander und machte sich die damalige Sachlage zu nutz, um Luther's Nachsicht für Zustimmung auszugeben, ja er meinte auch Luther für sich citiren zu können (Osiander's Leben von Möller, S. 488).

Gewiss, Luther war kein Systematiker. Dieckhoff[2] hat gezeigt, dass Luther zwar die Vorstellung einer imputirten Gerech-

---

[1] Andreas Osiander's Leben von Möller, S. 211 ff.
[2] Luther's Lehre in ihrer ersten Gestalt, 1887. S. 80.

tigkeit schon vor 1517 entwickelt, aber zugleich sich noch in Sätzen, die an die augustinische Anschauung erinnern, bewegt habe (S. 80 ff.). Ob es bei Luther je zu einer reinen Krisis zwischen dem augustinischen Alten und dem Evangelisch-Neuen gekommen, wird von Manchen überhaupt bezweifelt. Er ist kein Dogmatiker — und hat über die mit der Rechtfertigung zusammenfallende Aktion Gottes im Menschen recht verschiedenartige Aeusserungen. Er hat aber stets das Vertrauen auf diese neuen actiones im Menschen abgewehrt und den Christen ausschliesslich an die in Christo uns zugewendete und im Glauben ergriffene Gnade gewiesen.

Erst Melanchthon hat dann auch diese Lücke ausgefüllt. Es geschah, als das Vertrauen auf die neuen actiones Gottes im Menschen von Osiander genährt werden sollte und dieser den dogmatischen Unterbau dafür in der Eingiessung der natura divina Christi in die Gläubigen herstellte.

Wir haben nun auf Melanchthon's Widerlegung einzugehen, und zwar hier nicht auf das Wittenberger Gutachten, sondern auf die Erklärung, welche Melanchthon zur Beilegung der durch den Prediger Culmann in Nürnberg entstandenen Osiandrischen Streitigkeiten verfasste. Sie steht in dem mir vorliegenden Original an erster Stelle,[1] dann folgt die von Melanchthon dem Pastor und Superintendenten Jacobus Rungius „vorgeschriebene" Predigt, die letzterer in Nürnberg hielt, und endlich die minder belangreiche Adhortatio an die Nürnberger Lehrer.[2]

Aus dieser Erklärung Melanchthon's, welche ausser Alesius (Professor in Leipzig), Melanchthon und Rungius 56 Prediger und Lehrer von Nürnberg und Umgebung unterzeichneten, ist folgendes über die Rechtfertigungslehre zu entnehmen:

Es wird ausgegangen von dem Beispiel des Joseph, wie Melanchthon auch sonst dieses Beispiel anzuführen liebt. „Joseph ist keusch und seinem Herrn treu und hat viel Tugenden, die

---

[1] Unter dem schon angegebenen Titel: Das der Mensch in der Bekerung in diesem Leben gerecht werde für Gott von wegen des Gehorsams des Mittlers durch Glauben, nicht von wegen der wesentlichen Gerechtigkeit.

[2] Im Corpus Ref. VIII, 564 ist die Adhortatio zu oberst gestellt — ich weiss nicht, nach welchem Druck und mit welchem Rechte.

wahrhaftiglich Gottes Werk in ihm sind. Und ist wahr, dass Gott in ihm wonet, ihn erleuchtet, regieret und stärket. Hie ist nun die Frag: ob Joseph von wegen dieser Inwonung oder Tugenden für Gott gerecht sei, d. i., ob er darumb Vergebung der Sünden hab — — oder ob er für Gott gerecht sei von wegen des verheissenen Mittlers, aus Barmherzigkeit, durch den Glauben?" Letzteres wird nun bejaht, ersteres verneint. Solche Behauptung wird sodann aus der Schrift erwiesen und nun auf die Wirkung im Leben geblickt. „Dabei aber ists wahr, dass Gott der Vater durch seinen Sohn und heiligen Geist diesen gnädigen Trost in den Herzen wirket und Leben gibt. Und sind wahrhaftiglich gegenwärtig Vater, Sohn und heiliger Geist, wohnen und wirken im Herzen. Der Sohn zeiget den Vater durchs Wort. Der heilige Geist wirkt Freud und andre Tugenden" etc. Gleichwohl müsse aber der Grund (d. h. die zugerechnete Gerechtigkeit) unangetastet und der Unterschied zwischen den drei Personen gewahrt bleiben, worauf dann die Wirkungen der Trinität angegeben werden, die aber gänzlich an das Wort gebunden erscheinen, also nicht durch das Einfliessen von Kräften und Gaben vermittelt zu denken sind. Auch noch von einer anderen Seite tritt Melanchthon dem Problem näher, indem er von dem Satze: „Christus ist unsere Gerechtigkeit" ausgeht. Das gelte zuerst von wegen Christi Gehorsam und Fürbitte. Und nun folgt abermals ein Blick auf die Wirkungen im Leben. „Dabei ists auch wahr, dass durch ihn in uns neues Licht, in Gläubigen, angezündet wird, und wird der heilige Geist durch ihn in die Herzen gegeben: welche Verneuerung im ewigen Leben vollkommenliche Gerechtigkeit sein wird, wie Paulus spricht: Gal. 5, 5: durch den Geist, aus Glauben, warten wir und hoffen auf die Gerechtigkeit.[1] Aber in diesem Leben bleibt dieser Grund, dass die Person für Gott gerecht ist von wegen des Gehorsams und der Fürbitte Christi. Diesen Trost darf man nicht aus den Augen thun und nicht gedenken: wir sind gerecht vor Gott darum, dass Gott solche Tugenden in uns gewirkt hat, sondern der Gehorsam Christi soll unermesslich höher geachtet werden, denn die

---

[1] Vergl. dazu auch: B. Wiess, Neutest. Theol., S. 333: auf die Gerechtigkeit, die solche Hoffnung uns hegen lässt.

Wirkung in uns. Auch Jesaia 53, 11 (mein Knecht, der gerechte, wird viele gerecht machen) spreche von der erstangeführten, d. h. also imputirten Gerechtigkeit, von seinen Wunden, durch die wir geheilet sind. Auch in den Sprüchen Jes. 45, 25 und Jer. 23, 5 (Jehova iustitia nostra) ist die durch imputatio uns zukommende Gerechtigkeit gemeint, und dürfe man sie nicht von der einigen (d. h. göttlichen) Natur deuten (was Osiander that), auch nicht auf die Einwohnung Christi in den Gläubigen ziehen, sondern auf den ganzen H. Christus, die ganze Wohlthat Christi. Und wenn dagegen die Gegner einwenden, dass der Meister, die Person Christi, mehr sei, denn das Werk, so erwidert Melanchthon, es könne die Person Christi nicht erkannt werden ohne die Aemter (das Werk). Und es solle nicht gering von dem Gehorsam und Amte Christi gedacht werden: sondern in ihm soll man den allerheiligsten Willen und die tiefe Demuth anschauen, womit er seinen Vater also hoch ehrt, dass es allen Engeln unbegreiflich ist etc. „Dieser Wille in Christo kann von der Person nicht getrennt werden," d. h. also die Person soll nicht in Osiandrischer Weise das verdienstliche Werk verdrängen. Ja Melanchthon beklagt es, dass man die Leute dahin führe, dass sie vom Gehorsam Christi so faule Gedanken dichten. Sie machten es sich bequem, indem sie göttliche Substanz sich eingegossen wähnten. Ferner weist Melanchthon die irrige Deutung des per in dem Satze Röm. 5 per unius obedientiam ab, als ob diese nur etwas Vorläufiges (Präparatorisches) bedeute, worauf man dann erst später, durch die eignen Tugenden, gerecht werde. Dasjenige, wodurch sie Gott gefällig sind, und zwar ohne Weiteres, ist der Gehorsam Christi. Man soll keinen Nachtrag dazu ersinnen; nicht etwa „folgende Gaben", wodurch wir gerecht werden.

Die Osiandristen beriefen sich auf Daniel 9, 24 (die ewige Gerechtigkeit werde gebracht), um die divina natura Christi vorzuschieben, weil die am Kreuz gebrachte nicht ewig sei. Aber Melanchthon sagt, ewig stehe im Sinne von unvergänglich. In dem Satze: „misericordia iustificat" sei von ihr als causa efficiens geredet. Und wenn endlich die Gegner sagen, die Gerechtigkeit sei eine wesentliche Eigenschaft Gottes, und diese mache uns gerecht, d. h. recht thun, so sei das eine Gesetzeslehre — aber das Evangelium habe es mit einer völlig anderen Gerechtigkeit zu thun, nämlich einer solchen, die dem Glauben zugerechnet wird.

Iustus ist gottgefällig um Christi willen, und iustitia sei: Vergebung der Sünden haben.

Darauf hat nun Melanchthon die ganze Lehre von diesem hohen Artikel der Rechtfertigung in folgende neun, die Verwerfung der gegnerischen Lehre zum Ausdruck bringende Sätze zusammengefasst, die als Leitfaden für eine richtig gefasste Rechtfertigungslehre dienen können und bereits früher S. 31 f. von uns mitgetheilt wurden.

Die drei ersten Sätze sind die bekannten Osiandrischen. Im vierten Satze wird Einwohnung und Gehorsam Christi einander entgegengestellt, und der Glaube angewiesen, auf den Gehorsam allein zu vertrauen. Mit diesem Satze ist die gesammte neuere Heiligungslehre, jedes Hervorheben der iustitia inhaerens oder unio mystica gänzlich verworfen — denn alle diese schönen Nachträge zur Rechtfertigung differiren nur dem Namen nach und setzen einen Gehorsam des Wiedergebornen an die Stelle des Gehorsams Jesu Christi, oder doch neben denselben.

Der fünfte Satz erledigt die Lehre von der Heiligung pur negativ und sagt, das sei anderweitig oft erklärt. Es ist schade, dass es in diesem Zusammenhang doch nicht noch einmal erklärt wurde — denn klar genug war es schwerlich.

Der sechste Satz zeigt, dass des Wiedergebornen Gerechtigkeit nichts zu thun habe mit der Gerechtigkeit Adam's.[1]) Es ist also ganz verkehrt, wenn Ritschl (III, S. 308) behauptet: die confessionellen Lehren vom Urstande der Menschen hätten keinen anderen Sinn, als dass sie das christliche Lebensideal vorausdatiren. Das ist wohl bei Osiander und bei Coccejus' Bundestheologie richtig, aber, wie man aus diesem 6. Punkt sieht, nicht bei unseren Reformatoren. Adam vor dem Fall wird der Wiedergeborne keineswegs gleich, denn Adam hatte ein Gesetz und war bedingungsweise gerecht — der Christ hat kein Gesetz mehr und **ist** gerecht. Er ist solches durch Zurechnung; und was darüber ist, das ist vom Uebel. Nicht wir — nein Melanchthon verdammt damit die Betonung des Ethischen als Basis und Ziel, welches z. B. D. Fricke in Leipzig

---

[1]) Osiander lehrte nämlich, dass die iustitia originalis und die Gerechtigkeit des Glaubens einer und derselben Art wären. (Osiander's Leben von Möller, S. 380.)

an Ritschl lobt.[2]) — Gleichwie Ritschl (III, S. 319) das Gegentheil von der reformatorischen Erbsünde lehrt und dem Willen die volle Verantwortlichkeit für das Böse zurückgibt, die ihm bei jener Erbsündenlehre genommen sein soll — so wahrt er andererseits auch bei der Rechtfertigung dem Willen seine die Gnade aufzehrende Selbständigkeit (III, 97). Die vor der Rechtfertigung stattfindende retrograde Zurückziehung des Willens von Gott wird durch die zustimmende Bewegung des Willens in der Richtung auf Gott ersetzt. Glaube aber ist ihm Gehorsam und dieser ist ihm, wenn auch angeregt durch die Gnade, doch so sehr das persönlich-sittliche Lebenswerk einer Person, dass er sich ohne denselben die Herstellung einer Gerechtigkeit im Menschen gar nicht denken kann. Von der Zurechnung einer fremden Gerechtigkeit (Christi) sieht er ab und macht dieselbe zu einer indirecten Einrechnung der Sünder in das Verhältniss, in welchem Christus zu Gott steht; ahnlich also, wie Jemand um Eines in der Familie willen, den er liebt, auch die Geschwister desselben lieb hat (III, 68. 69). Gott schreibt den Sündern gut, was Christus in seiner Stellung zu Ihm berufsmässig getrieben und erreicht hat, und macht sie zum Gegenstand seiner Liebe, wie zuvor Christum.

Es sind das lauter den wahren Sinn der Apostel und Reformatoren umdeutende Sätze, die aber nicht eine Auslegung dieser unserer hohen Vorbilder enthalten, sondern eine Eintragung nach dem Muster der Socinianer und Rationalisten.

Die Ritschlianer lieben es, alle Anderen als Unmündige anzusehen, und sich allein als mündig. Aber wenn die Reformatoren solches gemeint haben sollten, was diese Leute unter ihrem Namen und ihrer Flagge vortragen, so sind sie nicht etwa blos Unmündige, sondern Blödsinnige gewesen. Die Reformatoren sagen nämlich, dass wir durch die Gerechtigkeit Christi imputatione gerecht werden. Ritschl dagegen sagt etwas ganz anderes von dem Modus, wie die Gerechtigkeit Christi uns zugerechnet wird.

Gegen Ritschl hätte Melanchthon im 6. Punkt noch hinzufügen müssen: vel propria obedientia. Wie gründlich der

---

[1]) S. Metaphysik und Dogmatik. Vortrag v. J. 1882. S. 38.

Stand [1]) der theologischen Lebensfragen in den Jahrhunderten, die zwischen Melanchthon und Ritschl verlaufen sind, verändert ist, kann man an dem blossen Zusatz „vel propria obedientia" bereits erkennen.

Der siebente Satz Melanchthon's verweist alles Reden von der iustitia, als eines habitus, von dem persönlich-sittliche Antriebe ausgehen, in das Gebiet des Gesetzes. Es soll Unterschied zwischen dem Gesetz und Evangelium gemacht werden. — Die Gerechtigkeit der Person vor Gott ruht auf ihren eignen Gründen und es richtet nur Verwirrung an, wenn man nachträglich von den Werken der Gerechten die Sache abhängig machen wollte. Das wäre Gesetz. Die Meinung ist: dass wir also in der Schwachheit gleichwohl vor Gott in Christo vollkommen sind, also dass wir ihm gewisslich gefällig sind — so sagt Paulus Col. 2 („in ihm seid ihr vollkommen") — nach den näheren Ausführungen des oben erwähnten Jac. Rungius.

Im achten Satze ist jedes präparative Moment der Rechtfertigungslehre benommen; dass also die Rechtfertigung das Nöthige vorkehre, damit wir hernach gerecht seien iustitia essentiali. Das sei im Grunde päpstlich und diene zur Vertilgung des Glaubens. Man legt dabei alles Gewicht auf die neuen Tugenden und Werke, wobei Osiander noch die Quelle angab (nämlich die iustitia essentialis, oder natura divina Christi), während die Römischen nur die Tugenden nennen. Dadurch wird man vom Mittler abgeführt und auf das von ihm im Menschen Gewirkte angewiesen. Das thun aber alle neueren Theologen gleichfalls, und sie fallen mithin unter das gleiche strenge Urtheil Melanchthon's.

Der neunte Satz verwirft Osiander's Behauptung: dass die im Berufsweg bewiesene obedientia Christi nur uneigentlich gerecht mache, und dass es nur per accidens sei, wenn es heisse: Christus macht gerecht. Ersteres deshalb, weil die göttliche Natur eigentlich dasjenige sei, was Gerechtigkeit uns mittheile; letzteres deshalb, weil die menschliche Natur das Mittel geworden, durch das

---

[1]) Das Gleiche gilt von der Lehre der Vorherbestimmung (III, S. 121), vom Opfer, vom Zorn Gottes, von der Heiligkeit Gottes etc. etc. Dahin gehört auch der Satz, dass Luther keine Erkenntniss Gottes kenne ausserhalb Christus und in De servo arbitrio von' sich selbst abfalle, welche Schrift Ritschl eine unglückliche nennt (I, 220).

wir die Gerechtigkeit erlangen. Auf Grund von 1. Cor. 1, 30 sagt Osiander: „Christus sei uns geworden zur Gerechtigkeit, nach seiner göttlichen Natur; wir könnten aber solche Gerechtigkeit nicht erlangen ausserhalb seiner Menschheit. Selbige (Gerechtigkeit) könne nicht der menschlichen Natur in Christo für sich beigelegt werden, sondern nur der göttlichen: daher Christus Jehova unsere Gerechtigkeit heisse. (Jer. 23, 5).[1] Er lehnt es ab, dass alles auf die Gerechtigkeit Christi, die er im Leben bewiesen, ankomme — vielmehr komme alles auf die göttliche Gerechtigkeit an. Gerechtigkeit ist ihm das, was uns bewegt recht zu thun — steht also parallel dem, was gewisse Theologen heutzutage das neue Princip nennen oder andere: neuen Gehorsam, Samen der Wiedergeburt — kurz ein Etwas, „was uns bewegt, recht zu thun." Dass man damit von dem Mittler abgeführt werde, hat Melanchthon am Schluss des achten Satzes gesagt. „Wir sind gerecht darum, dass Gott dies wirkt (nach Osiander), und wird dadurch der Mensch von dem Mittler abgeführt."

Viele, selbst orthodoxe heutige Theologen, werden erstaunt fragen — dies also soll nicht orthodox sein? — Durch solche Behauptung: Wir sind gerecht darum, dass Gott dies wirket — ist man schon ketzerisch? Alle frommen Bücher reden ja so — und wir nehmen ja Christo keineswegs seine Ehre; wir sagen ja auch: Alles kommt von ihm.

Der Leichengeruch, den die heutigen todten Werke verbreiten, zeigt zur Genüge, dass die Christen etwas mit sich herumtragen, das zur Rechtfertigung aus dem Glauben allein im vollsten Gegensatz steht. Sie tragen mit sich einen Keim des Lebens, irgend etwas Himmlisches, das ihnen bei der Wiedergeburt in succum et sanguinem vertirt worden — einen neuen Menschen — einen Anfang des Gehorsams — einen Glauben, der bei der Wiedergeburt in sie gepflanzt ward und der nun in der Heiligung immer neu geweckt werden muss — doch dies alles ist vom Uebel! Dies alles macht die evangelischen Christen, wenn es nicht bei ihnen durch gewaltige Kreuzwege in seiner Wirkung gelähmt wird, zu Solchen, die von dem Mittler abgeführt und auf etwas, das in ihnen selbst liegt, hingeführt werden.

---

[1] S. Osiander's Leben von Möller, S. 405.

Der Grund liegt, wie bei Osiander, in der falschen Auffassung von der Person und vom Werke Christi. Auch diese Neueren (wir reden von den Guten unter ihnen) machen Christus zu Einem, in welchem die Fülle der Gottheit leibhaftig wohnt (Col. 2, 9) — was ein Lieblingsspruch Osiander's war. Von seiner Menschheit, von dem mittlerischen Gehorsam ist nur sehr per accidens die Rede.

Ich höre freilich die Gegner sagen: Was soll es mit der fremden Gerechtigkeit und dem stellvertretenden Gehorsam Christi — wenn derselbe uns allen eignen Gehorsam in den Grund verdirbt? Was soll eine Rechtfertigung, die keinen Raum lässt für die Heiligung, wie man sie heute allgemein versteht? Thut denn Gott uns nicht Unrecht, wenn er uns dergestalt noch die letzte Gelegenheit entzieht, wo wir unseren guten, d. h. durch den Geist Gottes, Christi Verdienst etc. gut gemachten Willen zeigen könnten? Welch ein Greuel solche überspannte Rechtfertigungslehre, die uns nicht einen Augenblick Zeit gönnt, uns unserer Heiligung zu befleissigen, unseren Kohl in Ruhe auf der eignen Scholle zu bauen, auf dem Boden, den Christus uns durch sein Blut erworben! Und wo bleibt der heilige Sinn, den unser Angesicht abstrahlt — der Glaube, welcher Berge versetzt und neuerdings wieder Heilungen durchs Gebet verrichtet: wir sollen also wirklich als Gottlose durch die Welt gehen? Was werden die Römischen sagen — warum nicht auch: was die Buddhisten, was die Heiligen nach brahmanischem Recept, die mit ihren Gebeten die Götter im Himmel bedrängen?

Es wird also der Mensch von dem Mittler abgeführt, sagt Melanchthon.

Durch den Gehorsam des Einen werden die Vielen als Gerechte hingestellt werden, wie sie zuvor durch den Ungehorsam des Einen Menschen (Adam's) als Sünder hingestellt wurden. Alle Mittelglieder, die Menschen ersinnen, überspringt der Apostel; er kommt gleich von Adam auf Christus — von den in Adam überkommenen Passiven auf die in Christo empfangenen Aktiven — und letztere übertreffen die ersteren absolut! Hingestellt sind wir durch das Urtheil Gottes, das auf Christus blickte, aber auch für das Urtheil Gottes bleiben wir also hingestellt, und zwar als Gerechte. Dass nun dabei etwa zu ergänzen wäre: dass sie selbst im Leben solche Gerechtigkeit zu bethätigen hätten, um nun successiv sich das zu eigen zu machen, was bei der Rechtfertigung im Keime oder im Princip, als neuer Anfang, uns geschenkt worden — dies hiesse alles, was in der Rechtfertigung festgestellt wurde, wieder umstossen. So gewiss aber, als die Menschen nur wegen ihrer Abstammung von Adam und dieses ersten Zusammenhangs mit einem tief Verschuldeten wegen hingestellt wurden als Sünder, die natürlich auch dafür gehalten wurden und sich als Solche vollauf erwiesen — ebenso gewiss sind dieselben Menschen in Christo vor Gott gerecht hingestellt worden. So wenig wie in dem ersten Verhältniss des einzelnen Sünders zu Adam der Menschen subjektive Einwilligung in Betracht gezogen ward — ebenso wenig ist hier, im Verhältniss zu Christo, eine noch in Aussicht stehende Bestätigung Seitens der Menschen vorbehalten. Sie sind als Gerechte hingestellt worden, sie sind es im eigentlichen Sinne! Und das Letztere herzustellen, dazu ersann Osiander die Einwohnung der göttlichen Natur, oder der Gerechtigkeit Christi, die uns bewegt, recht zu thun. Andere ersannen wieder anderes. Ritschl stellt die Herstellung des eigentlichen Gerechtseins auf die Zukunft ab (II, S. 327)[1] — denn ihm ist das, was Adam geleistet, sowie dasjenige, was Christus erworben, nur zur allgemeinen Orientirung vorhanden. Der Mensch geht aus von dem Nullpunkt und kommt vom Hundertsten aufs Tausendste, kurz er entwickelt sich. Letzteres garantirt Christus. Stellvertretendes Opfer, Heilswerth Christi, der anderen Gehalt hätte, als einen moralischen — gibt es nicht! Aber auch die Leute der orthodoxen Observanz führen den Menschen ab von dem Mittler. Denselben haben sie so in seine göttliche Natur eingeschlossen; sie haben so lange von dem Menschensohn als dem Idealmenschen geredet — sie haben die Fleischwerdung des Logos so ganz bei Seite gelassen[2] — dass nun bei Christo

---

[1] Ritschl sagt naiv genug: Sie sind nämlich im eigentlichen Sinne nicht Sünder — wie denn auch die Gerechtfertigten nach dem Urtheil keines Anderen, als Gottes gerecht sind. Wir sagen dagegen: dass wir lieber nach Gottes, als nach irgend eines Anderen Urtheil gerecht sein möchten und dass Solche, die nach Gottes Urtheil gerecht sind, dann auch von Anderen um und um als Gerechte werden erkannt werden. (Vergl. III, 329.)

[2] Auch Frank, System II, S. 113 hält sehr oberflächlich blos infirmitates naturales fest, die sich der Persönlichkeit des Erlösers nur als Druck fühlbar gemacht hätten.

nichts mehr übrig bleibt, was eigentlich Gehorsam leisten könnte. Es kommt zu keinem stellvertretendes Thun, weil kein Mittler da ist, der im strengen Sinne des Wortes gehorsam sein könnte und so ganz an unsere Stelle treten, dass wir seines Eigenthums als desjenigen des Stellvertreters uns getrösten dürften, nachdem wir zuvor in Adam, aus unserem Eigenthum hinausgesetzt, ganz und gar Sünder geworden und alles Trostes beraubt waren.

Erst dann, wenn Christus nicht als Vermittler übernatürlicher Tugenden durch seine Gottheit, sondern als Mittler und gehorsamer Knecht nach seiner Menschheit in die grosse Abrechnung zwischen Gott und Menschheit eingreift, und zwar in einer die Rechnung abschliessenden Weise — d. h. also in absoluter und nicht relativer Weise oder sub conditione obedientiae nostrae — erst dann kommt das Herz wahrhaft vor Anker zu liegen. Erst dann braucht die Gerechtigkeit, vom Gesetz erfordert, nicht noch einmal geleistet zu werden — wie denn wirklich andererseits auch in unserem Verhältniss zum ersten Vater, Adam, die Sünde nicht erst noch ein zweites Mal unsererseits wiederholt zu werden brauchte, bevor der Tod seine Herrschaft antrat.[1] Nein, es ist ein ewiger Dispens vorhanden; eine ewig giltige Gerechtigkeit, die des Mittlers, hält uns aufrecht in Gottes Gericht — wie zuvor in der Verbindung mit Adam ein Verwerfungsurtheil uns und unsere besten Thaten mit dem Fluch belegte und erdrückte.

Als eines wichtigen Commentars dieser neun Sätze Melanchthon's, welche schon durch Melanchthon selber den Namen eines Bekenntnisses erhielten und selbigen auch verdienten, gedenken wir an dieser Stelle der Predigt, welche Jac. Rungius in Nürnberg in Melanchthon's Auftrag und nach seiner Vorschrift[2] zuvor schon in Greifswald und nunmehr in Nürnberg gehalten hat. In

---

[1] Dies liegt nicht einmal in der Uebersetzung des Schlusssatzes Röm. 5, 12 durch: dieweil sie alle gesündigt haben — indem auch diese Uebersetzung ein Resultat bedeuten muss, das durch einen Ueberblick über die Gesammtheit gewonnen worden ist.

[2] S. den Widmungsbrief am Schluss, den das Corp. Ref. nicht abgedruckt hat. Ueber den Gebrauch, dass ein berühmter Lehrer für Kollegen und Schüler Declamationen und Reden anzufertigen pflegte, und zwar besonders auch Melanchthon, s. K. Hartfelder, P. Melanchthon als praeceptor Germaniae, S. 454.

dieser Predigt wird die nöthige Beleuchtung der neun Sätze auf Grund von Röm. 3, 24. 25 gegeben.

Es enthält diese Predigt die wichtigste Auseinandersetzung mit Osiander's Lehre.

Zu dem Ende wird zuerst dargelegt, was Gerechtigkeit aus dem Gesetze sei, die Paulus durch χωρὶς νόμου ablehnt. Iustitia legis ist vollkommener Gehorsam und Erfüllung aller Gebote Gottes: dass der Mensch innerlich und äusserlich wie die Engel mit Gott gleichförmig, ganz vollkommen und ohne alle Sünde sein sollte, gleich als Gott selbst ist und die guten Engel und wie Adam vor dem Fall gewesen ist. Der also ist und also lebt, der ist nach dem Gesetz gerecht und selig (nach Gal. 3, 10).

Hier ist nun zu allen Zeiten und auch bei den Heiden die höchste Frage gewesen, welche Paulus allhier behandelt: Wie und womit der Mensch gerecht sei und wodurch er selig werde.

Man kann das Problem nicht besser formuliren. Es findet zunächst eine erschöpfende Definition der Gerechtigkeit aus dem Gesetz statt — und dem gegenüber wird nun die Meinung der Vernunft in allen ihren Formen abgewiesen und gesagt: die Kirche Christi verwerfe alles solches und sage (mit Paulus): Es ist unmöglich, dass ein Mensch, wie er jetzt ist nach dem Fall, aus den Werken des Gesetzes sollte gerecht werden. Damit stosse Paulus alle philosophische Tugend, Mönchswerke, Gaben, Vermögen (facultates) um und spreche es aus, dass der Mensch durch keines derselben vor Gott gerecht und selig sein kann. Rungius fügt noch ausdrücklich hinzu: dass Paulus unter die Kategorie der Gesetzeswerke auch alle eingegossenen, eingeschaffenen und neuen Wirkungen und Gaben einbegreife.

Diejenigen, welche von solchen eingegossenen Gaben reden, als einem habitus inclinans ad recte agendum, oder einer iustitia, quae efficit nos iusta facere, fallen damit zurück ins Gesetz. Denn im Gesetz ist dasjenige wie in einem Spiegel abgemalt, und alsdann in die Herzen eingegraben, Röm. 2, 14. 15, was die Gegner (die Römischen oder Osiander) bei der Wiedergeburt sich als durch die neuen Qualitäten hergestellt und angerichtet denken — nämlich ein Thun nach dem Gesetz. Wenn die Neueren also sagen, die Rechtfertigung geschehe mit der Abzweckung, damit wir gute Werke thun können, oder bei der Rechtfertigung sehe der aller-

höchste Richter schon alsbald auf die in seinem Gesichtskreis auftauchenden guten Werke, oder (mit Thomasius III, 2, S. 292) dass
der Gläubige die Gerechtigkeit Christi zwar zum selbsteignen realen
Besitz habe, aber dieser sei noch kein handgreiflicher und wesentlicher Besitz — der fällt mit solcher Bezugnahme auf die
Heiligung nach Melanchthon ins Gesetz zurück. Bei dieser Darstellung übertraf Melanchthon sich selber[1] und verwarf auch die
von Maior gelehrte operum praesentia und noch weit mehr allen
Synergismus, und er ist in unseren Augen absolvirt von allen
Irrungen, die er andererseits freilich durch sein Schwanken veranlasst hat.

Rungius fährt fort und sagt: Desgleichen ist dies eine Gesetzeslehre, wenn Etliche diesen Irrthum schmücken wollen und
sprechen: der Mensch ist gerecht iustitia originali, dergestalt wie
Adam vor dem Fall gewesen ist. Und zwar ist er dies: „wenn
Gottes Geist in ihm wohnt und Gottes Bild und die Vollkommenheit aller Kräfte durch Christum in ihm wieder angerichtet wird.
Das ist im Grunde der vorige Irrthum und allein eine Gesetzeslehre. Denn originalis iustitia (Adam's) est ipsa legis iustitia."

Also jenes Systematisiren etlicher Neuerer, wonach Gott anfänglich gewisse Gaben dem Adam eingegossen, und, nachdem nun
beim Sündenfall selbige fortgeflossen, Gott, durch Christi Verdienst
bewogen, selbige Gaben bei der Wiedergeburt wieder eingegossen,
damit der Mensch dergestalt nach dem Ebenbilde Gottes greifbar
und wesenhaft erneuert würde — ist vom Uebel und gegen
unserer Lehrer Meinung! In Adam — gewiss, da waren die
Gaben, immerhin aber auch anders, als man es sich durch das
Bild der Eingiessung[2] vorzustellen pflegt — genug, sie waren
da in dem nach dem Gleichniss Gottes erschaffenen Menschen.
Aber es war alles nach der iustitia legis, und diese Verfassung,
dieser handgreifliche Besitz einer iustitia originalis wird durch
die Erlösung nicht wieder hergestellt. Das wäre Gesetz. Paulus
sagt deutlich: ex lege nemo iustificatur. Da verdammt er zugleich die Lehre von der iustitia inhaerens. Gnade ist etwas ganz

---

[1] Thomasius (3, 2, 269) sagt: Melanchthon habe das Beste gegen diesen
römischen und Osiandrischen Irrthum geleistet.

[2] Dies Bild haben wir in der Dogmatik vermieden, weil es Irrungen
in der Erbsündenlehre veranlasst und zum Flacianismus treibt.

anderes und bringt ganz etwas anderes mit sich, als jene restitutio in integrum, dass wir würden, was Adam vor dem Falle war, und in der Heiligung das, was uns bei der Wiedergeburt eingegossen, des Weiteren zu behaupten hätten.

Alsdann beschreibt Rungius die arme, elende menschliche Natur, die nicht mehr vollkommen, sondern ganz verkehrt sei (Röm. 8, 7; 7, 23; Joh. 3, 6). Darum könne diese arme schwache Natur nicht gerecht sein durchs Gesetz. Die wesentliche Gerechtigkeit (dasselbe, was die iustitia inhaerens bei Anderen) kann auch nicht unsere Gerechtigkeit sein, denn diese arme sündliche Natur kann sie nicht erdulden. David und alle Gläubigen rühmten nicht ihre Würdigkeit der einwohnenden Gottheit, sondern klagten mit grossem Jammer, dass sie voll Sünde und nicht heilig seien.

In einem zweiten Theil seiner Predigt stellt er nun den Trost des Evangeliums dar, nachdem er das „ohne Gesetz" genügend erörtert hat. „Iustitia evangelii heisst eigentlich Vergebung der Sünden, Zurechnung des Verdienstes Christi und Annehmung zum ewigen Leben lauter aus Gnaden und Barmherzigkeit, ohne all unser Verdienst, allein um Jesu Christi willen, der mit seinem Gehorsam uns solche Gnad erworben hat, Allen, die es glauben: damit allerwege durch den Sohn der heilige Geist in die Herzen als ein Pfand unseres Erbes geschenkt wird und folgt neues Licht und rechte Früchte des Geistes." Es ist wichtig, hier den Unterschied zu beachten zwischen dem Neuen, was jene alten Lehrer im Gerechtfertigten erstehen sehen, und dem Neuen, was die späteren Theologen sich als durch die Wiedergeburt gesetzt denken.

Unsere alten Lehrer sehen die Gabe des heiligen Geistes und rechte Früchte des Geistes als dieses Neue an[1] — die späteren Lehrer reden dagegen von Gaben des Geistes, von Qualitäten, von vires dativae im Gegensatz zu nativae — von iustitia inhaerens im Gegensatz zur imputata, von Lebensgerechtigkeit im Gegensatz zur angerechneten. Und das ist ein grosser, gewaltiger Unterschied, und die Wurzel alles Uebels in den späteren Jahrhunderten der Kirche — der Anknüpfungspunkt für den Pietismus. Faktisch

---

[1] So **Melanchthon** in allen seinen Streitschriften gegen Osiander, aber auch schon früher: C. R. VII, S. 797. 498 und in der Apologie, s. Eichhorn Die Rechtfertigungslehre der Apologie a. a. O., S. 475.

zerstört es den Trost der Rechtfertigungslehre. Melanchthon oder vielmehr Rungius fährt fort: Da sehe nun ein Jeglicher sich selbst an. Wenn du dastehst vor Gottes Angesicht, wie David, wie der Zöllner und wie der Schächer am Kreuz — ein elender Sünder — so bist du gerecht, nicht darumb, dass du heilig bist und dass die Gottheit in dir wohnet. Da musst du nicht auf gaffen, denn du wirst derer keines bei dir befinden und wirst darob verzweifeln. Sondern siehe mit dem Herzen das ewige Lamm Gottes Jesum Christum an, der da hänget am Kreuz, ein Opfer für die Sünde — und glaube, dass dich Gott um des Opfers willen als gerecht annimmt und schenket dir Vergebung der Sünden, den heiligen Geist und ewiges Leben. Und alsdann bist du ihm gewisslich lieb, wie ihm sein eingeborner Sohn lieb ist.

Die vera et principalis causa efficiens sei bei diesem Handel die Gnade (Röm. 3, 24) und der Gnadenstuhl (Röm. 3, 25); Christus die causa impulsiva; endlich die fides causa instrumentalis. Das sei wichtig wegen der ständig wieder erschrockenen Gewissen.[1] Und Gnade ($\tau\tilde{\eta}$ $\alpha\grave{v}\tauo\tilde{v}$ $\chi\acute{\alpha}\varrho\iota\tau\iota$) sei hier nicht eingeschaffene Tugend oder innerliche Gaben in uns, darum uns Gott gnädig sei — sondern Gnade heisse Barmherzigkeit (die so oft wiederholte Antithese Melanchthon's gegen Osiander und Rom). Sähe man dabei auf die folgende Bekehrung (wie Rom und Osiander thun), so bliebe der Trost nicht gewiss. Iustificari heisse nun und nimmer innerlich fromm und verwandelt werden.

Im dritten Theil der Predigt kommt der Redner auf die Lehre, wie Gott in den Gläubigen und Versöhnten wohnt. Hier kommt er auf die Erneuerung zu sprechen, was Melanchthon sonst auch Veränderung oder actiones Dei in nobis nennt. Die Neueren befinden sich hier in einem seltsamen Irrthum. Es kommt ihnen vor, als ob es nur ein anderer Ausdruck für denselben Gedanken sei, wenn von neuen geistigen Kräften im Wiedergebornen und eingepflanztem Glauben die Rede sei, oder wenn der heilige Geist als diese neue Kraft im Menschen gedacht werde.[2] Der Geist Gottes vertheilt zwar Gaben an die Menschen (wie 1. Cor. 12

---

[1] „Ja, wir fühlen auch das böse Gewissen um der Sünde willen," heisst es.

[2] Z. B. Eichhorn a. a. O., S. 489.

angibt), er theilt sie aus, wem er will. Ferner ist Christus gen Himmel gefahren und theilt an die Gemeinde von dort aus Gaben mit (Eph. 4). Aber in dem ersten Fall sind besondere Gaben genannt, welche unter die individuelle Ausrüstung der Gläubigen gehören — und da verbürgt noch nicht einmal der gebetsmächtige Glaube den wahren Christenwerth (cf. 1. Cor. 13, 2).[1] In dem anderen Fall sind es die Apostel etc., welche als Gaben (wie einst die Leviten) der Gemeinde geschenkt werden. Aber jene Gaben, von denen die Neueren reden, die vires dativae der alten Theologen, die in einer Umwandlung der Affekte und des Willens ersichtlich werden sollen und für die man sich auf Gal. 5, 22 beruft, sind vom heiligen Geist nicht abermals dem Menschen eingegossen, vielmehr heissen diese die Frucht des Geistes, aber nicht Gaben. Denn dann wären wir noch immer unter dem Gesetz, und dem eignen Thun wäre die Heiligung anheimgegeben; im Vergleich zu der Lage des ungefallenen Adam wären wir durch die Erlösung nicht vom Fleck gekommen (gegen Röm. 6). Wenn ich Gaben oder Qualitäten, eingegossene Glaubenskraft oder einen Samen des neuen Lebens in mir trage, die ich mit Hülfe des heiligen Geistes benutzen und einem Ziel der Vollendung zuführen soll — so ist das eine ganz andere Lage des Gerechtfertigten, als jene, wo er auf die Frucht des Geistes zu warten hat, die da kommt und bleibt bis ins ewige Leben, ohne dass sie auf den Menschen zu warten hätte. Melanchthon und sein Interpret, Rungius, sehen in dem donum per gratiam den heiligen Geist. Und dieser heilige Geist trägt Frucht (nach Gal. 5, 22) in dem Gerechtfertigten. Und das geschieht nach Röm. 1, 17 $\grave{\epsilon}\varkappa$ $\pi\acute{\iota}\sigma\tau\epsilon\omega\varsigma$ $\epsilon\acute{\iota}\varsigma$ $\pi\acute{\iota}\sigma\tau\iota\nu$, d. h. so, dass wir von Glauben zu Glauben kommen, und Glauben sich in Glauben vollendet; wachsend, fortschreitend zwar, aber immer in dem Element, darin wir durch die Rechtfertigung leben, nämlich $\pi\acute{\iota}\sigma\tau\epsilon\iota$ und nicht $\grave{\epsilon}\xi$ $\acute{\epsilon}\rho\gamma\omega\nu$ $\nu\acute{o}\mu o\nu$. Fortschreiten, das thun wir gewiss, aber immer $\pi\acute{\iota}\sigma\tau\epsilon\iota$, nämlich so, dass wir abnehmen, Er aber wachsen muss. Um dies Wunderbare zu verstehen, ist zurückzugehen auf den Anfang. Dieser Anfang heisst: Absterbung des alten und Auferstehung des neuen Menschen. Und zwar momento temporis, — im Augenblick der Rechtfertigung, Wiedergeburt, Adoption.

---

[1] So sagt richtig **M. Kähler**, Berechtigung des Bittgebets, S. 29.

Und unter diesen Symptomen vollzieht sich die Sache auch im Verlauf des Lebens. Absterbung des alten Menschen durch tägliche Busse — d. h. ich muss abnehmen — Auferstehung des neuen Menschen — Er muss zunehmen.[1] Und das alles — πίστει, also dass kein Gesetz, kein Schein eines Gesetzes hindernd dazwischen tritt, sondern unter steter Vergegenwärtigung des Gehorsams oder des Verdienstes Jesu Christi, des Erlösers, im heiligen Geist.

Wir stehen hier an dem Punkte, wo die Entscheidung getroffen werden muss. Sollen wir uns als Gerechtfertigte auf Gaben Christi verlassen, oder auf Christus — auf Gaben, die der heilige Geist mit sich bringt, oder auf die Gabe, welche der heilige Geist selber ist. Es steht hier Osiander gegen Melanchthon; aber hinter Osiander eine ganze Menge von Theologen, hinter Melanchthon sehr Wenige. Wo wir stehen werden, ist nicht zweifelhaft — auf Seiten der heiligen Schrift und Melanchthon's. Es trennen sich damit aber zugleich die Wege, welche die spätere Orthodoxie einschlug im Punkt der Heiligung, und unser Weg. Aus den vielen hier zu citirenden Stellen wählen wir Gerhard, Loc. XVIII, Cap. 3, § 15: Si quis est in Christo, est nova creatura, 2. Cor. 5, 17: h. e. Spiritus s. eos, qui sunt per fidem in Christo, novis viribus donat, regenerat, vivificat, mentem ac voluntatem eorum efficaciter immutat, ut velut novi ac spirituales homines novitati vitae studeant et spiritualis vitae actiones edant. Loc. XVIII, Cap. 7, § 82: Si iustitia habitualis (quam vocant infusam), quae est initium, causa et primus quasi gradus actualis **nostrae** iustitiae, non iustificat nos coram Deo, utique nec actualis, quae est consequens, effectus et veluti progressus iustitiae infusae, iustificabit nos coram Deo.

Von den neueren Lutheranern definirt Thomasius a. a. O. III, 2, S. 319: Renovatio (= Heiligung) als Ausgestaltung des keimartig (seit der Rechtfertigung) schon vorhandenen neuen Menschen oder instauratio imaginis divinae.

Reformirter Seits citiren wir Maresius als massgebenden Gewährsmann für die allgemeine Ansicht im Stücke der Heiligung. Maresius, Systema cum annotationibus 1683, Locus XII, § 1:

---

[1] Vergl. meine Dogmatik, S. 511.

Iustificatio spectat reatum peccati, sanctificatio maculam peccati. Illa (bei der Rechtfertigung) Deus imputat nobis iustitiam Christi; hac (bei der Heiligung) operatur in nobis Spiritus sanctus iustitiam inhaerentem (!). Die Werke vergelten der Mutter (der fides) ihre Liebe und ernähren sie. Per illam (sanctificationem) exuitur paulatim nativa illa corruptio quae a primo homine in nos derivatur, heisst es § 5. Und zwar lege es die renovatio (Heiligung) schon ihrem Namen nach an auf die Ausziehung des alten Menschen und Herstellung jener Vollkommenheit, der wir in Adam verlustig gegangen; also Wiederherstellung der iustitia originalis, die wir in Adam verloren. Das ist ganz gegen Melanchthon's Aufstellungen im Osiandrischen Streit. Und § 4 heisst es: Per spiritum adoptionis quicquid est carnis in nobis paulatim atteritur (wobei Eph. 4, 22—24 citirt, welcher Stelle aber das paulatim absolut fehlt). § 8 heisst es: Spiritus s. incipit a corde et facultatum animae per peccatum corruptarum restitutione, und kein besseres Merkmal des Erwähltseins gebe es als das studium, den sensus und den progressus sanctificationis, also das Heiligungsstreben, das Streben, immer vollkommener zu werden. In den Worten Röm. 6, 5: „Wenn wir mit ihm zu Einem Tode zusammengewachsen sind, so wird das auch mit seiner Auferstehung geschehen", bezieht Maresius das letzte Glied auf das studium novae vitae (Loc. XI, 2). Dies ist aber Rückfall ins Gesetz und lässt mit innerer Consequenz den Pietismus in der Kirche entstehen, obwohl Maresius gewiss keine solchen Absichten verfolgte. Charakteristisch ist, dass er Loc. XII, § 11 die Lutheraner tadelt, weil sie sich so schwierig gezeigt, die necessitas der guten Werke ad salutem zuzugestehen. Wovor aber Melanchthon und die Lutheraner warnten, im Streit mit Major, das war den Reformirten wohl nie so recht deutlich geworden. Wir ersehen das aus Hubert's Berichten an Calvin im 16. Bande der Strassb. Ausgabe. Dieser nahm in einem Brief an Calvin 1557 Justus Menius gegen Flacius in Schutz, der nichts anderes gesagt, als dass für die Heiligen die nova obedientia sit necessaria. „Was wird's werden, wenn unsere delicaten Ohren so etwas nicht mehr ertragen"?[1] Und so bedient sich auch Maresius ganz unbedenklich des Aus-

---

[1] A. a. O. 16, S. 458.

drucks nova obedientia (z. B. Loc. XI, § 43). Endlich der Glaube ist ihm ein habitus bonus et sanctus et Deo gratissimus (§ 43, Note). Gott giesst den Glauben als einen habitus ein (§ 24); er redet (§ 23) von einem dem Menschen eingebornen Glauben, wobei er ganz fälschlich 1. Cor. 12, 9 citirt, welche Stelle nicht vom seligmachenden Glauben spricht. Und in diesem Irrthum, dass der Glaube eine vis ingenita und ein habitus im Menschen sei, sind ihm die Dordrechter Väter vorausgegangen und folgten ihm Schriftsteller, wie Owen, kurz, alle Jene, die dem reformirten Mittelalter zuzurechnen sind, nach.

Wenn das am grünen Holze geschah — was sollen wir vom dürren erwarten, von Coccejus, von Witsius etc. Coccejus selbst wird freilich aufs Aeusserste von Maresius deswegen angegriffen, weil er von zweierlei Rechtfertigung redet, und doch meinte Coccejus nur eine iustificatio iustificati, aus Werken, wie sie Jac. 2 namhaft machte. Aehnlich dem Keime nach wenigstens Formula Concordiae 693, 42, welche die Meinung der Apologie schon nicht mehr versteht.[1] Von solcher Rechtfertigung aus Werken wollte Maresius freilich nichts wissen. Wenn aber die Heiligungslehre doch solchem unruhigen Verlangen des Gläubigen, seinerseits auch etwas zu thun, wenn gleich unter anderem Titel, als bei Coccejus, dient, so ist Maresius im Grunde nicht viel besser gestellt, als sein Gegner. Bei allen insgemein war es ein Gefühl von der Blösse, die sie sich mit der Rechtfertigungslehre den Papisten gegenüber geben würden, welches dazu trieb, nach der Rechtfertigung ganz schleunigst wieder in jene Kleider zu schlüpfen, die man soeben mit vieler Ergebung und im Gehorsam gegen Gottes Wort abgelegt hatte. Man hatte die Rechtfertigung über sich ergehen lassen. Man hatte vernommen: der alte Mensch sei gestorben (Röm. 6, 6); die Sünde habe für den in Christo Gerechtfertigten kein rechtmässiges Bestehen mehr; man sei losgesprochen von ihr (Röm. 6, 7); es sei alles Alte schon vorbei und Alles neu geworden; man habe nur den vorhandenen Thatbestand vollauf im Glauben zu würdigen und gegen alle Zumuthungen des Gesetzes in Geltung zu erhalten: so stünde alles recht und alles sei in Ordnung! — Aber nein! Nun musste in der Heiligungs-

---

[1] So richtig Loofs, a. a. O. 688 vergl. S. 619.

lehre die Sache von vorn wieder angefangen werden. Der alte Mensch muss seine Schalen ablegen, allmählich, damit der neue Mensch, der ganz wie Adam vor den Fall gestellt ist, in uns ausgebildet werde. Coccejus bildete das dann zu einer Föderaltheologie aus, nach welcher der Gläubige eine Wiederholung Adam's ist und die Bedingungen des Gnadenbundes denjenigen des Werkbundes parallel laufen, nur dass beim Gnadenbund der heilige Geist cooperirt. Wie soll der alte Mensch nun die Hüllen oder Schalen ablegen? — natürlich mit Hülfe des heiligen Geistes, dem dabei aber der neue Mensch zur Seite stand, welchem die Rechtfertigung zum Dasein verholfen. Während die echte alte Orthodoxie des Reformationszeitalters lehrte, dass solches Ablegen des alten Menschen geschehen sei (laut Eph. 4, 24; Col. 3, 9)[1] und der neue Mensch da sei — während sie den Wiedergebornen gerecht sein liess durch die Gerechtigkeit Christi, und zwar imputatione, non inhabitatione, vel originali iustitia, also durch irgend etwas Eingegossenes — so hat die spätere Zeit durch ihre eingegossenen Kräfte (vires dativae), durch ihren habitus infusus, oder die eingepflanzte Glaubenskraft alles wieder verwirrt. Man hat einen langen Process der Heiligung der einmal für immer geschehenen Rechtfertigung sammt deren nothwendigen Folgen substituirt und so doch wieder einen $\nu\acute{o}\mu o\varsigma$ in das Evangelium, diese Kraft Gottes zur Seligkeit — in das Evangelium, das sich wahrlich selbst genug ist, eingeführt.

Es musste noch einmal im Menschen geschehen, was doch Ein für allemal in Christo geschehen; Christi obedientia activa und passiva kam nicht zu ihrem Rechte. Ohnedies war das Uebergewicht der göttlichen Natur Christi bei allen seinen Gehorsamsleistungen im Sinne Osiander's so überwiegend in den Köpfen der Theologen, dass man zur gebürenden Beachtung des Gehorsams, den die menschliche Natur Christi geleistet, sich gar nicht mehr entschliessen konnte. Dass Christi Gehorsam ein bitter erkämpfter, seiner menschlichen Natur abgewonnener gewesen, und dass dieser Gehorsam uns in der Rechtfertigung zugerechnet wird

---

[1] Vergl. Bucer, De baptismate infantium: dass Paulus, indem er auf Christum sehe, stets perfectisch rede und das Heil als vollendet darstelle (s. m Dogmatik, S. 492, Note).

und keiner weiteren Ergänzung unsererseits bedarf, gerieth ganz in Vergessenheit. Die Auslegung von Röm. Cap. 6 lag gänzlich im Argen! Dies kann ein Blick auf Beza's Auslegung beweisen.

Ueberhaupt kann uns Beza zum Beweis dienen, wie sehr Osiandrische Ideen selbst einigen Wortführern in der Reformationszeit nahe lagen. Beza hatte 1557 in Gemeinschaft mit Farel eine Confession über das heilige Abendmahl verfasst und in derselben auf unvorsichtige Weise des Ausdrucks substantia sich bedient, indem er von einem Einfliessen der substantia Christi in die Gläubigen geredet. Er hatte Bullinger's Widerspruch zu erfahren (Calv. Opp. C. R. 16, S. 473) und wurde vor Osiander's Abwegen in kritischen Anmerkungen Bullinger's gewarnt. Farel gerieth in Verdacht, dass er zu Schwenkfeld neige. Beza nun musste sich dagegen vertheidigen (anno 1557). Er thut dies in einem Brief an Bullinger, ohne ihn zu überzeugen: denn seine Argumentation war eher Osiandrisch als evangelisch. Er sagt: Quemadmodum naturaliter accepimus substantiam a priore illo Adamo irae Dei obnoxiam — — ita putamus oportere nos cum posteriore Adamo ipso per gratiam fide apprehensam incomprehensibili quidem spiritus virtute, quae res loco distantes unit, sed tamen vere coalescere, nempe ut (zu dem Zweck nämlich) in eius carne plene ab ipso conceptionis momento, per divinitatem corporaliter inhabitantem sanctificata, nos ipsius membra effecti, non obstantibus peccati reliquiis, veluti penitus puri placeamus — und aus dieser Verbindung mit solchem Fleische Christi zögen wir nun die Heilmittel gegen das uns einwohnende Verderben tum per imputationem, tum per regenerantem spiritum. Wir notiren, dass hier der Substanz, die sich von Adam herschreibt, eine Substanz Christi, sein geheiligtes Fleisch,[1] entgegengestellt wird — und dass selbige als von der Empfängniss an durch die leibhaftig einwohnende Gottheit gereinigt erscheint und als Heilmittel zu gelten hat wider das uns einwohnende Sündenverderben. Bullinger bestreitet zwar solche Anschauung, aber Calvin sieht nichts Böses darin. Erwollte es übersehen, weil die Union mit den Lutheranern

---

[1] Was soll da noch der Gehorsam Christi, den er im Fleische dem Vater geleistet, wenn sein Fleisch schon durch die Gottheit von der Empfängniss an gereinigt oder das Bild Gottes vom Moment der Empfängniss an in ihm instaurirt erscheint (wie Beza S. 612 bemerkt).

obenan stand (Calv. Opp. XVI, 617. 639). Auch noch in der 1565 erschienenen Ausgabe seines Novum Test. cum annotationibus sehen wir zu Röm. 6, 3 Beza eine Osiandrische Meinung, vielleicht ganz ohne sein Wissen, vortragen. Er bemerkt zu den Worten des Apostels: wir sind in seinen Tod (in mortem eius) getauft: Mors peccati manat a Christi morte. Nam Christi hominis per divinitatem sanctificati virtus[1]) in interimendo peccato — — in ipsius morte maxime sese exercuit. Dieselbe virtus offenbarte sich beim Begräbniss und sie vollendete sich bei der Auferstehung. Und die Gläubigen, indem sie dieser virtus theilhaftig werden, sterben der Sünde — — aber das geschieht allmählich (ut demum in novam vitam emergere paulatim incipiamus donec tandem hoc corruptibile in futuro seculo incorruptibilitatem induerit).

Also die durch die göttliche Natur geheiligte menschliche Natur Christi offenbart sich im Tode, im Begräbniss, bei der Auferstehung als Siegerin. Wo aber bleibt da der Gehorsam Christi — wenn diesem nackten Gehorsam, wodurch er allein dem Vater genug gethan und unsere Gerechtigkeit vor Gott geworden, ohne Weiteres eine virtus Christi hominis per divinitatem sanctificati untergeschoben wird? Was ist das anders als die divina natura Osiander's, die wesentliche Gerechtigkeit, die alles verrichtet hat und nun in die Gläubigen überfliesst, unter grosser Benachtheiligung des stellvertretenden Gehorsams Christi? Ist es doch bei solcher Voraussetzung nur consequent, wenn dieser Process der Heiligung in Christo bei den Gläubigen sich fortsetzt und die Imputation als ganz unbrauchbar zuletzt zur Seite gestellt wird.

Wir kommen bei solcher Ausserachtlassung der wahren Menschheit Christi und des Gehorsams derselben sofort auf der schiefen Ebene Osiander's an. Wir werden mit Christi Gerechtigkeit so überschüttet, dass die unserem Fleisch noch anhangende Sünde gleich ist einem unreinen Tröpflein gegenüber einem ganzen reinen Meer, und Gott um der Gerechtigkeit Christi willen, die

---

[1]) Claude Albery sagte: So ist jenes Geschenk, durch welches wir belebt werden, und die Gnade des heiligen Geistes, durch welche Christus nach seiner menschlichen Natur geheiligt worden ist, ein und dasselbe (Schweizer Centraldogmen etc. I, S. 523).

in uns ist (physisch, nicht allein imputative) jenes Tröpflein nicht sehen will.[1])

So steht die Sache — so steht sie annoch bei allen neueren Wortführern ohne Ausnahme. Denn leider hat die Auseinandersetzung mit Osiander viel zu wenig durchgewirkt, weder in der lutherischen noch in der reformirten Kirche. Die Verhandlungen wurden ja nämlich zumeist deutsch geführt, und weder von Calvin noch von Beza haben wir eine ausserordentliche Theilnahme an diesen Dingen zu verzeichnen. Sie waren, als Melanchthon in Nürnberg den Osiandrischen Streit schlichtete, Ende 1555, kaum darauf aufmerksam geworden, und die nun folgenden Jahre, besonders 1557, waren ganz von den fruchtlos gebliebenen Bemühungen der Genfer um eine Union mit den lutherischen Brüdern ausgefüllt. Man marktete selbst unter den Schweizer Brüdern über das Wort substantia und Beza stritt dafür, Bullinger ernst dagegen. Von Calvin meinten die Strassburger Herausgeber des Corpus Ref. (42, p. 313), er habe bei Lebzeiten Osiander's gar nicht über ihn geschrieben und sei erst nach dem Tode und dann sehr heftig (acerrime) über ihn hergefahren. Jedenfalls aber auch dann nicht mit tieferem Eingehen auf die Sache, so wenig wie anfangs auch Beza (Opp. Calvini, B. 16, 611). Dieser hat erst 30 Jahre später gegen Albery, den reformirten Osiander, geschrieben und in seinen Tractationes theologiae (Vol. I, p. 669) endlich sich zur richtigen Auffassung der Imputationslehre hindurchgearbeitet, an der eben in diesem Handel alles gelegen ist. S. Anhang 2.

Von 1560 an treten dann, wie der Streit des Zanchius und Marbach in Strassburg beweist, ganz andere Fragen hervor; man stritt jetzt auch schon über Praedestination und Gnade.

Wir kommen also immer und immer auf die Frage zurück: Trägt die durch die Rechtfertigung aus dem Glauben hervorgerufene Aenderung im Menschen den Charakter eines habitus an sich — oder ist sie nur eine solche, die aus dem neuen Stand, den die Rechtfertigung uns gebracht, hervorgeht und die auf die Dauer von dieser Beurtheilung Gottes abhängig bleibt, ohne eine habituelle Veränderung mit sich zu bringen? Wir sagen mit der heiligen Schrift und den von Melanchthon gegen Osiander an-

---

[1]) Osiander, Grosses Bekenntniss X, 4b.

geführten Argumenten und Sätzen: Die Aenderung trägt nicht den Charakter des habitus. Gleichwie die an sich finstere Luft beständig der Erleuchtung bedarf, so bedarf der Mensch, der fleischlich ist, beständig der Erleuchtung durch den heiligen Geist. Früh weckt dieser dem Menschen das Ohr, dass er höre, wie ein Jünger (Jes. 50, 4), aber er setzt es fort um die Mittags- und Abendzeit, kurz alle Augenblicke, wo es noth thut, nach Seiner Weisheit. Es findet also in der Rechtfertigung ein Uebergang statt, den man, je nach dem Individuum, verschieden bezeichnen kann, aber der am umfassendsten von Paulus Röm. 8, 2 bezeichnet wird als Uebergang vom Gesetze der Sünde und des Todes zum Gesetze des Geistes und des Lebens in Christo Jesu. Aehnliches besagt der Uebergang von den todten Werken zum Dienst des lebendigen Gottes, oder von der Selbstgerechtigkeit zur Gerechtigkeit Christi, von der Selbstheiligung zur Heiligung des Geistes, von den Werken (d. h. dem Vertrauen auf die Werke) zum Glauben, vom Verdienst (Natur) zur Gnade, von dem eignen Wollen und Laufen zur Gnade des berufenden Gottes.

Erst wo dieser Uebergang gemacht ist, wo die Beurtheilung des Sünders seitens Gottes auf Grund des fremden Verdienstes (Christi) eine ganz neue geworden, und demgemäss auch die Behandlung des Sünders durch Gott eine neue — wird alles anders! Der Sünder (impius) beginnt von einer Erkenntniss zu der anderen fortzuschreiten. Er erkennt, dass Gott den Sünder nicht hasst, sondern vielmehr seine Liebe ausgegossen wird in unsere Herzen, jene Liebe, die in Christo einmal für immer feststeht, und diese Erkenntniss wird sodann, im Wege der Anfechtung um Christi und der Gerechtigkeit willen, mehr und mehr die unsrige und erneuert sich in jedem einzelnen Fall der Noth, ohne freilich etwas Habituelles zu werden. Denn in dem Augenblick, wo dies geschieht, wäre das Gesetz wieder auf den Beinen, uns zu stacheln; es wäre Einem die eigne Frömmigkeit zum interessanten Objekt geworden, über das man zu reflektiren und das man zu pflegen hätte. Hier würde sich das Gesetz zum Wort melden, und der Pietismus wäre in sein Recht eingesetzt — die evangelische Freiheit aber wäre umgestossen! — Christus hat aber seine Gefreiten mit sonderlichen Freiheiten ausgestattet. Es sind nicht leibliche und irdische Freiheiten, sondern die Freiheit, ganz allgemein gesagt, von der früheren Beurtheilung, die Gott dem Sünder und der Sünder sich selbst zu Theil werden liess, und demgemäss von der ganzen früheren Stellung des Sünders zu Gott.

In der früheren Stellung war der Sünder unter dem Zorn Gottes und ersah keine Möglichkeit, aus dem Schuldverhältniss, in welchem er seine Schuld nur täglich grösser machte,[1] herauszukommen. Nunmehr hat ihn Christus durch sein Leben, Leiden und Sterben (obedientia activa et passiva) von diesem Zorn und Schuldverhältniss befreit. Denn dieser Zorn hat alle seine Kraft an Christo erwiesen, da er nach der Schilderung in Jes. 53 über ihn gekommen. Demgemäss sind wir in einem anderen Reiche, das entgegengesetzt ist dem Reich des Teufels, der Welt und des eignen fleischlichen Gelüstes. In diesem Reich waltet nicht mehr Gottes Zorn, sondern nur seine Gnade und Barmherzigkeit, und Gott sieht uns als Kinder an, nicht mehr als Knechte.

In der früheren Stellung war der Sünder dem Gesetze unterworfen und dasselbe regte die Sünde auf im Innern und hielt uns unter dem Fluche und im geistlichen Tode. Christus hat uns erlöst von dem Fluche des Gesetzes, da er ward ein Fluch an unserer Statt (Gal. 3, 13). Nachdem also das Gesetz volle Befolgung von ihm (dem Bürgen) gefordert und auch erhalten hat, und die Strafe, die es dem Sünder auferlegt, an ihm ausgelassen, so ist dieser Fluch und das in seinem Gefolge ergehende Verdammungsurtheil ganz abgethan und vertilgt — und kann sich nicht zum anderen Mal an uns erweisen.

Durch gnädige Zurechnung stehen wir im Reiche der Gnade, in dem kein Gesetz mehr etwas von uns fordert, kein Fluch und keine Verdammniss mehr statthat (Röm. 8, 1). Und wo nun das Gesetz bei den Gläubigen die Sünde aufdeckt und als reichlich vorhanden aufweist — da ist die Gnade doch darüber hinaus mächtig, um die Sünde zu vergeben, zu bedecken, ja sie zu vertilgen (Röm. 5, 20).

Und wo also die Ursache getilgt, die Sünde, dort sind auch die Folgen derselben, der Tod, als ärgster Feind, und der Teufel, als Machthaber über den Tod (Hebr. 2, 14), aus dem Wege gethan. Tod und Teufel, haben ihre Macht verloren und können mit dem

---

[1] Heid. Katech. 13.

durch den Glauben Gerechtfertigten nur noch aus zweiter Hand
gleichsam verkehren, sofern sie alles um ihn her verwüsten und
über den Haufen werfen — aber ihn selbst tasten sie nicht an,
so sehr sie solches ihm auch androhen. Denn der Christ hat ein
freies Gewissen und ist schon Glied des Reiches Christi, in welchem
Tod und Teufel kein Regiment führen dürfen, sondern nur der
Geist Christi, der in den Christen wohnt (Röm. 8, 11). Endlich
hat der Christ Freiheit von allem, was der Apostel zu den Elementen
der Welt rechnet (Col. 2, 20) und was er Menschengebot und
-Lehren nennt (V. 22). Denn er ist mit Christo auferstanden und
sucht nur, was droben ist (Col. 3, 1) und nicht das, was auf
Erden ist; sein „Daheim" ist im Himmel (Phil. 3, 21). Allem
dem, wodurch man ihn noch auf Erden fesseln und zurückhalten
wollte (wie z. B. die Galater durch die Beschneidung, die Colosser
durch Fasten und Neumonde, Col. 2, 16, zurückgehalten wurden),
ist er abgestorben. So sehr er der weltlichen Obrigkeit ihr Gebür
geben und dem Gesetz sich unterwerfen wird, weiss er sich doch
andrerseits im Gewissen frei und einen Herrn aller Dinge. Und
dies Gewissen soll man nicht antasten, man soll es nicht ferner
durch Gebote schrecken und auf eine Heiligung weisen, die doch
nur in Entheiligung des Namens Gottes ausläuft (Röm. 2, 24)
und im besten Fall jene Zähmung dem Christen zuwege bringt
welche auch alte und neue Heiden in ihrer Weise anstreben, im
Grunde aber immer mit demselben schlechten Erfolg. Kurz, sie
sind frei von allem Gesetz, wie immer es genannt werden möge.

Wenn der Christ nun solche Freiheit, die er durch Christum
erlangt, gebrauchen will, wie es sich gebürt, — und er muss dies
thun, wenn er anders Christ sein will (Gal. 5, 1) — wenn er
nach ihr nicht blos leben, sondern auch sie lehren und bekennen
will, frei, öffentlich — so werden sich, wie Huberinus[1]) richtig
sagt, die Allerheiligsten und Gelehrtesten daran stossen. Gleichwie sie sich an Christo geärgert: so werden sie sich an ihm ebenfalls ärgern. Solche Lehre wird bis heute verlästert und verdammt
— bei den Frommen und Ungläubigen. Und ist und bleibt also
die Lehre von der Rechtfertigung durch den Glauben ein rechter
Stein des Anstosses, über den man selbst in den besseren Zeiten

---

[1]) Vom waren Erkandtnus Gottes, S. 106b.

der Kirche lieber hinwegzukommen suchte, so gut man konnte, oder gegen den man anstiess und fiel.

Die Sachkenner wissen ja, was für hochgeistliche, aber doch immer nur wieder den Stachel des Gesetzes und seiner Askese hervorkehrende Bücher in den besten Zeiten der Kirche in vielen und eben nicht den schlechtesten christlichen Kreisen vorgeherrscht. In Deutschland Arnd, Scriver, Bogatzky — in England jene Bücher, die von puritanischer und verwandter Seite ausgingen. Baxter obenan, dieser Liebling der Frommen, der sich 40 Jahre lang mit Bekämpfung der Rechtfertigungslehre nutzlos aufgehalten. Die Kirche gab zu dem allem zwar nicht direct ihr Placet, aber war doch zu sorglos, um das Gefährliche davon zu sehen. Oder wenn man warnte, so konnte man doch nichts Besseres an die Stelle setzen, und die heilige Schrift sollte nun einmal nicht mehr genügen. Gebet- und Gesangbücher hatten seit lange die Hauptstelle eingenommen in der lutherischen Kirche, und in der reformirten Kirche gewisse Lieblingsschriftsteller, wie Brakel, Lodenstyn, Smytegeld in Holland, Baxter u. A. in Grossbritannien. Latet anguis sub herba: viel Ketzerei unter allerlei hochgeistlichen Vorstellungen und Uebertreibungen! Man erregt Bedürfnisse und weist zur Befriedigung an die falsche Quelle, an durchlöcherte Brunnen! Es ist der alttestamentliche Höhendienst unter neuen Formen.[1]

§ 9.

Die Rechtfertigung durch den Glauben und die Lehre vom alten und neuen Menschen und der unio mystica.

Zu den Lehrpunkten, die von der Rechtfertigung durch den Glauben aus Licht erhalten, gehört auch derjenige vom alten und neuen Menschen — ein sehr vernachlässigtes Thema! Auch dieser Lehrpunkt erhält erst sein rechtes Licht, wenn wir an dem nun genugsam klargestellten Satz festhalten: dass der Mensch gerecht werde durch den Glauben scilicet imputatione, non inhabitatione vel originali iustitia, worauf die sechste antiosiandrische These Melanchthon's verwies (S. 31).

---

[1] Vergl. Ritschl's Geschichte des Pietismus und Heppe, Geschichte des Pietismus in England; ferner meine Schrift „Zum Gesetz und zum Zeugniss" im 3. Abschnitt: Parallelen aus der Kirchengeschichte.

In demselben Moment, in welchem wir für gerecht erklärt werden im Wege der Imputation der Gerechtigkeit Christi, ist auch der neue Mensch da. Röm. 6, 6 schreibt den Christen die Erkenntniss als etwas Feststehendes zu, dass „unser alter Mensch mitgekreuzigt ward (da Christus gekreuzigt worden), damit aufgehört habe der Leib der Sünde, so dass wir nicht mehr der Sünde dienen." Dieser Satz des Apostels ist niemals, soweit mir bekannt, von den Exegeten genügend beachtet worden. Die mortificatio ist entweder jene mors laudabilis, wodurch man das Fleisch dem Geist unterthan macht,[1] welches Absterben der Sünde auch die Heiden (Inder, Pythagoreer) kennen, die ja dabei auch die Kraft zur Tugend von Gott herleiten. Oder wenn man die mortificatio annimmt und imputative in der Taufe an dem Sünder geschehen lässt, so lehrt man in dem locus von der Heiligung doch sofort wieder eine Erneuerung und Umwandlung des ganzen inneren Menschen durch den Glauben, welche in Widerspruch mit der Rechtfertigungslehre steht. Das Fleisch ist zwar auf dem Rückzuge begriffen, der Geist ist siegreich, aber es muss doch dahin kommen, dass das Fleisch „der alte Esel" erdrückt werde und da vertröstet man sich denn auf die Zukunft, und was noch übrig ist vom Fleische — das muss dann in den Kauf genommen und durch Christi Blut schliesslich gereinigt werden.[2] Mit Beza u. A. von einem allmählichen Absterben des alten Menschen und einer in dem gleichen Verhältniss statthabenden Zunahme des neuen Menschen zu reden ist nach Röm. 6 unzulässig. Vers 3 heisst es: $\mathring{\alpha}\pi\varepsilon\vartheta\acute{\alpha}\nu o\mu\varepsilon\nu\ \tau\tilde{\eta}\ \mathring{\alpha}\mu\alpha\varrho\tau\acute{\iota}\alpha$: d. h. nicht so, dass die Sünde durch einen Process, in Folge der Aufnahme der virtus Christi in uns aus dem Innern herausgeschafft wird (so Beza zu Vers 3), sondern kraft der Zurechnung, wonach die Sünde, ob sie schon da ist, zugleich nicht da ist und kein Recht zu bestehen hat in denen,

---

[1] So im Wesentlichen die römische Kirche nach Pighius, Controversiae Ratisponenses, p. 60.

[2] Vergl. Beza: Maluit Apostolus (Röm. 6, 5) uti futuro tempore quam praesenti, quoniam nondum prorsus mortui sumus peccato, nisi quatenus eius reliquiae non imputantur: ex quo consequitur nos nondum totos resurrexisse, sed quotidie emergere, dum perficiatur, quod Deus in nobis inchoavit. Mutua enim est inter mortem peccati et vitam Spiritus non tantum relatio sed etiam proportio.

die des Glaubens an Jesum sind. ῾Ο γὰρ ἀποθανὼν δεδικαίωται ἀπὸ τῆς ἁμαρτίας (Vers 7) — der Gestorbene (d. h. der in Christo Gerechtfertigte) hat in Gottes Gericht seine Abfertigung erlangt so dass die Sünde mit ihm nichts mehr zu schaffen hat und durchs Gesetz nicht abermals und etwa allmählich getödtet zu werden braucht.

Wie nun Alles hier im Wege der Zurechnung geschieht, indem auf andere Weise ein fremdes Eigenthum nicht unser eigen werden kann, so ist auch der neue Mensch lediglich durch Zurechnung vorhanden. Gott hält den Menschen, der soeben noch als alter vor ihm stand, für neu.

Und vermittelt für unser Bewusstsein wird solches rein und allein durch den Glauben. Dem Menschen aber wird solches zugerechnet — und haben wir wohl darauf zu sehen, dass das Subjekt der Zurechnung nicht alterirt wird. Solches geschieht aber da, wo man den „neuen Menschen" substanziell dem Sünder eingegossen oder eingeboren werden lässt, wo man das Ich frei macht und den alten Menschen als ein residuum diesem Ich zur Bethätigung unterwirft. Denn nun fragt es sich: wem gilt eigentlich jetzt die Zurechnung? Dem Ich des Menschen — dieses war und ist das Subjekt. Aber welchem Ich — dem alten oder dem neuen? Dem ganzen Menschen, d. h. also dem an sich alten, dem impius, jedoch im Wege der Zurechnung neuen. Sobald als dieses Ich secundum veritatem neu, neu gemäss einer iustitia inhaerens geworden sein würde, so fiele die Zurechnung fort und Gott hätte es nunmehr mit einem ganz anderen, nämlich gänzlich verwandelten Subjekt zu thun, womit dann das Urtheil gegenstandslos würde.

Man darf auch nicht theilen und sagen: der Mensch, soweit er erneuert ist, heisst neu, und soweit noch Reste vom früheren Zustande vorhanden sind, heisst alt — denn da würde der neue Theil der Imputation nicht mehr bedürfen und der alte Theil bliebe ja doch derselbe. Nun würde, wie es sich Viele denken, Gott bei dem alten Theil durch die Finger sehen und die Verdienste Christi zur Anwendung bringen — und bei dem neuen Theil hätte Gott sein eignes Werk zu bewundern, das durch Einfluss der virtus Christi in dem Sünder auf Osiander's Manier entstanden wäre. Aber wenn Gott schon einmal uns Anlass zum ewigen Bewundern geben will, so macht er gleich Alles neu.

288

So er gebeut, so steht es da. Damit allein deckt sich auch der Begriff der Gnade. In der That — Gnade und Imputation fordern einander.

Einst war der Mensch frei, das Gute zu thun, Gehorsam war ihm etwas, was sich gehört, und das er willig und von selbs leistete; am Gesetze Gottes gemessen, war er gerecht; seine Gesinnungen, verglichen mit denjenigen Gottes, seines Schöpfers, waren heilig — er liebte das Gute!

Seit dem Falle Adam's ist der Mensch aus diesem Stande gewichen und einer anderen Beurtheilung unterstellt. Mit dem Falle aber war die Substanz des Menschen nicht etwa eine mala geworden, sondern eine rea, in Folge dessen war sie im Rückgang und in Auflösung begriffen ($\dot{a}\tau a\xi i a$ ist der gewöhnliche terminus bei den Alten) und musste nun der ersten Beurtheilung entbehren. Aus Freund ward Feind! Die Sünde ist nie als etwas von Gott Erschaffenes oder als Etwas, das da werden kann, zu betrachten — sie ist nicht quiddam sua natura subsistens — sed defectus boni. Nur so allein ist auch Aussicht vorhanden: dass sie wieder abgethan wird. (S. meine Dogmatik, S. 243.)

Nunmehr fragt es sich: wie wird sie abgethan (aboletur)? Soll nach Gottes Rathschluss der Mensch noch einmal in die alte Form gegossen werden und in ein Verhältniss zu Gott gebracht werden, das dem adamitischen vor dem Fall entspricht? Soll der Wiedergeborne wieder gerecht werden, wie Adam vor dem Falle war, scilicet inhabitatione vel originali iustitia? Nein, lautet die 6. These Melanchthon's. Nein, sagen auch wir! Der Mensch hat nicht eine vom Teufel geschaffene oder auf seinen Betrieb gewordene Substanz bekommen — um dann bei der Wiedergeburt durch Christi Heilsverdienst eine neue Substanz eingegossen zu erhalten. Es wird vielmehr dabei bleiben — dass der erste Akt des grossen Dramas nicht sich wiederholt, dass nicht wieder das Gesetz lebendig macht oder lebendig erhält. Nein: eine solche Behandlung der Dinge würde die Sünde nach dem Apostel nur vermehren, ja verewigen. Es werden auch nicht die defectus boni, durch welche die Sünde entstand und fortwährend unterhalten wird, durch neue affectus boni (eingegossene Qualitäten) ersetzt werden; denn da würde das Ende wieder zum Anfang zurückkehren und Gnade nicht um und um Gnade sein.

Es bleibt somit nur der Weg der imputatio übrig — also eine göttliche Beurtheilung, und eine dieser gemässe Behandlung des Sünders durch den Geist Gottes, kraft des Verdienstes Christi.

Als neue Menschen behandelt der Apostel seine Leser, im heiligen Geiste. Er kann dies thun. Denn der heilige Geist bringt aus der Fülle Christi mit — Gerechtigkeit, Heiligung und Erlösung (1. Cor. 1, 30), doch also, dass sich Niemand eines anderen rühmen kann, als des Herrn. Paulus lockt seine Leser: Haltet euch für Todte der Sünde (imputative, nicht physice), aber für lebend Gotte in Christo Jesu (Röm. 6, 11). Als solche, die ausgezogen haben den alten und angezogen haben den neuen Menschen, ermahnt er die Epheser und Colosser (Eph. 4, 22—24; Col. 3, 9. 10), Die Christo angehören, haben ihr Fleisch gekreuzigt (Gal. 5, 24). Solches liegt hinter ihnen und es ist alles schon am Kreuz Christi fertig gebracht. Jede andere Predigt wäre nicht am Platze.

Mittelst der Gesetzespredigt würde er sie zerschmettern, und indem er den neuen Menschen als Bundesgenossen gegen den zugleich noch immer vorhandenen alten anwerben würde — käme er nicht viel weiter, wie Protagoras mit seiner Fabel vom Hercules am Scheidewege, wenn auch die Reizmittel, mit denen er wirkt, stärkere sind, als jener missionirende Heide anwandte. Auch heute liebt man es, in solcher Weise an das bessere Ich zu appelliren — an die Wiedergeburt, an den Glauben, an die Bekehrung.

Lauter Schläge in die Luft! Für den alten Menschen ist auch nicht etwa das Gesetz gut und für den neuen das Evangelium. Sondern das Ich, die Persönlichkeit des Menschen, die bald sich nach ihrem alten Menschen Gott gegenüber weiss, bald als neuen — muss Gesetz und Evangelium vernehmen. Es muss hören, dass unser alter Mensch mit Christo am Kreuz abgethan ist, also nicht erst durchs Gesetz abgethan wird — und was ist dies anders, als Evangelium! Das Ich muss als neuer Mensch zu hören bekommen, dass es nicht im Hochmuth sich über Andere zu erheben hat — vielmehr, dass, wenn Einer in Christo ist, so ist er eine neue Creatur, und das Alte (d. h. was immer ihn an die Vergangenheit bindet) ist vergangen. Er muss gesinnt sein, wie Christus auch gesinnt ist (Phil. 2, 5). Als an die neuen Menschen ergehen an die Christen alle Ermahnungen; als mit Christo bereits Auferweckte (Col. 3, 1. 2) stehen sie dem Apostel vor Augen. Und dass es nun auch geschieht, dafür steht der Geist Gottes ein und solches verbürgt das Verdienst Christi! Aber es geht $\pi\nu\varepsilon\nu\mu\alpha\tau\iota\varkappa\tilde{\omega}\varsigma$ zu, nicht mittelst eines physischen Processes (iustitia infusa).

Höhnisch wird man uns erwidern: Der Glaube wird also nicht als neues Organ eingeschaffen; es kommt zur Seele kein „Geist", keine neue Substanz bei der Wiedergeburt hinzu? Es käme kein novus homo mit seinen vires spirituales zu Stande (Baier), keinerlei imaginis Dei instauratio (Quenstadt) — keine Ausgestaltung des keimlich schon vorhandenen neuen Menschen (so Thomasius)?[1]

Zum hundertsten Male: nein! Denn solches würde die imputatio aufheben, die nicht etwas zur Folge haben kann, was die Rechtfertigung allein durch den Glauben gründlich aufheben würde. Kurz, alle Relationen dieser Cardinallehre müssen mit ihr in genauer Uebereinstimmung stehen. Das Ziehen des Vaters zum Sohn, das an den Sohn Gegebensein durch den Vater (Joh. 6, 44. 56), welches beides von den Gläubigen ausgesagt wird, ist und bleibt ein solches, das an das Zeugniss Jesu, gleichwie vormals der Propheten, gebunden ist. Während Jesus redet — übt der Vater im Himmel sein unwiderstehliches Ziehen auf die Menschen aus. — Wie es geschieht — ob durch lockende Ueberredung — ob durch Erguss seiner Liebe in die Herzen, ob durch verborgen ins Werk gesetztes Ziehen mittelst der Fäden seiner Allmacht? Gewiss von alledem etwas — und dennoch bleibt es auch so ein Geheimniss. Nur soviel können wir sagen: dass es nicht zu einer inhabitatio kommt, die anders vermittelt wäre, als durchs Wort und Erleuchtung des inneren Verständnisses, womit dann Gefühl und Wille ihre Richtung empfangen. Denn jede andere Weise wäre wider die Analogie des Glaubens und überschritte die Grenzen des Creatürlichen.[2]

---

[1] Christi Person und Werk, III, 2, S. 318f.

[2] Thomasius, a. a. O. III, 2, S. 320 redet anders: die unio mystica ist eine innige Verbindung der Substanz des Menschen mit der Substanz der heiligen Trinität, ja mit der Leiblichkeit Christi — ohne jedoch in ein Wesen zusammenzugehen: denn der Wesensunterschied bleibt ungeachtet der substanziellen Immanenz gewahrt. — Er beruft sich auf Luther und die

Wider die Analogie des Glaubens ist es: denn von Anfang der Welt an ist der Trost davon, dass wir mit Gott durch den Glauben verbunden sind, stets an die Voraussetzung der Rechtfertigung und Zurechnung gebunden. Es muss der Glaube voranleuchten, der auf des Mittlers Gehorsam gegründet ist — dann erst kann von Einwohnung die Rede sein: so lehrt uns Melanchthon. Und diese Einwohnung ist immer an das Wort geknüpft und durch den Gehorsam unter dieses Wort vermittelt. Denn bleibt man wohl in Christo, und bleibt er in uns, wenn man nicht thut, was er oder sein Wort sagt? Liebet ihr mich, so haltet meine Gebote (Joh. 14, 15; 1. Joh. 5, 2). Wer sein Wort bewahrt, in dem ist wahrhaft die Liebe Gottes vollkommen. Dann erkennen wir, dass wir in Ihm sind (1. Joh. 2, 5). Und wer seine Gebote bewahrt, bleibt in Ihm und Er in Ihm (1. Joh. 3, 24). Wer in der Lehre Christi bleibet, der hat Beide, den Vater und den Sohn (2. Joh. 9)!

Das Einwohnen Gottes, die sogenannte unio mystica, wird bei den alten orthodoxen Dogmatikern des 17. Jahrhunderts dahin näher umschrieben, dass sie nicht substantialis und nicht personalis, sondern mystica sei. Und diese Definition wird von den Späteren nachgeschrieben, aber ebenso wenig verstanden, wie bei ihren ersten Erfindern.

Auch Melanchthon hielt im Osiandrischen Streite an der Gegenwärtigkeit Gottes in den Gläubigen fest.[1] Er erklärt in dem zu Nürnberg abgelegten Bekenntniss: „Und sind wahrhaftiglich gegenwärtig Vater, Sohn und heiliger Geist, wohnen und wirken im Herzen. Der Sohn zeigt den Vater durchs Wort, der heilige Geist wirkt Freud und andere Tugenden etc." Er hält damit völlig die Linie, welche die Analogie des Glaubens vorhält, ein. Es ist ja freilich eine praesentia specialis[2] im Unterschied zur praesentia universalis, die in der Schöpfung begründet wurde und den Ungläubigen gleicher Weise eigen ist. Aber welcher Art diese specielle

---

schönsten Belege bei Bernhard. Diese Heranziehung der Leiblichkeit Christi schlägt dem Fass den Boden aus. Von der recht gefassten Imputationslehre aus kann man freilich diese Irrungen neuerer Lutheraner aufs Schönste bekämpfen, wie einst Beza that. S. den Anhang II.

[1] C. R. VII, 895.
[2] Vergl. C. R. XXIV, 896.

Einwohnung sei, das zu entscheiden ist nicht der Willkür der Dogmatiker überlassen (wie sie z. B. Frank, System II, S. 364 sich gestattet), sondern hat seine Erledigung aus der heiligen Schrift, aus der Analogie des Glaubens zu entnehmen. Weshalb aber die inhabitatio Dei bei den Christen inniger sein soll, als bei Abraham, ist nicht abzusehen. Melanchthon, wo er exemplificirt, fängt gleich mit Joseph an und gestattet sich keinen Unterschied zwischen alt- und neutestamentlichen Heiligen, wie solches die Neueren lieben. Unterschied ist zu machen zwischen dem Christen und Adam vor dem Fall, aber nicht zwischen den alten Vätern und uns. Adam vor dem Fall genoss die Gegenwart Gottes wie ein Kind des Hauses; diese Gegenwart war ihm ganz selbstverständlich. Er hörte die Stimme Gottes im Garten (Gen. 3, 8). Er hatte alles fühlbar, greifbar, tastbar; und was ihn glücklich machte, lag auf der Hand. Aber alles war doch noch an eine Bedingung gebunden und nicht schon dem gleich, was später nach dem Falle eintrat. Da nämlich tritt das Gesetz zurück und es ist lauter Gnade, und man ist nicht mehr an ein Gesetz gebunden. Die inhabitatio Dei ist fortan eine andere; sie ist Gnade und nicht Verdienst, nicht in Kraft der alten Schöpfung, sondern in Kraft der neuen. Und von da aus ergibt sich der rechte Gegensatz, Dass wir in Christo einer sonderlichen Art der Verbundenheit mit Gott uns zu erfreuen haben, neben jener und über jene hinaus, da wir blos in Gott leben, weben und sind (laut Apostelg. 17, 28), ist richtig. Es ist eine Verbindung mit Gott als dem durch Christus versöhnten Vater, der wir als Christen durch Gnade theilhaftig werden, während die Apostelg. 17, 28 gemeinte lediglich natürlich ist und auch die von Adam genossene lediglich kraft der ersten Schöpfung bestand, die vorbeiging. Was nun von dieser Verbindung des Christen mit Gott zu unserer Erfahrung kommt, das ist freilich nicht so unumstösslich und handgreiflich, wie es einst beim ersten Adam war. Es ist hier alles auf den Glauben gestellt und es findet nicht etwa eine innige Verbindung der Substanz des Menschen mit der Substanz der heiligen Trinität statt; kein Vorgang, der sich wie ein Naturvorgang beschreiben liesse, ist anzunehmen.

Solches würde nicht mit der Oekonomie der Gnade stimmen, sondern aus unserer Natur eine heilige oder geheiligte machen, die nun doch irgendwie vor Gott in Anrechnung kommen müsste.

Die Natur der Trinität hat mit unserer Natur keine Fühlung oder Verbindung zu suchen. Vielmehr Gottes Wort, und der mit ihm verbundene Geist Gottes suchen solche Verbindung; und wo wir im Ringen danach, dass wir, entsprechend jener Erleuchtung durch Wort und Geist, Gottes Willen thun, da werden wir inne werden, dass und wie Gott in uns wohnt, uns regiert und zum ewigen Leben führt. Es geht durch Fallen hindurch zum Aufstehen, durch Kampf zum Sieg, durch Leiden zum Genuss — auch besonders zum Genuss der Wahrheit, dass der Gott und Vater unseres Herrn Jesu Christi unser Gott und Vater sei und demgemäss uns leitet und regiert.

Alle auf einen Naturprozess hinauskommende Veränderung unseres Innern haben wir abzuweisen. Davon wusste Abram, davon wussten die Väter nichts. Und wenn es heisst, dass Jehova inmitten Israel's ist,[1]) so dürfen wir dies doch nicht abscheiden von den Erfahrungen, die Paulus 2. Cor. 6, 16, 17 andeutet mit den Worten: „Ihr seid ,Gottes Tempel‘ und: ich will in ihnen einhergehen“. Wir sind nicht berechtigt, einen Unterschied deshalb zu machen, weil es Deut. 7, 21—26 heisst, dass Gott als ein grosser Gott in Israel sei, und selbiges habe sich daher vor den Feinden nicht zu fürchten, sondern alles zu vertilgen, während 2. Cor. 6, 16 und 7, 1 auf Grund dieser Einwohnung Gottes die Heiligung vom Apostel geboten wird, welche in diesem Zusammenhang ganz auf das Gleiche (Absonderung von der Unreinheit im täglichen Verkehr) hinauskommt.

Die Vertreter der unio mystica in der Weise der Schwarmgeister, aber auch unserer neueren Theologen mögen uns angeben, welcher Art der Unterschied sei, und weshalb die Verbundenheit Gottes und des Menschen, die unio mystica, im Neuen Testament inniger sein sollte, als bei Israel im Alten Testament. Weil es den Schwarmgeistern gefällt, Altes und Neues Testament auseinanderzureissen, so ist solches doch uns grade eine Warnung. Es ist in allen Fällen, sei es im Alten oder Neuen Testament, Gnade und nicht Natur, wenn vom Einwohnen Gottes die Rede ist. Und die $\dot{\alpha}\delta\iota\alpha\sigma\tau\alpha\sigma\acute{\iota}\alpha$ zwischen Gott und Menschen ist nicht mit

---

[1]) Z. B. Deut. 7, 21, vergl. 1, 42; Hosea 11, 9; Jes. 12, 6; Zephanja 3, 15; vergl. Ezech. 48, 35; Psalm 46, 6.

unseren alten Dogmatikern physisch zu berechnen, sondern nach Massgabe der Bedürftigkeit, also theologisch. Je grösser die Schwachheit, desto herrlicher wird der Erweis der Kraft Gottes sein. Dass jedoch das Gefühl der Gottesnähe den Ausschlag und den Gradmesser der unio mystica abzugeben hätte, das ist ein ganz schwärmerischer Irrthum. Wir werden ihn sehen, wie er ist, wenn erschienen sein wird, was wir sein werden[1] — von Gefühlen wird aber selbst im Himmel nie in der Weise die Rede sein können, dass uns der gesunde Verstand darüber abhanden käme, mit dem der Geist Gottes doch zu allererst zu thun hat — denn der heilige Geist redet mit dem Geist des Menschen und der Herr antwortet diesem letzteren — und der Genuss wird darin bestehen, dass wir ein gutes Gewissen vor Gott haben und gereinigt sind in unserem Gewissen von den todten Werken.

Es gilt also auf der Hut zu sein und bei dieser unio mystica abermals zwei Abwege zu vermeiden, welche wir schon zur Genüge kennen, den pantheistischen und den dualistisch-rationalistischen. Während jenen ersteren alle Jene betreten oder doch streifen, die bei der unio mystica eine Verbundenheit der Naturen Gottes und des Menschen statuiren, nach Art des im Nicaenum aufgestellten Verhältnisses zwischen dem Vater und dem Sohn, so verirrt sich Ritschl in den entgegengesetzten Abweg der dualistischen Gegenüberstellung Gottes und des Menschen.

Er hat[2] gegen Luthardt die Einheit Christi mit Gott von der Identität des Wirkens auszulegen beliebt und für nichts weiter — während die Ausleger doch ziemlich allgemein das im nicaenischen Symbol festgestellte Sohnesverhältniss bei den bekannten johanneischen Stellen 10, 30; 17, 11. 21. 22, voraussetzen (Meyer, Luthard zu Joh. 10, 30 u. A.). Er will beide Male die Einheit, einerseits zwischen Vater und Sohn, andererseits zwischen beiden Genannten und uns, ethisch fassen. Er vernachlässigt mit Vorbedacht die in der Trinität gegebene Grundvoraussetzung, aus der in der Zeit ein aus Gnaden uns zugewandtes Verhältniss der Trinität, specieller des Sohnes zu uns werden konnte. Ritschl ist eben am richtigen Verständniss der unio mystica behindert durch

---

[1] 1. Joh. 3, 2,

[2] Theologie und Metaphysik S. 27.

seine Verkennung der wahren Gottheit Christi und deren Verwerthung für das Werk der Erlösung. Indem er einerseits ganz richtig hintanhält, dass die divina natura Christi oder seine naturhafte Gerechtigkeit in uns bei der Rechtfertigung (nach Osiander) überfliesst — geht er darin andererseits zu weit, wenn er folgendes behauptet (Theologie und Metaphysik S. 29): „Man hat sich aller Versuche zu enthalten, dahinter zu kommen, wie es (d. h. das Lebenswerk Christi) im Einzelnen zu Stande gebracht, wie es empirisch so geworden ist." Das sei nur überflüssig und schädlich. Im Gegentheil: es ist so wenig überflüssig — dass, wenn wir nicht von der wahren Gottheit Jesu Christi ausgehen, alle seine grossen Erlösungsthaten rein in der Luft stehen, und wir gänzlich des Subjektes ermangeln, von dem die Gehorsamsthaten des Erlösers ausgehen konnten und durften. Um vom Erlöser sagen zu können: Er lernte, er wurde vollendet, (Hebr. 2, 10; 5, 7. 8), er macht alles neu (Apoc. 21, 5), dazu musste doch zuerst ein Subjekt vorhanden sein. Solches kann eben nicht ein Jeder. Dazu muss er den Beruf haben. Und will er es für Andere thun, dann muss er zuerst alles schon sein und haben, um dann den ersten Schritt thun zu können auf einem Berufswege, der zur Rechten des Vaters ein Ende findet. „Obwohl er Sohn Gottes war (sagt Hebr. 5, 8) lernte er aus seinem Leiden den Gehorsam und wurde so allen, die ihm im Glauben gehorsam sind, Urheber einer ewigen Erlösung." Da ist er einerseits als Sohn von Ewigkeit alles, was diese Sohnschaft mit sich brachte; aber nur das Eine hat nun zu geschehen: dass er für Andere erwirbt, was sie in Ewigkeit nicht vermögen — sich zu erlösen. Wie wichtig hier das ewige Sein ist (die unitas cum patre ex natura), damit das Zeitliche, das ex gratia, überhaupt zu Stande komme, das zeigt uns jene Stelle (Hebr. 5, 7—10), aber auch ganz besonders das Johannesevangelium. Auf Grund des ewigen dahinterliegenden Seins baut sich das auf, was in der Zeitlichkeit geschieht. Bengel macht zu Joh. 17, 11 die Bemerkung; „Illa unitas est ex natura, haec ex gratia, igitur illi haec est similis non aequalis". Er meint: die Verbundenheit zwischen Vater und Sohn ist eine auf der Natur beruhende, die zwischen den Gliedern Christi stattfindende ist jener ähnlich, d. h. sie erwächst auf ihr als der alles verdienenden Grundlage. Von Ewigkeit aus dem Vater gezeugt, ist der Sohn an das Erlösungswerk gegangen und hat hier, obgleich Sohn, die ewige Erlösung für die an ihn Glaubenden hergestellt. — Nun hat er in seiner neuen Stellung zum Vater jene allem vorangehende Einheit auch als der Menschensohn zur Wahrheit gemacht, vor der Welt documentirt und seinem Volke damit erworben. Desgleichen ist die Liebe des Vaters zum Sohn nach Joh. 17, 24 zwar eine vor der Welt Grundlegung stattfindende Liebe, aber gleichwohl beruht sie wesentlich auch auf der freiwilligen Hingabe des Sohnes in den Tod (Joh. 10, 17). In vollkommenster Freimacht lässt er sein Leben, mit gleicher Freimacht nimmt er es wieder, er hat es ewig und darum kann er es in den Tod geben für Andere, ohne sich selbst zu verkürzen; er thut es, weil es so der Befehl des Vaters ist (Joh. 10, 18). Durch seinen Gehorsam sind die Vielen als gerecht hingestellt (Röm. 5, 18). Er steht da als hoher Austheiler der von ihm erworbenen Güter — die Herrlichkeit, die du mir gegeben (für mein Volk, im Rathschluss) habe ich ihnen gegeben, zunächst im Wege der Zurechnung, dann indem er sie danach behandelt. Auch sie sollen eins sein, eins im Sinne und Willen, wie wir eins sind (V. 22), ja solche ihre Einheit soll sich ein Vorbild nehmen an unserer Einheit (V. 21) auf dass die Welt glaube, dass du mich gesandt hast. Das ist die Meinung des hohenpriesterlichen Gebets. Dabei können wir aber die ewige Grundvoraussetzung, auf der sich der zeitliche, uns zuzutheilende Erwerb des Sohnes Gottes erhebt, die Einheit der Natur (im nicänischen Sinne), durchaus nicht entbehren. Es stände sonst die ganze unio mystica in der Luft und sie hätte dann kein Urbild.

Solche Einheit der Glieder Christi unter einander, oder der Glieder mit Christo, resp. der Trinität, ist aber, wie sie einerseits nicht substanziell ist, so doch andererseits nicht blos ethisch, wie Ritschl will.

Ritschl löst Christum von der ewigen Einheit mit dem Vater, er lässt ihn die unio mit dem Vater ohne Voraussetzung der ewigen unio erwerben, er lässt ihn seine Stellung zu Gott durch die ganze Reihe der Gehorsamsthaten hindurch bewähren — aber dies steht alles in der Luft, oder kommt zu Lasten eines Unberufenen, der weder ganz Gott ist, noch ein rechter ganzer Mensch — zu Lasten Eines, der den Beruf dazu nicht anders aufweisen kann, als durch das brutale Faktum, dass es ihm eigenthümlich war, mit Gott eins zu sein, und dass dieser Jesus gewisse Proben in seinem Leben davon ablegte, dass seine Einheit mit Gott in seinem Willen wirklich ist und dass er sie unter allen Gegenwirkungen von aussen her aufrecht erhält (Theologie und Metaphysik S. 28). Die Stellung, die Christus zu Gott bei Ritschl beansprucht, ist eine willkürlich beanspruchte — Gott lässt ihn sich gefallen, weil er für Gott ewig als derjenige existirt, als der er für uns in zeitlicher Begrenzung offenbar ist. Aber es ist alles erst ex eventu also dazustehen gekommen, was Christus thut — dass es a priori Festigkeit besass, dass Christus den Beruf hatte, von Ewigkeit, und nicht nur den Beruf, sondern auch das Anrecht und die von allem Anfang nöthigen Voraussetzungen für solches Erlöserthum — das wird ausser Acht gelassen bei Ritschl. Sein Begriff des Ethischen ist das grade Gegentheil des Gnadenwerkes, das die Kirche von der Person und dem Werk Christi je und je ableitete. Christus hat seine solidarische Einheit mit Gott nicht erst in der Zeitlichkeit und da zum ersten Mal wirklich bewiesen: das kann Niemand, und das kann durch nichts bewiesen werden, das muss eben da sein von Anfang an, oder es kommt nie dazu. Christus hat vielmehr auf Grund seiner ewigen Einheit die Einheit des Sinnes und des Willens in seinem irdischen Lebenswerk erwiesen und so für unsere Erlösung die rechte Grundlage geschaffen — so dass wir es in der Weise nicht noch einmal beweisen müssen: wozu wir in Ewigkeit nicht im Stande wären. Auf Grund alles dessen, was Er gethan, sind wir nun Kinder Gottes, sind eins mit ihm und erweisen uns auch demgemäss.

Solche unio demnach, wie wir sie bei den durch Glauben Gerechtfertigten anzuerkennen haben, beruht einerseits nicht auf irgend einer Verbindung, welche die Substanz Gottes mit der des Menschen eingegangen, — dies ist ein dem Pantheismus zuneigender Irrthum. Andererseits besteht diese unio auch nicht in einem ethischen, verständnissinnigen Zusammenwirken Gottes und des Menschen zum gleichen Ziele, wie Ritschl solches annimmt. Dies wäre dualistisch-deistisch. Sie ruht völlig auf dem Verdienst Christi, nicht zwar auf der iustitia essentialis Christi, nicht auf der mystischen Einverleibung des Gläubigen in Christus,[1]

---

[1] So sieht es Dr. Kuyper an, z. B. in den Artikeln über die Recht-

sondern auf dem, was er für uns erworben hat; und das Vertrauen auf sein $\delta\iota\varkappa\alpha\dot\iota\omega\mu\alpha$ schliesst wohl ein Herrschen im Leben durch Christus ein (Röm. 5, 17), aber kein mystisches Verschmelzen mit Christus, bei welchem der Mensch vergöttert und nie ersichtlich wird, was Christi und was des Menschen Rolle dabei sei. Auf der anderen Seite treten der Mensch und Christus nicht derartig auseinander, dass sie nur gleiche Gesinnung und gleiche Ziele hätten und sich also erst beim Ziele begegneten, währenddem sie in gemessenem Abstande von einander dem Ziele zueilten.

Der Geist Christi ist vielmehr in denjenigen, die gerecht-fertigt sind, und ob er sich gleich verbirgt und seine Einwirkung nur für den Glauben ersichtlich ist — so ist er gleichwohl da. Die Beispiele aus der heiligen Schrift liegen nahe. Er gibt ihnen nach Matth. 10, 19, wie oder was sie reden sollen, mit dem Re-sultat, dass nicht sie es sind, die da reden, „sondern der Geist ihres Vaters, der durch sie redet". Der Geist Christi treibt sie (Röm. 8, 14). Und entsprechend unserer Schwachheit kommt der-selbe Geist uns zu Hülfe und tritt für uns ein mit unaussprech-lichem Seufzen, welches Gott bewegt, hier zu helfen (Röm. 8, 26. 27). Als der von Christo hinterlassene Pareklet hat er eine sowohl mannigfaltige als auch wundervolle Aufgabe bei den Gerechtfertigten. Sie haben ihn als Unterpfand (Angeld) ihres Erbes (Eph. 1, 14) und besitzen ihn als Erstlingsgabe, die auf die volle ganze Ernte fröhliche Hoffnung erweckt (Röm. 8, 23). Er gibt ihnen grade so viel, als sie hienieden jeweilig brauchen können, nicht im Vorrath, sondern von Fall zu Fall. Er öffnet ihnen (jeden Morgen) das Ohr, dass sie hören, wie die Jünger, Jes. 50, 5. Er ist das Wasser, das die Wüste zum Acker macht (Jes. 32, 15.) Ihn hat Gott nach der Verheissung, die des neuen Bundes Inhalt ausmacht, in uns gegeben und Gott bewirkt dadurch, dass wir in seinen Geboten wandeln (Ezech. 36, 23 ff.) Gott wirkt das in uns, was vor ihm gefällig ist (Hebr. 13, 17; cf. 2. Thess. 1, 11; 1. Thess. 3, 12). Wir sind Gottes Creatur (Eph. 2, 10); und das ist bei der zweiten Schöpfung mehr, als dass wir blos Gottes Geschlecht (Act. 17, 29) — nach der ersten — sind. Aber bei

---

fertigung, vergl. Heraut 1889 Nr. 611, wo er ausserdem den Glauben vor Adams Fall und den des Christen miteinander vermengt. Er repristinirt eben nur

dem allem wird der Abstand zwischen Creatur und Schöpfer gewahrt — Gott verherrlicht sich, indem Er sich zu uns herablässt,
nicht aber, indem er uns in sein Wesen verwandelt und vergöttert.

Ebenso wenig trifft die neuere Theologie das Richtige, wenn
sie den heiligen Geist zu dem immanenten Lebensprincip macht,
das er in denen wirkt, die sich durch die Erlösung als Kinder
Gottes wissen. Hier wird dann eine Art Vermittlung zwischen
Osiander und dem Deismus der Rationalisten angestrebt — statt
der Person des heiligen Geistes wirkt der heilige Geist als Princip.
Ein Vertreter dieser Ansicht war Schleiermacher und seine Schule
nach ihm.[1]) Für diese Theologen ist dann Joh. 7, 39 ein er-
wünschter Anhaltspunkt, um behaupten zu können, der Pfingstgeist,
in seiner alles bedingenden Wirksamkeit, sei damals noch nicht,
und dem Alten Testament überhaupt entzogen gewesen. Sie verkennen aber, dass mit der Anwesenheit des heiligen Geistes in
einem Menschen, oder (nach Johannes 7) in einer Versammlung, die
ganze Beurtheilung der Dinge und Personen aufs engste zusam-
menhängt. Nun ergab sich aber aus dem, was vorhergegangen,
klar und deutlich, dass heiliger Geist nicht da war und Jesus
sich in seiner Umgebung vergeblich nach Verständniss und Glauben
umsah. Da erpresste ihm denn die feierliche Wassergiessung im
Tempel den Ruf, dass wer an ihn glauben werde, aus dessen
Innern würden Ströme lebendigen Wassers fliessen, wie dort soeben
aus den Schöpfgefässen[2]). Der heilige Geist ergiesst sich, indem
er ausgeht vom Vater und vom Sohne, fort und fort auf die
Gläubigen; und sofort wird ein Jeder, der da glaubt, zugleich ein
Mittel, um den heiligen Geist — durch sein mündliches Zeugniss
und seinen Wandel — auch auf Andere überzuleiten.

Von dem Bewässerungssystem im Orient dürfte dies vom Hei-
land angewandte Bild eine zutreffendere Erläuterung empfangen,
als durch die Stellen des heiligen Bernhard und Consorten, welche
man zur Erläuterung dieses Geheimnisses ganz unnöthig herbei-
zieht. Denn dass diese Mönche etwas vom Hohenliede verstanden
hätten, ist wohl von vornherein ausgeschlossen. Jedenfalls liegt

---

[1]) **Vergl.** meine Dogmatik, S. 113.

[2]) **Vergl.** m. **Citate des A. T.** im Neuen p. 102 und **Bern. Lamy,**
Apparatus biblicus p. 105.

darin, dass der heilige Geist als etwas eminent Bewegliches angesehen wird; dass dagegen die Gläubigen als seine Kanäle zu betrachten sind. Sollte der heilige Geist in denselben Theile seines Wesens zurücklassen, so würden dieselben, dem Charakter stehender Wasser gemäss, bald übel riechen und ist also ein solches physisches Einwohnen des heiligen Geistes in den Gläubigen auch durch die vom Heilande hier beliebte Bildersprache gänzlich ausgeschlossen.

Auf der anderen Seite ist aber auch der Ritschl'sche Subjektivismus ausgeschlossen, wonach wir nur an der Glaubensvorstellung vom heiligen Geiste haften müssten, d. h. nur so viel vom heiligen Geist und seiner Mittheilung an die Menschen wüssten, als das handelnde Subjekt davon zu erfahren bekommt und anderen gleichsam verräth. Da sind wir in Hinsicht der objektiven Wahrheit ganz aufs Zuwarten gewiesen und können nur dessen uns getrösten, was im Leben von einer Selbstmittheilung des heiligen Geistes uns zu erfahren gegeben wird. (Ritschl III, S. 22 f.) Damit ist aber das Mass der Wahrheit dessen, was in der christlichen Kirche vom heiligen Geist geglaubt wird, von vornherein unbestimmbar — wir stehen auf dem Boden der relativen Wahrheit; wir drehen uns um die eigne Achse. Willst du wissen, was alles der heilige Geist in dir wirkt — das frage dich selber. Und bekommst du keine Antwort — nun so hilf dir selber und nimm es dann dafür an, dass der heilige Geist dir geholfen. Sehr bekannte Töne freilich — aber in unserer Jugend hiess solches — krasser Rationalismus!

Es kehrt hier im verstärkten Mass bei der unio mystica das Problem aller Religion überhaupt wieder: wie kommt es zu einer Annäherung des Menschen an Gott? Wie haben auch nur auf einem Punkt des Weltalls Schöpfer und Geschöpf, Himmlisches und Irdisches, was von oben herabkommt und was von unten her, also Platz, dass sie sich nicht dualistisch ausschliessen oder pantheistisch einander verschlingen. Gibt für solche Fragen die Vernunft oder — der Glaube Antwort? Nun wir haben lange genug den Antworten der Vernunft gelauscht und geben den Vertretern dieser Vernunftansicht das bekannte Wort zurück, das aus ihrer corona hervorging: und ein Narr wartet auf Antwort. Wir kommen zurück auf die evangelische Position, dass hier allein der Glaube den richtigen

Mittelweg uns einhalten lässt. Weder der Pantheismus hat Recht, der ein Wirken der Natur auf die Natur annimmt — und Göttliches auf Menschliches durch eine crassa commixtio wirken lässt — oder das Menschliche als einen Durchgangspunkt betrachtet, in welchem das Göttliche zu seiner Selbsterfassung käme: lauter Vorstellungen, die schon dagewesen und dann widerlegt worden sind.

Aber auf der anderen Seite ist der dualistisch-rationalistischen Weltanschauung mit gleichem Ernste zu begegnen, als ob das Geschöpf blos angelegt sei auf den Schöpfer und die Anlage habe, zu ihm zu tendiren, wobei ihm (dem Geschöpf) gewisse Vernunftbegriffe zum Leitfaden dienen. Dies führt uns in das andere Extrem und fördert die pelagianische Voraussetzung, dass das Geschöpf auch ohne den Schöpfer sich behelfen könne. Solches Auseinanderfallen von Schöpfer und Geschöpf ist nun der Tod aller echten Religion, und nach der heiligen Schrift wenigstens hat Gott ein solches Verhältniss nicht gewollt, bei dem es auf Seiten des Menschen auf blosse Anlage zur Annäherung an Gott und auf Seiten Gottes auf ein eventuelles Sichfindenlassen hinauskäme. Bei den meisten religionsphilosophischen Vertretern dieser Gottes- und Weltansicht ist denn auch nur noch über den Sinn und das Mass des Prädikates: „wahr" gestritten, das mit solcher Religion verbunden werden kann. Sie lehnen es seit Albert Lange, dem Sohne von Joh. Peter Lange, schon mehr und mehr ab, von festen Begriffen in der Religion zu reden, vielmehr der Kern ist kein Kern mehr — sondern Poesie — Illusion. Wir sagen: das Geheimniss, vor dem wir hier stehen, ist ein solches, welches schon mit dem ersten Grund, der zur Schöpfung gelegt ward, gegeben ist. Durch eine Formel lässt sich hier nichts erzwingen — mit einseitig philosophischem Raisonnement, oder einseitigem Abstellen der Sache auf die subjektive Erfahrung sind die schwersten Gefahren für die Religion verbunden. Es bleibt dabei: wer da hat, dem wird gegeben — wer aber nicht hat, von dem wird auch genommen, was er hat. Der Christ hat — dass er hat, weiss er nicht blos relativer Weise, sondern das objektive Gotteswort ragt in sein Leben hinein, bestätigt durchs Sacrament, eindringend in unseren Geist durch das Wehen des heiligen Geistes, angeeignet in der Gemeinschaft mit Anderen, in der Kirche Christi, des erhöhten

Königs und Hauptes seines Volkes. Es sind aber dieselben verborgenen Wege, die es mit dem „gegeben werden, damit er die Fülle habe" nimmt, wie beim erstmaligen Empfange und dem ersten Moment, dass vom Haben die Rede sein kann, dem Moment der Rechtfertigung. Verborgener Weise empfangen — in verborgener Weise fortgesetzt — auf verborgene Weise vollendet — das ist das grosse, das göttliche Werk, welches des Christenstandes Eigenthümlichkeit ist.

§ 10.

Die Rechtfertigungslehre und die Sacramente.

Lutherischer Seits wurde die Lehre von den Sacramenten nicht ins gehörige Verhältniss und Gleichgewicht mit der Rechtfertigungslehre gebracht. Man mass diesen Sacramenten, also creatürlichen Symbolen, eine Heilsbewirkung zu, die der Rechtfertigungslehre gefährlich werden musste. Man erwartete, in unpassendem Conservatismus, von der Taufe die Wiedergeburt, weshalb auch die Augsb. Confession, Art. 9 sagt: die Taufe sei zum Heil nothwendig. Und auch beim heiligen Abendmahl war man geneigt, an das Symbol eine Aktion (Sündenvergebung, Stärkung des Glaubens und überhaupt des neuen Menschen) abzutreten, die dem durch das Abendmahlssacrament auf den Gläubigen wirkenden heiligen Geist von Zwingli und im Wesentlichen auch von Calvin vorbehalten wurde. Vergl. Luther im Grossen Katechismus 555, 22; ferner p. 556, 23: (Sacramentum) jure optimo cibus animae dicitur, novum hominem alens atque fortificans. Vergl. damit Form. Conc. p. 730 ff. Zwar dürfen wir die luth. Bekenntnissschriften selber noch davon freisprechen, dass sie den Schritt vollzogen haben, um Sacrament und Rechtfertigungslehre in Zwiespalt mit einander zu bringen. Melanchthon Apol. p. 99 sagt ausdrücklich: ut recordatione promissionum Christi, quarum in hoc signo admonemur, confirmetur in nobis fides — und er näherte sich bekanntlich sehr dem Calvin, sobald als er erkannte, dass man reformirter Seits keine blosse imaginatio im Auge habe. Jedoch später hat ein Beza[1]) deutlich erkannt, wie sehr die lutherische Abendmahls-

---

[1]) S. **Anhang II.**

lehre das Dogma von der Zurechnung der Gerechtigkeit Christi zu zerreiben geeignet sei. Was ist nun die Hauptsache im heil. Abendmahl?

Marcus kürzt die Einsetzungsworte; er lässt $\varphi\acute{\alpha}\gamma\varepsilon\tau\varepsilon$ aus, auch das $\varepsilon\grave{\iota}\varsigma$ $\mathring{\alpha}\varphi\varepsilon\sigma\iota\nu$ $\mathring{\alpha}\mu\alpha\varrho\tau\iota\tilde{\omega}\nu$; Matthaeus kürzt wieder anders. Die Hauptsache haben alle Evangelisten: nämlich, dass Christi Leib und sein Blut für sie dahingegeben wird zur Vergebung der Sünden. Auch bei Marcus liegt solches in V. 24: Das ist mein Blut des Bundes, das für Viele vergossen wird. Diese Sündenvergebung ist das Hauptziel, das nach der Verheissung des Alten Testaments vom Messias vermittelt wurde (Sach. 13, 1; Jes. 53, 10). Der Neue Bund hatte (nach Jer. 31, 31—34) die Signatur, dass Sündenvergebung hier stattfindet.

Alle weitergehenden Fragen, die jenseits dieses Cardinalpunktes, der im Trost der Sündenvergebung besteht, liegen — sind Nebensache. Die reformirte oder lutherische Auffassung von der Gegenwart Christi in Abendmahl verhält sich indifferent zu diesem Haupttrost: dir sind deine Sünden vergeben.

Diese Differenzen sollte man billig den Theologen überlassen und sich bestreben, der Hauptsache nicht durch Zank verlustig zu gehen. Den Sinn der Worte selbst: $\tau o\tilde{v}\tau\acute{o}$ $\mathring{\varepsilon}\sigma\tau\iota$ $\tau\grave{o}$ $\sigma\tilde{\omega}\mu\acute{\alpha}$ $\mu o v$ — zu bestimmen, ist ganz unmöglich, wenn wir an den Worten allein haften. Da kann wirklich beides richtig sein; „Es bedeutet“ und „es ist“. Aus dogmatischen Gesichtspunkten ist daher zu argumentiren. Und dann ist zu sagen: dass die lutherische Ansicht von der verklärten Leiblichkeit Christi im Abendmahl gegen die Rechtfertigung durch den Glauben verstösst. Diese ruht gänzlich auf Imputation und weist auch beim heiligen Abendmahl den Einguss oder die Mittheilung einer greifbaren Substanz des Leibes Christi zurück. Die neueren Lutheraner insistiren zudem auf eine verklärte Leiblichkeit behufs Herstellung des Auferstehungsleibes beim Christen. Das kennt der Glaube nicht. Vergl. neuerdings Olshausen im Comm. und Scheibel. Luther war bekanntlich in den Worten: „Das ist mein Leib“ befangen und hat sich an Zwingli geärgert, weil dieser (wie Luther meinte) es besser wissen wollte und es auch wirklich besser wusste.

§ 11.

Die Rechtfertigung und das Leben der Gerechtfertigten.

Bei der christlichen Lehre von der Rechtfertigung, wie sie heute getrieben wird, kann es kein Aergerniss geben — denn die ganze Gemeinde ist überall heilig, und der Herr ist unter ihnen (Num. 16, 3), oder sie soll wenigstens sobald als möglich heilig werden. Wo bleibt da Platz für die Verfolgungen, welches zweite Aergerniss durch den Samen, der auf das steinige Land gesäet ist, bezeichnet worden, welcher Samen bei entstehender Verfolgung um des Wortes willen keinen Grund hat. Wo bleibt Platz für die Lehre vom Kreuz, wonach uns Satan, sobald als wir wiedergeboren sind, aufs Aeusserste zusetzt und uns verfolgt und wonach die Welt die Kinder der Wahrheit verfolgt, indem sie uns, wie Huberinus in seiner Predigt am Epiphanientage sagt, so gering achtet, als wenn Einer ein Huhn oder einen Vogel würgt. Angesichts dieser Verfolgungen lehren nun unsere Alten, uns der Vorsehung Gottes zu trösten, die wir ohne dieselben gar nicht in Wirklichkeit nöthig hätten. Und so ist denn in unseren neueren Lehrbüchern die Lehre vom Aergerniss und vom heiligen Kreuz, denen ein Caspar Huberinus noch 2 lange Artikel in seinem Buch: Vom waren Erkentniss Gottes widmet, gänzlich verschwunden. Es kann heutigen Tages höchstens ein Mehr oder Weniger an Heiligkeit geben, und man darf Niemanden eigentlich zu den Gottlosen zählen. Das gesunde Gefühl für das, was gerecht ist schwindet mehr und mehr. Denn man scheut sich, über den Nächsten den Stab zu brechen, weil er ja eingegossene Heiligkeit hat, und es nur darauf ankommt, wer heiliger ist, er oder ich. Ganz unerträgliche Zustände werden also in der Gemeinde, die Christi Namen trägt, hervorgerufen. Jesus Christus hielt es nicht für einen Raub, Gott gleich zu sein — die seinen Namen tragen. thun solches wohl, und der Eine erhebt sich über den Andren; Demuth ist wenig anzutreffen — und man kann es nicht über sich gewinnen, sich wirklich für Fleisch, für einen Gottlosen zu halten, der mit den Anderen säuberlich fahren muss, weil er selbst weiss, aus welchem Holze er geschnitten ist. Aber wo die wahre

Lehre vor der Rechtfertigung das Gemeindeleben regelt, da ist der einzelne Gläubige freilich in der Lage, dass er sich gegenüber Haufen von Heiligen befindet, welche ihm ihre Heiligkeit zu fühlen geben und jenen 99 Gerechten vergleichbar sind, die das eine verlorene Schaf in die Wüste treiben (Matth. 18, 12).

So kommen die Aergernisse den Gläubigen, und sie müssen kommen, um den Glauben zu bewähren.[1] Und aus dem Aergerniss entsteht dann das Kreuz: man wird verfolgt, vertrieben. Und dies, dass man in die Wüste getrieben wird, ist nicht blos geistlich, sondern oft ganz buchstäblich zu verstehen. Das Kaufen und Verkaufen wird einem Solchen wohl gar verwehrt, und in der sichtbaren Kirche spielen sich jene Gegensätze ab — die im weitesten Ausmass die Offenb. Johannis (z. B. 13, 17) schildert. Wo sollten sie auch sonst sich abspielen, als dort, wo die Gegensätze gewaltig sind und die Christen in der nächsten Berührung mit einander stehen. Gewaltig ist aber der Gegensatz zwischen Gerechten und Ungerechten, die in Einer Gemeinde das Auskommen finden müssen, und die Ungerechten sind stets in der Mehrheit und sehr gefährliche Leute, wo sie sich auf eingegossene Tugenden und Kräfte berufen und über den Vorrang in der Gemeinde mit jenen handgemein werden. Nur dort, wo Einer den Anderen höher achtet, als sich selber — wo also die Gesinnung Christi herrscht nach Phil. 2, 5 ff. — ist es in einem kleinen Kreise von Christen auszuhalten. Denn nur zu leicht setzt man sich in solchen Kreisen über die gewöhnlichen Gesetze hinweg und meint, man habe ausserordentliche Gebote und Gott sehe bei den Seinigen durch die Finger. Und um wessentwillen wird denn Gottes Name in der Welt gelästert, wenn nicht durch die Christen? Die Anderen können solches gar nicht, weil sie Gottes Namen nicht über alles

---

[1] Vergl. über die Lehre vom Aergerniss bei unseren Alten: Caspar Huberinus, Vom wahren Erkendtnusz Gottes S. 106b u. ff. 110b. Vom Ergernusz. Hauptpunct 2. Hauptartikel 7: Wann wir nu uns der Christlichen freyhait (Gal. 5, 1) in rechter lere und hailsamen lesen gebrauchen, ain jeglicher nach seinem Beruff und Stand, so erzürnen wir die Welt und laden auff uns allerley Unglück, Verfolgung, Lesterung, Beraubung Leibs, Guts u. Ehren. Dann der Teufel treibt die seinen mit aller Gewalt wider uns, so kumpt dann das liebe Creutz, da wir mancherlay Widerstand und trübsal erdulden müssen.

hochhalten und ehren und sich solcher Dinge gar nicht ernsthaft annehmen, deren das christliche Volk sich rühmt.

Das Evangelium zeigt uns auch, dass Jesus die Aergernisse innerhalb seines Volks findet — Aergernisse im Geistlichen — und es liegt ihm fern, sich über Weltkinder oder Heiden in dieser Richtung auszulassen. Wo sind nun die Aergernisse in der heutigen Welt? Das Aergerniss im biblischen Sinne ist so gut wie aus der Welt verschwunden. Satz und Gegensatz fehlen in der heutigen Kirche. Die Anfechtungen aber, die dem durch den Glauben Gerechtfertigten von der Welt widerfahren, sind zahlreich; es sind Anfechtungen entweder der Lehre und des unerschrockenen Bekenntnisses des Glaubens halber, oder des unbefleckten Wandels vor der Welt wegen. Und da wird der Christ hart angefochten und geplagt, bald mit Schrecken und Drohungen, bald mit freundlichen Verheissungen. Er soll dahin gedrängt werden, dass er der Welt folge, oder seinen Gott versuche, um der Welt zu zeigen, dass Gott sich zu den Seinigen bekennt. Und wer hier nicht gelernt hat, sein Leben in der Hand zu tragen, und alles, gegen Christus gerechnet, für Schaden zu achten — der geht in diesem Kampfe unter, in dem man bis aufs Blut zu widerstehen hat. Aber wo findet sich nun unter den heutigen Verhältnissen diese Welt? Als David rief: „Hilf Herr, die Heiligen haben abgenommen,“ war er umringt von sogenannten Heiligen, von Leuten dieser Welt, die ihn aufs Haupt traten. Also die Welt ist in der Kirche. Aber um das zu erkennen, muss Satz und Gegensatz vorhanden sein — und damit Satz und Gegensatz da sei, dazu bedarf es, dass die Merkmale der christlichen Kirche nicht fehlen. Diese sind aber die Predigt der Lehre Christi, die Verwaltung der Sacramente nach Christi Einsetzung und die Kirchenzucht (2. Helv. 18; Conf. Belg. 29; Gallic. 33; Scoticana 18. u 25 im Anfang). Und wo die zwei ersten Merkmale scheinbar herrschen, da werden sie durch das Fehlen der dritten nota ecclesiae zum Schein herabgesetzt.

Die Zucht ist aber zum frommen Wunsch geworden — sie ist kraftlos, weil fast Jedermann die gegenwärtige Generation für solche Strenge überhaupt zu schwach hält und Gottes Wort ausser Augen setzt, das solche Zucht fordert. Man hat also keine Anhaltspunkte mehr für das, was in der Gemeinde ärgerlich (ein σκάνδαλον) ist; man bestimmt solches nach subjektiven Gesichtspunkten und ärgert sich entweder nicht mehr, oder man braust mehr oder weniger auf, je nachdem man eben von der Sünde des Nächsten mitbetroffen wird oder von ihr mehr unberührt bleibt. Tiefe Gleichgültigkeit lagert sich über den Gemeinden im Allgemeinen. Und so erwächst dann dem Einzelnen das Kreuz nicht mehr aus dem Aergerniss, das der ungerechte Nächste dem Nächsten in der Kirche gibt.

Ueberhaupt ist die weitgehendste Toleranz Regel geworden — man bittet die Leute in die Kirche hinein, statt dass man sie als Brüder ansprechen sollte, die sich der Hausregel zu unterwerfen haben. Man gibt Licenzen, wie man sie sich nimmt. Von Einheit in der Lehre schweigt man lieber — das Bekenntniss des Mundes soll lieber nicht die Harmonie der Herzen stören. Man hofft auf Besserung in der Zukunft, während man heute die Hand ans Werk legen sollte, um nicht immer mehr den Boden unter den Füssen zu verlieren. Man äussert überhaupt mehr seine religiösen Gefühle, statt durch ein freimüthiges Bekenntniss seinen Glauben. In der Peripherie der guten Werke ferner sucht man seine Kraft — und ist centrifugal geworden. Und wer bei diesem allgemeinen Wettlauf nicht mit fortkommen kann, zieht sich missmuthig zurück; er sitzt in angello cum libello — im Herzen tief unbefriedigt. Denn den Rückweg zur Rechtfertigungslehre findet man schwer in einer christlichen Welt, die von der Thatsache des Réveil in diesem Jahrhundert ihr Entstehen datirt, statt zu gedenken des Wortes: „Heute, so ihr seine Stimme höret, verstocket Eure Herzen nicht!" Hebr. 3. — Hatte Luther etwa kein Aergerniss und in Folge dessen Kreuz? O, genug hatte er derselben — und nicht blos von den Päpstlichen, nein, mitten in seiner Kirche, wie solches u. a. seine Tischreden zeigen. Das Fleisch, die Welt und der Teufel hörten nicht auf, ihn anzufechten; ja er hielt solche Anfechtungen für sehr nöthig. (Erl. Ausg. B. VIII, S. 111 u. o.) Und wie hohe Anfechtungen hatten nicht Zwingli und Oekolampad zu bestehen? Welche Anfechtung für Zwingli, als er in dem nicht von ihm selbst erregten Kriege hinaus musste ziehen auf die Wahlstatt bei Kappel und alles für ihn in Nacht und Graus unterging! Seine Seele hat er dabei errettet. Welche Anfechtung bestand Oekolampad, als er die Trauerbotschaft vernahm und selber sechs Wochen darauf sein Haus bestellen und das eben keimende Arbeitsfeld verlassen musste! Und wie heilige Worte, besonders auch an seine Kinder, gingen dabei aus seinem Munde! Und so haben sie Alle mehr oder weniger im heissen Kampf gestanden, gerungen und überwunden.

Solche Anfechtungen und Kämpfe, wie Jene, braucht freilich nicht Jeder zu haben, und auch die agones conscientiae sind nach Ritschl's Dispens nur für ausserordentliche Geister. Armer Ritschl! Als ob davon Jemand anders dispensiren könnte, als Gott allein. Wir, als Lehrer der Kirche, können wenigstens nicht anders, als die Pforte eng sein lassen und den Weg schmal. — Wir müssen also auch auf diesen Kampf bestehen und uns an dem Worte Jesu genügen lassen: „Wenige sind ihrer, die ihn (den Weg) finden".

Es ist kein Leben mehr in der Gemeinde, mit der Gemeinde, für die Gemeinde, weil die Gemeinde nicht mehr unter die Beurtheilung der Rechtfertigung durch den Glauben gestellt wird.

Erstens: es ist kein Leben in der Gemeinde, d. h. dass man in ihr seinen von Gott angewiesenen Wirkungskreis erkennt. Der Einzelne trachtet, dass er selig werde und sucht dazu seine Gleichgesinnten auf — eine Spaltung der Bekehrten und Unbekehrten findet statt, die jedes erfolgreiche Predigen unmöglich macht, indem die Bekehrten sich als unbekehrt und die Unbekehrten (wenn sie nicht gradezu Gottlose und notorische Sünder sind) als Bekehrte fühlen. Und so steift die landläufige orthodoxe Predigt der Gegenwart die Unbekehrten in ihrem bösen Wesen und stösst die wenigen wirklich Bekehrten in die Wüste hinaus. Das kommt daher, dass man nicht festhält an der Rechtfertigung des impius, oder wenigstens nach der Rechtfertigung es mit einem pius zu thun zu haben meint, dem man von der Kanzel herab auch seine Gebür geben müsse.

Wo dagegen die Predigt pietistisch oder methodistisch auf den Sünder andringend vorgeht, da entsteht wohl eine Sonderung zwischen Bekehrten und Unbekehrten; aber dieselbe wird nicht durch die Amtsträger und durch die Kirchenzucht im ordentlichen Wege unterhalten, sondern hinter dem Rücken Jener. Ein Jeder, der gewisse Kennzeichen bei sich verspürt und Kräfte des zukünftigen Lebens geschmeckt zu haben meint, setzt sich alsbald hoch zu Ross und sieht auf den armen Nächsten herab. Solcher geistliche Hochmuth wird genährt durch Wahnideen vom guten Recht der

Gläubigen, wonach sie ihre Stimme kühn über diejenige der Amtsträger erheben dürfen, wie solches in der Gegenwart z. B. durch die Evangelische Allianz mit ihren Aufrufen zur Gebetswoche vertreten wird. Wahnideen sind es, wenn man meint dadurch der Kirche aufhelfen zu können, dass man die „Gläubigen" herausreisst aus ihrem Verbande und sich an sie wendet, statt an die ordentlichen Organe der Kirche. So entbindet man den Individualismus, der vor keiner Barrière mehr Halt macht, und die Sekte erstreckt ihre Fangarme mitten in die Kirche hinein und saugt ihre Beute begierig auf. Die Folge ist ein nervöses, schnell aburtheilendes Wesen. Zu lernen hat bald Niemand mehr die Zeit; sich immer aufs Neue zu vertiefen in die Heilslehre, findet Niemand mehr die rechte Ruhe. Jeder wünscht Vorbild zu sein, Niemand verlangt zu gehorchen. Ganz natürlich: denn die Gemeinde ist überall heilig und man hat zu thun mit von Heiligkeit vollgesogenen Individuen, die man nicht auf die Bank der impii setzen darf. Sollte nicht vor den Petitionen solcher Heiligkeitskrämer, zumal wenn sie sich zu Millionen auf dem ganzen Erdenrund versammeln, um die Himmelsthür zu stürmen, die Gottheit im Himmel billig erschrecken und ein Einsehen haben?

Zweitens ist kein Leben mit der Gemeinde. Dieselbe deckt sich ja nicht mit den Gläubigen, welche man im Auge hat bei seinen Experimenten. Man operirt und experimentirt also ohne feste Anhaltspunkte — ein sehr gefährliches Unternehmen auf christlichem Boden. An die Gläubigen wendet man sich, auf sie setzt man seine Hoffnung. Wer sind diese Gläubigen? Paulus nannte sich den Vornehmsten der Sünder, und die Rechtfertigung aus dem Glauben rechnet mit Menschen, die aber gottlos sind und fleischlich bleiben, und wenn sie nach dem Heidelberger Katechismus (114) auch die Allerheiligsten heissen. Immer haben sie, gemäss der Antwort 114, nur einen Anfang, und zwar einen geringen Anfang dieses Gehorsams, welchen Gott erfordert, und ihr ernstlicher Vorsatz, nach allen Geboten Gottes zu leben, steht immerdar in genauer Uebereinstimmung mit Römer Cap. 7. Aber das ist wenig genug Angesichts der Anforderungen, die der Sektengeist an die Glieder der Kirche stellt. Gewiss der Vorsatz, oder nach Röm. 7 „das Wollen" ist nicht die That und „zwischen Lipp' und Kelchesrand liegt ein unbekanntes Land".

Es ist doch wahrlich kein Lob, das der Heidelberger Katechismus (114) in Uebereinstimmung mit den Reformatoren ausspricht, und es ist ebenso wenig ein hyperbolischer Ausdruck (wie Schneckenburger a. a. O. II, S. 16 meint), wenn der Katechismus Fr. 60 sagt: Dass mich mein Gewissen anklagt, dass ich wider alle Gebote Gottes schwerlich gesündiget und derselben keines nie gehalten habe, auch noch immerdar zu allem Bösen geneigt bin. Es ist Realität, von der freilich kein Einziger der heutigen theologischen Wortführer sich etwas träumen lässt. Schneckenburger meint übrigens, dass die Hyperbeln des Katechismus wenig in ihren Consequenzen beachtet wurden (a. a. O. S. 16). Wir sagen: Um so schlimmer! —

An die wahrhaft Gläubigen kann man sich nun aber mit äusserlicher Geberde ($\mu\varepsilon\tau\acute{\alpha}$ $\pi\alpha\varrho\alpha\tau\eta\varrho\acute{\eta}\sigma\varepsilon\omega\varsigma$) nicht wenden — das Reich Gottes unter den Menschen entzieht sich jeder Betastung und hat keine Fühlung mit den Verbesserungsversuchen der Menschen. Der Christ soll mit der Gemeinde leben, ihre Leiden sollen seine Leiden, ihre Freuden seine Freuden sein. Und wenn ein Bruder fällt, so sollen, die da geistlich sind, ihn wieder zurechtbringen mit sanftmüthigem Geiste und auf sich selbst sehen, dass sie nicht gleichfalls versucht werden. Einer trage des Anderen Last und erfülle so das Gesetz Christi (Gal. 6, 1—2). Wenn Einer meint, er sei etwas, da er doch nichts ist, so täuscht er sich selbst. Jeder prüfe sein eignes Thun; dann wird er seinen Ruhm für sich haben, und den Anderen damit in Ruhe lassen: denn es wird ein Jeder seine eigne Last zu tragen haben (V. 3—6). Ein Jeder also in der Gemeinde, wo er sich selbst prüft, wird am besten wissen, wo ihn der Schuh drückt, und keinen Muth in sich finden, um sich über den Nächsten zu erheben. Also auch bei dem schlechten Zustand einer Gemeinde sondert sich der durch den Glauben Gerechtfertigte nicht aus, er wird nicht eitel werden, nicht herausfordernd, der Eine wird gegen den Anderen nicht neidisch (Gal. 5, 26). Sein Ruhm ist von Gott — aber er kann nicht fordern, dass Gott ihn auch in eine Gemeinde der Heiligen versetzt haben müsse. Sein Standpunkt ist der der wahrhaften Toleranz. Er ist so weitherzig, wie eben die Gnade weitherzig ist. Man lese nur das Taufformular der von neuem wieder in Böhmen eingeführten Pfälzer Agende, die einst im Jahre 1563 durch Olevian und Ursin aufgestellt wurde nach Calvin's Muster. In diesem Formular wird der Gnadenbund als ein festes Band um die Familien und ganze Generationen gelegt und durch die heilige Taufe Allen zugedient. Es gilt Allen das Gnadenwort: Ich will dein Gott sein und deines Samens Gott nach dir. (Gen. 17, 7.)

Der alte mit Abraham geschlossene Gnadenbund (Gen. 15 u. 17) ist auch in der neuen Haushaltung nicht geschmälert, und wenn er in der alten Oekonomie Familien, ja ein ganzes Volk anging, so jetzt nicht minder (Gal. 3, 29). Und unsere Völker geniessen noch immer den Segen davon, dass sie bei der Taufe in diesen Bund aufgenommen werden in demselben Masse wie einst Israël. Dass die, welche sich für Kinder des Hauses in besonderem Masse rechnen, von dieser Taufe sich lossagen und eigentlich erst ihren Vollgehalt gelten lassen wollen, wenn sie den Erwachsenen zugedient wird — und also das Schiff der Kirche von der Taufe losmachen — ist schlimm genug. Wiedertäuferische Ideen durchziehen die gesammte Christenheit, soweit sie aus der Reformation stammt. Des Vaters Wille und Wohlgefallen war aber, dass er die Fülle der Wohlthat Christi uns zukommen liesse in der Taufe. Das Ausziehen des Fleischesleibes, den der Christ trägt, fand statt durch die Beschneidung Christi, da wir mit ihm begraben wurden in der Taufe (Col. 2, 11. 12). In der Taufe wird den Täuflingen das alles zugerechnet und geschenkt, was für den impius bereitet ist längst vor seiner Geburt — auf Golgatha, von Ewigkeit her. Real beruht diese Gerechtigkeit des Sünders vor Gott auf Christus, auf Seiner Beschneidung — und den Gottlosen wird solches blos imputirt, ohne dass eine wesentliche Gerechtigkeit ihm auf irgend einem Punkt seines Lebens eingegossen würde, auch nicht bei der sogenannten sanctificatio.

Die ganze Masse der heutigen christlichen Strebungen und Besserungsversuche wendet sich an die falsche Adresse. Ein Amt der Gläubigen gibt es nicht in der Kirche, denn was man „die Gläubigen“ nennt, ist leider ein recht fliessender Begriff, und kein continuum. Mit den sichtbaren Vertretungskörpern der Gemeinden liesse sich nun zwar rechnen; man müsste ihr Gewissen zu schärfen suchen. Aber der fanatische Geist so Vieler, die als Wortführer sich geriren, sieht mit Mitleid auf diese Organe herab und betrachtet die ordentlichen Vertreter als Solche, die im Grunde von der Sache nichts oder nur sehr wenig verstehen. Und so streicht man denn in die Luft, man fördert die Insubordination, und um solcher Zerwürfnisse willen unter den Gliedern Einer Kirche wird dann der Name Christi von der Welt geschmäht. Mit denen aber, die ihren Schatz im Himmel haben, lassen sich solche Experimente, wie sie die Wortführer lieben, nun einmal durchaus nicht unternehmen. Denn diese sind arm, wenn sie reich sein sollen, und reich, wo man sie als Arme in die Ecke stösst. Ihr Leben ist ein Leben des Glaubens.

Und so gibt es denn ein Leben für die Gemeinde allein bei den durch den Glauben Gerechtfertigten, sonst aber in der grossen Kirche der Gegenwart keineswegs. Die in der Taufe den Christen zugerechnete Wohlthat Christi wirket auch, nach Gottes Rath, Bekehrung und im Leben zu Tage tretende Früchte des Geistes, und die Zurechnung des Verdienstes Christi ist nimmer ein leerer Wahn. Nur freilich, dass sich auf diesen Faktor keine Berechnungen und Spekulationen, wie sie die heutige fromme Welt zu machen liebt, gründen lassen. Denn wie der Sauerteig überall und doch nirgends in besonderem Masse greifbar im Teige ist, so verhält es sich mit der Wirkung der durch den Glauben Gerechtfertigten in der Gemeinde und auf dieselbe.

Es ist schon im bürgerlichen Leben nichts weniger als leicht, den Menschen durch das fest geschürzte Band der bürgerlichen Ordnung glücklich zu machen. Es kann das nur dadurch geschehen, dass man die Einrichtungen, Sitten und Gesetze, welche die Menschen im Geleise der Ordnung zu erhalten dienen, verbessert, und da diese in der Hand von ganz bestimmten Personen ruhen — für diese Respekt und Gehorsam einfordert. Ebenso ist in der Kirche erstens auf gute Gesetze und Ordnungen zu halten und zweitens vor dem Amt der gehörige Respekt den Einzelnen einzuflössen. Man wird keine donatistische Gemeinde der Heiligen darzustellen anstreben, sondern eine nach Gottes Wort sichtbar organisirte Kirche. Der durch den Glauben Gerechtfertigte kennt sein eignes Innere und weiss, dass das Menschenwesen ohne solche Ordnungen nicht, oder dann höchstens durch die Kette des Staatszwanges regiert werden könne. Er liebt also die Ordnungen und findet in ihnen einen Schutz vor sich selbst, vor seinem Nächsten und der Welt — kurz Schutz vor Willkür in allerlei Form. Er respektirt auch die guten Amtsträger und hat Geduld mit den schlechten — in der Gewissheit, dass die Träger wechseln, aber das Amt bleibt und Gott ein Hörer des Gebetes ist.

Nicht von einem Kirchenideal, sondern von einer unter den gegebenen Umständen möglichen und deshalb kräftig anzustrebenden Realität kann auf protestantischem Boden allein die Rede sein. Beseitigt ist und bleibt für uns der besondere Stand des römischen Priesters, dennoch aber bleibt ein Amtscharakter dem protestantischen Pfarrer gewahrt. Verworfen ist und bleibt die Trennung zwischen Klerus und Laien, und die geistige Gleichheit aller Christen ist und bleibt behauptet. Verworfen ist und bleibt, dass das Heil dem Christen durch kirchliche Gnadenmittel eingegossen werde; behauptet dagegen wird, dass das Seelenheil des Einzelnen eine Sache zwischen ihm und seinem Gott allein ist und ganz auf den Glauben gestellt. Aber indem so die falsche Gebundenheit unter ein gesetzliches Joch schon vor 360 Jahren verworfen ward und der Schwerpunkt anstatt in die Papstkirche des Mittelalters in die christliche Gemeinde verlegt wurde, so hat man doch auf protestantischem Boden nie diese christliche Gemeinde mit der Gemeinde der Gläubigen, der Gerechtfertigten und Geheiligten zu verwechseln, was die extremen Sekten thaten (besonders die Wiedertäufer, später die extremen Puritaner). Wie solches schon für die Reformatoren ein frommer Wunsch geblieben, so bleibt es das auch für uns. Ideen, wie jene vom Priesterthum aller Christen, dürfen nicht zur Unzeit geäussert werden, um gegen die Gewalten dieser Welt für einseitige Durchführung der Ordnungen des Reiches Gottes im Kampfe der Parteien ausgespielt zu werden. Der eigentliche Kern der christlichen Kirche, wie er begründet wird durch die Rechtfertigung aus dem Glauben, wird auch auf gleich innerliche Weise in Bestand erhalten. Aber mit solchen Faktoren lässt sich keine sichtbare Kirche gründen. Diese bedarf handgreiflicher Stützen und findet sie innerhalb ihres Bereiches in der Predigt des Wortes, der Verwaltung der Sacramente und der kirchlichen Zucht — im Aeusseren jedoch findet die Kirche auch eine Anlehnung an den Staat für zulässig und geboten. Die Kirche soll die staatliche Obrigkeit gar nicht von der Verpflichtung lossprechen, dass sie als von Gott, und nicht, wie Papst Gregor meinte, vom Teufel stammend, der Kirche Schutz und Förderung zu verleihen habe. Von diesem Grundsatz gingen die Bekenntnissschriften aus, besonders auch die reformirten (1. Helv. Conf. 26; Angl. Conf. 37; 2. Helv. Conf. 30; Gall. Conf. 40; Belg. Conf. 36). Dass in Folge dessen der Staat ein in ganz bestimmte Grenzen zu verweisendes und durch die Verfassung zu regelndes Aufsichtsrecht über die Kirche habe, liegt auf der Hand. Dass darüber Streitigkeiten entstehen, ist natürlich, und dass ein allseitig zufriedenstellender Modus vivendi nie gefunden werden wird, ist natürlich. Die Christen haben ihre Heimath im Himmel (Phil. 3, 22) und wissen daher, dass auf Erden ihnen höchstens ein Bergungsplatz offen gestellt wird — sowohl in Staat als Kirche. Ein Ideal von Staats- oder Kirchenverfassung anzustreben, liegt ihnen fern; Zeugniss dessen sind bereits unsere Bekenntnissschriften. Hauptsache ist und bleibt den Christen bei den Verfassungen nicht die Form, sondern der darin erscheinende Inhalt; also dass das Wort seinen Lauf habe und die Mittel zur Erhaltung des Bestandes der Kirche aus ihm geschöpft werden. Und da muss die Kirche Christi sowohl unter dem Druck des Staates als auch in gesetzlich geordneter Verbindung mit demselben bestehen können. Die Kirchen unter dem Kreuze waren die besten — ein Zustand der Kirche aber, bei dem es nichts mehr zu wünschen gäbe, wäre gewiss der allerschlechteste für das Gedeihen der echten Glieder, der durch den Glauben allein Gerechtfertigten. Wenn der Kirche Christi auf Erden nichts schädlicher ist, als eine Reihe wolkenloser Tage, so wird man mit Geduld die Schäden einer mangelhaften Verfassung tragen und das Gezänk der grossen Versammlungen fliehen. Aber freilich — um der Kinder der Gemeinden willen, die doch zart und unserer Meinung nach hülflos nach unserem Abscheiden zurückbleiben — sieht der Christ doch immer wieder sich getrieben, nicht in Pessimismus zu versinken und die Aussenwelt als das Uebel zu betrachten, das man sich vom Leibe halten müsse. Er wird vielmehr auch mit seinem Kirchenbegriff sich in die Welt zu schicken wissen und dem Kaiser geben, was des Kaisers ist. Und wenn es sich dann darum handelt, Gott zu geben, was Gottes ist, so wird er sich selbst prüfen; er wird erwägen, wie schwer solches alles, was man in einer guten Verfassung fordert, für Fleisch und Blut ist. Er wird keine Masstäbe aufstellen, die auf schwärmerischem Grund erwachsen sind — keine lieblose Zucht fordern, aber auch nicht mit der Welt Compromisse machen, die wider Gottes Wort sind.

Der heilige Geist wird auch hier im gegebenen Falle ihn das Rechte treffen lassen und — — auf die beste Verfassung muss schliesslich Gott doch den Segen und die rechten Männer zu ihrer Ausführung verleihen, sonst führt auch die beste Verfassung zu nichts und wäre den Christen besser gedient mit einer Zeit des Druckes und der Verfolgung.

§ 12.
Rückblick und Ausblick.

Worin liegt nun wohl der Abfall und das beständige Schwanken der Theologen in der Rechtfertigungslehre? Woher z. B., dass ein Lutheraner, wie Frank in Erlangen, den Glauben als sittliches Princip behandelt,[1] also in die Rechtfertigung die Wurzel der Heiligung verlegt — oder dass schon in der Reformationszeit Unionsversuche mit den Römischen Anklang fanden, welche zur iustitia imputata doch noch eine iustitia inhaerens beifügten?

Haben doch Männer wie Bucer,[2] Zanchius,[3] später Witsius[4] u. a. Coccejaner mit Nachdruck einer iustitia inchoata oder dann inhaerens das Wort geredet. Verfiel man nicht in den Irrthum Augustin's, wenn man mit Forbesius a Corse zugestand: Nulla fides huic operi (der Rechtfertigung) apta est, nisi quae charitatem secum ducit et in eis, qui diutius hic vivere sinuntur, etiam per dilectionem producit bona opera (Instr. hist. theologicae l. VIII, c. 23). Woher das ängstliche Betonen der Phrase: fide sola, licet non solitaria, das sich unzählige Male hören lässt? Woher der Streit über die Nothwendigkeit der praesentia der bona opera im Rechtfertigungsakt, oder dass die opera necessaria ad salutem retinendam seien (G. Maior)?

Woher stammt es, dass, wie Möhler sagt,[5] fast überall im

---

[1] Die Theologie der Concordienformel II, S. 214 f., womit sein System der christlichen Wahrheit II, S. 352 zusammenstimmt.

[2] Im Colloquium Ratisponense p. 313.

[3] Epistolarum l. I, p. 96 b. unter Berufung auf Bucer's Regensburger Formel und das eben angeführte Citat. Iustitiae inhaerentis necessitaton nostri non negarunt, sagt Z.

[4] De oeconomia foederum Dei cum hominibus l. III, cap. VIII, § 25. Vgl. auch Coccejus, Summa cap. 48, § 40.

[5] Symbolik 3. Aufl. S. 160.

Widerspruch mit dem Begriffe der lutherischen Rechtfertigungslehre eine Erneuerung und eine Umwandlung des ganzen inneren
Menschen durch den Glauben gelehrt wird — dass also Osiander
gesiegt hat? Stammt es nicht aus der heillosen Furcht, dass, was
Gott im Akt der Rechtfertigung thut, nichts sei, als etwas ganz
Vorläufiges — kein Wunder, sondern etwas Selbstverständliches,
der Anfangspunkt des neuen sittlichen Lebens. Kommt es nicht
daher, dass die Imputation der Gerechtigkeit Christi ein leeres
Wort ist und dass man nicht schnell genug dazu übergehen kann,
festen Fuss in der wiedergebornen Persönlichkeit zu fassen — um
dann mit ihr, als einem fest Gegebenen, zu operiren und mit
ihr es zu etwas zu bringen? Was ist es denn anders als
Osiandrisch, wenn der Lutheraner Frank[1]) sagt: „Die von der
Sünde abgekehrte Richtung der Person des Sünders, wenn schon (?)
vom heiligen Geist bewirkt, ist so lange kein gutes Werk, als
nicht diese Person mit der Gerechtigkeit Christi empfangen hat, wodurch sie zusammt all ihren ethischen Regungen
und Bethätigungen vor Gottes Angesicht als gerecht geachtet wird.“
Ja ist nicht die ganze unio mystica, welche nachmals in der
Dogmatik unter den Folgen der Rechtfertigung aufgezählt wird,
ein Osiandrisches Kukuksei, das, als es ausgebrütet war, andere
köstliche Wahrheiten verdrängte. Wir meinen hier nicht Calvin's
unio mystica, die durch das Sein der Gläubigen in der Gemeinde,
dem corpus mysticum Christi, vermittelt wird (Inst. III, 2. 35;
13, 5), sondern jene, die dem einzelnen gläubigen Individuum in
der Dogmatik des 17. Jahrhunderts beigemessen ward, und die
die Mutter grosser Gefühlsverirrungen geworden, wie Ritschl
(Geschichte des Pietismus II, S. 20) nachgewiesen hat.

Wort und Sakrament verloren in den Händen unwiedergeborner
Amtsträger, die nur zu bald die Mehrzahl bildeten, alle Kraft
— nicht zwar für die „Wahl“, aber für die, die nicht zur Wahl
gehörten. Auf dem von unzähligen Opfern bedeckten Felde des
17. Jahrhunderts, während dessen der Protestantismus eine
Niederlage nach der anderen erlitt und eine Blösse über die andere
sich gab — war es vergebens, Schanzen beim Rückzug aufzu-
werfen. Man suchte zwar Deckung hinter dem System; man

---

[1]) Die Theologie der Concordienformel II, 188.

deckte seinen Ausfall an Glauben mit Formeln; man bettelte allgemach um Argumente, selbst vor der Thür der reichen Philosophen — aber man bereitete mit dem allem nur den haarsträubenden Abfall des 18. Jahrhunderts gründlich vor. Die Theologie muss demnach umkehren! Sie muss umkehren zum vernachlässigten Erbtheil der Väter, zur Lehre von der Rechtfertigung durch den Glauben allein.

Diese Lehre erweckt bei den ihr gläubig Anhängenden eine Ruhe ohne Gleichen, im Blick auf die Vergangenheit; sie verleiht Muth in der Gegenwart und aufs Zukünftige gibt sie gute Zuversicht, weil das ganze Leben gegründet ist auf das ewig bleibende Verdienst Jesu Christi und der darauf ruhenden Gnade Gottes.

Was von einem Nutzen der Vorsehung Gottes in den der Reformationszeit nachfolgenden Lehrbüchern gehandelt wurde, ist gänzlich unterhalb jener Anforderungen, die man an eine religiöse Behandlung stellen muss. Ritschl[1]) hat dies erkannt. Maresius verarbeitet darunter die Lehre von den Decreten, von der Praedestination und Reprobation. Ebenso Franz Turretin und Joh. Gerhard. Es ist, als ob man in ein philosophisches Fahrwasser gerathen wäre und auf Lehren, die extra statum stehen und für alle Welt gut genug sind. Und doch sind die Christen Menschen, welche mehr als alle Anderen um Gottes Wahrheit und Ehre willen wünschen müssen, dass es ihnen gut geht. Der wahre Nutzen aus der Erkenntniss der Vorsehung Gottes fliesst erst her aus dem Zusammenhang der letzteren mit der Lehre von der Rechtfertigung. Und in dieser Weise will es auch der Heidelberger Katechismus verstanden wissen. Frage 26 lautet:

„Was glaubst du, wenn du sprichst: Ich glaube an Gott den Vater den allmächtigen Schöpfer Himmels und der Erde?

Antwort: Dass der ewige Vater unseres Herrn Jesu Christi der Himmel und Erde, sammt allem, was darinnen ist, aus nichts erschaffen, auch dieselbige noch durch seinen ewigen Rath und Vorsehung regirt, um seines Sohnes Jesu Christi willen, mein Gott und mein Vater sei, auf welchen ich also vertraue, dass ich nicht zweifle, er werde mich mit aller Nothdurft Leibes und der Seele versorgen, auch alles Uebel, so er mir in diesem Jammerthale zu-

---

[1]) R. u. V. I, 351.

schicket, mir zu gut wenden; dieweil ers thun kann als ein allmächtiger Gott und auch thun will als ein getreuer Vater."

Hier ist alles auf das Verhältniss zu Gott durch Jesum Christum begründet, und von einer Art Religion des Vorhofs kann in den echten Lehrschriften der Reformation nicht die Rede sein. Dass auch nur die durch den Glauben Gerechtfertigten sich der corporales promissiones (der Verheissung zeitlicher Güter) getrösten können, sagt Melanchthon ausdrücklich (C. R. 21, 167) und allen unseren Reformatoren wäre es seltsam vorgekommen, die Vorsehungslehre nicht unter den Gesichtspunkt der Rechtfertigung zu fassen. Aber freilich, was soll man von der so bald theils veräusserlichten, theils versteinerten Kirche erwarten? Wie jammerten nicht über diese Kirche unsere Reformatoren und sahen das schnell herbeieilende Gericht im Geiste voraus. Wo waren denn die rechten Hände, in die ein Mann wie Luther, oder wie Calvin die Fortpflanzung der mühsam errungenen Glaubensgüter hätte niederlegen können? Sie fehlten. Die Kirche wurde Heilsanstalt und das „Evangelium", die frohe Botschaft, ward vertauscht mit der „reinen Lehre", die man den Einzelnen wie in einer Schule mittheilte — das Weitere den Sacramenten („Gnadenmittel" genannt) überlassend, denen nicht einmal eine geordnete Kirchenzucht schützend zur Seite stand. Eine der Hauptsachen in den Psalmen, bei den Propheten und in Jesu Lehrreden: „Predigt dem Gerechten, dass er es gut hat", und dass auch dies auf des Gläubigen Stellung zu Gott beruhe, wurde bei Seite gelassen.[1] An solche Probleme wagte sich die Kirche kaum mehr, und nur in ihren Liedern sangen davon die Sänger unserer Kirche, die überhaupt manchen Ersatz boten und denjenigen überwintern halfen, in deren Brust ein Verlangen nach dem Frühling geblieben. — Dass der (durch den Glauben) Gerechte es gut hat — solches zu erwarten wird er doch nicht unbescheiden genug sein, dachten die Einen, und die Anderen meinten, der Christenstand sei nun einmal ein Jammerstand und sie halfen in ihren Gesprächen oder asketischen Büchern den Jammernden jammern, statt sie einmal bei den Ohren zu nehmen und ihnen zu sagen: „Freuet euch," oder statt ihnen den Grund ihres Jammerzustandes zu entdecken und

---

[1] Cf. Ritschl a. a. O. I, S. 354.

ihnen das rechte Heilmittel in der Rechtfertigung des Sünders vor Gott anzuweisen. — Es wurde allgemein üblich, die Bitte um das tägliche Brot sofort einzuschränken und abzuschwächen durch die Erinnerung an das Kreuz, das der Christen traurig Loos sei. Wie anders lautete der frische Ton z. B. in C. Huberinus' Katechismus! Wie ein Alp lagerte sich die Vernachlässigung der Rechtfertigungslehre auf der Kirche. Dass die Psalmen nun zu kurz kamen; dass dünn ausgefallene Lieder sie ersetzten; dass dem Rationalismus der Zugang in die Herzen bereitet wurde, um nun von alttestamentlicher Vergeltungslehre und Lohnsucht zu sprechen — dass ein Christ im Pietismus wieder ein halber Mönch werden musste — wen darf das alles wundern? Man wurde bald viel zu fromm, um vom Leben noch etwas haben zu wollen, und um jenen Zweck der Ankunft des Erlösers, wonach er auch zur Herstellung eines glücklichen Zustandes auf Erden mitwirken soll (Joh. 10, 10; Matth. 5, 4—7), zu würdigen.

Durch die Vorsehungslehre empfing man höchstens noch das nöthige Schuhzeug, um durch dies irdische Jammerthal schreiten und den Kopf oben halten zu können, der sich dann im Aether badete.[1] Aber dass Gott der Gott der Frommen ist, dass dieselben vor Allen seine Augäpfel sind, dass sie hienieden sitzen sollen unter dem Weinstock und Feigenbaum, dass die Strassen der Stadt Gottes voll sein sollen von junger Mannschaft (Sach. 9, 16. 17), dass man Söhne haben werde, die mit den Feinden reden sollen im Thor und Töchter, stattlich wie die ausgehauenen Erker

---

[1] Die „Herrschaft des Christen über die Welt", das Ritschl'sche Schlagwort, hat einen ganz anderen Sinn, als welchen die christliche Religion damit verbindet. Es kommt dies lediglich hinaus auf eine Art der Unabhängigkeit von der Welt in Folge eigner Werthschätzung und Werthlegung auf den Geist, die stark an neuplatonischen Aristocratismus erinnert und schon in den Zeiten des Untergangs der alten Welt bei vielen edlen Geistern zu finden war. Es wird dem Geiste von Ritschl der Verzicht auf die an die Natur gebundenen Bedingungen unseres creatürlichen Daseins als hohes Vorrecht angerechnet. Darauf soll auch Marc. 8, 35 führen, und die Integrität der christlichen Gemeinde, d. h. doch also: dass es ihr gut geht in dieser Welt, gehört nicht zu den Bedingungen des durch Gott gewährleisteten Lebens (a. a. O. III, § 52): kurz lauter aus der Luft gegriffene Vorstellungen, wobei die einfachsten Bitten des Unser-Vaters ausser Augen gelassen und eine Zerrgestalt des Lebens zur Norm für arme Christenseelen erhoben wird.

(Ps. 127, 5; 144, 12); dass man hören werde die Stimme des Bräutigams und der Braut, und die Sonne des Tages nicht stechen werde noch der Mond des Nachts (Ps. 121, 6), dass Friede sein müsse (Ps. 122, 7; 147, 14), dass Gerechtigkeit und Friede sich küssen müssen in ihren Mauern (Ps. 85, 11) — das alles waren Töne aus einer längst entschwundenen Zeit — alttestamentlich-jüdische Töne. Und in den kalten, öden Kirchen langweilte man sich [1]) und nahm mit sich hinaus denselben alten Menschen, den man behufs Ablegung hineingebracht — und der Himmel kam nicht auf Erden — und die Erde blieb Erde. Das verzehrende Sehnen blieb ungestillt, oder suchte Nahrung bei den Sekten. Was Wunder, dass sich nun die Erde bedeckte mit Wucherpflanzen? Erst an dem Stamme der Kirche selbst und von ihm zehrend und auf seine Kosten noch einige Zeit Blüthen treibend und Früchte tragend — im Pietismus — dann aber am Boden hin ins Wilde wachsend — im Rationalismus! Was für ein Gestrüpp gab es bald zu überwinden, welche Kletten hingen sich Einem an den Leib; welche Dornen drangen Einem in die Füsse und welche Luft lagerte sich über dieser wild wachsenden Vegetation!

Himmel und Erde näherten sich hier in einer anderen Weise an, als im Evangelium. Platt, wie auf der endlosen Heide lag der wolkengraue Himmel auf der Erde — und man horchte der eignen Stimme, man redete sich künstlich in die Begeisterung hinein und wieder heraus; man baute Systeme und der Nächste der Beste zertrümmerte sie wieder, und aus dem Trümmerhaufen setzten Andere ein neues System zusammen. Man erwartete den Aufgang der Sonne von dem Punkte her, wo sie untergegangen war — in steter Unwissenheit über die Zeichen des Himmels. Inzwischen fragten die Wächter sich heiser: „Hüter ist die Nacht bald hin?" Und man meinte dabei noch immer auf Zion's Mauern zu stehen und den alten Boden unter den Füssen zu haben. Dass Gott ihr Wachen verflucht hatte, dass er ihre selbstgemachten Mauern nie gebilligt

---

[1]) Man hat es bekanntlich Tholuck sehr zum Vorwurf gemacht, dass er in den lang hochgefeierten Jahrhunderten der evangelischen Kirche die Vorschule des Rationalismus entdeckte — so sehr hatte man sich schon wieder gewöhnt, von den „Alten" zu schwärmen und den Propheten Gräber zu bauen, an die man nicht gerührt wissen wollte.

— dass die Mauern zwar noch da sind, aber nur nicht dort, wo man solches wähnte — fiel diesen Zionswächtern niemals ein.

Es war das Vernachlässigen der Lehre der Rechtfertigung schuld an allem. Die recht gefasste Lehre gibt Ruhe im Blick auf die Vergangenheit. Sie gibt auch Muth, in jedem Augenblick aufs Neue anzufangen.

Unter dem Gesichtspunkt der Rechtfertigung allein durch den Glauben, den Gott schenkt, und zwar schenkt, wem er will, ehe sie noch Gutes oder Böses gethan haben (vergl. das Beispiel von Jacob und Esau in Röm. 9, 11) — unter diesem Gesichtspunkt kann nichts Gott im Wege stehen. Von einklebenden Qualitäten, wegen deren über Jemand das Urtheil ewiger Verdammniss ergehen würde, kann überhaupt nicht die Rede sein — man ist ihretwegen nicht in die Verdammniss geworfen, und wird um eingegossener Tugenden willen auch nicht in die ewige Herrlichkeit aufgenommen. Gott hat uns in Adam verworfen und nimmt uns in Christo an — damit Punktum! Wenn Gott uns der angebornen bösen Eigenschaften wegen verworfen hätte und nicht in Adam (ohne dass die Einzelnen de facto gesündigt hätten, wie Adam, vergl. Röm. 5, 14), dann müsste er freilich mit seinem veränderten Urtheil zuwarten, bis nun auch die angebornen Eigenschaften und der angestammte sündliche Hang in ihr Gegentheil verwandelt worden wären. Er darf dann als Richter nicht vergessen, dass er wegen der angebornen Eigenschaften gezürnt hat — er muss sein Urtheil aufschieben, bis diese fortgenommen sind, und muss also dem Menschen ein neues Uebungsfeld eröffnen — oder er muss dahin trachten (wie Rom denn auch lehrt), dass ein neuer Inhalt in den Menschen hineinkomme. Aber ach, wer wird leben — bis das geschieht? — Der ganze Genuss der Rechtfertigung geht also verloren, wenn wir davon abgehen, dass der Mensch ganz und sofort Gegenstand des göttlichen Wohlgefallens wird — und dass fortan nichts ihn scheiden kann von der Liebe Gottes, die da ist in Christo Jesu unserem Herrn (Röm. 8, 39).

Wer immer mit allen neueren Theologen, unter ihnen auch Ritschl [1]) (der hier freilich alle hinter sich hat) den vollen Umfang der Sünde erst im Widerspruch mit dem Evangelium sich heraus-

---

[1]) ·R. u. V. III, 349.

stellen sieht und bis dahin das Urtheil der Verdammniss aufschiebt, dass der Einzelne selbiges Urtheil sich durch persönliche That zuzieht, verirrt sich so weit als möglich von dem eigentlichen Sinn der Rechtfertigungslehre und hat zugleich die Grundlagen der lutherischen und reformirten Dogmatik aufgegeben. Und die ganze Construction des Heilweges ist demgemäss bei den Neueren verschoben.

Durch die Versöhnung verschaffte sich Gott die Möglichkeit und declarirte uns solches in der Rechtfertigung, um noch einen neuen Versuch mit dem Sünder zu machen. Derselbe steht noch einmal vor dem Hafen und kann noch einmal entscheiden, ob er Schiffbruch leiden, oder in den Hafen einlaufen wolle. Wir stehen abermals ganz unter Gesetz. Uns ist der Weg nur scheinbar erleichtert. Es kann zwar alle Sünde uns vergeben werden — nur nicht die wider den heiligen Geist. Das ganze Elend fängt von vorn an! Was ist die Sünde wider den heiligen Geist? Sie ist nach den Neueren[1]) die hartnäckige Abweisung der Gnade. Von dieser Sünde aber glaubten wir grade frei zu sein in Folge dessen, dass wir Gegenstand des göttlichen Wohlgefallens im Wege der Rechtfertigung durch den Glauben allein geworden sind. „Nein!" wird uns von allen Seiten kategorisch erklärt. Wenn aber nur die Schriftgründe jener Gegner ebenso kategorisch wären! Die Sünde wider den heiligen Geist ist eine solche, die den Pharisäern schuld gegeben wird, deshalb, weil sie sagten: Jesus habe einen unreinen Geist (Marc. 3, 30); er treibe die Dämonen aus durch den Obersten der Dämonen. Es ist dies so wenig der höchste Grad an der Scala der Sünden, dass vielmehr diese Sünde bei den Gerechtfertigten von vornherein ausgeschlossen ist und nur für die Pharisäer in warnendem Tone in Aussicht genommen wird!

Ritschl nun geht nicht den Neueren nach — sondern er ist gut rationalistisch. Für ihn ist der Fall Adam's nicht vorhanden, keine (kirchliche) Erbsünde — überhaupt nichts, was dahinter liegt und uns bände, sondern er kennt nur Dinge, die da vorn liegen, nach denen man sich auch allein auszustrecken habe. Christus realisirt zuerst den göttlichen Weltzweck;[2]) seine Gemeinde folgt ihm — und das Weitere kann man sich denken.

---

[1]) Z. B. nach von Oettingen: De peccato in spiritum sanctum p. 49. 146.
[2]) R. u. V. III, S. 474 u. o.

Also die Rechtfertigung durch den Glauben gibt uns den Muth, in jedem Moment neu anzufangen. Heute, so ihr seine Stimme hört, verstocke teure Herzen nicht! — und für die, welche glauben, ist es immer „heute", solange die Gnadenzeit hienieden währt, und Gottes Geist lässt nicht zu, dass sie sich verstocken, oder, wie die Pharisäer thaten, Gottes Werk in ihrer Mitte dem Teufel zuschreiben.

Aufs Zukünftige endlich gibt die Rechtfertigungslehre gute Zuversicht. Die Gerechtfertigten haben Frieden mit Gott (Röm. 5, 1) und rühmen sich der Herrlichkeit Gottes, die sie in der Hoffnung besitzen, und dabei auch der Trübsale, die Geduld, Bewährung und Hoffnung mit sich bringen. Sie haben keine Verdammniss mehr zu befürchten (Röm. 8, 1). Sie warten lediglich auf eine zukünftige Herrlichkeit, die blos noch geoffenbart zu werden braucht; denn sie ist da und braucht nicht erst noch durch Leiden oder Werke verdient oder für den Einzelnen sicher gestellt zu werden (Röm. 8, 18). „Welche er gerechtfertigt hat, die hat er auch verherrlicht" (Röm. 8, 30). Und davon lässt sich nichts abdingen — weder Gegenwart noch Zukunft noch irgend eine Creatur kann hier Trennung machen, nachdem das Liebesband in Christo zwischen Gott und den Erwählten fest und für die Ewigkeit geschlungen ist (Röm. 8, 31—39).

Eine Lehre, die also über Vergangenheit, Gegenwart und Zukunft uns beruhigt — die über allen Wechsel der Dinge uns hinaushebt und das ewige Leben hienieden schon dem Anfange nach uns geniessen lässt, sofern Vergebung der Sünden da ist, also kein Bewusstsein derselben mehr, also ein ruhiges Gewissen — eine solche Lehre verdient es wohl, dass sie der articulus stantis et cadentis ecclesiae auch ferner genannt werde. Weil sie aber vernachlässigt oder verunstaltet wird — so liegt die Kirche danieder, und alle Anstrengungen der christlichen Kreise, auch die edelsten, die bestgemeintesten, die aus Anfechtung gebornen, werden nichts nützen. Es gilt auch hier: „Zum Gesetz und zum Zeugniss" — werden sie das nicht sagen, so werden sie die Morgenröthe nicht haben (Jes, 8, 20).

ANHANG I.

Jodocus von Lodenstein, geb. 16. Febr. 1620 zu Delft, gest.
6. Aug. 1677 zu Utrecht, begraben in Delft, war zuerst unter dem
Einfluss des Voetius, später Schüler und Hausgenosse des Coccejus,
noch vor Ausbruch des Streites zwischen den genannten Professoren. Später mehr auf der Seite des Voetius. Er war Asket.
Prediger in Soetermeer. 28. Aug. 1644. 1650 zu Sluis. 1653
installirt zu Utrecht.

Seine Lebensweise höchst einfach, etwas übertrieben, Ver-
fechter der Ehelosigkeit. Bedauerte die Abschaffung des Kloster-
wesens; hielt jeden Freitag erbauliche Zusammenkünfte in seiner
Wohnung, an welchen eine grosse Anzahl der Gemeinde-Glieder
und auch Studenten theilnahmen, wobei er keine Dogmatik, sondern Praktisches Christenthum, auch mit Behandlung complicirter
Gewissensfragen, vortrug. Ferner hielt er für Studenten Vor-
lesungen über Praktische Theologie.

Schriften, — alle erbaulichen Inhalts, ausser einer einzigen
über das vierte Gebot in der er sich auf die Seite des Voetius
gegenüber Coccejus stellte.

Lucas eeuwig evangelie,	Lucas ewiges Evangelium.
Het vervallen christendom,	Das verfallene Christentum.
De geestelijke opwekker,	Der geistliche Erwecker.
De heerlijkkeid van een waar en christelijk leven,	Die Herrlichkeit eines wahren und christlichen Lebens.
Weegschaal der heiligheid,	Wagschale der Heiligkeit.
Versameling van Keurstoffen,	Samml. von auserwählten Stücken.
Zestien boetpredikatien,	Sechzehn Busspredigten.

Beschuldigt eines unreinen Mysticismus von E. A. Borger. Seine Ansichten am besten erkannt aus „Beschouwing van Sion of aandachten en opmerkingen van den tegenwoordigen toestand van het gereformeerde christenvolk, gesteld in eenige samenspraaken." (Betrachtung Zions oder Gedanken und Bemerkungen über den gegenwärtigen Zustand des reformirten Christenvolkes, aufgestellt in einigen Dialogen), geschrieben kurz vor seinem Tode, herausgegeben nach seinem Tode 1678.

Seine hauptsächlichste Behauptung in dieser Schrift war, dass die Kirche Christi wohl äusserlich reformirt sei und den Sieg über die anders Glaubenden davongetragen habe — aber das Ziel der Reformation (NB.) sei mit solchem Siege nicht erreicht.

Die innere Tauglichkeit der Kirche Gottes müsse sich nach aussen hin offenbaren durch eine auf reineren Glauben gegründete Gottseligkeit ihrer Bekenner. Zwar hätten die Reformatoren die Beförderung der Heiligkeit angestrebt, aber nicht erreicht. (NB.) Ursache: Man habe mehr nur auf Reinheit der Lehre, weniger aber auf Gottseligkeit gedrungen, man habe übersehen, dass das erstere nur Mittel sein müsse, um zum letzteren zu gelangen, ja sogar einzelne Dogmen, wie dasjenige der Rechtfertigung durch und aus Gnaden, missbraucht, ohne dadurch zur Selbstverleugnung und Heiligung zu gelangen.

Man solle daher mit aller Kraft arbeiten an der Reformation und Wiederherstellung des christlichen Gottesdienstes.

Soviel über die Nothwendigkeit einer geistlichen Besserung.

In dieser Beziehung bewegte sich Lodenstein in denselben Bahnen wie Koelman, de Labadie, Voetius und Essenius.

Scharf rügte er Prediger, Aelteste und Diakonen.

Die Christen müssten sich in die Verfassung bringen, dass Gott nicht ohne sie, sondern über, in, mit ihnen und durch sie die Beförderung ihres geistlichen Zustandes zu wirken vermöchte.

Unmöglich war es ihm, alle, die zu Gliedern der Gemeinde angenommen waren, als Christen anzuerkennen, wie dies doch die bestehende Kirchenordnung, sowie die Formulare für Taufe und Abendmahl annahmen.

Dieses lag ihm so schwer auf dem Herzen, dass er in den letzten zwölf Jahren seines Lebens kein Abendmahl mehr austheilen wollte. Schwierigkeiten bereitete ihm dies nicht, obgleich er deswegen zur Rede gestellt wurde von dem Bürgermeister von Utrecht. Es war ihm dabei als ob „ein Eimer Wasser über seinen Leib würde ausgegossen".

Die Frage im Tauf-Formular: „ob ihr nicht bekennet, dass sie in Christo geheiligt ‚sind' änderte er in ‚werden'." Diesem Beispiel folgten viele. Mit ihnen entzogen sich viele der Feier des Abendmahls. Er trennte sich aber nicht von der Kirche, sondern wollte eine sittliche Reformation derselben.

Aus Glasius: Godgeleerd Nederland II, S. 387 ff.

ANHANG II.

Von der Imputation.

Beza, Quaestionum christianarum libellus. Vol. 1 der Tractationes Theologicae, p. 669.

Quaestio: Quid vocas imputationem?

Resp. Dei Patris beneficium quo dignatur obedientiam illam Christi nostram ducere, perinde ac si ipsimet implevissemus Legem, et pro peccatis nostris satisfecissemus.

Qu. Sed an hoc convenit dei naturae, ut aliena justitia quispiam iustus habeatur?

R. Aliena quidem haec justitia est, quatenus extra nos est et in alio subjecto, nempe in Christo residet: sed aliena non est, quatenus illud ipsum subjectum, nempe Christus, nostrum est; atque adeo spiritualiter per fidem factum est unum nobiscum.

Qu. Imo si unum est factum nobiscum, jam videtur quicquid in se habet, re ipsa quoque et non sola imputatione nostrum esse.

R. Posita sane ipsius substantiae Christi copulatione et unitione reali cum nostra, quod ex eorum dogmate sequitur qui ore etiam ipso comedi et traiici in nos carnem et sanguinem

Christi tradunt, illud consequeretur quod tu dicis: ex quo etiam intelligi potest quantopere et transsubstantiationis et consubstantiationis dogma, praeterquam quod carnis Christi veritatem tollit, sit etiam doctrinae de justitia imputata repugnans. At ego antea dixi vere quidem nobis Christum ipsum communicari, sed mere spirituale esse hoc mysterium, cujus vinculum quidem sit Spiritus Sanctus (also keine unio mystica), scopus autem sit non ulla ipsarum substantiarum, aut personarum (Christi und der einzelnen Seele) coalitio, (quorsum enim hoc?) sed ut spiritualis vita sic a Christo mystico capite, ad subjectum mysticum corpus (die Kirche) defluat.

Quaestio: Redeamus ad imputationem.

Resp.: Redeo igitur et dico, sicut quicquid in nobis est defectus justitiae, et labis peccati, extra Christum est, et tamen Christo imputatum est; sic vicissim obedientiam Christi extra nos quidem esse, puta uni subjecto Christi inhaerentem, et tamen nobis imputari. Hujus autem imputationis hoc est fundamentum, quod et ille unum est nobiscum et nos unum cum illo (spirituali sicut diximus modo et ratione) ut ille quidem fuerit non in sese, sed in nobis peccator, et nos non in nobis, sed in ipso justi censeamur.

Druckfehler und Berichtigungen.

Seite 13 Zeile 8 von unten lies: Verheissungswort.

„ 44 „ 12 von oben ist einzufügen: Schiller und vor den Namen Goethe.

„ 53 „ 6 von oben lies: an statt in.

„ 101 Rubrik B lies: C.

„ 153 Zeile 10 von unten streiche die Worte: in Hinsicht.

„ 178 „ 17 von oben lies: iustificiamur.

„ 229 „ 3 § 7 lies: § 8.

„ 238 lies: § 9 u. s. w.

„ 245 Note [1]) muss stehen: C. R. IX, 406.

Inhaltsverzeichniss.